[MIRROR]
理想国译丛
064

imaginist

想象另一种可能

理
想
国
imaginist

理想国译丛序

"如果没有翻译,"批评家乔治·斯坦纳(George Steiner)曾写道,"我们无异于住在彼此沉默、言语不通的省份。"而作家安东尼·伯吉斯(Anthony Burgess)回应说,"翻译不仅仅是言词之事,它让整个文化变得可以理解。"

这两句话或许比任何复杂的阐述都更清晰地定义了理想国译丛的初衷。

自从严复与林琴南缔造中国近代翻译传统以来,译介就被两种趋势支配。

它是开放的,中国必须向外部学习;它又有某种封闭性,被一种强烈的功利主义所影响。严复期望赫伯特·斯宾塞、孟德斯鸠的思想能帮助中国获得富强之道,林琴南则希望茶花女的故事能改变国人的情感世界。他人的思想与故事,必须以我们期待的视角来呈现。

在很大程度上,这套译丛仍延续着这个传统。此刻的中国与一个世纪前不同,但她仍面临诸多崭新的挑战。我们迫切需要他人的经验来帮助我们应对难题,保持思想的开放性是面对复杂与高速变化的时代的唯一方案。但更重要的是,我们希望保持一种非功利的兴趣:对世界的丰富性、复杂性本身充满兴趣,真诚地渴望理解他人的经验。

理想国译丛主编

梁文道　刘瑜　熊培云　许知远

[德]哈拉尔德·耶纳 著 周萍 译 丁娜 审阅

狼性时代：
第三帝国余波中的德国与德国人，1945—1955

HARALD JÄHNER

WOLFSZEIT:
DEUTSCHLAND UND DIE DEUTSCHEN
1945—1955

民主与建设出版社
·北京·

© 民主与建设出版社，2024

图书在版编目（CIP）数据

狼性时代：第三帝国余波中的德国与德国人：1945—1955 /（德）哈拉尔德·耶纳著；周萍译. -- 北京：民主与建设出版社，2024.1

ISBN 978-7-5139-4444-1

Ⅰ.①狼… Ⅱ.①哈… ②周… Ⅲ.①德国—历史—1945-1955 Ⅳ.① K516.53

中国国家版本馆 CIP 数据核字 (2023) 第 245842 号

Wolfszeit: Deutschland und die Deutschen 1945–1955
Copyright © 2019 by Rowohlt · Berlin Verlag GmbH, Berlin
Chinese language edition arranged through HERCULES Business & Culture GmbH, Germany.
All rights reserved.

北京市版权局著作权合同登记号 图字：01-2023-5656

狼性时代：第三帝国余波中的德国与德国人，1945—1955

LANGXING SHIDAI DISAN DIGUO YUBO ZHONG DE DEGUO YU DEGUOREN 1945—1955

著　　者	［德］哈拉尔德·耶纳
译　　者	周　萍
审　　阅	丁　娜
责任编辑	王　颂
特约编辑	梅心怡
装帧设计	陆智昌
内文制作	陈基胜
出版发行	民主与建设出版社有限责任公司
电　　话	（010）59417747　59419778
社　　址	北京市海淀区西三环中路 10 号望海楼 E 座 7 层
邮　　编	100142
印　　刷	山东临沂新华印刷物流集团有限责任公司
版　　次	2024 年 1 月第 1 版
印　　次	2024 年 1 月第 1 次印刷
开　　本	635 毫米 × 965 毫米　1/16
印　　张	27
字　　数	363 千字
书　　号	ISBN 978-7-5139-4444-1
定　　价	102.00 元

注：如有印、装质量问题，请与出版社联系。

目 录

前　言 001

第一章　零点时刻？ 009
第二章　在瓦砾中 023
第三章　大迁徙 053
第四章　舞蹈热 103
第五章　爱在1947 129
第六章　抢劫、配给与黑市——市场经济的必修课 179
第七章　甲壳虫汽车一代的闪亮登场 215
第八章　再教育者 261
第九章　艺术冷战和民主设计 293
第十章　压抑之声 327
后　记　幸运 357

注　释 363
参考文献 391
图片与引文出处 401
索　引 405
作者致谢 415
译后记 417

前言

1952年3月18日，德国《新报》(*Die Neuen Zeitung*)上刊登着作家兼编辑库尔特·库森贝格（Kurt Kusenberg）的一篇文章，其标题为《没有什么是理所应当的——对一个苦难时代的赞美》("Nichts ist selbstverständlich. Lob einer Elendszeit")。在战争结束仅仅七年之后，这位作者就追忆着战后那些六神无主的日子：虽然一切瘫痪，没有正常运行的邮政、火车、交通，尽管流落街头、忍饥挨饿还有那些被深埋在废墟下的尸体，这些日子在他回顾时却被看作是一段美好的时光。在战争结束之后，人们本该"像孩子一样"开始"将被撕破的人际关系网重新修补起来"。像孩子一样？

库森贝格强烈建议他的读者们，把自己置身于那个"饥寒交迫，破衣烂衫，贫苦而危险的年代"，当一个国家秩序荡然无存之际，流离失所的人们对道德和社会团结做出了新的定义："操守并不排斥机灵和狡诈——哪怕口中夺食都可以，可是就在这种近乎强盗一样的生存环境里依然盗亦有道，它也许比今天的铸铁一般的良知更具有道德。"

这可真够奇葩的。在战争结束之后真有过这么多的冒险经历，这般的"强盗操守"和"纯洁无辜"吗?那股在战争结束前把德国人紧紧团结在一起的力量幸亏已被扯烂了。旧的秩序荡然无存,新的规则尚未建立,基本需求由盟军来安排满足。1945年夏天,留在德国尚存国土上的总共大约7500万人几乎不足以被称为一个社会,人们将这个"他人即恶狼"的时代称为"无人时代",一个"狼性时代"。直到20世纪50年代,在一切早已开始好转时,这个人人只顾及自己及家人的自我形象依然延续着,人们还是顽固地把家庭作为可以躲避他人和保护自我的堡垒。即使在典型德国人身上,例如50年代末期被社区精神行动协会*唱衰的那位众所周知、对政治漠不关心的"事不关己先生"(Herr Ohnemichel)——尽管他彼时衣冠楚楚,狼性也依然存在,这就是1945年之际,人们目睹的那个从原来的同胞堕落之后的那匹狼。

在战后有一半以上的德国人身处异地,其中900万是由于轰炸而失去家园和被疏散的人,1400万难民和被驱逐者,1000万被解放了的强迫劳工和在押犯,还有数以百万计逐渐被释放回归的战俘。这些被冲散、被强征、逃亡和幸存的人群是怎样流散后又重新聚合的呢?当年的"民族同志"如何渐渐地再次成为公民的?这就是本书所要讲述的历史。

这是一段在重大历史事件的重压下几近消失的历史。而最重要的变化都是在日常生活中一点一滴发生的,比如如何搞到食物,用掠夺、交换、购买等手段;甚至在情场上,战后掀起了一波对性冒险的崇尚,但当翘首盼望的男人们归来之后,也有过一些苦涩的失

---

* 社区精神行动协会(Aktion Gemeinsinn e.V.)于1957年在波恩(Bonn)成立,是一个独立的无党派公民协会。自成立以来,它依靠人们致力于社会凝聚力的意愿,着眼于那些"为了每个人的利益必须解决,但联邦、州和区镇无法单独解决或无法解决的问题"。协会章程里写着,公民必须为其社区做一些"国家力所不及,但又势在必行之事"。该协会在2015年停止了工作。——译者注(本书脚注如无特别标示皆为译者注)

冒险走钢丝：卡米拉·迈尔剧团（Camilla-Mayer-Truppe）的艺术家玛格丽特·齐默尔曼（Margret Zimmermann）于1946年在科隆干草市场（Heumarkt）的废墟高处走钢丝。这种平衡感可能象征着许多德国人在战后的生存策略。

望，人们用不同的眼光看待许多事情，并想要从头开始，离婚人数急剧上升。

在人们对战后年代的集体记忆中，几个代表性人物形象深深地刻在人们的脑海中：从一位妇人手里夺走自行车的苏联士兵，黑市里为了几个鸡蛋而推推搡搡的阴暗人物，难民们和因轰炸而失去住所的人们所居住的铁皮桶式简易房，在回归战俘前手拿相片无声询问着失联丈夫的妇女。这些为数不多的画面有着如此强烈的视觉感，使它们如同不断重复的无声片一样构成了公众对战后头几年的记忆。可这么一来生活的另一半就被忽视了。

一般来讲，年代离我们越是久远，对往事的记忆就会越发变得柔和，但是战后岁月的情况正好相反：在回顾之时它们变得越发阴暗。其中一个原因在于德国人普遍有着将自己视为受害者的需求。很多人显然认为，对1946年至1947年间那场着实可怕的饥荒之冬的描述越是黑暗，他们的罪责最后就越加显得微不足道。

仔细倾听，我们会听见笑声。1946年，一支自发的玫瑰星期一*游行队伍就已经在疮痍满目的科隆市里穿行了。女记者玛格丽特·博韦里（Margret Boveri）对这种"因长久与死亡的近距离接触而被过度提高的生存感"记忆犹新，据说在那些啥都买不到的岁月里她如此幸福，以至于她日后决定不再购买更加贵重的物品。

离开了苦难之后的快乐，就无法理解苦难本身。逃离死亡将有些人变得失神冷漠，而将另一些人推入了前所未有的、爆发式的生存喜悦。生活秩序的丧失、家庭的四分五裂、旧关系的丢失，然后人们又开始了新的组合。如果一个人只剩下年轻和勇敢，他就会把混乱当成游乐场，他每天都得在那里寻找幸福。许多女性当时所感受到的这种自由的幸福怎么会在繁荣时期消失得如此之快呢？或者它消失的程度根本不像50年代流行的人物漫画所描述的那样？

在战后年代大多数德国人的意识里，对犹太人的大屠杀所占据的空间可以说微不足道得令人惊骇。虽然很多人意识到了东部战线上所发生的罪行，并且就发动了战争这一事实抱有某种基本的负

---

* 玫瑰星期一（Rosenmontag）为德国狂欢节的高潮，多半在2月底3月初。许多城市会在这天举行主题游行。

罪感，可是在他们的所思所感中，对几百万德国和欧洲犹太人遭到的大屠杀却置若罔闻。只有极少数人公开谈及此事，比如哲学家卡尔·雅斯贝斯（Karl Jaspers）。但即使在新教和天主教长期讨论过的认罪主祷文中，都没有明确提及犹太人。

对这场大屠杀的难以想象，也以一种奸刁的方式扩散到了肇事者的国民身上。这类犯罪所拥有的维度令它们在发生的那一刻，罪恶感就已从集体意识中被驱赶殆尽，即使是善良的人们也拒绝思考，那些被驱逐的邻居们会遭遇什么事，这一事实使人们对人类这一物种的信任度动摇至今，当然更别提那个时代的大多数人了。

对大屠杀灭绝营的意识排挤和集体沉默，在战争结束后依然继续着，即使盟军用类似《死亡磨坊》（Die Todesmühlen）的电影来迫使战败者直接面对纳粹的罪行。

赫尔穆特·科尔*曾用"晚生之福"来形容下一代人可以相对轻松地谈及这段历史，然而曾经经历过的恐怖也未尝不是一种恩赐。人们遭受的轰炸之夜、战后最初几年严酷的饥饿寒冬，以及每天在无政府状态下的求生奋斗，让许多德国人顾不上回想过去。他们觉得自己是受害者——这让他们免去对真正受害者的思考，成了他们不幸中的万幸。因为一旦全方位思考触及这场在人民的名义下、借由其容忍与视若无睹所犯下的系统性大屠杀，任何一个良知尚存的人几乎都会丧失生活所需的勇气和力量，去度过战后的艰难岁月。

求生的本能屏蔽了罪恶感——这是1945年之后值得研究的一种集体现象，并且该现象必会深深动摇对他人的和对自身本质的信任感。在意识排挤和扭曲事实的基础上，两个分别以各自方式既反法西斯主义、又值得信赖的社会是如何建立的呢？这就是本书通过

---

* 赫尔穆特·科尔（Helmut Kohl, 1930—2017），曾于1982—1998年任德意志联邦共和国总理，1973—1998年任德国基督教民主联盟（简称基民盟、CDU）主席。

对战后十年各式极端挑战以及奇特的生活方式的描述而力求探究的一个谜团。

尽管诸如安妮·弗兰克（Anne Frank）的日记或者欧根·科贡（Eugen Kogon）所著的《党卫队国家》（SS-Staat）打破了这种意识排挤，但直到1963年开始的奥斯维辛审判之后，许多德国人才开始面对那些犯下的罪行。在他们下一代人的眼里，单单由于这一推迟行为就足以使他们的父辈颜面尽失，即使纯粹从物质利益上而言，他们的孩子正因如此获得了极大的好处。1968年的年轻一代和他们知识界的同道所发起的那场代际冲突几乎是史无前例的，它充满了苦涩、愤懑还有自负。

正是当时那些年轻人的视角塑造了我们对战后年代的印象。尽管有着不尽相同的研究结果，这些反专制的孩子们对他们难以去爱的父母辈的愤怒如此之大，以致他们的批判充满了雄辩，使他们极力试图驱散的那个令人窒息的腐朽成为历史性典故，从而至今仍然主导着20世纪50年代的形象。1950年左右出生的这一代人热心于一种使命，就是要使联邦共和国变得适宜居住并让其实现民主化，并且他们为这一形象不断地注入新的生命。事实上在联邦共和国的政府机构，旧纳粹精英的强大存在实在令人憎恶，而同时对纳粹肇事者执行大赦的态度也一样顽固。与1968年的转折时期给人延续至今的印象相比，战后时期其实曾有过更多的争议、它的生活姿态更加开放、那时的知识分子更具有批判性思维、民意更加丰富多彩、艺术更具创新性、日常生活更具有矛盾性——这一切都是在为著此书做研究时一再被发现的事实。

还有另外一个理由可以解释为何战后的头四年相对而言是一个历史记忆中的盲点。在历史研究的各标题章节之间，这四年成了一个无人时代，通俗地讲就是没人负责的一个时期。学校教材里有一大篇章是关于纳粹政权的，它以国防军的投降而终结，另外一个章节讲述的是德意志联邦共和国（西德）和德意志民主共和国（东德）的历史，它始于1949年。在其他方面，教科书顶多侧重货币改革和柏林在1948年6月至1949年5月间的封锁作为那段两个德国建国之前的历史。而就历史叙事而言，战争结束后与相当于联邦德国经济"大爆炸"的货币改革之间的那几年是一个被丢失的时代，因为它缺乏一个机构的主体。我们的历史叙事在本质上仍然是一种把国家作为政治主体的民族史的结构。而华盛顿、莫斯科、伦敦、巴黎才是当年一起决定了德国1945年之后命运的四个政治中心——对一部民族历史来说这并非一个有利的前提条件。

在看待对犹太人和强迫劳工所犯下的罪行问题上，人们也大多终止于盟军将幸存者从集中营里解放出来这一史实。可是，这将近1000万的瘦骨嶙峋、从故土被劫持的囚徒们，在施暴者并且是杀害了他们家人的凶手的国度里无人照应，这些人之后又是怎样的命运？盟军的士兵、被战胜的德国人和那些被解放的强迫劳工又是如何相处的呢？这些都是战后年代最为阴暗但也最令人好奇的一面。

在这本书的撰写过程中，书的重点从老百姓的日常生活、清除废墟、爱情生活、偷窃和购买逐步转向了文化和精神生活、艺术设计。而关于良知、罪恶感和意识排挤的问题也就变得尖锐化了。相应地，去纳粹化的程序变得具有重要意义，而它也有美学的一面。50年代的设计理念之所以历久弥新，是因为它的效果如此惊人：通过重新设计他们的环境，德国人同时改变了自己。但真的是德国人彻底改变了他们的世界形态吗？在设计理念发生改变的同时，一场抽象艺术之争也爆发了，各占领国都在幕后操纵着。在有关德意志两个共和国的审美领域，它涉及的不外乎是冷战时期关于美的体验，甚至美国中央情报局（CIA）也相应地介入其中。

和今天的人们相比，战后的人们崇尚美好、感受敏锐且不知疲倦地沉浸在严肃的谈话中，仿佛那些早已随着19世纪美好时光而结束了的社交礼仪和交往方式可以被无缝衔接似的。今天，我们对大屠杀有了很多了解，我们不太确切知道的是，一个人如何在它的阴影下继续生活？曾经以道德和文化的名义杀害了数百万人的民族，他们现在又是如何来谈论道德和文化的呢？难道为了顾及体面就可以对道德品行完全避而不谈吗？让他们的孩子自己去分辨善与恶？媒体的诠释行为如火如荼，就像重建的其他行业一样，一切都围绕着"意义的饥渴"；"在生存废墟上"的哲学思辨将意识送上了掠夺精神食粮的征途。就像当年偷土豆一样，人们盗窃着意义。

第一章

零点时刻？

众多的开端，无尽的终结

戏剧评论家弗里德里希·卢夫特（Friedrich Luft）在地下室经历了第二次世界大战的结束。在柏林诺伦多夫广场（Berliner Nollendorfplatz）附近的一座城市别墅里，他和来自附近的其他几个人在"烟雾、血、汗和劣质烧酒的气味"之中熬过了收尾战争的最后几天。比起遭受红军和德国国防军交互炮击的公寓，躲在地下室里更安全些。"外面是炼狱。如果趴着往外窥探，会看到一辆无助的德国坦克在一排排被烧成灰烬的房屋间推进，停顿，射击，就地转弯。时不时地，会见到一个平民跟跟跄跄地从一个掩护体逃向另一个掩护体，还不时被炸得坑坑洼洼的电车轨道绊倒；一位推着婴儿车的年轻母亲惊慌失措地从一座被炮火击中而燃烧的房子里冲出，朝着最近的防空洞的方向逃去。"[1]

在地下室的窗户旁，一位一直蹲在那儿的老人被一枚手榴弹炸得血肉模糊。有一次，一群来自国防军最高统帅部办公室的士兵冲进了地下室，这些"烦躁、丧气、病恹恹的家伙"每个人都带着一纸箱便衣，以便如他们所说"在紧急情况下"让自己能乔装逃走。但还会有更要命的事吗？"你们趁早滚开吧！"地下室的老百姓们小声却犀利地说。没有人愿意在"终极时刻"和这帮人待在一起。以前那个人见人怕的纳粹街区管理员*的尸体正被一辆拖车拉走，他跳窗自杀了。

　　突然，有人想起对面房子里还有成堆的纳粹卍字旗和希特勒的画像。为了烧掉这些东西，几个胆子大的人跑了过去。在俄国人到来之前，一定得把它们销毁掉。当枪声突然再次响起，我们的戏剧评论家正小心翼翼地从地下室的窗口往外看，这时一支党卫队巡逻队也正从一堵残存的墙上往外张望。他们想通过"再次梳篦"的方式搜寻逃兵，好让这些人给自己当垫背的。"然后，一下子安静多了。经过一段近乎永恒的竖着耳朵的等待之后，我们小心翼翼地登上狭窄的楼梯，这时天空飘起了细雨，诺伦多夫广场外的房屋上白旗飘扬。我们把白色的碎布片绑在胳膊上。两名俄罗斯人从那堵矮墙后走出来，前不久党卫队巡逻队还曾气势汹汹地越过此墙。我们举起了双臂，并示意我们胳膊上的绑带。他们微笑着挥手示意我们可以过去了。战争结束了。"

　　对于弗里德里希·卢夫特来说那个被后人所称的零点时刻定格在 1945 年 4 月 30 日。而在往西 640 公里开外的亚琛（Aachen）此时战争已结束半年了，它是 1944 年 10 月被美军占领的第一座德国城市。在杜伊斯堡（Duisburg）莱茵河左岸的市区战争于 3 月 28 日就结束了，而右岸的战火却在 16 天之后才停歇。即使是德国的正式投降日也有三个不同日期。阿尔弗雷德·约德尔†于 5 月 7 日在美军统帅德怀特·D. 艾森豪威尔（Dwight D. Eisenhower）位于兰

---

*　此职务为纳粹统治下社会组织最底层的职务。
†　阿尔弗雷德·约德尔（Alfred Jodl，1890—1946），德国国防军最高统帅部作战部长，同时也是国防军指挥参谋部部长。——编注

斯（Reims）的总部签署了无条件投降的声明。尽管这项声明确认西方盟军和苏联红军都是战胜方，斯大林还是一味坚持要在他本人在场时重复这个投降仪式。所以德国于5月9日再次投降，这一天陆军元帅威廉·凯特尔（Wilhelm Keitel）在苏军位于柏林卡尔斯霍斯特（Berlin-Karlshorst）的总部签署了相关文件。在历史教科书上，各战胜国一致同意把5月8日这个夹在两天当中的日子定为投降日，而事实上这天什么都没发生。[2]

而对于瓦尔特·艾林（Walter Eiling）来说，零点时刻直到四年之后都还没有到来。因为违反了《惩治民族有害分子条例》（Vergehen gegen die Volksschädlingsverordnung），他当时还在齐艮海因（Ziegenhain）的监狱里坐牢。这个来自黑森州的跑堂于1942年圣诞节因买了一只鹅、三只鸡和十磅咸肉被捕。纳粹速审法庭以"藐视战时经济法规"的罪名判处了他八年监禁和之后的预防性羁押。战争结束后瓦尔特·艾林和他的家人都以为他很快会被释放，可是法院根本就不想重新审理此案。当美国军队监管下的大黑森州司法部部长终于撤销这个荒谬重判时，他的下属部门却持以下立场：撤销的只是监禁，而非预防性羁押。瓦尔特·艾林依旧待在牢狱之中。连后来的多次释放申请也被拒绝，理由是"此犯为人傲慢，情绪不稳定且尚未恢复工作能力"。

在艾林的牢房里，纳粹的统治在联邦共和国成立之后仍然继续着。[3]像他这样的遭遇也是日后导致对"零点时刻"这个概念产生激烈争论的原因。在康采恩的总部、大学的课堂和国家机关里，大部分的纳粹精英仍活跃在各种工作岗位上。这种持续性的现象被"零点时刻"这个说法所掩盖。另一方面，此概念又被用来着重体现重新开始的决心，以及强调新旧国家间制度上的巨大差别，尽管生活还是一如既往地在第三帝国罪恶遗产的重负下艰难地继续着。此外，对许多人来说，"零点时刻"这一概念是他们所经历的重大转折点的直接证明，这个术语不仅一直沿用到今天，甚至在历史学上正经历着复兴。[4]

在瓦尔特·艾林的牢房里，毫无法律依据的统治依然带着其特有的残暴继续存在着，而与此同时在其他地方，各种形式的公共秩序都崩溃了。警察们困惑地自我打量着，茫然不知自己还是不是警察。那些拥有纳粹军服的人宁愿把它脱下来烧掉，或者染成别的颜色。高级官员服毒自尽，低级别的公务员则跳楼，或者割腕自杀。一个"无人时代"开始了；法律被推翻，没人对任何事情负责。没有人拥有什么，除非他的屁股就坐在他的财产上面。没有人承担负责，没有人提供保护。旧的权威消失了，新的尚未建立；只有大炮的轰鸣声预示着它终将会在某一天到来。即使是过去的上等人现在也开始抢劫了。他们结成小团伙撬开食品仓库，在被人废弃的公寓里搜寻食物和栖身之处。

4月30日，柏林指挥家莱奥·博尔夏德（Leo Borchard）与女记者露特·安德烈亚斯—弗里德里希（Ruth Andreas-Friedrich）、医生瓦尔特·塞茨（Walter Seitz）和演员弗雷德·登格（Fred Denger）一起在四面楚歌的首都发现了一头白色公牛。这群人正在寻找掩护以躲避低空飞机的攻击，突然就看到这个动物站在他们面前，毫发无伤，眼神温柔，在硝烟弥漫而恐怖的战争景象中这简直就是一幅超现实的画面。他们包围了它，轻轻地抓住牛角来推它。他们竟然成功地把牛小心翼翼地引诱到了房子的后院，在那里他们找到了一个藏身之处。

但接下来呢？四个受过良好教育的城里人如何宰杀一头牛？那位俄语相当不错的指挥家，壮着胆子跑去问房子外面的一位苏联士兵。他用两颗子弹帮他们击毙了这头牛。犹豫一阵后，这帮朋友们开始用厨房的刀具一起费力地处理这头死去的动物。然而很快，他们就不再是其猎物唯一的拥有者了。露特·安德烈亚斯—弗里德里

第一章 零点时刻？

大城市里的生存技能：一个柏林人正在砍柴用以取暖。但是动物园区的树木已所剩无几了。

希后来在日记中写道："突然一下子，仿佛被地狱呕吐出来一样，一群喧闹的人聚集到了死牛的周围。他们从好几百个地窖洞里爬出：妇女，男人，孩子。是血腥的气味吸引了他们吗？"一时间人们一拥而上，在牛身的血肉横飞之中扭打。五个沾满鲜血的拳头把牛的舌头从嘴里拉了出来。"难道这就是解放的时刻，这就是我们期盼了12年的那一刻吗？"[5]

从首次踏入马尔肖（Malchow）的城市地界后，红军花了11天时间才挺进最后一个内城区。即使在首都柏林，各地区战争的结束时间也不尽相同。5月7日，玛尔塔·希勒斯（Marta Hillers），也就是后来以笔名"无名氏"著称的柏林女记者，就敢骑着自行车穿过变成废墟的街道。她带着好奇从柏林—滕珀尔霍夫区（Berlin-Tempelhof）向南骑了几公里，晚上她在日记中写道："这里的战争比我们那儿早结束一天。你已经可以看到平民在人行道上扫地。两名妇女拉着一辆完全被烧毁的手术车，可能是从瓦砾中拉出来的。上面躺着一个老妇人，盖着羊毛毯，她面无血色；但她还活着。我越往南走，战争留下的痕迹就越少。在这里，你已经可以看到德国人聚在一起聊天。而在我们那一区，人们还不敢这样做。"[6]

那头白牛被撕裂肢解后，指挥家博尔夏德和他的朋友们闯进了一套被炸烂的公寓里并搜遍了橱柜。他们没找到食物，却发现了一大堆泡腾粉，于是他们肆无忌惮地笑着将其塞进嘴里。就在他们于彼此取笑中试穿了好几件陌生主人的衣服时，突然被自己的无耻所震惊。这种亢奋平息之后，这四个人当晚惴惴不安地躺在这位陌生居民的婚床上，从门外的名牌上可以得知屋子的主人叫马胡尔克（Machulke）。床上五颜六色的真丝刺绣上带着"自家炉灶值千金"的字样。

第二天，露特·安德烈亚斯－弗里德里希穿过城市，第一次尝试着寻找和联络同事、朋友和亲戚们。和所有其他人一样，她急切地想要知道最新的消息、形势报告和预测。几天后，柏林的生活已经平静下来，以至于她能够回到被严重损坏的公寓。就像一个大都市里的鲁宾孙，她用散落一地的石头在阳台上搭起了一个简易炉来取暖。煤气和电力供应就不用想了。

在日记中，她记录下了气氛的迅速变化。希特勒死了，夏天也

第一章 零点时刻?

已到来,她终于想为自己的生活做点什么。她迫不及待地想要利用她的劳动和观察能力,还有她的写作天赋。战争结束仅两个月,在某个兴奋的时刻她写道:"整个城市都生活在期待的狂热中。面对工作的热情,人们真想有分身之术,想拥有一千只手和一千个大脑。美国人已在这里,还有英国人、俄国人。听说法国人正在往这边赶。……最要紧的是,我们正处于行动的中心,在我们的废墟中世界大国走到了一起,而我们正向这些世界大国的代表们证明,我们的热情是多么认真,对补偿和崛起的努力是无比的严肃。柏林正在开足马力。如果我们现在被理解和被原谅,他们可以要求我们做任何事。一切!比如我们放弃纳粹主义,我们认定新的理念更好,还有我们勤于工作以及我们本质上的善意。我们从未像现在这样有着成熟合适的时机进行赎罪。"[7]

人们原本估计柏林人的感受应该与其城市的外观一致:破碎挫败,亟待破旧立新。而这位44岁的日记作家感到的却是"期待的狂热",这绝不只存在于她一个人的内心。她看到整个城市都心甘情愿、竭尽全力地工作着。露特·安德烈亚斯—弗里德里希在战争中曾经是一个名为"埃米尔叔叔"(Onkel Emil)抵抗纳粹团体的成员;在耶路撒冷的以色列犹太人大屠杀纪念馆(Gedenkstätte Yad Vashem)*里,这个团体被表彰为"国际义人"(Gerechter unter den Völkern)。所以,想要一头扎进工作的不只是那些无力哀悼、麻木不仁的德国人。用这位反纳粹女士的话来讲,希特勒的自杀才过去两个月,柏林就已经在"行动的中心"了,并力图崛起和被宽恕。

在这类呼喊着重新开始的狂热背后,是一种炼狱的终结,而人

---

* 犹太人大屠杀纪念馆于1957年在以色列耶路撒冷建成,对当年犹太人在纳粹统治下遭受的迫害做了详尽的科学记录。

往前看，莫回首：慕尼黑的一个三口之家正走向未来。他们身后是战后的废墟。

们见证的只是从中被截取的一个微小片段。为了让后人对当年人间地狱的恐怖程度有个接近实际的了解，战后已有三代历史学家竭尽全力地试图反映其原貌。但其惨烈程度难以言表，没有人能想象战争中6000万的死者意味着什么。人们试图利用理解辅助法，使统计数据的规模易于理解。在1943年夏天的汉堡大轰炸中有4万人在烈火中丧生，这一人间地狱残酷的图景深深地铭刻在人们的记忆之中。它夺走了汉堡大约3%的人口的性命。恐怖至极的是，整个欧洲人口死亡率却是上述汉堡事件的两倍还多，战争让欧洲6%的人口死于非命。总体而言，欧洲的灾难密度是汉堡的两倍。在波兰，六分之一的人口被杀害，多达600万人。最悲惨的还是犹太人。他们的家人统计的根本不是死者，而是幸存者。

历史学家基思·罗威（Keith Lowe）写道："即使是那些曾经经历过战争的人，那些见证了大屠杀、曾见过尸横遍野或万人坑的人，都无法理解欧洲发生的大规模屠杀的真实程度。"[8] 战争结束后，情况尤其如此。当每个人举起双臂走出防空洞时，他所感到的混乱，早已使他不知所措了。该如何走出这场灾难，尤其是在德国，这个一切罪行的始作俑者？不少人甚至感到自己继续苟且生活就已是一种不公，至少从修辞上可以这么说，正因为他们的心脏还在继续跳动，他们憎恨着自己。

而偏偏是26岁的沃尔夫冈·博尔歇特（Wolfgang Borchert），这个日后以一个阴郁的形象留在后世人们记忆里的控诉者，曾经试图将继续生活的重负演绎为他那一代人的强烈宣言。博尔歇特于1941年被征召加入国防军，并被送往东部前线。他曾多次因"对国防力量的颠覆性言论"而受到处罚。1945年，带着严重的前线作战及被拘禁的烙印和未经治疗的肝病，他步行600公里后回到汉堡。在那里，他写了长达一页半名为《没有告别的一代》（"Generation ohne Abschied"）的文章。在文中，他热情歌颂了他们这一代人一往无前的决心，因为这一代人的过去确实被枪弹抹杀了。"没有告别的一代"这个标题意味着，这代人不再拥有灵魂，无论是由于想象力的缺失、心灵的重创或耻辱的压抑。"没有告别的一代"是零点时刻的宣言："我们是没有维系的一代，没有深度。我们的深度即是深渊。我们是没有幸运的一代，没有家，没有告别。我们的太阳是瘦小的，我们的爱情是残酷的，我们的青春是缺席的青春。"[9]

博尔歇特那种狂想曲式的、单调的锤击式文字，也同时展现出震撼力十足的方向迷失感。他骄傲地让他粗鲁的冷漠习性成为一种风格。这一代的年轻人告别了太多的亡者，以至于他们早已失去了对别离的知觉；事实上，告别就是"军队"的本质。然而这个身患绝症的年轻人在文章的最后几行却描述着他想要对未来付出的力量："我们是一个没有回归的一代，因为我们早已无家可归。但我们是抵达的一代。也许我们是充满了抵达的一代，抵达一个新的星球上，一个新的生命里。在一个新的太阳下，在新的心灵里充满了抵达。也许我们是充满了抵达的一代，抵达新的生活里，新的欢笑里，一位新的上帝那里。也许我们是没有告别的一代，但是我们知道，所有的抵达都将属于我们。"

《没有告别的一代》是一群幸存者们诗意的原则性宣言，他们无力回首往事。许多德国人对那种为什么会发生这一切的自我拷问做出了令人惊骇的拒绝，但这种拒绝正在成为一种纲领。像一块记录过以往经历的黑板，它将会被擦干净，空出地方给新的文字，"一位新的上帝"，抵达一个新的星球。

在这里"压抑"一词淡化了其拒绝的强度。这是一个有意识的拒绝。这里曾经轰轰烈烈地开始，然后又苦涩地结束。沃尔夫冈·博尔歇特当然很确切地知道，那块被擦得干干净净的黑板其实只是一种愿望，是个幻觉。不必非得有谁去跟他解释何谓折磨人的回忆，对当年的零点时刻来讲，遗忘是一种乌托邦。

君特·艾希（Günter Eich）1945年底写的那首著名的诗《清点》（"Inventur"）把这零点时刻的一切提高到了宣言式的地位。在这首诗里，一个男人为了重新开始历数家珍，清点着他的家当：

> 这是我的帽子，
> 这是我的大衣，

> 刮脸用的工具
> 装在亚麻袋里。
> ……
> 面包袋装着
> 几双羊毛袜
> 和别的,除我
> 没人知道。
> ……
> 这是我的笔记本,
> 这是我的帐篷,
> 这是我的手巾,
> 这是我的线。*

《清点》因其挑衅般的轻描淡写,成为战后文学的代表。他们自称"砍伐文人"[†],反对高谈阔论地唱高调,因为他们曾经被同样的高调所误导,从而感到被欺骗,其热情如今也被战争所摧毁。现在他们唯一要做的就是坚持最简单的事情,就是坚持自己的、个人的事情,坚持那种可以摆在桌面上的东西——这是"怀疑的一代"的抒情宣言。"怀疑的一代"由社会学家赫尔穆特·舍尔斯基(Helmut Schelsky)在1957年提出,它虽然体现了所有的精神矛盾

---

* 此处《清点》的译文参考了由楚宜翻译的版本,另外还可见名为《清单》的由裴明仁翻译的版本。德文里的 Inventur 一词是盘点,清查存货之意。

† 这些"砍伐文人"(Kahlschlagliteraten)强调要在语言上"砍光伐尽",对法西斯的意识形态、语言方式进行彻底清除,因此有意识地在创作时用无修饰的语言,追求客观、写实。其写作被称为"砍伐文学"(Kahlschlagliteratur)。另外,这些作家都是1945年后从战场上或战俘营返回德国的,面对国家疮痍满目的废墟,写实地描写士兵和战俘的命运、战时和战后人们的身心创伤和生存状态,因此又被称为"废墟文学"(Trümmerliteratur)。——编注

却引起了极大的共鸣。[10]君特·艾希的抒情清点也避开了记忆：带着怀疑，还有外套、铅笔和线团（以及"和别的，除我没人知道"的东西——这才是真正的亮点），人们两手空空地走进了新的生活。

玛尔塔·希勒斯也在她的日记里清点着存货。由于她清醒而真实地描写了当年红军一路挺进过程中的大规模强奸暴行，她的日记在日后广为人知。她所经历的零点时刻是一场持续很多天的性暴力。当这一切过去之后，她在5月13日总结道：

> 一方面，事情对我来讲还不赖。我年轻，健康。一切并没有对我造成生理上的伤害。我感觉为了生活我已具备了最精良的装备，就好像我在泥沼里长出了蹼膜。我在这个世界上随遇而安，我并非冰清玉洁。……但另一方面来看就只有一大堆负面的减号了。我不知道在这个世界上我还能做什么。没有谁缺我不可，我只是闲在那里，等待着，既看不到目标，也看不到在我眼前的任务。

她考虑了多种可能性：去莫斯科，成为一名共产党党员或成为一名艺术家？她继而否定了一切。

> 爱情？它躺在地上早已被践踏。……艺术？我算不上是一个被赋予使命的人。我只是个无名小卒，我必须谦卑。只有在小圈子里，我才能发挥作用，与人为友。剩下的就是等待结束。尽管如此，生活中阴暗和奇异的冒险依然吸引着我。单单出于好奇我就还是要活下去；因为即便只是呼吸和感觉健康的四肢都能让我感到快乐。[11]

那么那位弗里德里希·卢夫特呢？那个4月底戴着白色绑带从

地窖走出来和俄国士兵相遇的话剧评论家,也带着无法满足的好奇活了下来。用"都市人"作为化名,他定期给创办于1945年9月的柏林《每日镜报》(*Tagesspiegel*)的副刊写短评。他的文章大都关于大都市的风流艳事,关于春天的美丽裙装,以及每天清晨等邮差时的紧张期待。

弗里德里希·卢夫特曾经是当年西柏林美军占领区电台(RIAS)《批评之声》(*Stimme der Kritik*)节目的主持人。从1946年2月一直到1990年10月临去世前,他总是用那句让听众们心满意足甜蜜无比的话来结束其每周的节目播出:"我们下周再会,和往常一样,同一时间,同一频道,同一节目。"

就在他1945年从地下室走出来的那所房子里,弗里德里希和他的妻子,一位绘图员,在这里一住就是好几十年。70年代初,海德·卢夫特(Heide Luft)经常会去离她家不远的位于温特费尔特广场(Winterfeldtplatz)的一家酒吧。这家餐馆叫"废墟"(Ruine),它不仅拥有这个名字,它就是一个废墟:前屋还是被炸飞的样子,但它的部分墙基还矗立着,和有着参差缺口的残墙形成了一个怪异的小啤酒花园。后屋是一个餐厅,那里总是挤满了人。一棵树从前屋被残垣断壁掩盖着的地下室里长了出来,正好可以让人在上面挂上几只灯泡。70年代初,这个酒吧是那些曾经一度想成为诗人的愤青们的聚会场所,他们多数是大学生。战争看起来好像刚刚结束。当她的丈夫在家里为广播电台斟酌着写评论稿时,卢夫特女士正穿着她优雅的毛皮大衣,坐在留着长发的人群中间,有时说上一两句话,总是一副精明而矜持的姿态,有时还会主动请大家喝一杯。她就是那些众多喜欢回到零点时刻的人之一,只是每个人有着各自的回归方式。

第二章

在瓦砾中

清除瓦砾的责任分配及方案

战争在德国留下了大约 5 亿立方米的瓦砾。为了让这个量度更直观,当时的人们做出了各种各样的测算。《纽伦堡新闻报》(*Nürnberger Nachrichten*)以帝国党代表大会会区内的齐柏林广场(Zeppelinfeld)作为参照,如把这些瓦砾堆积在这个长宽各 300 米的广场上,它们将形成一座高达 4000 米的山,山峰上永远白雪皑皑。有人则测算出柏林市的废墟有 5500 万立方米,在脑中搭建一道宽 30 米、高 5 米的向西延展的墙,这堵墙在想象中可从柏林延伸到科隆。借助于这样的思维游戏,他们试图使世人对必须清除瓦砾的庞大体量有一个具象感。当时曾见过不少城市的某些区域被彻底摧毁的人,如在德累斯顿、柏林、汉堡、基尔、杜伊斯堡或法兰克福,都无法想象这些废墟会如何被清除,更不用说重建了。在德累斯顿,每一个幸存的居民头上都分摊着 40 立方米的瓦砾。

瓦砾堆当然不会以那种紧凑的立方体存在;而是脆弱地延绵在城市各处的废墟中,在它们之间走动会是一件危及生命的事。那些还住在废墟里的人们不得不先爬过山丘般的瓦砾堆,穿梭过矗立的残垣断壁才能回到他们那个往往四面墙只剩三面,甚至连屋顶都没有了的家。个别的内墙通常和房屋的外立墙一样高,而且还没有支撑它的侧墙,所以随时面临倒塌的威胁。在头顶上方,弯曲的铁梁上悬挂着残墙;有时整片的混凝土地板突兀地伸出于一面侧墙之外,而孩子们就在这下面玩耍。

虽然到处都有令人绝望的理由,但大多数德国人不允许自己有片刻的沮丧。1945年4月23日,战争尚未正式结束,曼海姆(Mannheim)的官方公告已经发布了"我们建设家园"的号召:

> 我们只能暂时简单地进行重建,因为第一步必须先清除大量的瓦砾废墟才能露出可供建造的土地。就像一句古老的谚语说的,"各人自扫门前雪",最好的开始就是清除堆积物。这些我们一定能够完成。当一个幸运的返乡者站在他原本想再次居住的屋前,而那个小屋却早已破碎不堪时,没有比这个更令人难受的了。我们必须用多年的经验和能力,一锤一锤地重新建造,直到可以重新住在里面生活。……拥有屋顶油毛毡和屋顶瓦片,我们才能自助。为了尽快地为更多的人提供帮助,每个拥有以前施工遗留下来的屋顶材料的人,请务必立即将这些材料交给区域重建的责任部门。……由此,我们希望重建过程适度开始,一步接一步,先是封上窗户和房顶,然后我们再来审视下一步。[1]

尽管不计其数的英国炸弹炸毁了曼海姆一半的房屋,但是靠着近乎完善的地下防空洞系统,只有5‰的居民丧生。这也就解释了为何在重建的时日里,人们又锤又打忙于造房建屋的欢乐场面是那样的充满匠人的诗意而又不可思议。然而在曼海姆以外的其他地方,

第二章　在瓦砾中

人们同样也在战争结束后立刻以一种令局外人惊诧不已的热情开始了清理。

"恢复秩序"（Erst mal wieder Grund reinbringen）是当时的口号，而它的字面含义为"找到立足点"。人们很快以令人惊讶的速度在瓦砾混乱中创造出了一种初始秩序。狭窄的走道被清扫，以至于人们可以舒适而匆匆地穿过乱石堆。在坍塌的城市里，被踩踏出的路径造就了一种新的地形。在废墟沙漠中出现了整洁的绿洲。在某些地区，人们如此认真地清理街道，让鹅卵石就像在往日美好岁月里一样光彩夺目，而人行道上的碎瓦砖块，被按大小仔细排列、堆叠。巴登州的弗赖堡（Freiburg im Breisgau）一向以特别爱打扫出名，约翰·彼得·黑贝尔[*]有一句金句——"弗赖堡的街道，干净而光滑"——人们将散落的碎片如此有爱心地堆放在废墟的脚下，以至于原来世界末日的风景几乎重新拥有了可以安居乐业的格调。

在一张维尔纳·比朔夫（Werner Bischof）于1945年拍摄的照片中[†]，可以看到一个男人独自走过这个被清扫过的地狱。从他的背影可以看出他穿着星期天的体面衣服，一顶黑帽子被他推到颈脖后，他把马裤的裤腿塞进高及膝盖的靴子里，再加上优雅的上装，给人以一位马术师的印象。他手里提着一个编织篮子，好像正在悠闲地逛街购物，以至于这张照片后来被正式赋名为"寻找食物的男子"。他迈着自信而调皮的步伐，他的体态表达出一种乐观和决心，加上他仰头关注的姿势，以及他对周围好奇的打量，让人觉得他仿佛错入一个虚幻而感人的电影场景之中。

---

[*] 约翰·彼得·黑贝尔（Johann Peter Hebel, 1760—1826），德国短篇小说家、诗人、神学家，以用方言阿勒曼尼语歌颂巴登自然和生活的《阿勒曼尼抒情诗集》（Allemannische Gedichte）闻名。——编注

[†] 该照片可见：https://www.magnumphotos.com/arts-culture/travel/werner-bischof-after-the-war/。——编注

事实如此，然而又并非完全如此。德国人之前已有很多时间去适应这场破坏性灾难，在清除瓦砾这事上他们已有足够的练习，所以他们并不是直到战争结束后才开始清理工作的。自1940年第一次轰炸开始，在日益加剧的毁灭性袭击之后，德国人不得不随时清理城市以保证它们的基本运行。当然，那时大批的战俘和强迫劳工可供他们在非人道的条件下差遣，被他们用来从事艰苦的工作。在战争的最后几个月里，已经再没有人确切计算有多少人死于这种苦役。然而战争结束后，德国人不得不第一次自己做这项工作。

还有什么比让这场灾难的始作俑者来干这事儿更合乎情理的呢？在战后的头几周，几乎到处都有由盟军及其德国监管人员组织的所谓"党员*义务劳动"，即纳粹党党员必须帮助清理废墟。在杜伊斯堡，5月初通过布告宣布，原纳粹党成员有义务"清除道路障碍。""路障必须由纳粹党成员、纳粹团伙的友人和赞助者立即清除。为清除而来的这一类人必须自己携带合适的工具。"[2] 这项指示指名道姓地发送到纳粹党羽们手中，指示函中还附有威胁："如果您到时不来，我们将派被释放的政治犯来敦促您参与。"

不过这些征召令既不是由英国军政府也不是由杜伊斯堡市长发布的。签发人是"重建行动委员会"（Aktionsausschuss Wiederaufbau），其背后隐藏着一个所谓的反法西斯委员会——一个由反纳粹者组织起来的团体，他们希望用非官僚主义的方式把去纳粹化和重建家园掌握在自己手中。在许多其他城市实现了反法西斯委员会与市政当局的密切合作，然而在杜伊斯堡则不同，杜伊斯堡市长认为公民委员会的惩罚性举动是对官方无礼的越权行为。他曾试图通过自己张贴的通知取消对前纳粹党羽们的工作分配，但是最终他无法在事件的推进声浪中占据上风；民间组织的"重建行动委员会"实际上成

---

* 原文为PG，Parteigenossen的简写，指原纳粹党党员。

第二章 在瓦砾中

功地动用了相当数量的前纳粹党羽们，使他们虽怨声载道却不得不一次又一次地参加每周日的强迫劳动。

即使当时这些由公民委员会对纳粹分子强加的惩罚行动不具有普遍性，但杜伊斯堡的例子表明，当年的德国人并不是他们后来所表现出的同质均一的固化群体，这类事件首先是战后头几个月内官方治理下混乱局面的典型现象。一旦盟军征服一个地区，时任市长就自动被解职，盟军立刻任命新市长来维持最低限度的秩序。理想的情况是，盟军先找出曾在1933年之前担任过这一职务的人，或者唤来之前的社会民主党人士。有时出于理想主义等各种原因，德国公民也会毛遂自荐，不过很多时候，由于后续执行去纳粹化的部门表示反对，他们的任期往往只有几天。

在美因河畔法兰克福，记者威廉·霍尔巴赫（Wilhelm Hollbach）的任期相对来讲较为长久，达99天。他任职市政府最高层纯粹是个偶然事件：在德国投降后他立即和美国驻军总部联系协商，以期获得办报许可，他想的是赶晚不如赶早。霍尔巴赫闯进办公室的那一刻，盟军正在为不知让谁来当市长这事儿绞尽脑汁。因此霍尔巴赫虽没有获得印刷许可证，但军方却向他提供了该市的最高职位。顺便一提，他的上任是法兰克福的万幸，刚上任他就开始精心筹建一家瓦砾回收公司，虽然起步相对较晚，但更为有效的清理就此展开。

作家汉斯·法拉达（Hans Fallada）则没有那么走运，他在仓促中成为梅克伦堡州费尔德贝格（Feldberg in Mecklenburg）的市长。事实上，因为有人在他的花园里埋下了一套纳粹党卫队制服，苏联人本想将他打入牢狱甚至枪毙他，但在审讯当中他们感到这个人似乎正是一个能即刻管理市政的合适人选。于是，臭名昭著的酒鬼和吗啡成瘾者的法拉达立刻负责解决农民、市民和占领者之间的争端。这个工作主要涉及对物资的没收和对组织工作劳动力的分配。四个月后，在这份吃力不讨好的工作重压下他崩溃了，进了诺伊施特雷利茨（Neustrelitz）的医院，加上他的部下乘机洗劫了他的房子，他后来再也没有回到费尔德贝格。[3]

在市长和其他高级行政官员率先被解雇的同时，中下层的雇员和官员通常都被留任，因此盟军军事行政当局能够依靠已有的完善行政程序。混乱和有序相对持衡。虽然对于德国的何去何从还不明朗，但官员们依然用他们熟悉的程序循规蹈矩地照章办事。

这种行政上的熟练管理与战争所造成的深度冲击产生了奇特而鲜明的对比。那些负责清理工作而被命名为"大清拆局""瓦砾局""清理局"或"重建局"[4]的部门其实与战争结束前的部门都是同一部门。部门人员自己都说：以前有劳工，现在也会继续有，只不过你得要求征配他们，总得有人把这脏活儿干了呀。只不过这一次被征配的劳力不是俄罗斯人或犹太人，而是德国人——但这并不影响结果。由此，这些部门不再像过去那样，习惯向国防军提交人力需求，而是向自愿运送德国战俘的美国或英国军事部门申请。那么试想下，这些公务员当时有啥感受，他们就不在乎吗？[5]或者他们曾经有过良心上的谴责？事实上他们不会，因为尽管盟军战俘营的生活可能很艰难，但那里的战俘的待遇绝没有在纳粹国防军统治下那么糟糕。和必死无疑的纳粹集中营相比，英美盟军根本就不把杀死战俘放在考虑范围之内。

在柏林巨大的瓦砾堆里，清理也成了一种惩罚工作。在盟军攻入后的最初几天，志愿者通过号召被招募。他们来是因为下班后有一盘汤可喝。但不久这工作就轮到了纳粹党员的头上。他们很容易被找到，因为柏林地区办事处的工作只是在战斗最后的那几天中断过。这些官员和雇员由一个叫"乌布利希小组"*和其他流亡归来的

---

* "乌布利希小组"（Gruppe Ulbricht）由曾流亡苏联的德国共产党（KPD）的领导人及10名反法西斯战俘组成，他们1945年4月30日由苏联回到德国，在苏联政府的支持下成立，也同时在其控制下协调并支持苏联在战后德国总体行政机构的运行。其名字源于德国共产党领导人瓦尔特·乌布利希（Walter Ulbricht，1893—1973），也就是后来东德的第一任领导人（德国统一社会党第一书记）。

第二章 在瓦砾中

共产党员管理，他们与红军一起抵达，以重组城市生活，增强对俄方行政管理的信心。协助他们发掘出那些原纳粹党成员的，是那些在德国被占领之初就安插好的楼房及街道监督系统人员。

在第一批被征调的人群中就有18岁的女秘书布丽吉特·艾克（Brigitte Eicke），这位德意志少女联盟*成员在纳粹政权即将分崩离析之前入的党，于是现在她必须参加"纳粹的特别任务"。1945年6月10日她在日记里写道：

> 早晨六点半，我们就得赶到埃斯马尔希街（Esmarchstraße）。让我总感到惊讶的是，同样是纳粹党员的那些领导者和我们地区的姑娘们，就像黑尔加·德博（Helga Debeaux），她们从来没有在这里出现过，似乎她们懂得如何逃离责任，这是一种骇人听闻的不公正。我们被要求去魏森湖（Weißensee）火车站，但那里已人满为患，所以我们又一起走回湖边的散步大道，那里瓦砾和垃圾堆得比人还高，甚至还发现了人的尸骨。我们在那里清除到12点，午饭时间持续到两点，然后又再继续清除。今天的天气如此美好，每个人都出来散步，然后走过我们身边。……我们照理该工作到晚上10点，当你在大庭广众之下干活时，这是一个长得可怕的时间。我们总是背对着大街干活，这样就看不到人们做的那些鬼脸。如果不是总有一些人还用他保持的幽默让身边的人一起开心一阵，有时这真的让人难过得想哭。[6]

当然，柏林建筑管理局和军管委很清楚地知道，5500万立方米的瓦砾碎片不可能单单由惩罚性强迫劳动力来清除完毕。建筑商们

---

* 德意志少女联盟（Bund Deutscher Mädel，缩写为BDM），德国纳粹党希特勒青年团的青年女性分支组织，其成员都是14至18岁之间的女孩子，至1944年人数高达450万。

瓦砾堆里的女性在战后成为神话般的人物,不单单因为她们很上镜。这张照片里,她们正在德累斯顿的耶尼则香烟工厂(Zigarettenfabrik Yenidze)前劳动。

于是被叫来对瓦砾碎片做专业化处理。根据他们在战时不同的政治表现,他们要么是被强制去做,要么可以按劳取酬。在所有四个被占区里,建筑工人都受雇在碎石沙漠般的瓦砾堆劳作,虽然工资很低,但他们首先为的是当时紧俏的重体力工作食物配给卡。

与此同时,瓦砾妇女*慢慢成为战后女神一般的人物。战后在

---

* 瓦砾妇女(Trümmerfrau),因其在清除瓦砾和重建城市中的巨大投入,成为战后德国历史上的专用名词。

第二章 在瓦砾中

柏林市区外的这类妇女要比我们现在认为的少得多，然而在柏林市区最重的体力工作确实是妇女完成的。[7]在清理工作的高峰期，有26,000名妇女参与，而男性只有9000名。在数以百万士兵被杀或被俘之后，柏林男性的短缺问题比其他任何地方更为严重，尤其因为柏林在战前就已是单身女性的首都。当年为了呼吸"汽油的芬芳"和自由的气息，并能够靠新生的妇女职业而独立生活，她们从狭窄的省城逃到了大都市。然而现在，比起最低等食物配给卡所保证的让人不死不活的每天七克脂肪，当建筑工地上的劳工是唯一相对较好的选择。

相对地在德国西部被占区，妇女很少被用于干这种清理瓦砾的工作。把女人送到瓦砾场干活主要是在去纳粹化和实施管教措施过程中，对"无人管教的女孩和不检点妇女"（针对"经常更换性伴侣"的女性）所采取的惩罚性行为。然而，瓦砾中的妇女们后来仍然能够成为重建的神话英雄，主要归功于她们在废墟中劳动时那些令人难忘的景象。如果废墟已经很上镜的话，废墟中的妇女们就更是如此。在多数印刷的照片中，可以看到她们沿着山坡站成一长排，一些人系着围裙，有的穿着裙子，裙子下面露出笨重的工作靴。她们经常系上头巾，像拖拉机手那样在额前打个结。她们组成一个铁皮桶的传递链，手手相传地把铁皮桶中的瓦砾从废墟传到马路边，在那里由半成年的孩子做分类和清理。

这些照片之所以深刻地烙在了人们的记忆里，是因为铁皮桶链为一个已崩溃但又同时迫切需要集体意识的社会提供了一个极佳的视觉隐喻。它是一个如此鲜明的对比：一边是摇摇欲坠的废墟，另一边是铁皮桶链的凝聚力！重建被赋予了英雄而性感的一面，它让人们可以心怀感恩地识别认定自己，虽然战败却依然自豪。因此，那些像幽灵般顽固地留存在人们记忆图像里的被称为"小阿米莉"

的轻浮"小姐"们*，从意象上受到了清除废墟的妇女们的挑战。

面对摄影师，瓦砾中的一些妇女反叛性地吐舌头，或者当面嘲讽摄影师。有些人穿着非常醒目的优雅礼服，她们的白色领口及洒花面料与这些肮脏的工作完全不相匹配，这仅是因为这身衣服是她们的最后一套了。那些前往防空袭地窖或被疏散的人们总是把最好的物品带上，最美丽的衣服总能一直被女人保存到最后，而现在是时候拿出来穿了。

在其他情况下，那些不合时宜的优雅衣着事实上是摆拍的道具。在一些电影上映前播放的每周新闻中，妇女们优雅而准确地往瓦砾堆里扔碎砖，仿佛她们正在上体育课一样。这看起来很棒，但其实令人难以信服，而且这种劳动也是无效的。完全虚假的还有那段由约瑟夫·戈培尔（Joseph Goebbels）在被炸烂的汉堡委托拍摄的录像：那些扮演着在瓦砾堆里劳动的女人对着摄像机的镜头，扔砖头时笑得如此欢快，以至于只有容易轻信的人才会认为它是真实的。事实上，她们都是女演员。[8]

美国摄影记者玛格丽特·伯克—怀特（Margaret Bourke-White）不带丝毫同情地、理性地看待这些在尘土中劳作的姐妹们。她于1945年在柏林的一篇旅行报道里写道："这些妇女构成了为进行城市清理而组织的人力传送带的一部分，她们非常熟练地用慢镜头的速度传递着装满碎砖头的铁皮桶，让我觉得她们好像确切地计算出了最低工作速度，好在以这速度完成这个工作的同时，为自己不多不少地挣得每小时72芬尼的工资。"[9]

的确，最初的那些没有协调好的瓦砾清除行动并不高效。在某

---

* 原文中的 Frowlein 是柏林方言对小姐的写法。"小阿米莉"（Amiliebchen），亦被译为"美国甜心"，字面意思是"美国佬的情人"，指的是那些战后和美国士兵交往的德国女孩，在当时物资极度缺乏的年代很多德国女孩为了求生成为美占区美国士兵的女友，在当时被世人所不齿。对有关历史作者在第五章做了详述。

第二章 在瓦砾中

"专业的大规模瓦砾清理"包括建立一个有效的运输系统。德累斯顿人立即铺设了七条这样的窄轨,40辆全部被赋予女性名字的机车穿梭行驶。

些情况下,瓦砾中的妇女只是把碎石块扔进附近的地铁通道里,使得人们事后不得不再次艰难地把它们运出来。1945年8月,柏林市政府联系了各区办事处,命令他们制止"失去控制的铁皮桶链"。那些"原始的清理工作"必须停止,即时起清理工作必须在建筑当局的监督下专业地进行。

"专业的大规模瓦砾清理"包括建立起一个有效的运输系统,好让市内的瓦砾可以运到城外的垃圾倾卸场。为此,人们使用了农业惯用的窄轨铁路:在临时铺设的轨道上用小型火车头拉小货车。

德累斯顿人立即设置了七条这样的窄轨。例如 T1 号轨道从"城市中心清理区"通往奥斯特拉区（Ostragehege）的倾倒处。40 辆全部被赋予女性名字的机车穿梭行驶。虽然由于轨道铺设粗陋曾导致过脱轨事件，但总的来说运转完美，有主副两线、运营中转站、提炼和倾倒点。近 5000 名员工负责这条奇特的铁路，这条铁路穿过德累斯顿被大火烧尽的废墟，就像穿过幽灵般的无人岛一样。官方宣布德累斯顿废墟清理结束于 1958 年，这也是这条铁道最后一次运行。但并非所有区域都被清理完毕。尽管市中心的大部分地区早在 1946 年就已被清扫干净，以至于埃里希·凯斯特纳*能够在 45 分钟之内穿过市中心却没有经过一栋房子[10]，但直到 1977 年，即战争结束 32 年后，德累斯顿最后一支清理队伍才停止了他们的工作。[11]

瓦砾的量改变了城市的地貌。在柏林，战争导致的堆石使城市北部由大自然形成的冰碛石堆往南延长了。在长达 22 年的时间里，有时每天多达 800 辆卡车在前国防学院的空地上倾倒着瓦砾，以至于这座后来被形象地称为魔鬼山的人工山成了西柏林的最高点。

对废墟的处理还影响了不同城市未来的经济发展。1949 年法兰克福虽然没有像人们所期望的那样成为联邦共和国的首都，日后却能成为"经济奇迹之都"，这从其清除废墟的作为就初露端倪。法兰克福人向世人展示了他们用瓦砾赚钱的本事，尽管最初看起来好像毫无进展。当其他城市鼓励居民用手中的铲子立即开始清理时，法兰克福政府却用科学的方法通过分析、思考和试验来启动此事。市民们怨声四起，因为他们的城市仍毫无作为且处于一片混乱之中。工会上书抱怨道：在其他地方，人们早就众志成城地开始了清理，但在法兰克福却没有采取任何措施来"赋予这个城市一个更赏心悦

---

* 埃里希·凯斯特纳（Erich Kästner, 1899—1974），德国作家、诗人、编剧、儿童文学家，作品有《埃米尔擒贼记》《两个小洛特》等，被誉为"西德儿童文学之父"。——编注

第二章 在瓦砾中

目的外貌"。但这个等待很快就显示出了它成功的一面。法兰克福的化学家们发现,燃烧瓦砾可以提取出会分解成二氧化硫和氧化钙的石膏,在工艺流程的末端,人们可以得到作为水泥添加剂出售的抢手的烧结浮石。

市政府与菲利普·霍尔兹曼股份公司(Philipp Holzmann AG)一起成立了瓦砾回收利用公司(TVG),虽然对瓦砾清理的作业晚于其他城市,但却更高效。在建造起了大型处理瓦砾的工厂之后,那些在其他城市堆积如山的细碎石也可被用于重建。正如人们今天所说的,这是一种公私合营的经济结构,法兰克福由此成功地使它的重建成本低于所有其他城市,并赚取了可观的利润。TVG 从 1952 年开始盈利。[12] 今天法兰克福的天际线展示出的城市繁荣显而易见始自当年法兰克福的废墟。

当重建家园成为一种狂热的活动时,许多德国人的创造力因而被激发。当时的清理工程很快地被称作"蚁丘工程"。和法兰克福的做法相反,1945 年圣灵降临节的第二天,马格德堡(Magdeburg)市长呼吁居民参加无偿的清理行动。在他讲到当下的任务之前,他首先回忆了这座在三十年战争*中被完全摧毁的城市:"马格德堡人必须通过实际的工作来证明他们对这座城市的认同感,这也必须是公共意识。……在德国,没有哪座城市像马格德堡那样曾饱受命运的重创,只有我们能通过无偿劳动把自己从战争的废墟中解放出来。我来做一个小小的计算好让大家知道,这些从瓦砾堆中清理出来的砖块会给我们创造哪些价值:一套普通公寓需要 8000 块砖,如果成千上万双勤劳的手在星期天新收获 100 万块砖,那么这些建筑材料将能用来建造 120 套公寓。……政府因此号召每个公民、每个年

---

* 指 1618—1648 年由神圣罗马帝国的内战发展成以德意志地区为主战场,遍及欧洲的历时 30 年的战争。

轻人、每个男人都应该听从召唤！在这个城市的危难中马格德堡人接受考验的时刻到了。他们不能推卸对自己城市的责任。"[13]

人们该在早上7点钟开始排队，"不事先组队，排成四人一排，不要错开"。参与是一种义务，每人都得把100块砖头上面的灰浆去除干净，这样它们就可以被重新使用了。第一次来了4500人，第二个星期天来的人加倍。尽管大家视此类任务为无趣的苦力活，大伙儿还是兴高采烈地完成。不过每个城市不尽相同，各地对这种工作号召的反应也不一样，在纽伦堡5万名男人中只有610人参加了这种义务劳动。

在瓦砾场的边上，每200块被清理干净的砖头被堆成四方形的柱子。为了表明它们已被精确计数，每个柱子最上面的一块砖被直立放置。最后，用这样的方式仅在汉堡就收集、清理、清点和堆放了1.82亿块砖。

在1947年拍摄的电影《我们头顶的苍穹》(…und über uns der Himmel)里，汉斯·阿尔贝斯（Hans Albers）身着风衣穿过柏林的废墟，他吟唱道："风从北方吹来，把我们吹来吹去。我们变成了什么？海边的一小堆沙。"摄像机在瓦砾沙漠上方转动镜头，一小群人在瓦砾中忙碌，随后越来越多的人蜂拥而至，到处都在锤击、分类、敲打，碎片被装上运输小火车。"我们的生活如同沙砾被风暴席卷，风暴把我们狂扫下梯子，仿佛轻盈的尘埃。"在澎湃的管弦乐伴奏下，合唱团加入了："但我们必须继续下去，我们要从零开始。"——"啊"，汉斯·阿尔贝斯呼喊般地唱着："啊，让风继续吹吧！"镜头再次旋转在瓦砾之间，这时观众在镜头快闪的片段里看到微笑的人们在他们破碎的世界里重振家园。影片以对主的祷告结尾："请饶恕我们的罪孽，就像我们原谅我们的罪人一样。请引领我们不要陷入诱惑，而是把我们从罪恶中拯救出来。"[14]

"我们之前从未如此等待着被救赎",露特·安德烈亚斯—弗里德里希也曾经在她的日记里赞叹道。《我们头顶的苍穹》属于那类所谓的废墟电影。影片的主要部分提供了对柏林社会各个阶层的真实描述,它展示了苦涩的贫困和黑市赢家的暴富。它的结尾却是对重建家园的神化。雄伟的劳动奋斗、神圣的英雄集体、超人的使命,所有这些都感人至深、催人泪下并促进团结。为了在清理瓦砾的人群里找到一个有鼓舞作用的劳动群体,全球电影股份公司*在这部电影里以电影修辞的方式使英雄主义满血复活。

然而,当这部电影受到观众及大部分电影评论者的广泛好评时,虽为数不多但还是有一些人对此类修辞手法表示出恐惧。《电影邮报》(Filmpost)的评论员就感到被唤起了他对一部再也不想看到的宣传片的记忆:"这种在不真实场景重压之下的建设大合唱,就像一种对哈兰电影†的怪诞纪念——它的不可信可以和电影《柏林某处》(Irgendwo in Berlin)的不真实结尾有得一拼,那里展现了一群国家劳役团(Reichsarbeitsdienst)的年轻人在进行训练。不,这样的电影我们不要再看了,永远都不要。"[15]

废墟之美和瓦砾旅游业

有关瓦砾题材的电影之所以受人喜爱,其原因很简单:被毁坏的城市风景线提供了一幅迷人的画面。那些认为战后景象只是令人毛骨悚然的观点并不属实。有不少人对废墟的景致百看不厌。他们觉得废墟就如同一面镜子折射出他们的内心状态,甚至有人觉得现

---

* 全球电影股份公司(Universum Film AG,简称 UFA,所以又被称为"乌发电影公司"),成立于 1912 年,是德国历史最为悠久的制片企业之一。
† 指伊特·哈兰(Veit Harlan,1899—1964)拍摄的电影。哈兰是德国演员、电影导演,"二战"期间受戈培尔委托,拍摄了一系列反犹太人的电影。

在的世界终于显现出了它本来战前就该呈现的面貌。就像阿尔布雷希特·丢勒的铜版画《忧郁 I》*里的人物一样，他们走进废墟，在都市的残垣断壁里思考着，脚底下散落一地的工具，他们领悟着隐藏在事物之间、那些曾经可能导致世界倾塌的内部关联。

在这片废墟风景里，建筑设计师奥托·巴特宁（Otto Bartning）看着"这幅被战争突兀地发掘出来的潜滋恶长的病魔画面"，它正公开地被呈现在光天化日之下："这些残垣断壁默默地凝视着我们，仿佛它们不是在爆炸的轰响中崩塌，而是出于内部原因而倾塌。我们能够并愿意背负所有的负担和仓促，被恶魔纠缠着，不假思索地去重建那一整套揭示着残忍冷酷并将我们的生存技术化的机器体系吗？我内心的声音说，不！"[16]

许多人都有那种废墟才展现了世界真实面貌的感受。他们背着相机进入瓦砾场，拍摄了"警世照片"——所有在废墟中拍摄的景象都被媒体以"警世照片"作为标题印刷出版。当然，他们都想以此展现他们眼前的恐怖场面。然而，即使像德累斯顿那些被摧毁烧焦的恐怖场面，也没有击破其中一位摄影师从灾难中获取更多灵感的雄心。在被炸烂的德累斯顿艺术学院，他在瓦砾中偶然发现了一具曾经作为临摹和研究对象的骷髅，它和废墟相当匹配：它有灵活的关节，骨架看起来特别怪异，它可以弯腰支在一根棍子上作跑步状，或者可以有力地伸出一条腿，就像被魔鬼追逐一样。

这位名叫埃德蒙德·凯斯汀（Edmund Kesting）的摄影师把这具骨架摆出一副在巴洛克式的废墟中跳舞的模样。他的同行理查德·彼得（Richard Peter）把这具骷髅的手臂和腿分开到一个特定的位置，使它看起来就像是一个来德累斯顿收尸的死亡之神。这两

---

* 阿尔布雷希特·丢勒（Albrecht Dürer, 1471—1528），德国文艺复兴时期著名画家，其铜版画《忧郁 I》(*Melencolia I*) 描绘了人类心有余而力不足所导致的行为上的惰性，以及命运及未来的不可知性。

位摄影师当然明白,此时到处可见的压抑景象其实根本不需要这样的加强性表述,但是德累斯顿那令人惊愕的场面使他们禁不住要用这样不拘一格的方式来"进一步刻画"。*

理查德·彼得的《从市政厅高塔俯视德累斯顿》(*Blick auf Dresden vom Rathausturm*)是德国不折不扣的废墟摄影作品。这张照片经常也被称为"雕像的控诉"(Eine Skulptur klagt an)。它以鸟瞰的视角展示了被摧毁的城市。在作品的右前方立着一位石雕的天使,他用一个绝望的手势指向这座遭洗劫的城市。这是一个有3米高的雕塑的背影,它站在市政厅塔楼的长廊上,高度令人眩晕。为了让雕塑进入画面,使其站在整个被炸空的城市面前,摄影师不得不尝试很多次。他搞来一个4米高的梯子,透过塔的窗户向下看那雕像。他的努力是值得的:"两天后我弄到一架罗莱反转相机,第三次爬上了无尽的塔楼,创造出带有控告姿态的石雕照片——用了一整个星期的艰辛和来回奔跑。这个图像已经成为世界名作,给我带来丰厚的报酬。它被偷盗过无数次,也被模仿过好多次。"[17] 顺便说一句,那位经常被提到的照片里的天使并非天使,而是波尼塔斯(Bonitas)——寓言中善良的代表。

在西德,彼得的同行兼对手、科隆的摄影师赫尔曼·克拉森(Hermann Claasen)也同样不遗余力地通过艺术手段的干预来增加瓦砾场景的震撼力。1945年5月底,他拍摄了战后第一次基督圣体节的行列仪式。这是一幅令人难以置信的图景:在破败的城市轮廓前,废墟参差不齐地指向天空,在由碎石堆成的恍若月球上喀斯特地貌般的景观里,一群戴着头巾,全身裹着漆黑长衫的人们组成一支长不见尾的队伍。看起来像一场幽灵般的忏悔游行,就像一群被遗弃的人们在无人居住的城市里游移。为了增加效果,

---

* 这一系列摄影作品名为《德累斯顿的死亡之舞》(*Dresdner Totentanz*)。——编注

雕像的控诉：理查德·彼得拍摄的 1945 年的德累斯顿废墟。从市政厅塔楼朝南看，照片中波尼塔斯雕像是由奥古斯特·施雷特米勒（August Schreitmüller）于 1908—1910 年雕塑的。

第二章 在瓦砾中

克拉森采用了一个简单的技巧,在其1947年首次出版的《炉中之歌》(*Gesang im Feuerofen*)画册里,他把照片中间那个乌泱泱的人群部分用并排粘贴的方式重复使用了两次,如此一来就把全景拓宽了。科隆的灾难一下子被翻了一番,你必须仔细观察才能发现其中的"欺诈"。

其实被毁坏的城市本身就提供了一大堆这样的原始视觉冲击:张开双臂的耶稣雕像躺倒在碎石堆里,羊群在倾倒的柱子之间吃草,马铃薯的茎秆在勃兰登堡门前疯长。

没过多久就有摄影课程被推出:门外汉在专业摄影师的指导下爬过碎石山坡,把奇特的画面用吸引眼球的方式纳入镜头。这可比开着敞篷车在荒原里拍照刺激多了。透过炸烂的窗户营造出一种纵深感,垂挂在那里的天花板制造着一种悬念,一块弯曲的铁丝网创造了一种节奏和结构感,这样的画面久驻人们的脑海。即使60年过后,连卡塞尔(Kassel)的摄影师瓦尔特·蒂梅(Walter Thieme)去世时的追悼标题仍是:"废墟摄影师逝世"。[18]

在瓦砾堆里玩耍的孩子们、恋人们,当然还有时装都相得益彰。当有些人依然在废墟里居住的同时,其他的一些人却在那里展示着战后第一款晚礼服。在慕尼黑一家完全被摧毁的名为安娜斯特(Café Annast)的咖啡馆里面,时装摄影师蕾吉娜·雷朗(Regina Relang)展示着一件华丽的白色塔夫绸连衣裙,前景里的那个藤条沙发已经四分五裂,模特儿担忧的目光投向似乎随时都有可能会塌陷的天花板。对于这幅完美的废墟时髦图片来讲,模特儿疑问的眼神在此处可谓画龙点睛之笔。

一个被瓦砾碎片淹没的城市提供了包罗万象的有关无常的主题,尤其是在天主教城市里,人们从巴洛克式精雕细琢却又徒劳无益的建筑雕塑中重新获得了熟悉的性感力。在赫尔曼·克拉森的画册《炉中之歌》的序言中,作家弗兰茨·A.霍耶尔(Franz A.

瓦砾把她衬托得更美:时装摄影师蕾吉娜·雷朗在慕尼黑安娜斯特咖啡馆的废墟里拍摄的模特。

Hoyer)就被摧毁的科隆写道:"以前未被看到的美在这种破坏中显现出来,比如某些建筑形式的美,这听起来几乎像是无稽之谈,可这就是为什么一些残缺的躯干比完整的让人能领略到更多的形状和丰满度的理由。比如圣科伦巴教堂*里的圣母像恰好以此新状态'赢得'了完美。几个世纪前创作它的那位艺术家难道不是把它创造得太过完美,用我们今天的眼光来看,令人觉得有些许的可疑之处吗?"[19]

大家真得想象一下这样的场景:正如美国和英国士兵从科隆所报道的那样,这是让那些即使身经百战的士兵们都会震惊不已的一个场景,有人在这里居然富有哲理地认为哥特式雕塑的完美主义本身是有被人"轻度质疑之处"的!这无疑与历史的盖棺定论一样,它用尽了一切力量去纠正和彻底涂改了画面。仿佛中世纪有志者创造的完美雕塑现在就活该躺在污泥里:"尤其是建筑和设计上的自负,它以几乎是史无前例的巴别塔式†的妄自尊大掩盖了多少相当成熟的建筑和雕塑艺术,而又有多少直到现在才体现出它们真正的被隐藏之美!"[20]

霍耶尔漫步在被毁坏的科隆,并欣慰于那些雕梁画栋的"真实之美"终于在装饰灰飞烟灭之后展现出来。这是因为当时那种铺天盖地的对"意义的饥渴"才导致了这样的灾难性审美吗?抑或这是一个把一切归咎于巴别塔式的妄自尊大,从而把德意志民族的罪孽相对弱化的机会吗?或者只是他内心那个资深艺术史学家的精细感应系统在运行,使他即便面对无数的死难者,却能心无旁骛为玛利亚的雕像如何在废墟中"赢得"了完美而感到高兴?

对"废墟之美"[21]也进行了思考的艺术史学家埃伯哈德·亨佩尔(Eberhard Hempel)在《艺术杂志》(*Zeitschrift für Kunst*)里

---

* 圣科伦巴教堂(St. Kolumba)是科隆一座建于公元980年的天主教堂,"二战"中几乎被毁,教堂里的圣母玛利亚像后被重建为"废墟里的圣母玛利亚"。

† 旧约里的巴别塔(Babel),人类想要造塔以期和上帝平起平坐,最后上帝用语言的混乱使巴别塔无法建成,而人类由此开始说不同的语言,无法互相沟通并被分散在世界各地。

的观点支持了后一种可能性。亨佩尔承认,虽然无法挽回的损失导致的抑郁感自然而然地左右了大多数人的情绪,但是"对艺术美感坦诚的眼睛"会很快发现,由于"主体核心结构的凸显"产生更大的统一性,经常赋予建筑物更高维度的美,而这种美是建筑物之前由于"过多的繁复装饰以及大量次要的细节"而无法拥有的。如果这些残垣断壁有一天受到大自然的洗礼,那么这种美的效应还会更加强烈。

这种感受还表达了些别的东西:即现代人对装饰品的憎恨,这种憎恨由于帝国崩溃而尤甚。装饰被视为是那个放浪形骸的过去时代的标志,它带着虚假的承诺和空洞的话语,并最终将人们引入现

第二章　在瓦砾中　　　　　　　　　　　　　　　　　　　　　　　　045

被延长的恐怖：赫尔曼·克拉森于1945年在科隆拍摄的《基督圣体节的行列仪式》(*Fronleichnamsprozession*)。如果仔细观看照片，可以发现其中的技术处理。这张照片是由两张照片合成的，中间部分被采用了两次。

在所身陷的灾难。这种对繁复装饰的反感在新实用主义中被熟练运用，在法西斯年代开始流行，而它在战争结束后的持续滋长导致城市重建中出现了一种被称为"去花饰"（Entstuckung）的奇特现象：为了让最后仅存的尚能入眼的建筑物都显示出"某种程度上更真实"的面貌，它们上面任何剩余的装饰都被敲掉了。因为到处都会有建筑装饰从摇摇欲坠的房屋上掉下来，人们有时候甚至把安全因素作为"除去装饰"的借口。但其中更深刻的原因是对一切多余之物的厌恶。人们满怀热情地敲毁了如今终于再次受到热捧的、那些出自经济繁荣年代*的外墙门面上的装饰，并以此把"经净化"之后的建筑立方体作为当时的美学标准。在许多城市甚至还设有"去花饰奖金"。

即使是像伊丽莎白·朗盖瑟尔（Elisabeth Langgässer）那样受过良好教育、政治头脑清醒的作家，也在城市的沉沦中发现了美和抒情温柔。1947年，这位皈依了天主教的犹太人的虔诚女儿回到了她在莱茵黑森州的家乡。在那里的美因茨（Mainz）她尽情地欢度了狂欢节†，并于1947年3月16日在柏林的《每日镜报》上以"狂欢节寒旅"（Kalte Reise in die Fassenacht）为标题写了一篇关于狂欢节的文章。在品尝了"仍带有淡淡的发酵果汁余味的，其实还需要五六年才能尽显芳华的1945年的冬塔尔‡"之后，她真切地感受到破碎的美因茨所具有的魔力。

"这就是被摧毁后的优雅：没有哪座都城比它更古老，没有哪座神庙比它更优雅，没有哪面建筑外墙比它更有力量。即使当帝国的所有其他城市，现代城市……不折不扣地被摧毁时——废墟如同庞大的残牙，如同古代两栖动物张开的嘴巴和粉碎的脊柱——像这座罗马—巴洛克式城市的尊严和意义、人文的框架和精神的自由，只有在沉沦中才得到涅槃。它再次将其增长的基础和核心呈现出来，有机的和淳朴的；石头和种子。指向天空的那堵弯曲的空山墙是多

---

* 指在德意志帝国和奥匈帝国自1871年工业革命开始的经济繁荣期，1873年因股市危机而告终。

† 从复活节前的49天起，开始玫瑰星期一、狂欢日、圣灰星期三。这三个连在一起的日子组成了狂欢节(Karneval)，狂欢节这一词源于拉丁语，意思是远离肉食。从基督教教义而言，这49天是一个斋戒期，但在民间却以狂欢节开始，并成为德国科隆以南地区的一个固定的风俗，除了Karneval这个词以外，德国其他地区也将之称为Fastnacht或Fasching，都是指同一个节日。

‡ 冬塔尔（Domthal），莱茵黑森州出产的白葡萄酒。

么清晰,毫无背景的缺窗的墙面又是多么轻盈!这里有一个精致的叶形装饰图案,那里保存着一个可爱的雕饰,而当河水流过石头时,它仿佛揭开了一个小小的泉眼,一个从坟墓深处挖出的古币,似乎带着家神的微笑。在这些废墟中似乎只有梦想和记忆的存在,一个很深刻的化石般无法被破坏的记忆:在道路的难以确认之中,平整的路砖都按罗马水渠的方式砌成砖拱门。这是一股什么样的力量啊!如同一个古老的巨人,在释放力量的同时轰然倒下并被即刻征服。当月亮倾泻出它那迷人的赫卡忒*月光时,这里会是什么样的景象?当春天的墓地催生出青草和杂草、蓝色的三角草、海绿草和车前草扁平的花蕊时,当一只蜗牛忘我地黏着在一根石柱上,仿佛想在它的旋涡线里再次临摹螺旋纹饰的力度:它要比当年手持刻刀的罗丹在素描图纸上力图呈现的浅浮雕更甜美,更有活力。"

  作者想象出的精神世界在瓦砾场里如同植物般到处滋长,如果你想体会那个精神世界的方方面面,上述的文字必须被反复阅读。这段描绘文字优美、组词精确,但同时又由于那种显而易见的对历史文化知识的卖弄使得它难以被消化。然而也就是在这样的炫耀中,她把恐怖的世象织入了寓言的枝节里,并面对着倒塌的墙壁再次开怀畅饮1945年的佳酿。

  既然连朗盖瑟尔这样的诗人也能如此悠闲地观赏故乡的废墟,那就更能理解为何刚好是建筑设计师们在被摧毁的城市里有开心的理由了。他们没有在惊恐中停留太久,而是毫不掩饰地庆祝炸弹带来的建筑自由。巴塞尔(Basel)的设计师汉斯·施密特(Hans Schmidt)为"城市有机体里庞大的缺口"而兴奋,并在其中看到了未来的深远和广阔。在柏林的一次访问中他写道:"这些石头堆……得到了空间。每个建筑物体现出了前所未有的透视感。在一

---

* 赫卡忒(Hekate),希腊神话里的五界守门女神,有点类似藏传佛教中的度母。

令人不寒而栗的课堂：克虏伯教育协会的摄影小组在埃森的瓦砾中寻找主题。

个被重建的城市里，它头上一望无际的天空难道不可以就此获得这样的辽阔与深远吗？"[22]

1945年因重建被任命为柏林城市建筑局局长的汉斯·夏隆*在

---

* 汉斯·夏隆（Hans Scharoun，1893—1972），德国建筑师，为有机建筑的代表人物之一，建筑作品包括建于1929—1934年、现为世界文化遗产的"柏林现代主义住宅群落"（Siedlungen der Berliner Moderne）中的西门子居住区（Siemensstadt），建于1956年的柏林爱乐乐团音乐厅。——编注

毁坏中首先看到的是省下来的拆除费用："由于轰炸和决战所导致的建筑物的机械性松动，使得我们有可能进行大幅度的结构和性能上的翻新。"[23]

在柏林画家维尔纳·黑尔特（Werner Heldt）的作品里，瓦砾带给他最高的创作效率。黑尔特在20年代末曾画过感伤的城市画。他以周围的街道为出发点，把它们画成想象中的没有广告牌，没有雕饰，也经常是没有人物活动的都市空间。当他战后作为战俘归来，他所经历的柏林和他在战前想象中的柏林不可思议地更为接近。早在战争前，每当他被那种自称为"胡苏姆的氛围"*所笼罩时，黑尔特就觉得柏林像海边一座灰色的城市。1932年他在一首名为《我的故乡》（"Meine Heimat"）的诗里写道：

> 无数苍白的房屋伫立着思考着
> 用死气沉沉的眼睛梦想着远方的大海
> 僵硬的悲伤覆盖着它们远远的山墙
> 惨白的天空沉重地弯曲其上 [24]

1946年黑尔特走过被炸毁的城市，他欣喜若狂："柏林现在真的就是一座海边的城市！"那些已被清理的大片荒地就像海洋一样分布在房屋之间，残存的马路抬高成海岸线，遗留下的街道和两侧的房子宛似港口城市面对海洋的房子。这个牧师的儿子一辈子都遭受着抑郁症的折磨，可是城市的毁坏却丝毫没有给他带来沮丧。[25] 他写信给远在斯图加特（Stuttgart）的朋友维尔纳·吉勒斯（Werner Gilles）："到柏林来吧，瓦砾使它成了大赢家。"[26]

战后的几年成了黑尔特的创作高峰期，他接连把很多部作品

---

* 胡苏姆（Husum），德国北方石荷州靠近北海的城市。

维尔纳·黑尔特 1947 年的作品《废墟》(*Trümmer*)。"柏林现在真的就是一座海边的城市!"他高兴地写信给远在斯图加特的朋友维尔纳·吉勒斯:"到柏林来吧,瓦砾使它成了大赢家。"

第二章 在瓦砾中

命名为《海边的柏林》(Berlin am Meer)。作品里沙砾如同海浪一样翻滚在房屋之间；在有些作品里甚至有捕鱼船在城市里出现，它从一个英雄纪念碑旁驶过。直到他1954年过世，黑尔特的绘画艺术趋向越来越抽象的城市画，房屋被简约成基础的立方体，并像静物一样紧密相靠。有时它们像在海浪里摇荡，有时它们像纸牌一样被排成扇形。原生防火墙由于被涂上斑点或刮抹上颜色而变得生机勃勃，以至于看起来像是对木材或大理石的材料研究。这是一个奇特的被随意摇晃过和弯曲过的柏林，它成了自己的梦想——真实废墟的典型特征是永远不会被看到的，只有一堆一堆的空地。

这些城市静物画就其愿景遐想而言谈不上欢快，但是它们把荒芜的柏林演绎成一种苦涩的、令观赏者心动的美。黑尔特成为当时柏林炙手可热的画家。在1945年8月9日开张的位于库达姆大街[*]的罗森艺术画廊[†]里，他的画属于卖得最俏的作品。在这家画廊，维尔纳·黑尔特曾做过一次名为《海边的柏林》的演讲。[27] 他说道："在柏林的柏油马路下到处是地心的沙砾。很久以前这里曾经是海底。但是即使是人类的作品也属于大自然。在岸边出现房屋，它们凋谢、腐败。……孩子们热衷于玩水玩沙；也许他们直觉地知道城市是由什么建成的。"[28]

"铺路石下是沙滩"——这句在1968年5月的巴黎[‡]梦幻般流传的口号其实在1946年就有了。在经历了轰炸的坑坑洼洼中，黑尔特看到了远古的海底和被碾得粉碎的瓦砾细沙。两者都使他想起

---

[*] 库达姆大街 (Kurfürstendamm)，即俗称中的裤裆大街。由于它原来是给当年的储君骑马所建的道路，所以它的本名的意思是"选帝侯路堤"，由于柏林另外还有一条选帝侯大街 (Kurfürstenstrasse)，为避免混淆这里选用库达姆大街。

[†] 格尔德·罗森艺术画廊 (Galerie Gerd Rosen)，通常简称为罗森艺术画廊。——编注

[‡] 这里指的是1968年开始在法国、德国爆发的学生运动。

尘土，城市从尘土里来，有一天还会再回到尘土里。但在这个轮回之间，曾有过房屋在尘土上舞蹈，随着海浪起舞并矗立在那里，直到今天。

第三章

大迁徙

1945年夏天,在盟军四个占领区内居住着大约7500万人,其中超过一半的人并不生活在他们的家乡或者想生活的地方。战争如同一架巨大的移居、驱逐和劫持机器,将每个幸存者随意抛在某个远离故土的角落。

在这4000万被连根拔起的庞大人群中大约1000万曾是被俘的德国士兵。[1]除了在苏联被俘虏的350万人以及被押送到法国的75万战俘,从1945年5月中旬至1946年年底大部分战俘被逐步释放。德军战俘被关押在欧洲各地和美国的战俘营里,数百万德国士兵是在英国和美国军队占领德国后被俘的,其大部分系主动投降。

出于对空袭的恐惧或者因为他们的家园早已被炸毁,有900万城市居民被疏散到了农村。他们中的大部分人急于想回到原来的居所,其中一个原因是他们不受农村人待见。鉴于严重毁坏的交通网,回乡成为一件艰难的事情,甚至几乎不可能。箱子已成最抢手的物品,市面上几乎买不到,经年累月地在住所和防空洞之间来回奔波使箱子变成了稀缺商品。

这些从故土被连根拔起的人群中也包括了800万至1000万当

年在家乡被劫持至集中营和强迫劳动营，现在刚刚被解放的在押犯。他们除了身上穿的衣服以外别无一物。即使那个所谓的家还在，被解放与回到家之间还隔着漫漫归乡之路。那些没有在解放后立刻得到盟军的救济并被及时送回老家的人，只能靠自己的运气流浪在这块被征服的土地上，一路上还受尽当地人的欺凌，而有些人的家属早已被国家下令处死了。大多数赢弱不堪的人在新老营地里万般无奈地听天由命。大约1250万人从德国东部的故土被驱逐，他们组成大大小小的逃难人群在陌生的德国土地上寻找落脚处。虽然四处碰壁，没人愿意收留，他们还是得继续寻找一个安身之所。

从德国战败投降那天起，对所有这些人的责任都正式落到了四个盟国的肩上。在四个占领区，共有4000万人以各种方式背井离乡！难民、无家可归者、逃兵、被困的人——这是从规模上根本无法想象的强迫性迁徙。但这并不意味着每个人都在移动。大多数人被困在原地，在营地等待，只有痛苦、缓慢地行进、中断或者停滞不前。有些人必须尽快被带回家，有些人则必须先被拘留。但不管怎样都必须解决他们的吃住问题——这是一个巨大的物流壮举，往往连最低的物资需求都难以解决。投降后，被暂时关押的德国战俘人数如此之多，以至于盟军只好把大约100万人围困在露天的莱茵草原大营*里，让他们于上无片瓦的情况下在有刺铁丝网后生活了好几个星期。直到6月，23个营地中的大部分营地才建造了厕所、有屋顶的厨房和医院营房。1945年9月，这些大规模营地中的最后一个才被解散，因为大多数被拘留者早已受到审讯、被释放或者被分配到了其他营地。

有时好几十万被关押在一起的士兵蜷曲在地上任由风吹雨打，

---

* 莱茵草原大营（Rheinwiesenlager），简称为"莱茵大营"，为美军在"二战"末期沿德国莱茵河畔建立的23座临时露天战俘营的统称，营地位置包括比德里希（Büderich）、雷马根（Remagen）、安德纳赫（Andernach）、海尔布隆（Heilbronn）等地。——编注

第三章　大迁徙

铁丝网后的命运共同体：在盟军挺进途中有几百万的德国士兵成为战俘。这张图片显示的是1945年4月在雷马根附近露天的"莱茵草原大营"。

这是怎样的一幅令人震惊的悲惨众生相，纳粹政权和战争竟使社会堕落至此。然而在这围栏以外，很多人的日子也同样不好过。如果有人在这个时候离开住所冒险出行，他就会在街上、火车站站台上和候车室遇到无数颠沛流离的人。1945年9月，女记者乌尔苏拉·冯·卡多夫（Ursula von Kardorff）在哈勒（Halle）火车站看到如下的惨状:"这景象真是惨不忍睹。这群人看上去已不再属于这个世界。他们穿着棉絮外露的破烂军装,身上布满脓疮溃疡,拄着自制的拐杖在瓦砾间艰难地移动脚步,简直就是行尸走肉。"[2]

45%的住房都被炸毁。在城市里千百万的人无家可归,他们只能不停地从一个临时栖身地搬到另一处。他们睡在菜地的简易木棚里,住在拥挤的亲戚家,躺在防空洞里或者露天的公园长凳上,如果这些木制品还没有被拿去用来取暖当柴烧的话。另外的人干脆就睡在马路上,经常是在地下室的入口处和桥洞下,或者在随时可能坍塌的残垣断壁间寻找栖身之地。同时他们都毫无例外地受到歹徒们的威胁。当时警察署记录的抢劫案就上升了800%。由于人们觉得报案也没什么用处,实际的上升幅度恐怕还要高得多。

很多人靠着大城市的地下补给线过活。在科隆,几个英国士兵发现了一个由60人组成的地下团伙。他们从一个百货公司的地下库房偷运出了够吃几个月的粮食,囤积在地下墓穴里。他们在地下用多余的食品风风火火地做起了生意。眼尖的人在慕尼黑被炸毁的瑞吉纳酒店的地下室发现了最佳的藏身之所。围绕着原来的游泳池是一圈换衣间,里面有白色的躺椅。水管里的水还顺畅地流着,连淋浴都可以。吃早点时大家聚在原来的熨衣间里一起享用之前搞到的食物。[3]

另外一些人则被困在不怎么舒适的地方。比如火车站的候车室就是众所周知的集散地。由于本来就不多的车次经常被一连取消好几天,即使是那些最有钱的人迟早也不得不和困顿在那里的人们分一席入睡之地。

人们四处奔走打听,仅仅是为了知道当下的情形。在邮政和电话都不能正常运转的情况下,人们只能通过互相走动来传递消息。在战后数月那些充满恐惧的混乱日子里,了解周围的情况是性命攸关的事。只有奔走打听才能知道谁还活着,谁仍下落不明,在哪里能搞到什么东西，或者去哪里可以打听到什么消息。局势并不明朗，供应线被切断，因此留下关于自己下落和自己仍旧活着的消息都至关重大。人们会在离开栖身之处时在被遗弃的废墟住所门上写下新的地址："海因茨·西伯特住在威丁，索尔迪纳路98号的文策尔家。"人们挨家挨户如饥似渴地去探听交流些新闻，探听些有关窍门的小道新闻。为了在黑市上搞到些必需品，人们不得不长途跋涉穿过很多个街区。

在1945年夏天有关柏林的纪录片里可以看到所有人都在奔忙：苏联和美国的士兵们，德国警察，游手好闲的少年，拉着装有所有家当的小拖车的一家老小，衣衫褴褛的复员军人，拄着拐杖的残疾人，衣着考究的男人，穿衬衫、戴领带的骑单车者，背着空背包的以及背着满满的背包的妇女，总之女人远多于男人。有的人目标明确地快步走着，有的则漫无目的地踱步，很明显地在寻找交流，急着找点儿吃的或者住处。有些人看起来对周围的一切习以为常而显得麻木不仁，而另外一些则慌慌张张地穿街走巷，寻找下一个安身之处。社会差异巨大：战争刚结束五个星期，在柏林库达姆大街的咖啡馆露台上，有人已经重新喝起了下午茶，悠闲地看着大街上一如既往的人来人往，而在光天化日之下的同一时刻，有的人正蹲在路沿吃着在路边临时搭起的炉灶上自己煮的食物。第一批有轨电车已开始恢复运行，黑色轿车、军用吉普车和马车在人流中穿梭着。而有些角落看上去根本就是水泄不通，很多人摩肩接踵地站在那里。黑市交易需要偷偷摸摸，虽难以忍受却也不得不彼此靠近。有些人寻找着接触对象，而另外一些人则对这种人挤人的现象极为反感。"在乌斯特豪森的夜晚除掉你身上的虱子"是歌手布利·布兰（Bully Buhlan）改编了格伦·米勒（Glenn Miller）的爵士歌《查塔努加啾啾》（"Chattanooga Choo Choo"）的歌词，变成了当年的流行歌曲《科卿布鲁达的快车》（"Kötzschenbroda-Express"）。[4]

那种流传很广的把战后的德国想象成是一个寂静荒原的观点完全是个错觉。当然，在一些人烟稀少风光秀丽的田园里，那里的初夏年复一年地开始其美妙的光影和绿色的奇观。但即使在这些从外表看来似乎没有受到过战争一丝摧残的风景地带，也照样有背井离乡的人流走过。在1955年出版的，取得了巨大成功而如今几乎被遗忘了的小说《禁区》*中，前美国新闻官汉斯·哈贝描述了1945年被征服和被解放的人们是如何在乡间公路上相遇的：

> 人们看到卡车车队将被驱逐的人带回家乡，妇女和儿童带着铺盖和从当地德国居民那里顺手牵羊得来的物品。黑人驾驶卡车，他们来自亚拉巴马州、佐治亚州和密西西比州，他们开车前往华沙，这些车队向东驶去。往西方行进的是那些被释放的法国战俘，他们坐在美式轻型卡车上，手里挥着三色旗。这是一个车轮上的世界：军车和吉卜赛人的车、坦克和马戏团的车，胜利和苦难，一切均被机械化了。在这两者之间，像一条狭窄的溪流静静淌着另一个世界，一个步行的世界，德国人的世界。男人和女人走过被炸裂的乡间小路。有些人在寻找一块面包，有些人则在寻找他们的孩子。有些人诅咒着战胜者，有些人则和他们做起了买卖。当车队停下来时，徒步旅行者也自动地停了下来。不时会有一条面包从战车和坦克上被递向人群。……妇女们被包围在热气蒸腾、仿佛里面在燃烧的坦克和满载战俘的卡车之间。她们的微笑应该给胜利者还是给战败者？[5]

---

* 汉斯·哈贝（Hans Habe，1911—1977），记者、作家和编剧。由于出生于奥匈帝国时代的匈牙利，他本是匈牙利犹太裔奥地利籍，"二战"时由于奥地利于1938年被德国合并，他被剥夺了奥地利国籍并流亡美国。他所写的小说《禁区》（*Off limits*）主要叙述了1945—1948年间发生在以慕尼黑为中心的美占区的故事。哈贝当时为美军新闻长官，书中内容大部分为其亲身经历。它讲述了当时的混乱状态，以及去纳粹主义的开始。

第三章 大迁徙

被解放的强迫劳工和四处流浪的囚徒——永失家园

两股完全相反的人流组成了这支浩大的迁徙队伍：流离失所的人群*和被驱逐的人群。用西方盟军的术语来讲，流离失所的人就是那些当年被纳粹政府所劫持的外国平民，从德国集中营里被释放后他们的何去何从就成了占领区部队的一项责任。流离失所者从修辞上来讲不是一个好的表达，但却是对德语里的"被剥夺了故乡"一词的最贴切翻译。这个词切中要害，因为它没有把这危难的处境归咎于被劫者，而是归咎于当年劫持了他们的人。尽管如此，德语里的"无家可归"还是被时常用来形容"乌合之众"[†]这个词。大部分德国人把这些被迫流离失所的人笼统地称为"外国人"。[6]

为了填补大批人因战争被送上前线而造成的劳力缺失，德国在"二战"期间一共将700万外国人驱送至德国境内。在战争最后几星期里这些苦力经历的地狱般的苦难可谓无以复加。他们受到的非人待遇比以往任何时候都要残忍。盟军的炸弹也同样地会击中他们，但与德国人不同的是，他们根本没有任何保护。不少强迫劳工虽然能够在爆炸的混乱中获得自由，但他们从此只能毫无生存保障地到处游荡。为了寻找食物，他们在森林里流浪，或者以小团体形式在城市里分散隐居下来。他们时不时地出现和存在造成许多德国人的神经质反应。怀着日益增长的恐惧，纳粹当局监视着那些还固定在工厂卖命的强迫劳工。当局势越来越不明朗时，德国当局对这些奴隶工人起义的恐惧就越大。政府对这类人的担忧始终比对德国本土

---

* 流离失所的人群（德文为 Verschleppte，英文为 Displaced persons，简写为 DP）：如按原意可直译为"被错置人员"。这个概念在"二战"结束后被盟军远征司令部所定义，指的是那些被纳粹政府为获得从事生产的劳动力而被强行从其故土劫持的外国平民（主要是东欧劳工，以波兰人为主）、从集中营里被解放的犹太人以及政治犯人。为保证阅读顺畅，下文中所用的难民和流离失所者都指这些被"错置"的非德籍难民。

† 德文 Gesindel 意指流氓、恶棍、无赖，"无家可归"的德文则是 heimatlos。

的反抗恐惧更大，而现在它成了一种极度的恐慌。当战争接近尾声时，那种对强迫劳工还能派上用场的信心消失了，于是德国治安部队开始对他们进行大批屠杀。[7]大屠杀的发生，部分是出于对囚犯日后报复的恐惧，但部分也是出于"世界末日的惯常行为"。[8]他们想让尽可能多的"敌人"一起去死，即使他们手无寸铁，无力自卫。

鉴于当年对这些强迫劳工所犯下的罪行，对他们日后可能会发起反抗的恐惧并不是完全没有道理的。尤其是波兰和法国的强迫劳工，在战争结束前几周就开始组织抵抗行动，并秘密生产了那些他们后来在不同场合使用过的简单的砍刀和刺刀武器。他们的暴力不仅涉及那些直接参与过奴役他们的人。集中营里的残酷生活常常把囚犯们也变成了野蛮人。之前对他们的难兄难弟所犯的大规模屠杀造成了这些人的仇恨和对报复的渴望。他们当中个别团体在被解放后，在乡间和偏僻住宅里进行抢劫和谋杀的情况并不少见。[9]在被盟军捉拿归案后，他们往往不明白为什么要对此追究责任。在审讯中，大多数俄罗斯、波兰或匈牙利籍罪犯坚信他们的行为是合法的；他们以为现在的德国人就和他们被统治时一样不受任何法律保护。[10]他们中的许多人当年在东欧城市的所谓抓捕行动中，往往在马路上就直接被拘留和带走。德国占领者甚至认为没有必要给出任何逮捕的理由，更不用说向这些被劫持者的家属告知他们的下落。

盟军万万没有预料到，这些流离失所者成了残存的现有公共秩序的巨大麻烦。由于他们把所有的力气都投入了战斗以及确保战线向前推进，对于这些人应该如何安置，人们完全不知所措。一名美国陆军军官甚至认为这些难民"团伙"是纳粹军队用来制造混乱的新秘密武器。[11]美军占领法兰克福时，只安排了一个由21名士兵组成的小队来看管4.5万名战俘。他们多次遇到大群因为看守已经逃离而十分无助的囚犯。比如在飞机零部件工厂附近，他们突然遇

第三章 大迁徙

长途旅行的开始:美国士兵帮助从集中营里被解放的强迫劳工们回家。每天的"遣送"量有时高达 10 万人。

到 3000 名不会说英语的法国强迫劳动者,同样美国人中也没有人会讲法语。没有人知道谁该去哪里,谁有或哪里有食物。日益扩大的混乱无法解决。因此,一些工人自愿留在军火工厂令人憎恨的简易房里,而另一些人则毫无目标地四散离去。[12]

马路上聚集了越来越多不知何去何从的人流,他们用自己的拳头和蛮力让自己不致饿死。一位英国的观察者这样描写着那些"一夜之间从囚徒变流浪汉"的人:"人们可以看到这些流浪者如何沿街游移,有时是不到12个人一小队,用小车拉着他们仅有的随身物品,他们当中有些衣衫褴褛,其他人则穿着形形色色的破烂军装。"[13]

1945年11月20日,不来梅(Bremen)附近发生了一起极端残忍的抢劫案。一群来自供应相对充足的蒂尔皮茨营地(Camp Tirpitz)的波兰难民闯入一个偏僻的农庄,当天晚上有13个人住在那里,其中有儿童和未成年人。在这些居民交出了食物和少数值钱的东西之后,他们在地下室被枪杀。只有43岁的威廉·哈默尔曼(Wilhelm Hamelmann)因装死而幸存下来。他的言行后来引起了极大的社会关注,因为他公开原谅了罪犯,并努力为他们争取赦免,尽管他们杀害了他的妻儿。

在投降前后的动荡中,盟军需要相当一段时间来安排这些难民住进勉强过得去的住处。即使在那里也一再发生摩擦和恶性冲突事件。盟军军方对被解放的强迫劳工的态度有着很大波动。刚被解放之际,他们作为战败敌方的受害者得到了盟军尽可能的优待。根据盟军的命令,他们在商店被优先照顾,因为供给极其稀缺而实行严格的配给制,这引起了德国方面的不安和仇视。引发众怒的还有这些流离失所者提出的最终得到人道住所的要求。由于这个庞大的人群只能用严格的措施来安置,不仅厂房和医院,在毫无事先通知的情况下,甚至整片的工人住宅区连同里面漂亮的排房都被征用。居民不得不立刻离开家园,为这些"外国人"让出住所。几个月后,当难民不得不根据盟军行政当局的命令迁往为其新造的营地时,发生了多次暴乱并摧毁民宅的情况。有时他们甚至放火烧了房子。

难民营中多年的奴役生活给这些流离失所中的很多人造成了严重的行为障碍;他们用暴乱发泄其不满,对他人的好意他们反应粗暴和叛逆,特别是盟军士兵对他们的照顾不可能像社会工作者那样体贴周到。他们破坏性的行为举止往往使得盟军士兵很快丧失了对他们的尊重和理解。在解放后的法国发生的一个令人震惊的案件说明了他们暴行的程度。1945年初，3500名苏联流离失所者被安置在马恩河畔沙隆（Châlons-sur-Marne）的一个营地里。当营地在美军的帮助下搬迁时，在一列部署的火车上发生了多次争吵。甚至在出发前，这些人就把他们的营地夷为平地；在火车行驶过程中，他们继续嚣张不已。他们多次拉紧急刹车闸使列车中断行驶，更沿途抢劫并与法国居民发生了小规模冲突。最后，盟军最高司令部的苏联联络官德拉贡（Dragun）在巴黎获悉此事。他开车来到现场，不分青红皂白地抓了10个难民，并枪毙了他们。[14]他就是用了这些人多年来早已习惯了的暴行对待他们。纳粹政权在集中营中推行的非人道逻辑不仅仅体现在其受害者身上，也同样在不堪重负的胜利者身上得到了延续。[15]

战争结束后约有800万到1000万强迫劳工要被遣返安置到原籍。这是难以想象的大规模运输，每个人都面临着没有尊严的威胁危险。有些长长的货运列车满载着欢声笑语的被解放返乡者，但也有许多人垂头丧气地坐在车上，他们清楚地知道曾经的家园已经不复存在。这些人的数量如此之大，以至于他们的遣返得按日计算。在"最好的时候"，即1945年5月，盟军每天能够安置10.7万人返乡。

这个遣返率可说是一个惊人的业绩，尤其考虑到它是在一个桥梁被炸断、铁轨断裂、车队被炸毁的山河破碎的欧洲取得的成就。西向的运输也会用上飞机和卡车，但向东主要是使用铁路，很像那些当年开往奥斯维辛集中营的火车。战争早已使铁路网遭到破坏。常常因为火车头无法开动或铁轨被毁而意外停车，于是就得在毫无准备的情况下解决成千上万名旅客在野外的吃住问题。在没有暖气和卫生设施的火车上，这样的返乡运输通常需要六天。

到1945年9月遣返人数下降到十分之一，部分原因是许多难民抵制遣返。遣返的停滞使军事行政当局和主管难民的组织联合国善后救济总署*感到极大忧虑，因为在德国的难民营中仍有100多万难民，而冬季即将来临，局势将会急剧恶化。

与此同时，在难民营中，盟军士兵对难民们的态度变得不耐烦并愈加严厉；他们的自我认定也越来越从照顾者转变成了监管者。栅栏被加高，还经常用铁丝网加固，大门紧闭并派人把守。那些想出去的人必须有一个"迫切的理由"才能出行。德国战俘由于遵守纪律、容易满足和顺从的性格，出乎意料地让占领军士兵们易于管理，但被他们绑架的受害者却显得更加固执和无法无天。这导致了盟军和德国执法人员之间令人毛骨悚然的联盟：在营地，盟军士兵经常与德国警察一起进行突袭，搜查武器、赃物和黑市交易品。这些难民理所当然地认为这是不能容忍的挑衅行为。双方的愤怒和苦涩在石头飞掷和棍棒挥舞之间激增。

直到所谓的"哈里森报告"出现后，对难民们的处理方式才有所改善。1945年7月，美国前移民专员厄尔·G.哈里森（Earl G. Harrison）代表哈里·S.杜鲁门（Harry S.Truman）总统前往德国特别审查了犹太幸存者的状况。因为他们并不是解放那天就被释放了，他们中的大多数人由于缺乏住所而不得不留在难民营中，许多人精神崩溃，而且身体也极度虚弱而无法被遣送。如果幸运的话，他们至少可以搬进以前看守者的房子里。8月24日，哈里森和其他国际人权组织视察员提交的一份报告震惊了纽约、佛罗里达甚至爱达荷州的人们。他们没有想到自己部队的胜利居然导致如此情景。

许多犹太流离失所者和其他可能不被遣返者，被监管着生活在环绕着有刺铁丝网的各类营地里（由德国人为奴隶劳工和

---

* 联合国善后救济总署（United Nations Relief and Rehabilitation Administration，简称UNRRA）于1943年成立，在1948年解散。此处的"联合国"并非指后来于旧金山组成的联合国组织，而是指第二次世界大战期间的同盟国参战国家。

犹太人建造），包括一些最臭名昭著的集中营，里面往往拥挤肮脏不堪，条件极其恶劣。除非偷偷摸摸，否则毫无与外界沟通的可能，只能在完全被动麻木的状态下等待，期盼一句鼓励和帮助的话……7月底，许多犹太人除了穿着丑陋无比的集中营条纹睡衣式囚服外，什么也没有，更令人懊恼的是一些人被迫穿上党卫队制服。……在许多营地，2000卡路里的食物中有1250卡路里来自潮湿和令人极倒胃口的黑面包。给我留下特别印象且有相当多的证据显示，大部分德国人——主要在农村地区——比这些难民吃的更多样化、更美味。*[16]

哈里森报告中最令人震惊之处在于，确认他的同胞们的表现并不比德国人好多少："我们对待犹太人的方式和纳粹几乎别无二致，唯一的区别是，我们没有灭绝他们。他们仍然被关在集中营里，人数众多，只是现在由我们的军队而不是党卫队监管。人们不得不问，倘若德国人看到这些，是否会怀疑我们在继续执行纳粹政策，或者会觉得我们至少在原则上认同它们。"[17]

这份报告导致了若干方面的改进，其中最重要的也许是给犹太幸存者单独建立营地，将他们与非犹太裔的波兰人或乌克兰人分开。哈里森一直在犹豫是否应该满足犹太幸存者的这一要求。他曾对把犹太人再次分离出来感到不安，但由于他们中的许多人在种族混合的难民营中遭到东欧反犹同胞们的攻击，使他最终坚持了建立犹太人营地的决定。由于他们"作为犹太人被纳粹折磨的程度远远超过同一国家的非犹太人"，所以他们现在应该相应地被优待。

难民营里本就紧张的局势从1946年夏天开始尖锐化，虽然盟

---

* 本段文字与德文原书引文略有出入，系根据"哈里森报告"原文修改，报告可见：https://www.eisenhowerlibrary.gov/sites/default/files/research/online-documents/holocaust/report-harrison.pdf。——编注

军军政府尽了最大努力将尽可能多的难民遣送回家，但反方向却涌来了新难民：他们来自东欧，特别是来自波兰的十多万犹太难民涌向德国——这是没有人预料到的迁徙。然而偏偏曾经是纳粹运动老巢的慕尼黑却成了大批犹太人从被解放的东欧逃亡的中转地。他们并不打算永久留在德国。他们真正的目的地是美国或巴勒斯坦。在他们眼里美军占领的巴伐利亚州似乎是美国在欧洲的一块飞地，也许从那里能更容易前往应许之地。由于战争结束两个月后的1945年夏天，接连在波兰发生的几起大屠杀震撼了犹太人，使他们觉得美军控制下的德国比波兰安全得多，即使移民美国依然不会很快成功。

就好像他们之前难以想象的痛苦还没有受够似的，在纳粹时期幸存下来的少数波兰犹太人再次成为残酷迫害的受害者——但这次是波兰人干的。躲过德国人的逮捕之后，一小部分犹太人隐蔽住在波兰的森林里，但也有些在俄罗斯和乌克兰的隐秘处藏身。其他人则被前进中的红军从集中营里解放出来。他们现在已返回处于加利西亚（Galicia）或立陶宛的原籍。然而，他们很快就认识到这些地方已不可能再被称为故乡了。他们的家人和朋友早已被德国人杀害，城市被摧毁。返回家园的犹太人遭遇到了许多波兰人咄咄逼人的情绪，这种情绪因波兰人被羞辱的民族自尊心而进一步激化。

战争结束一年后在华沙以南180公里的凯尔采（Kielce），发生了针对犹太人的可怕骚乱。战前原有的2.5万名犹太居民中只有200个幸存者返回凯尔采，不到原来的1%。但即使这样，对一些人来说这仍然太多了。1946年7月，反犹分子强迫一名10岁男孩声称他曾被犹太人绑架和糟蹋。被激怒的暴徒随后杀害了40名犹太人，并重伤了80人。凯尔采大屠杀是大多数波兰犹太幸存者看不到未来的最后标志性事件。他们中的三分之一逃往被占领的德国，其中一部分人自发行动，另一部分人则在犹太救援组织的人员引领

第三章　大迁徙

下绕道前往巴伐利亚。

因此，数百万波兰难民在返回故里的路上迎面遇上朝相反方向逃亡的犹太同胞，并住进了刚刚腾空的难民营。波兰犹太人的流亡得到了伦敦的波兰流亡政府和犹太移民组织"逃亡"（Brichach）的积极支持。其目的是希望通过尽可能多地加剧前往以色列的犹太人移民浪潮来增加对美国的压力，使其要求英国方面解除对犹太人移居巴勒斯坦的禁令。[18]

在这个充满了驱逐和流放的时代，波兰犹太人逃往德国是最令人惊骇的移民潮之一。偏偏得在纳粹的土地上寻求庇护一事成了许多犹太人必须克服的心理障碍，他们只能不再把被占领的巴伐利亚视为德国，而是看作美国，从而来为自己的决定辩解。然而，东欧犹太人以令人惊讶的速度很快适应了在已失去权力的迫害者的土地上的生活。他们在慕尼黑的博根豪森区（Bogenhausen）建立了自己的中央营地。在黑市旁边的默尔街（Möhlstraße）上建造了一个由木屋摊位组成的零售中心，一些去过的人觉得那里颇似以前华沙的纳乐夫基街（Nalewki-Straße）周围那些消失了的集市。[19] 在100多个摊位上，有巧克力、咖啡、女式连裤袜、吗啡和各种罐头食品——几乎都是从盟军那里搞来的。慕尼黑居民既为此高兴，又同时感到困惑；虽然能像在其他黑市一样尽其所能地讨价还价，他们还是感到吃大亏了。

虽然在默尔街除了德国黑市贩子，也有希腊人、匈牙利人和捷克人在那里做买卖，但在德国人眼里，从波兰来的犹太人才是那里的主力。一切不合法的事情都会被算到他们的头上。那些以前只在慕尼黑纳粹漫画里看得到的穿着卡夫坦长袍，鬓角留着卷发的人们，很明显没有遇到"欢迎的文化"。一位当年的目击者回忆道："当年的犹太人（以前曾经在那里的），真的，怎么说呢，是非常聪明、礼貌、特别友好和有品味的人。可是，战后来的那些就是鱼龙混杂了。"[20]

意思就是说"当年的犹太人"都是人们本来就期望再见到的好犹太人，而新来的是人们不肯容忍的坏人。一位慕尼黑市民给他的报纸写信道："他们完全不是那些曾被迫害的人，而是从未被劫持带走的残渣余孽分子，为了躲避正规的工作，他们当中有一部分人甚至使用非法手段，从东欧像瘟三一样来这里定居。"[21]

可是犹太难民们知道如何捍卫自己。1949年8月，当又有一篇带着种族歧视的读者来信在《南德意志报》（*Süddeutsche Zeitung*）上发表之后，他们成百上千地走向报社编辑部大楼。虽然这封读者来信根本不代表报纸本身的立场，但这种细节已不起任何作用了。当警察们试图驱散这些示威者时，引起了一场激烈的巷战，最终导致了20名警察被棍棒和石头打伤，3名难民因枪伤不得不入院治疗。

很多幸存的德国犹太人对这些东欧来的同胞的举止也很反感。作家沃尔夫冈·希尔德斯海默（Wolfgang Hildesheimer）在写给父母的信里针对这次骚乱做了如下表述："毫无疑问这里还存在反犹太主义，但遗憾的是它也一再被这些流离失所者的所作所为激起。这真让人无奈。"[22] 慕尼黑的犹太人带着越来越多的不信任看待这些东欧的同胞，反之亦然。

根据1933年之前的统计数字，慕尼黑犹太社区大约有1.1万人，其中只有不到400人幸存下来，他们大多数人基本上都是受洗皈依了基督教或者与基督徒成婚，当中一部分人幸免了被驱逐的苦难。此外，还有160名慕尼黑犹太人是从特莱西恩施塔特（Theresienstadt）*集中营回来的。这个小社区的大部分成员"在1933年之前就生活在犹太教的边缘"[23]，他们认为自己属于一个现代的、世俗化的世界。对他们而言，这批来自东欧并带着传统习惯

---

* 泰雷津（Terezín）旧名，位于捷克西北部。——编注

第三章 大迁徙

的犹太人几乎和那些在慕尼黑的非犹太人同样陌生,而且他们担心被来自东欧的犹太人所压制。后者除了人数众多,宗教信仰还格外强大。东欧犹太人是更保守更虔诚的信徒,他们意志坚定地要移民到他们的应许之地以色列,这使得他们在很多人眼里,尤其在国际犹太组织的眼里,被认为是更好的犹太人。

东欧的犹太正统派鄙视慕尼黑犹太人的世俗取向和"德国人化",认为他们与巴伐利亚人毫无差异。东欧来的犹太人不认同慕尼黑犹太人是"真正的犹太人",指责他们背叛犹太教,因为他们想留在杀人犯的土地上。在慕尼黑的犹太人眼中这一争端变得尤其具有威胁性,因为它也触及了他们战后赔偿的要求——东欧犹太人与国际犹太组织一致认为纳粹窃取的所谓"无继承者财产",应归入大部分被灭绝了的犹太社区的共同财产而被世界各地的犹太人共享,而不只属于德国的幸存者。[24]

尤其重要的是那些被纳粹分子从欧洲的犹太社区盗窃后,收藏在德国图书馆和博物馆的数百万本历史书籍。为了查明被毁灭的犹太文化的残存部分,并向德国政府索取这些遗产和管理它们,各种犹太组织主要在美国的支持下成立了。带着这样一个与图书馆和博物馆相关的任务,哲学家汉娜·阿伦特(Hannah Arendt)以"犹太文化重建组织"(Jewish Cultural Reconstruction)的执行董事身份来到德国后,与犹太社区发生了极大的争端。这些争端涉及犹太人的身份和完整性问题,对刚刚逃脱了种族灭绝灾难的双方*来说都具有非同寻常的深层意义。因此,慕尼黑的犹太人希望看到这些东欧原教旨主义者尽快前往巴勒斯坦,虽然他们在某些方面也得益于对方。

另外,来自波兰的犹太人难民处于美方的保护之下,为他们提

---

* 指慕尼黑犹太人和东欧犹太人两个群体。——编注

供食宿造成了很大费用，所以美国当局也是巴不得赶快摆脱他们。但是，为了避免加剧自第一次世界大战结束和奥斯曼帝国解体以来在中东出现的种族紧张关系，英国拒绝让他们前往英国在中东的托管地区（巴勒斯坦托管地）。在这种情况下，将他们迅速遣返故土的政策无法被推行。因为以清醒的政治观点来看，那个东欧犹太人所说的家园早已不复存在。即便回到原籍地，他们仍然是难民，尤其在波兰东部他们更是不折不扣的流离失所者。因为在1943年的德黑兰会议和随后1945年举行的雅尔塔会议和波茨坦会议上，西方盟国和苏联决定恢复波兰国，但其国土得向西方推移。东波兰最终成为苏联的一部分；在西部，波兰获得了德国原来在奥得河—尼萨河线（Oder-Neiße-Grenze）以东的领土。德裔居民不得不离开波兰领土，而波兰人不得不撤离讲俄语的人口占多数的东部——这是一场巨大的被迫迁移，同时涉及德国人和波兰人。有了这个划分，那个很大一部分曾经是犹太人家园的波兰地区就属于苏联了，他们从此永失家园。冷战期间，随着西方盟国和苏联之间的关系越发紧张，美国就越不会考虑将犹太难民驱逐到东欧。他们因此陷入进退两难的境地。在前往不再被人追杀的生活之路上，他们有时一连数年被困在由联合国在德国建立的难民营里。

　　这些营地被高高的栅栏或围墙所遮蔽，而且往往远离市区，是战后在德国发展起来的东欧犹太人生活的飞地。最著名的是慕尼黑沃尔夫拉茨豪森（Wolfratshausen）附近的弗伦瓦尔德营地（Föhrenwald），这里原为臭名昭著的法本公司*的排房居住区。战争期间大约有3200名兵工厂工人住在这里，其中一半是德国人，另一半则为外国劳工。战后该营地被用以安置来自各地的难民。1945年9月该营地里的其他族裔群体全部撤离，该营地被宣布供犹太难

---

* 法本公司（I.G.Farben）曾在"二战"中为德军提供大屠杀所用的毒气，所以世人皆知其恶名。

第三章 大迁徙

民专用。弗伦瓦尔德有15条街道，包括肯塔基街、纽约街和密苏里街。这些楼房是纳粹当局建造的整齐划一的所谓模范定居点，没有装饰，风格单调，但却拥有中央供暖和足够的卫生设施。在两米高的栅栏后面，"一个名副其实的东犹太人生活区出现了，它有自己的管理机构、政党、警察、营地法院，有犹太教堂、净身池和洁食厨房这类宗教机构，还有医疗保健、职业培训中心、学校、幼儿园、戏剧团体、管弦乐队、体育俱乐部等等"。[25]

在弗伦瓦尔德和其他一些难民营还出版了犹太语*报纸。弗伦瓦尔德的报纸被称为《班米德巴：给被解放的犹太人的周报》(*Bamibdar. Wochncajtung fun di bafrajte Jidn*)，在主编梅纳切姆·斯塔耶（Menachem Sztajer）主导下每周三发行一期。"班米德巴"的意思是"在沙漠中"，意指犹太人出埃及后在沙漠行进的典故。但"班米德巴"也代表他们进入以色列这个应许之地前，在巴伐利亚——德国沙漠——的停滞。周报的每期都印有一句格言："在沙漠里。在旷野中。在途中。我们困顿着。在沙漠里。在旷野中。在途中。我们不会回头。我们只有一个目标：以色列地。"[26]

在战后报业中最有名的犹太语报纸是《兰茨贝格营地报》(*Landsberger Lager-Cajtung*)，其读者群远远超越了兰茨贝格的地界，发行量曾一度达到1.5万份。由于战后第一年德国找不到一架有希伯来字母的打字机，几乎所有的犹太人营地报纸均采用了拉丁字母——这在犹太人的新闻业里并不多见。一份名为《过渡》(*Ibergang*)的报纸在报头上标的是"犹太报纸"，下面的提示为"美军管辖区的波兰犹太人机关报"。

在弗伦瓦尔德，战后第一家犹太剧院是在雅各布·比伯（Jacob

---

* 原文为意第绪语（jiddisch），即犹太语，日耳曼语系中的一支，以希伯来字母书写，已有近千年的历史。这个语言里混合了德语、希伯来语、罗马语和斯拉夫语的成分，是"二战"时期的德国及欧洲犹太人的日常用语。

《兰茨贝格营地报》以犹太语出版，由于没有希伯来字母的活字而采用了拉丁字母。

Biber）的指导下创建的。夜晚上演丰富多彩的短喜剧，但也有些帮助处理痛苦的集中营经历的剧目，其他一些则描绘了巴勒斯坦的光明未来。由20名成员组成的剧团还把肖莱姆·阿莱汉姆（Scholem Alechjem）的《送牛奶的特维耶》（Tewje der Milchmann）*带到了舞台上，这也是关于乌克兰的马塞波夫卡（Masepowka）、博伊贝里克（Bojberik）和阿纳捷夫卡（Anatevka）村庄的悲喜剧记忆，这些记忆由于在1916年以前陆续出版的小说原著而进入世界文学的版图。

尤其值得一提的是这个营地的爱情果实。弗伦瓦尔德营地由于是世界上所有犹太社区中出生率最高的，它很快就引起了众人的惊讶。这里还是犹太孤儿的集中收留营，这些孤儿有些被之前的游击队队员带到德国，或者被富有同情心的难民予以保护，因此弗伦瓦尔德早已到处充满了孩子们的喧闹声。早在1945年11月，弗伦瓦尔德的密歇根街3号就有27名教师任教。除了一所配有附属中学的小学，很快又有了一所职业学校，在那里人们可以被培训成锁匠、裁缝、木匠、电工、理发师或制表匠。[27]

弗伦瓦尔德的人口流动性相当高。虽然许多居民成功移民到了美国、巴勒斯坦以及成立于1948年的以色列国，还是不断有新人来到难民营，这是因为其他营地被关闭，弗伦瓦尔德被留下作为犹太难民最后的居住地。1951年，当它被置于德国政府管理之下时仍然有2751名难民生活在俄亥俄街和新泽西街之间。从那时起，它被称为"为无家可归的外国人而设的政府营地"，联邦政府非常重视这一概念，因为它没有说明谁该为无家可归负根本性责任。

难民营的最后一批居民直到1957年才离开。然而，其中不仅

---

* 作者写于1895年至1916年的小说，一共八章，属于犹太文学中的经典作品，书中的主人公特维耶虽然是个普通的牛奶工人，却因为所受的犹太教义的影响，能够在生活中到处显示出其智慧和理智。20世纪60年代，这部小说被改编成音乐剧《屋顶上的提琴手》。

有老的常住居民，还有从以色列和其他国家返回的人，他们未能在新的家园站稳脚跟。并不是每个移民都有成功的故事，一些失败者又返回了德国难民营。这些不幸的人当时受到了极大的蔑视。在特拉维夫发表的一份名为《来自德国的特别报道》（"Sonderbericht aus Deutschland"）的报告中写道："犹太游客在德国最尴尬的经历之一是遇见从以色列返回德国的犹太人。……今天，他们和在第三帝国垮台后一样，坐在德国的一个营地里，靠着犹太慈善机构的供养生活。人们一点都不难想象，那些不守法的各类可疑人物都同流合污到弗伦瓦尔德了。"[28]

其中一个"可疑人物"名叫约塞尔（Yossel）。他于1946年移民到巴勒斯坦，但1952年又回到弗伦瓦尔德。他对一位美国随军犹太牧师这样解释他的行为："您兴许会认为我疯了。也许我的确是疯了。但我从21岁起，在集中营里度过了14年。先是被从一个集中营送到下一个集中营，解放后住在一个难民营。最终到达以色列后，又被关进了英国拘留营里。在这个营地待了一年后我加入了以色列军队。是的，那很好。我在内盖夫（Negav）和加利利山（Galilee）打过仗。1951年我脱下制服，试图成为我一直向往的人，一个正常人。但那时我都33岁了，既太老了，学不了什么；又太年轻了，还不能退休。我有工作，但我不能坚持下去。我有自己的房间，但我觉得在里面有被遗弃的感觉。"[29]

军营和弗伦瓦尔德营地是约塞尔唯二感到舒心的地方。虽然逃出了集中营，但他却被这个地方所塑造。他将自己的生活称为一种营地生涯，它把他变成了一个无法适应自由生活的人，使他在离开弗伦瓦尔德营地之后向往着回到一种在异族行政管理下与世隔绝的生活。

尽管实施了许多搬迁和接纳方案，还是有至少15万人不愿意返回家园，在军事行政部门的行话中他们被称为"铁杆难民"，

上巴伐利亚州为被错置的犹太人设立的弗伦瓦尔德难民营。那里的15条街名为肯塔基、威斯康星、纽约或者密苏里大街。1957年最后一批居民离开了这个营地。

1950年后，这批人仍然留在难民营里。但其中犹太人难民惹的麻烦最少，因为大多数犹太人都想尽快离开德国。由于他们有着强烈的文化认同感，对以色列的光明未来充满梦想，并在世界各地有望得到犹太社区的团结互助，因此他们中的大多数人都通过自己的努力离开了营地。不太愿意返乡的主要是波兰人。到1946年底，大多数波兰的流离失所者已被遣返；但仍有30万人[30]一直拒绝离开难民营。他们主要是出于对社会主义政权的恐惧，怕像谣传的那样被驱逐到苏联。波兰政府于是派人来难民营进行动员活动，以唤起他们的爱国之情，已经返乡者则宣传光芒四射的祖国。联合国善后救济总署（UNRRA）承诺为回归到波兰后的头60天的粮食供应提供资金。营地里悬挂着动员他们回家的横幅。每一次回归者的运送及出发都被作为一种盛大的活动来庆祝，配有音乐、旗帜和演讲。

但是各种软硬兼施的办法都不起作用。留守者的核心成员坚持在营地生活，部分原因是出于对共产主义的恐惧，部分是出于冷漠。起初，英美当局采取的策略是把他们和德国人隔离开来，以免他们受到种族歧视的伤害。在英美当局看来，因为住房紧缺、就业困难和有限的粮食供应，随时可能爆发争端。随着营地里出现的垂死、僵化的气氛，英美的这个策略导致了反效果。多年来，这种"屏蔽式福利照顾"反而使他们与社会隔绝，并进而导致行为能力的丧失，使得营地成了居住者们的第二家园。除非强迫，否则别想把他们赶出去。[31]

然而，许多俄罗斯战俘和强迫劳工有充分理由害怕重返故土。因为苏联人首先把他们被监禁的同胞集体置于"俄奸"的嫌疑之下。许多人被指控在敌人面前表现懦弱，当了逃兵。因此，他们会受到粗暴对待、审讯，常常被流放到劳改营。确实有俄罗斯叛徒曾与德国人并肩作战，还有哥萨克部队和弗拉索夫军队（Wlassow-Armee），他们中有些人是在1944年以后从俄罗斯战俘中被招募的。但是，并不能由此证明数百万俄罗斯难民遭到的普遍怀疑是正当的。

在《雅尔塔协定》中，西方盟国承诺将无一例外地遣返俄罗斯战俘和强迫劳工。必要时将对那些拒绝遣返的人采取武力措施。由于苏联为胜利付出了难以想象的生命代价，红军士兵的牺牲人数大约是西方盟军士兵人数的16到20倍。俄罗斯人明显希望800万左右的俄籍难民都回到苏联。然而，他们中的许多人在遣返时进行了激烈反抗，以至于英国或美国士兵不得不用警棍和枪托把他们强行赶上车。也有些英美军人拒绝执行这一命令。

当然,许多俄罗斯战俘是欢呼着踏上归途的,很高兴终于可以回家了。但是,也有不热心于此的,这当中不只是那些"俄奸"。1946年1月在达豪(Dachau),为了清除两个居住着俄罗斯难民的营房,美军使用了催泪瓦斯。当他们冲进房时,面对的是一个集体自杀的悲惨场面。"美军士兵们很快割断了大部分悬梁自尽者的绳子。那些还有意识的人用俄语对我们大喊大叫,首先指着士兵的枪,然后指着自己,并哀求我们向他们开枪。"[32]

被驱逐者*——德国人的惶然自顾

1945年6月,露特·安德烈亚斯-弗里德里希和一位朋友从柏林骑着自行车往东来到奥得区(Oderlandkreis)。过了几个小时,他们看到一个指向高速公路的牌子:

> 我们爬过路堤,像石化了一样被眼前的情景惊呆了。仁慈的上天,我们卷入民众大迁徙了吗?一个望不到尽头的苦难的行列从东到西在我们面前蜿蜒移动。妇女和男人,老人和孩子,命运把他们不加选择地混在一起。一些人来自波兹南†,另一些人来自东普鲁士。这些来自西里西亚,那些来自波希米亚。他们背负着所有的家当,走到哪儿算哪儿。一个孩子摇摇晃晃着走过来。可怜的小家伙抽泣着说:"痛死我了。"他费力地翘起

---

* 这个章节里的被驱逐者(Vertriebenen)一词指当时战后由于德国失去了东部领土,导致那里的德国人不得不在一小时之内立刻离开故土往德国西部逃亡。和上一章的流离失所的难民不同的是这里指的是德国籍的难民。为区分概念这个章节着重用了被驱逐者这个词,移民在这个章节亦为此意。

† 波兹南(Poznan,又作Posen),波兰第五大城市。1939年被德国占领,"二战"期间德国人占据了当地总人口的28.6%,德国战败后所有的德国人被迫离开波兹南。

脚尖，尽量不让流血的脚掌接触地面，用赤裸的脚跟行走，艰难地保持着平衡。"正在揉着面团，就从烤炉前被赶走了"*，一个女人在他身后自言自语着。在陌生的路途上她已经把这句话说了无数遍，一直不停地以不变的语气在不变的绝望中絮叨着"正在揉着面团，就从烤炉前被赶走了……"两个饭锅像铃铛一样在她背上晃荡着，随着脚步的节奏叮咚作响。……我吃惊地看到一个人拉着快要散架的小车，我意识到，有人快死了。那是一辆儿童用的小拉车，短小、狭窄而且低。里面塞了两个枕头、一些稻草和一条棉毯子。毯子上躺着一个白发苍苍的老妇人，身着乡间星期天才穿的好衣服。她的双手交叠在胸前，郑重地望向天空。在她鼻翼的周围出现了蓝色的阴影。小车颠簸不已，她的头无力地来回摇摆着。再呼吸十来次，这个男子拉的就会是一具尸体了。[33]

这位旁观者惊恐地自问："这如何了得？让这 1000 万人去哪里？"她的同伴耸耸肩说："去哪里？随便哪里！也许最好是上天堂。除非找得到一位建筑师把德国再加高一层。"[34]

事实上战争结束五年后西德人口比战前多了几乎 10%；而那里四分之一的房屋被摧毁。当时有 1200 万人逃难到了德国西部。这些人中大部分是妇女、儿童和老年男性，他们被残酷无情地驱离了故土，这是希特勒发动的毁灭性战争导致的恶果。事实上德军受希特勒之命对东欧平民百姓实施的暴行要残忍得多，为了这场毁灭性战争，现在他们遭了同样残忍的报应。

这场迁徙最后导致了西德 16.5% 的人口来自失去的东部领土，

---

* 德国战败后，很多在波兰的德国人被立刻驱赶，有很多人必须在几十分钟内收拾好家当离开波兰，开始不知目的地的漫长流浪。

第三章　大迁徙

在东德这个比例甚至多达四分之一。这些外来人口的成分和别的流亡人群一样良莠不齐，他们当中既有纳粹分子和反纳粹者，值得尊敬者和贪婪的无赖，也有昨天的富人和一辈子都穷困潦倒的人。如果从这千百万不同的命运中找出一个来，也许当年 16 岁、来自东普鲁士马克特豪森（Markthausen）的乌尔苏拉·特劳特曼（Ursula Trautmann，娘家姓乌伦考特［Wullenkordt］）的经历可谓典型：[35]

她的母亲曾独自经营一个家畜养殖场，当 1945 年 1 月市长命令他们逃离时，她的父亲还在前线的某个地方。他们只好丢下猪牛离开农场，将最要紧的必需品装上马车加入了混乱的难民队伍，当时渐渐逼近的前线的枪炮声都听得一清二楚。在经历了兵痞们的杀戮暴行之后，母女俩在皮劳（Pillau）的一次空袭中失散了。在离开家乡四个月后，乌尔苏拉·特劳特曼到达但泽[*]附近的赫拉半岛[†]，并于 5 月 7 日与其他难民乘船抵达丹麦的博恩霍尔姆岛（Bornholm）。已被解除武装的德国士兵带着他们从那里乘坐一艘渔船前往德国埃肯费德（Eckernförde）。这里的英军指挥官安排他们在居比村（Güby）住下来。至此这个 16 岁的孩子总算安全了，但苦难依旧。她寄人篱下地生活在一个姓哈姆斯（Harms）的寡妇家，虽然有一半的房子空着，她还是让难民们住在放置稻草的阁楼上，睡在肮脏的干草里。其他村民虽然按指派给难民腾出了一个房间，但他们事先把家具移到了阁楼，为了不让他们这些"波兰来的穷鬼"用电还把灯泡拧了下来。当英国占领军意识到他们以人道的方式收容难民的要求没有得到执行时，就把村民们召集到教堂广场上，威胁要强行征用和没收这些房屋。乌尔苏拉随后和另外八名难民一起住到了村里的铁匠家中。为此当地人一有机会就让他们感到

---

* 但泽（Danzig）为该地德语名称，即波兰语的格但斯克（Gdańsk）。
† 赫拉半岛（Halbinsel Hela）为该地德语名称，即波兰语的海尔半岛（Mierzeja Helska）。

不受欢迎。有人在这女孩背后咒骂着说可惜只有少数难民的船只沉没了之类的话。幸运的是，至少这个离散的家庭后来团聚了。流离失所者远距离维持的紧密信息网起了作用。她父亲于1945年7月拄着拐杖来到居比村。1946年秋天在丹麦的一个拘留营里找到了她母亲。

由于乌伦考特一家原本就是能干的农民，他们把1955年租下的一家早已破落的农场打理得井井有条。然而租金却攀升到难以承受的高度。于是这家人又把下一个破产的农场纳入他们的羽翼，辛勤劳作使其兴旺，直到这里的地租也上涨。他们就这样用勤劳和手艺成功治理了一个又一个快要垮掉的农场，从"哈迪森（Hardissen）到罗特（Roth），到兰斯巴赫－鲍姆巴赫（Ransbach-Baumbach），到莱茵河上的一个名叫柯尼希斯克林格尔奥（Königsklinger Aue）的小岛，再到萨尔州（Saarland）边境的比肯费尔德（Birkenfeld），圣温德尔（St. Wendel）附近的诺伊基尔兴（Neukirchen），最后来到在普法尔茨州（Pfalz）的莱登豪森（Reidenhausen）。[36] 简直就是一次振兴西德农场的奥德赛之旅，他们让很多人富了起来，除了他们自己。1967年，乌尔苏拉嫁给了一个也来自东普鲁士的男子，作为美军文职雇员的他也过惯了漂泊不定的生活。1992年东西德统一后不久她的丈夫退休了，乌尔苏拉开始了人生的下一站，这次是在她的老家。虽然乌伦考特家原来的农场早已不复存在，但是他们在其附近，一个1946年之前叫海因里希瓦尔德（Heinrichwalde）的地方租下了一个农场，也就是今天加里宁格勒州（Kaliningrad）的斯拉夫斯克（Slawsk），他们目标明确，经营有方，农场很快就兴旺起来了。

相对当时无数的被驱逐者的命运而言，乌尔苏拉·乌伦考特的战后经历，无论是她的巨大成功还是她无尽的辛劳都非常典型。虽然只有极少数人坚定地重返故土，而其他被驱逐者最终无法在另一

波兰来的难民们在柏林往西部的流亡途中,铁轨能帮助人确定方向。

处永久扎根的事实也是他们共同的命运。

最近几年的考证纠正了德意志联邦共和国在20世纪60年代沾沾自喜所鼓吹的那个所谓的"接纳奇迹"。从冷酷无情上讲,很多德国人对待逃难的同胞并不比对那些外国难民好到哪里去。也许从中至少可以聊以自慰的是,这些冷酷的自私行径至少不是出自种族歧视。这些被驱逐的德国人不管如何金发碧眼,还是经常被辱骂为"吉卜赛人"。他们从匈牙利和罗马尼亚邻居那里接受的很多嗜好,比如对辣椒和大蒜的喜爱,也被西德人所鄙夷。好心人士不停地提醒大家是同一个民族,有同一个根。比如明斯特(Münster)的特奥·布莱德(Theo Breider),作为当地的交通协会的常任理事,他的任务就是照顾好当地的难民。在他做的事情中,还包括尝试用北德方言*写了一首诗歌,煞费苦心地试图唤醒当地居民的民族团结精神:"乡亲们!这是流着我们血液的人,他们失去了家园和一切,他们是德意志人,是我们的孩子,男人曾经是我们的士兵,——请打开你们的花园,打开你们的大门!"[37]

完全徒劳,这些当初被行政部门称作"从外地迁来的移民"(Zuzügler)遭遇了一堵拒绝之墙。[38] 在那些人满为患的城市里,他们因发布的移民禁令最多只能滞留两天,有些乡镇干脆封界。在不来梅有50%的民居被炸毁,一次轰炸中就令5万人一夜之间无家可归。街上张贴着告示:"我们无力再接纳任何人!禁止移民!"

盟军为此设立的"移民委员会"打算将这1200万流离失所的难民大部分安置到农村。他们故意拆散那些想在异乡尽可能待在一起的移民团伙,以促进他们与当地人的融合。在漫长的徒步旅行中,许多来自同一村庄的难民团基本上保持着完整。由于难民和当地人

---

* 北德方言即 Plattdeutsch,亦称低地德语,是德国北部最为常用的方言,也是当年很多来自东普鲁士地区(现属波兰)的日耳曼难民的方言。

的关系日趋紧张，盟军担心会发生武力冲突和暴乱。无论是在巴伐利亚州还是石勒苏益格-荷尔施泰因州（Schleswig-Holstein），当地人有时强烈反对这些移民入住，导致流离失所者只有在机枪的保护下才能进入给他们指定的住所。在对这些人困境的置若罔闻上，农民们的固执远远超过了他们的牛。

1946年作家瓦尔特·科本赫夫（Walter Kolbenhoff）在上巴伐利亚州的一个村子里写道："当炸弹如冰雹般落下，家眷们一个个失去了性命时，这些农民从来不曾在防空洞里蹲过，从未忍饥挨饿地在他乡之路逃亡过。当他人把生命当作恩赐一样迎接每一天时，他们还是稳坐农庄，赚着他们的钱。但这样的好命不曾使他们学会谦卑。对他们来说好像这一切都没有发生过，一切都与他们无关。"[39] 一个有自己住房的农民甚至打死了一个难民及他的三个孩子，仅仅因为他不愿容忍陌生人在他的屋檐下。事后他声称，那家难民自己出走了。

这个"融合奇迹"经常得靠警察的帮助才能实现。州县管理部门的员工在德意志和盟军警察的保护下来到小城市和乡间，系统性地搜寻那些只在节日里才使用的"好厅堂"以及空置的给用人住的屋子。尤其是当农民们可以自己挑选到自己家居住的难民时，出现了许多不人道的场面。那简直就如同在奴隶市场一样。他们把男人中最有力气的，妇女中最漂亮的挑出来，用讥讽的恶言恶语把弱者排斥在外。有些农民把这些难民看成是对他们失去的那些被遣返的强迫劳工的合法补偿，对于日后必须给这些"波兰来的穷鬼"一定报酬的要求尤其使他们感到愤怒。

甚至连这些难民到达时的悲惨景况都被这些农民用来嘲弄咒骂。1946年，当一批来自波兰和捷克的难民乘牛车克服重重阻挠抵达时已是奄奄一息，下车时的惨状难以言表，可当地人还把他们称作"瘦得只有40公斤的吉卜赛人"。为抵制难民而编造的理由也令人咋舌，其中一个特别阴毒的论点是，难民们比西德人更热衷于纳粹主义，对即将建立的民主政体会构成严重威胁。因为他们作为普鲁士人生来就是军国主义分子和纳粹走狗，尤其应该为"希特勒主义的泛滥"负责。例如，1947年，德国北部霍恩（Hohn）的农场主汉斯·奥赫姆（Hans Ohem）写道："人们不应相信普鲁士精神会随着纳粹政权的终结和普鲁士的解体而消亡。不，它继续活在每个从东部来这里的人身上，在州政府选举后我们现在不得不生活在这样的异族统治下。"[40] 事实上那一次州政府选举的确一反农民们的选举习惯，由社民党赢得了胜利，这得益于难民们的选票，正如这位农场主所假设的*。

石荷州南部的丹麦少数民族†疯狂地排斥难民，他们的理由很简单，即丹麦人在总人口中的比例会因为难民涌入而减小。丹麦记者塔格·莫腾森（Tage Mortensen）把这些被驱逐的人称为"希特勒的客人"，还把涌入美丽北方的这股人潮形象地比喻为一个从东普鲁士来的"施德里希凯特女士"‡："这位女士的头发介于黑色和深褐色之间，眼睛偏绿色，颧骨宽大，并且手指有力，身材矮小，就像以前每年在甜菜收割季节来丹麦南部岛屿打工的波兰女孩……南石荷州的人把这些东普鲁士来的难民叫作杂种、混血、混种，玛格丽塔·施德里希凯特（Margaretha Schiddrigkeit）从她的外表来看就是个典型的混血儿，是很多人种和民族的后代。"[41]

种族主义依然延续着，但这次却是针对自己人的。那时有不少关于"德意志部落"的说法。他们的融合对各族裔早已成形的地域

---

* 从历史上看，德国农民在选举中一般会选基民党或基社党，而不是社民党。

† 石勒苏益格—荷尔施泰因州，简称石荷州，德国最北面的州，因与丹麦接壤，在那里也因历史沿袭而居住着丹麦人，属于德国境内的少数民族。

‡ 原文"Frau Schiddrigkeit"为德语方言口语，可翻译为"粗鄙的女人"，其意思充满了对当时从德国东普鲁士来的难民之鄙夷。

第三章 大迁徙

民俗特征构成了威胁,无论是上巴伐利亚人、弗兰肯人、普法尔茨人、图林根人、梅克伦堡人还是石勒苏益格人。帝国崩溃后,民族共同体的主张失去了光芒,但民族的自豪感却没有丝毫的减弱。德意志民族被彻底打败了,人们突然重新意识到可以把地域作为身份认同的决定性特征。于是许多人把德国的境内移民看作是一种多元文化对自己的攻击。部落主义蓬勃发展,作为部落成员,人们用风俗、习惯、信仰仪式和方言把自己和周围的人区别开来,尤其是那些德裔波希米亚人、生活在巴纳特的施瓦本人(Swabians)、西里西亚人、波美拉尼亚人和比萨拉比亚(Bessarabia)的德裔*——他们通通被骂作"波兰来的穷鬼"。[42]

这些当地人用怀疑的目光审视着移民的宗教仪式或节日庆典活动中哪怕是最小的细微差异。例如5月的祈祷该在墓地、户外还是教堂里举行,一棵五朔节花树应该是什么样子,复活节篝火的式样,做弥撒谁该坐在教堂哪个位置上,所有这些琐事都会导致与难民的摩擦,往往酿成大规模殴斗。如果说同样信奉天主教的巴伐利亚人和苏台德人之间因宗教活动的差别都会发生争执,那新教徒和天主教徒之间爆发的冲突就更为激烈了。1946年,弗兰肯(Franken)勃格莱恩(Bürglein)教区的牧师抱怨说:"这个客居的教派在我们新教的弗兰肯地区喧宾夺主,突袭式地闯入我们的教堂和介入教会事务,这是不可接受的。"[43]

在确实变得狭小的空间里,这些被迫挤在一起的德国地方文化发生了激烈碰撞,其心性间的差别在战后要比现在大得多。假如当年在以虔诚出名的符腾堡(Württemberg)地区突然出现一群寻欢作乐的苏台德天主教徒,那里的教民们一定遭受了一次不折不扣的

---

* 这里指的都是历史上德国分布在欧洲之内、德国境外的移民,他们离开德国本土后进入南欧、东欧等地,并形成当地的德裔少数民族。

文化震撼。圣体节的游行被当作一种挑衅行为而遭强行禁止。如果陌生人路过村子，孩子们就会被叫进屋子。在黑森州也一样："难民们的开放性格被看成是嘴碎，情感流露被当作缺乏自制力，礼貌用语被看成是虚伪。假如一个惯于用吻手礼表达感谢的老妇人来到此地，当地的农妇们是绝对看不惯的。"[44]

有时，他们咒骂难民们懒散放荡，有时又谴责他们傲慢自大。今天被看作细枝末节的微小差异在当年就成了另类异族的标签。几近消失的种族主义词汇又派上了用场。巴伐利亚农民协会地区主任雅各布·菲施巴赫尔博士（Dr. Jakob Fischbacher）在一次广为人知的演讲中说，当一位巴伐利亚农民的儿子娶了一位德国北方金发女郎时，这就是血统上的奇耻大辱，并敦促农民将入侵的普鲁士人赶回东部，"最好是直接赶到西伯利亚去"。[45]

对移民的仇恨激发了这种煽动性言论，而其根据也确实存在，难民潮对当地传统造成了不可否认的侵蚀。数百年形成的地域特征受到威胁。被驱逐者们到来之前的一波移民潮就已经让巴伐利亚、施瓦本或荷尔施泰因州忧心忡忡的文化守护者们看到了他们的传统文化是多么脆弱。战争期间，大批因轰炸而失去家园以及被疏散的大城市居民涌入农村，就像当年对流离失所者一样，当局经常以同样的武力手段解决这些人的住宿问题。城里人开放的做派让村民们震惊不已，但也给一些人留下了深刻的印象。被疏散到德国农村的500万城市居民中有许多喜欢娱乐的年轻妇女，想在村里搞派对，这搅乱了那里的传统价值观。尽管牧师们在讲坛上痛斥散漫的恶习，谴责女人美甲和城里人放浪的衣着，但这无济于事。相反，她们还是冲昏了一帮村民的头脑，没过多久就出现了一波戏剧般的爱情、私生子和离婚潮。

爱情也助长了被驱逐者与当地人的融合，成了一个特别有效的推进现代化的引擎。青年男女互相吸引，根本不在乎民族仇恨。然而，让流离失所者不只是在本族内缔结婚姻，或者让一个德裔波希米亚男人被弗兰肯的岳父母所接受，这都需要很长时间。尽管遭到牧师们的强烈反对，新教徒和天主教徒之间的所谓"混合婚姻"很快变得越来越多。然而，如果新教徒配偶不改变他的信仰，其天主教配偶通常会被教会开除。开除教籍的命令经常在弥撒过程中用羞辱的语言公开宣布。一些在浪漫爱情和教会忠诚之间左右为难的信徒，因被排斥于教会社群之外而痛苦一生。

冲突之所以严重，部分原因在于难民实际上改变了德国。战前，在西部德国每平方公里土地上生活着160人，现在有200人。在大城市，外来者所占比例还相对较低。在柏林和汉堡，流离失所者占总人口的比例仅为6%和7%。然而，在梅克伦堡—前波美拉尼亚州（Mecklenburg-Vorpommern），这一比例为45%，在石勒苏益格—荷尔斯泰因州为33%，在巴伐利亚州为21%。在这里，异族的移民人群动摇腐蚀着当地人之前的坚定信念，即自己的生活方式是唯一正当的。社会学家伊丽莎白·普法伊尔（Elisabeth Pfeil）早在1948年就在她的书名中准确揭示了这一现象：《难民：转折点上的人物》（Der Flüchtling. Gestalt einer Zeitenwende）。她写道："难民的出现扰乱了一个世界，而后发生的一切不仅仅发生在难民和流离失所者身上，而且也发生在那些他们走进其房舍、向其倾诉自己不安的其他人身上。这次大迁徙中曾经发生过的一切至今在德国人的生活中处处留下了不容忽视的印迹。"[46]

1948年5月乌尔苏拉·冯·卡多夫为《南德意志报》采访了一个曾拥有1600位居民的村子，除了200名被疏散者，那里还接收了800个来自苏台德的德国人。她写道："从社会学角度看，今天的一个村庄和以前的一个大城市一样多层次。曾经在布拉格、柏林、布达佩斯、维也纳、布加勒斯特和里加居住过的人们，现在无论是自愿还是被迫都得亲身体验乡间生活的好与坏。那些在空间拥挤的大城市里随处可见的默默无闻之人在这里找到了他们的避难所。被驱逐的地主，画家，被释放的囚徒，匈牙利军官，前外交官，波罗的海东岸三国的伯爵和被铁丝网阻挡了回家之路的回归者，总而概之为美因茨彼岸的'普鲁士人'。最奇怪的是那些知识分子，他们像候鸟一样来来去去，夜里还在为了煮咖啡而汲水，早上睡到很晚，晚上则狂欢着逃避现实，总之是些异想天开的怪人，幸亏他们自己都不愿意被认真对待。"[47] 所有这些人把这个即使在战时也在昏昏沉睡的农村彻底搅了个底朝天。

由于被驱逐者组成的协会的负责人说话经常使用复仇性口吻，被驱逐者长期以来被当作联邦德国最反动的力量之一。实际上，直到 20 世纪 70 年代，他们在很大程度上对激进的右翼活动负有一定责任。传统上，他们深受民族情感的影响，因为他们通常来自多民族地区，他们的德意志血统曾是各种特权和冲突的根本原因。但在战后德国，民族性变得不再重要的同时，地区间的相互排斥却越发严重，使人们愤愤然举起了民族主义的旗帜。随着后来越来越多的德国人无奈地接受了与波兰和捷克斯洛伐克的新国界，特别是年纪较大的那批人有一种第二次被抛弃的感觉。他们对和解政策的倡导者发起了臭名昭著的诽谤运动，特别是针对维利·勃兰特（Willy Brandt），他被打上了人民的头号叛徒的印记。* 不过，被驱逐者联合会（Bund der Heimatvertriebenen）还是在 1950 年的宪章里承诺放弃"复仇和报复"，为了不忘在过去十年中给人们带来的无限痛苦，它还承诺要参与"创建一个统一的欧洲，使各国人民能够无忧无虑

---

* 这里指的是维利·勃兰特在 1970 年 12 月 7 日的华沙之跪。他在华沙犹太起义纪念碑献上花圈后，自发下跪，为在纳粹德国侵略期间被杀害的死难者默哀。随后的民意调查显示，48% 的德国人认为这太夸张，41% 认为很恰当，11% 不置可否。但从历史角度上来看，维利·勃兰特的下跪大大提高了战后德国在国际上的地位，也就在同一天德国与波兰签署了《华沙条约》(Warschauer Vertrag)。

地生活在那里"。

与此同时，在众多的被驱逐者协会里有很多信奉德意志至上的顽固分子。例如现居法兰克福的苏台德籍德国人恩斯特·弗兰克（Ernst Frank）于1957年写给捷克卡尔斯巴德市（Karlsbad）雪鸟街3号的警官卡雷尔·塞德莱切克（Karel Sedlacek）的信就不是个别现象。没有用任何称呼，弗兰克就开门见山地通知这位捷克人："我依然是这座房子的主人，而您只不过是被派来替我看管财产的人。我会回来的，照看好我的房子和花园。我或者我的家人会回来唯您是问的，就这么办！"[48]

看起来很矛盾的是，尽管有许多被驱逐者头脑落后古板，在战后他们却成了社会现代化的推动者。后来令年轻的共和国颇为得意的文化和社会融合都有赖于他们的积极参与。在普遍不受欢迎的新故乡，他们成了从根本上去省籍化、乡土化的驱动力，重塑了传统上墨守成规、抗拒变革的农村。这些被驱逐者确确实实震撼了整个国家，拉平了地区差异，并在文化松动的第一阶段确保了德国人几十年后可以在宪政爱国主义这样一个抽象理性的身份上达成共识。他们与后来的电视都对许多方言的衰退消失负有责任。由于被驱逐者的孩子们为自己的原生方言感到羞耻，他们在学校里讲尽可能完美的标准德语，很快就带动当地的孩子们也加入使用标准德语的行列。

被驱逐者之于当地文化，正如名声不佳的纤维水泥外墙之于乡村建筑风格。随着诸如以可水洗的外墙、标配门和塑料窗框为标志的颜色单调灰暗的当地传统建筑的消失，地域文化的心理特征也在力图攀升的中产阶级中消退了，而其中最具活力的是被驱逐者。因为他们不得不摆脱旧的羁绊，像开拓者一样进入新的领土。虽小心翼翼，并且伪装成反动分子，但实际上却是先锋。

因此，被驱逐者迅速从原来的负担变成了德国经济的红利。通常，他们比原住居民更愿意迅速适应新情况。随着自己曾有过的财产和家园,他们也失去了许多幻想,但却因此更加敏捷灵活和雄心勃勃。在重新安置后,三分之二的个体户移民都换了职业。在他们当中,将近 90% 的"前"农民不得不到处寻找其他工作——这是一支不讨价还价,但随时准备辛勤工作的劳务大军。没有这些被驱逐者的工作激情,1948 年经济改革后的迅速崛起是不可能的。摆脱了之前的种种社会羁绊和牵制,他们大都专注于通过工作来创建新的生活。此外,许多被驱逐者具有较高的教育水平和技能,因此在巴伐利亚和巴登—符腾堡州落后的农村地区发展起来的中小型工业企业里,他们逐渐成为那里的中坚力量。[49]

尽管有这些成功的融合,但最后一批收留被驱逐者的大棚房难民营直到 1966 年才被解散。数百万人曾住在尼森式活动房屋*里,往往 20 个人在一间房间里挤好几年。他们曾住在被改造过的达豪集中营、阿拉赫(Allach)的集中营分营以及其他当年的残忍之地,不同的是其条件要比之前舒适得多。但是这一切还是无法阻止 1948 年秋天发生在达豪的那场被驱逐者的暴动。

在很长一段时间里,许多被驱逐者都无法摆脱营地的烙印。例如那些由每个社区为被驱逐者在市郊建造的简易却不失美观的小房居住区,当地人为了突出人我之不同,长期以来称之为"营地"。这些居住区的特点是小巧玲珑与整齐划一的结合,看起来好像大批独居者发明了一种新的建筑模式,让大家住在成排成行密集的房屋里。尽管被驱逐者庆幸着早已停止了迁徙,但这些居民区仍然带有营地的特征。时至今日,人们还难以摆脱对这些整齐划一的舒适房屋的不信任感,仍然能从中感受到这个"世纪大驱逐"的暴力给人们所带来的创伤。

---

* 由彼得·诺曼·尼森(Peter Norman Nissen,1871—1930)于 1916 年作为临时军用宿舍为英国军队发明的半圆形瓦楞铁皮活动房屋,他本人是美国/加拿大裔的工程师,曾在英国军队担任军官。

这些新居住区还时常被老城区的居民冠以一些比如小韩国、新波兰、茅茅（Mau-Mau），或者小莫斯科之类的绰号，以此暴露出他们最想把这些移民往哪里赶走的念头。茅茅，在这里是外国人飞地的同义语，即便在这个居住区里，由于房子被炸毁而从汉堡或曼海姆逃难至此的德国人其实多过从东部被驱逐过来的人。[50]茅茅，这个口口相传的词语标志着德国人开始对彼此感到陌生的那个节点，显而易见的是，这个节点并不是德国人开始理解犹太人大屠杀的那一刻。

当初德国人之间的反目成仇今天看来是令人无法想象的。盟军当局，尤其是英国的办事处曾多次对一场岌岌可危的内战发出警告。作为土生土长的西里西亚人，耶稣会神父约翰内斯·莱皮希（Johannes Leppich）曾因为他那火药味十足的布道被人称为"上帝的机关枪"。他曾经预言道："如果不马上提供帮助的话，从防空洞和集中营简易房里会爆发一场革命。"历史学家弗里德里希·普林茨（Friedrich Prinz）总结道："从今天看来，对于移民成功融入的那种带有满足感的回顾，掩盖了当年我们离社会性灾难只有一步之遥的认知。当时的情景完全有可能使这些被驱逐的人成为德国的'巴勒斯坦问题'。"[51]

由于盟国对被驱逐者和难民们给予了一视同仁的关怀，使他们得以阻止了这场灾难，尽管他们也曾颇费心机阻止了移民们的自发组织和某些政治活动。随着东西两个德国的建立，德国人从1949年开始必须自己考虑如何确保当地人与被驱逐者之间的公平合理。

对德国人的驱逐是一场浩大的财产没收工程，对其他那些因德国的侵略和掠夺而饱受战争苦难的人民而言，这是一点心理上的补偿。然而这些行动却又是在违反国际法的情况下发生的，部分做法在实施中极不人道。即便如此，人们很难不承认迫使德国割让部分领土是一个公正的惩罚。然而被驱逐者也有理由质疑，为什么他们得单独承担如此惩罚，毕竟战争不仅仅是他们这些人的责任。头脑清醒的政治家们都认为在抽象概念上，战争负担必须由大家公平地分摊，但是能在多大程度上做到以及如何具体实施的问题上众人意见分歧。

在苏联占领区，由于当局能够自上而下地实施管理，所以在那里更容易做到合理分配。1945年秋季从大地主那里没收的农田里有三分之一以上分给了被驱逐者。40%以上由土地改革而新生的农村就业机会分给了难民。但是，他们从此不许再将自己称作被驱逐者；政府称他们为新公民或重新安置者，甚至从1949年起，为了避免对苏联和东欧兄弟国家由此引发的任何批评之音，他们连这些名称都不想续用。由于担心被驱逐者会在其新盟友之间制造隔阂，这个社会主义国家尽其所能对被驱逐者和当地人一视同仁。相对来看他们取得了成功，为此被驱逐者不得不付出否认其历史和发现自己在东德的官方历史中消失的代价。他们每次自发地建立政治和文化组织的尝试都立即被禁止。由此，到1949年底，40万名被驱逐者，其中很大一部分是不愿接受身份丧失的人，继续迁到了西德地区——这就提高了剩下的那部分人在东德的融入机会。

在当时的联邦共和国，令人痛苦的关于负担分配的讨论已经开始了。1952年9月，一项相应的法律开始生效。它规定了谁必须承担战争负担的哪些部分。这个《负担平衡法案》（Lastenausgleichsgesetz）读起来就和它的名字听上去一样枯燥乏味，而这个概念实际上是一个隐蔽了政治谈判技巧的杰作。有了这部法律，原来分歧严重的德国人不知不觉中又抱成一团了。由于没有人对结果感到满意，因此这过程的影响之大被长期隐藏了。时任反对派的社民党主席埃里希·奥伦豪尔（Erich Ollenhauer）点明了负担平衡法案的含义："这个法案不是像其他一百种力求利益和义务毫发不差地相互制衡的社会法。这是我们面对数百万同胞所犯下的内部战争债务的清算性法律。"

为了解决"内部战争债务",所有那些在战争中损失较轻的人被迫替那些丧失了大部分财产的人买单。简单地说,许多人不得不放弃一半财产,才能使那些一无所有的人生存下来。这项浩大的再分配具体来说是这样的:法律规定,土地、房屋和其他财产的所有者必须交出他们在1948年6月21日规定日所拥有财产的50%。这笔款项可在30年内按季度分期付款。受益者是"战争受害者":房子被炸毁的、残疾人和被驱逐者。应受到赔偿的是土地和企业财产、家庭用品和储蓄的损失,但不应赔偿现金和珠宝的损失。此外,还有一个社会因素:大资产损失补偿的百分比要低于较小的财产损失的百分比。为了计算被驱逐者的索赔要求和付款义务者的负担,设立了所谓的平衡管理局来处理之后几十年由被驱逐者递交的830万份申请。

加上之前于1949年颁布的《紧急援助税法》(Soforthilfeabgabe),这个规模宏大的再分配行动进行得如此艰苦而又顽强,以至于最终几乎没有人意识到他们做出的这个决定及其成功实施是多么令人钦佩。相反,经过多年的争吵之后,没有人再愿意听到"负担平衡"这个词,大家都不怎么满意。那些未受战争损害的人觉得付出太多,而被驱逐者却觉得这些补偿犹如杯水车薪。而就是在这样的吵吵嚷嚷中,在摈除了豪言壮语和意识形态之后,在各个阶层的共同努力下,德国人民进入了民主社会。这种伴随着关于负担分配争端的普遍性牢骚是一个正常化的标志。德国人以这种坚韧、清醒、毫无慷慨陈词的方式把这个"内部战争债务"清偿进行到底,最终达成了一个艰苦的平衡妥协,虽然这一妥协需雇用2.5万名员工和公务员数十年的辛劳才得以达成,而且实际上没人真正高兴得起来。但从今天的观点来看,大家很幸运当初走了这条道路。一场分配战,开始于当地人和移民之间的残酷文化斗争,以务实、公平的方式被提交成为议会的谈判。那个日后被称为公民社会的基石也由此在德国奠定。

短短几年之内德国人的自我形象发生了深刻的变化。他们在纳粹主义下曾经狂热追捧的那个民族团体，战后在他们看来是一个被强加且互不待见的族群联盟。这个联盟日后随着经济繁荣逐渐变成了一个不带有情绪化的、让所有人觉得待遇尚可接受的谋求折中的团体。新的民族主义很难建立在这个坚实的、纷争激烈的基础上——对一个年轻的民主来讲，这不失为一个不错的开端。

在路上

在战后的头几年没人料到事情会有这么一个美好的结局。相反地，马路、候车室、救急住所和废墟里的破屋在很长一段时间里是德国人的家，没有人知道这情形还会持续多久。在 1946 年的《猫头鹰明镜》(*Ulenspiegel*) 杂志上，作家沃尔夫冈·魏劳赫（Wolfgang Weyrauch）描写了几对"在艰难中幸福着，也在幸福中艰难着"，居住在马路上的恋人，"风是他们的家，雨是他们的房顶"。在大多数人想要尽快建起家园的同时，四处流浪则成了其他人的正常生存方式。当时的犯罪统计学记录了一种得益于人们的流动而新生的"不稳定"犯罪模式。很多见风使舵地改变身份的诈骗犯就属于这群人。到处都是大批的假医生、假贵族和骗婚者。诈骗之风泛滥，因为到处都有突然之间冒出来的人。没有朋友、社交圈和政府相关部门能证实他们的往日身份。随着他们从故土被驱逐出来，他们也抛弃了自己的履历并编造出一个新的。那些重婚者们就是其中的一个特例。其中有出于方便而隐匿了之前的婚姻的难民和被驱逐者，但也有恋家恋到了为保险起见而一式两份、同时维持两个家庭的人。无论有多少个家他们都觉得不够。失根之痛继续绵延，安逸的家园成了一种执念。20世纪50年代的广告很快就让"舒适的四面墙"作为家的比喻变成了被众人取笑的怪诞词——这也难怪，对很多人来讲，乡间道路在很长的时间里作为噩梦之地留在了记忆里。在小说《禁区》里，作家汉斯·哈贝这样描写了路上发生的一切：

> 就像一只饱食过度的胃，战俘营把多余之物全都呕吐了出来。而他们的样子也真就像那些呕吐之物。战败的尊严在这里就仅仅是尊严的失败：衣衫褴褛的残兵败将步履蹒跚地挣扎着返回自己被征服的国家。这支军队，他们曾经一直在路上，在法国和波兰、苏联和比利时的路上。前进时他们曾经一起，而后退时只能每人独自后退。前进时道路支撑着他们，而后退时他们支撑着道路。[52]

这漫长的徒步之路成为神话。像1959年的一部同名的电视连续剧那样，不单是"脚下的路有多远就走多远"*，而且还走回了家乡，这对很多人来讲是一生的骄傲。在埃德加·莱茨（Edgar Reitz）一部长达11集名为《故乡——一部德国编年史》（*Heimat-eine deutsche Chronik*）的系列电影中，那位从苏联的战俘营徒步走回家的安东·西蒙（Anton Simon）给他那双从新西伯利亚（Nowosibirsk）走到洪斯吕克（Hunsrück）山下的沙巴赫（Schabbach）共5000公里的靴子镀金。这位战后靠生产光学仪器发家的工厂主安东把这双镀金的靴子安置在公司大厅里的一个基座上，作为警示和记忆，以庆祝自我和寻求尊重。沙巴赫人应该能依靠得上像安东这样的人。

---

* 《极地重生》（*So weit die Füße tragen*）是一部1959年出品的六集电视连续剧，原文直译为"脚下的路有多远就走多远"。

对于漫长回乡之路的叙述使德国的战败被改写为了一种个人的胜利。其实在开始新生活之前，安东之类的幸运儿就已经无愧于日后新生活的成功。但对其他人而言，回乡之路似乎永无尽头。1947年11月首演的沃尔夫冈·博尔歇特的话剧《大门之外》（*Draußen vor der Tür*）讲述了一个失败的回归者。战后回归者贝克曼（Beckmann）的家没有了，他的妻子有了别人，这是他和很多士兵们的共同命运："他们的家在门外。他们的德国也在门外，在黑夜的雨里和大街上。"

沃尔夫冈·博尔歇特这部著名的《大门之外》还有一部姐妹篇。是一个徒步600公里终于回到了故乡后，年仅24岁却病入膏肓的人于1945在病榻上写下的对汉堡的热切誓言："汉堡！它不只是一堆石头，房顶，窗户，墙纸，床榻，街道，桥梁和路灯！它不只是工厂的烟囱和汽车喇叭声……哦，多得无法述说。它是我们生存的意志。不是随便在哪里，不是随便怎样活着，而是这里，只是在阿尔斯特溪流和易北河激流之间的这里，只是活出我们自己，在汉堡的我们。"[53] 这段文字还一直这样继续下去，在经历了东部前线、军事监狱和逃亡之后，沃尔夫冈·博尔歇特再次切切实实地深深攫住了他的城市，攫住了那些"不可缺失、也无法躲避的，漫无止境的伤心街巷"。他用敲击式的头韵法歌颂着想象中不曾被炸毁的城市故乡，那里回荡着轮船柴油马达的突突声和汽笛声，尽管1945年的汉堡港有着令人压抑的寂静，因为每条轮船都停运了，每个码头都已被摧毁。"如果我们黄昏时站上浮桥——在那些灰色的日子里——我们会说：易北河！我们其实想说的是：活下去！我们还想说的是：我和你。我们说着，呼喊着，叹息着：易北河——其实我们想说的是：世界！"[54]

沃尔夫冈·博尔歇特的《汉堡》（"Hamburg"）是多年后风行起来的乡土电影的最高文学对应。而那时博尔歇特早已过世。就在他的话剧《大门之外》首演前一天，年仅 26 岁的他死于战争造成的身体疾病。

埃里希·弗里德（Erich Fried）1945 年写的《瘸子之歌》（"Krüppellied"）也涉及这些战争后果以及和道路相关的主题。作为当年战后多年随处可见的街景，他为那些拖着空荡荡的裤腿走在街上的"瘸腿人""残疾人"写下了这首诗：

> 与死亡擦肩而过的我们
> 把它丢在了身后，
> 因为在倒塌的巷尾街头
> 死亡也失去了呼吸。
> 我们拄着拐杖住进你们家；
> 假如无事再令你我惧怕……
> 那就一起及时行乐吧，
> 因为昨天的我们曾是亡人！[55]

疲惫的死亡太过软弱无力，以至无人追随，但它却相当符合那些动手重建家园的幸存者们当时的心绪。"那就一起及时行乐吧"——这个决心也是让人们偶尔光顾小型歌舞剧场的缘由。慕尼黑的卡巴莱剧场"展台"（Schaubude）就是第一批新建的此类剧场之一，埃里希·凯斯特纳为其写了《1945 年进行曲》（"Marschlied 1945"）的歌词，里面描写了一个"穿着男裤和旧大衣，带着背包和破旧皮箱的女人"。舞台背景是一条孤独的乡间大道和一辆被炸毁的坦克。已在近 60 部电影里演出的著名女影星乌尔苏拉·赫金（Ursula Herking）提着皮箱，随着迟缓的钢琴伴奏唱道：

> 过去三十个星期，

我穿过田野林地。
衣衫如此褴褛
令人无法想象。
鞋子早已脱底，
背包就是衣柜。
波兰人占了我的家具，
德累斯顿银行拿了我的储蓄。
没有了故乡和亲人，
没有了光亮的靴子，——对，
这兴许就是有名的
西方的没落。*
……
千年已经流逝，
连同小胡子陛下。†
而现在号召重新开始！
向前走吧，否则就晚了，
一，二，三，四，
一，二，三——
因为我们的头颅，因为我们的头颅，
依然牢牢地固定在脖子上。[56]

---

* 《西方的没落》(*Der Untergang des Abendlandes*) 是历史哲学家奥斯瓦尔德·斯宾格勒 (Oswald Spengler) 于1918年发表的著作，斯宾格勒将西方文明和另外的世界七大文明对比，认为每个文明如同一个有机生命体，都有自己上升及衰落的周期。书名中的没落一词当时被误解为作者的悲观主义，把西方文明比喻成一艘将沉之船，对此斯宾格勒做出了激烈的应对，认为"没落"这个词从文明周期而言指的更是一种文明的完成，它本身是一种历史正常的结束。然而此标题至今仍被大多数人误解误用，就像这首歌的歌词一样。这里的"没落"类似于易经中所说的"盈满则亏"。
† 这里指的是长着小胡子的希特勒。

这首歌产生了难以置信的效果。乌尔苏拉·赫金在她的回忆录里写道:"当我唱完进行曲最后一个音符时,人们从椅子上跳了起来,互相拥抱,呼喊着,有的哭泣着,一种几乎令人难以置信的'解脱感'发生了。这当中我起的作用只是一小部分,这就是一首适合当下的歌,正确的遣词造句,在一个恰当的时刻被恰如其分地表现出来。"

如旋涡般吸引观众的魔力其实是这条乡间大道释放出的。以今天的角度读这些台词,尽管它是有些感人的时刻,但总体还是略显苍白,所以假如当时没有比比皆是的流离失所者和失去故土的被驱逐者,人们无法完整地去想象听众们被激起的情绪。观众们从座位上跳起来的确是被证实了的事实,如果听一听保存下来的录音,就会清楚乌尔苏拉·赫金和埃里希·凯斯特纳如何触动了时代的神经。[57]在小剧场里典型的内容空洞的说唱中,乌尔苏拉·赫金在自负和绝望之间游移的声调使这首歌最后上升为一种近乎病态的呼喊。她引人注目地用跺脚将所有的害怕踩在脚下,反而使恐惧显得更加清晰。正因如此,时代所有的矛盾被击中了。如同没有苦涩就没有乐观,哀叹中亦掺杂着感激:"黑暗中的窗户里又有了闪烁的光点。当然,不是所有的房子。不,真的不是所有的……"

"马路上的家"对其他人来说就是"铁轨边的家"。很多人靠货运火车旅行,不过客运火车也开始运行了,虽然这些火车经常没有玻璃窗,下雨时地板和座椅就泡在水里。由于火车运行不准时可靠,很多旅行者们挤在火车站里。候车室和火车站的地下通道本来就挤满了无法前行的滞留人群。如果找得到旅馆,有能力的人会在那里过夜。即便事先通知说十个小时后才会发车,往往一大早火车就已开走了。所以人们还是情愿在火车边上待着。

在1947年11月的《呼唤》(*Ruf*)杂志上,有一篇关于在汉诺威火车站过夜的报道:"当我走下通往三号月台的楼梯时,一股热浪迎面扑来。在麻袋、纸箱、皮箱、苹果皮、纸屑和空的香烟纸

1948年的火车旅行：经常只有在车顶和车厢之间才有空位。从汉堡到慕尼黑经常要走一个星期。

盒之间，沿着潮湿、光亮的墙壁坐着、躺着成百上千的人。只在这个隧道中间留出了一条狭窄的过道。在一番寻找之后我终于为我的皮箱在人群和行李的混乱中找到了一席之地。"[58] 这位作者继续写道，不是剧院，而是夜间汉诺威火车站隧道里的情景如实反映了战后的日常生活。对于稍前电影导演古斯塔夫·弗勒利希（Gustav Fröhlich）为求逼真效果，在同一个地下隧道所拍的电影《暮色中的道路》（Weg im Zwielicht），他做了如下的评述："有些人的苦难却是他人的电影。"

事实上，报纸上所发表的关于火车站的报道比以火车站为主题的电影场景更多。候车室成了新闻工作者为社会把脉的最佳聚焦点。没有任何其他地方会像在这里，一个已重建的德国和一个仍然陷于混乱的德国近距离相遇，安然定居的人在此撞上了无家可归之人，富裕安全的人遇上了受尽创伤者。

视察了火车总站的候车室后，慕尼黑移民专员维利·伊尔贝克（Willi Irlbeck）在给当局的报告中记述了那里的状况。这位深受震惊的行政官员的忠实描述可以和埃米尔·左拉的文笔媲美："大厅里充满了阴霾，在房间里弥漫着刺鼻的气味。道德沦丧到不可救药的年轻人；深谙交易之道的女子；视法规如儿戏的商人和小偷；渴望返乡的获释战俘们，他们的那份渴望让位于由无序的混乱所引起的厌恶反感；那些让孩子们把候车室和火车车厢变成游乐场，把行李和皮箱当作童床的母亲们；残缺不全的肢体，身上的累累伤痕意味着曾经的功勋，沉闷的瞌睡，失神的呆坐，污垢和绝望。"[59]

那些不得不出行的人只好踏上不知长短的冒险之旅。1947 年夏天，《新画报》（Neue Illustrierte）委托其摄影记者埃里克·博德兰德（Eric Bodlaender）乘坐夜间火车从汉堡前往慕尼黑，八天后才到达。头两天他还拍了些有用的照片，之后相机遭受了太多的劳顿也损坏了。火车人满为患，班次被取消或由于铁轨被毁，不得不停在野外的轨道上。即使是位于车厢之间装有减震器的危险区域也人满为患，只能像骑马一样才能平衡自己。乌尔苏拉·冯·卡多夫说："这座位还不算太糟糕，恼人的是从蒸汽机飞出的火花把我的雨衣烧出了洞。"[60] 不少旅客站在火车外的脚踏板上，并一直拉着门把手。在中途车站停车时，只有一小部分等车的人能挤上车。粗鲁些的家伙则在众人的怒骂声中从窗户爬进车厢。在1947年夏天的《新画报》的封面上，女演员伊尔莎·维尔纳（Ilse Werner）在同行乘客们的帮助下被举着递出车窗，因为用通常的方式想穿过过道下车根本就办不到。

尽管艰辛，1947年有些德国人为了娱乐或疗养又开始旅行了。在叙尔特岛上的1万个度假屋中，有6000个挤满了难民，但其余的则像往常一样等待着度假者。为了搜寻黑市商品，行李在抵达时都要被检查，但酒店老板们向客人保证，警察会大方行事并容忍他们带适量的物品以赚些外快。到处可见的难民的苦难使假期无忧无虑的欢乐被蒙上了一些阴影，渡轮在身后一定距离处拉着用声控来引开水雷的噪声浮标也造成了某种不适。但是，这一切并没有影响人们度过战后第一个假期的决心。由于配给制，游客们必须自带晚餐的食材。早上把食材交给酒店的厨房，并附上一张便条，注明姓名、房间号码和关于烹饪方式的特别说明。早餐也是度假者自己带来的，除非他们满足于用食品券换取酒店提供的一杯咖啡、一片面包和五克脂肪的配给。叙尔特岛的一份报纸曾刊登过一张摆满罐头的早餐桌的照片，震惊的读者看到雀巢咖啡、牛肉罐头、番茄酱加白豆、蜂蜜和果酱，丰富极了。针对可能会引起的嫉妒该报用了这样的图片标题："这样的早餐桌在叙尔特岛上并不罕见，也没必要算到投机商人的名下，它可能是那些空投包的接受者特地为假期省下来的食物。对这样一张邻桌有些人感到高兴，会说：'也许我们很快也都能过得这么好吧'，而有些人则整天都对此感到恼火。这样的人本来就不该来叙尔特岛旅行。"[61]

第四章

舞蹈热

如今的人们总把战后想象为极其严肃的年代。那时的景象，尤其是对那个时代的描摹更多是被饱经风霜的脸、绝望的表情所刻画。鉴于当时普遍存在的困境和不安，这不足为奇。然而令人难以置信的是，即使在这些年头，人们依然有过很多欢笑、舞蹈、欢庆、调情与情爱。因为对于人们所要表现的严肃主题，轻松愉快的场景显得不合时宜，所以越是靠近当代，在电影和文学作品中越是少有这样的欢快。而尽管当年这个不合时宜之感也同样困扰着人们，他们还是尽情地开派对，和后来人们越来越爱宅在家里的富裕年代相比，他们甚至更为无拘无束。

当对连夜轰炸的恐惧和被占领后初期的不安过去之后，幸存下来的欢乐感形成一股无法阻挡的力量。废墟生活中的匮乏一点都没有使这种铺天盖地的能量受到损害。相反，终于逃过了灾难的感觉以及对未可预见、完全尚未规划的未来导致了一种急剧上升的生活强度。很多人只是活在当下。假如当下美好，那就将它发挥到极致。漫溢出来的生之快乐开始爆发，常使人疯狂地沉迷于享乐。正因为对生的威胁还随处可见，人们更要极致地品味生活。一场实实在在的舞蹈之热从此爆发出来，只要可以，大家都使劲地跳，到处都可以听见刺耳的尖叫式的笑声，这当然也让不少人受不了。

一个慕尼黑人回忆道："一连好几个月我每天晚上都去跳舞，虽然那里既没有喝的也没有吃的。只有一种酸酸的叫乳清的饮料。我和所有热爱跳舞的人每晚一起尽情享受，即使后来有吃有喝我们都很少再有过如此的快乐。"[1]

当年的柏林和慕尼黑可谓同出一辙。例如，18岁的柏林女秘书布丽吉特·艾克（Brigitte Eicke）是一个热爱生活的女孩，她嗜书如命，老爱上电影院，还热衷于跳舞，她没有让帝国首都的沉沦带走她的激情。德国投降17天之后，她第一次进了两天前才重新开张的电影院。晚上，她在日记中写道："我3点钟接了吉蒂，我们和安妮玛丽·赖默尔（Annemarie Reimer）、丽塔·乌克特（Rita Uckert）和伊迪丝·斯杜尔莫夫斯基（Edith Sturmowski）一起前往巴比伦电影院。真的很好，我们都很尽兴。就是电影太糟糕了。《船长格兰特的孩子们》（*Die Kinder des Kapitän Grand*），一部俄罗斯电影，只有俄语版，我们都不太明白其大意。"[2] 就跳舞而言，布丽吉特还需要好几周的耐心。这个德意志少女联盟（BDM）的一员，在"人民为领袖庆生而献上孩子"的号召下成了纳粹党员，她不得不首先在清除废墟中做惩罚性工作。但是，当苏联占领者宣布所有年轻人都是被误导的并给予特赦之后，她成为了反法西斯青年委员会的新成员，从此她的舞步又开始从一个舞池跳到另一个舞池。

7月8号那一天她第一次出门去了维拉咖啡馆（Café Willa），而且是一个人。那个晚上因为缺了那些仍滞留在战场或被俘虏的男性而有些令人失望："这里的男人真的太少了点，几乎只有姑娘们在跳舞。"另外她必须早走，因为她被分配在23点至凌晨1:30之间看守大门。在普兰茨劳尔贝格区（Prenzlauer Berg），居民们这几周轮流让两个居民夜间执勤，以便犯罪团伙或喝醉的士兵作乱时有

第四章 舞蹈热

人能及时报警。从这天起她又开始经常去跳舞,经常一周好几次。

接下来她"和库兹还有洛蒂",去了一个有舞池的酒馆卢卡斯:"有一位邀请我跳,正好是查尔达什舞曲(Csárdás)……我从没跳过这个,可他带得非常好。"在接下来的几周,布丽吉特·艾克和她的伙伴们横穿整个被毁坏的城市,从一个新开的舞厅赶往另一个。到此为止酒馆还只限于底层,进口处的瓦砾都被扫清并被简易布置,但这并不影响人们在地下室跳轻快的摇摆舞。她们也去了普拉特啤酒花园、新克尔恩区的卡萨隆舞厅、新世界啤酒园,还去库达姆大街的维也纳咖啡馆,然后从那里前往科索咖啡馆,再去维也纳风格的新酒酒馆*,但是在那里三个纠缠不休的美国大兵搅黄了她们的夜晚:"去西柏林玩没什么意思,"布丽吉特晚上总结道,"除了花钱没有什么收获。"在受到重创的库斯特林火车站(Küstriner Bahnhof)的屋顶花园广场(Plaza-Dachgarten)就好多了,虽然那里也缺少男人:"这里有一大堆几乎还很年少的男孩,但都是普通水准以下。"这位记日记的女孩一次又一次地写下了她的渴望,但愿"她的战士们"终将能从战俘营或者不确定中归来:"假如只要我的男孩中的一个在这儿,可以让我不要老是买单;当然他们首先人得在这里。"

在塔巴斯科咖啡馆(Tabasco Cafés),布丽吉特·艾克和她的女友成了哄抬价格者的受害人,这些被店主雇来的人为了促销专注于提高以女客为主的消费兴致。就在她们刚进门时,两个年轻的男人就邀请她们跳劲舞,然后暗示晕乎乎的她们随随便便地点了鸡尾

---

* 普拉特啤酒花园(Prater Biergarten)是柏林最早的啤酒花园,19世纪中叶开始营业,不但是一家受欢迎的休闲娱乐餐厅,里面还有剧院提供戏剧表演。卡萨隆舞厅(Casaleon)在斯潘道(Spandau)和新克尔恩(Neukölln)各有一间店;新世界啤酒园(Neue Welt)、维也纳咖啡馆(Café Wien)、科索咖啡馆(Café Corso)、新酒酒馆(Wiener Grienzing)也都是提供餐饮、跳舞、表演的场所。——编注

酒和菜汤。而在她们几乎还没下完订单时,他们就立刻开始攻克下一批客人而不是继续陪着她们,令她生气的是他们一再故伎重演。

她们之后还去了名叫"中央宫殿""赌场""国际咖啡厅""标准咖啡厅"和"船舱咖啡厅"这些地方。这个18岁的孩子在1945年的夏天一共拜访了13个不同的,用我们今天的话来讲就是那些被称为俱乐部的地方——这个数字即使在今天的派对都市柏林看来也相当令人瞩目。而且还有更多的俱乐部可供这位好奇的年轻女子探索:仅举几个在库达姆大街侧街上的例子,如皮卡迪利酒吧、罗宾汉餐厅、罗克西餐厅、皇家俱乐部、蓝洞餐厅、蒙特卡洛咖啡吧。

在战后时期的电影里几乎都是那些所谓的倒爷们——小骗子和黑市商贩——在那里欢庆。就像魏玛共和国时期乔治·格罗兹(George Grosz)的漫画上的那些贪婪,满嘴流油的人,他们咬着肥大的排骨,大口喝着走私过来的葡萄酒并吸嗅着高耸的乳房。跳舞和欢庆被表现为毫无道德的吝啬贪婪者的无耻享乐行为,面对当时普遍的穷困这根本就该被自发禁止。然而现实却完全是另一幅画面。即使是那些一无所有的人也曾欢庆着,当然不是所有人。

对很多绝望的人而言,欢庆的派对永远成为过去。那些在逃亡路上丢失孩子并不遗余力寻找他们的母亲们,那些成年累月因没有适当的医疗帮助而在生死之间挣扎的病人,还有那些深受创伤而完全失去了活下去的勇气的人们。总之就是那些人,就在战争刚刚过去之际,每一张欢笑的脸在他们看来都是讽刺的鬼脸。

还有为数不多的那一些人。他们毫不介入地在舞厅里坐上一段时间,一旦那里人太多,就面无表情地离开那个热闹的场面。可如果毫不考虑地就把这些人定位为更好的一类,而把那些正在跳舞的人看作是对当年的无理不公及苦难视而不见的铁石心肠之流,那您可就错了。德国人背负的负疚感很少是使他们感到娱乐不合时宜的理由,使他们失去兴致的更多是由于自己的不幸,如对被俘丈夫的思念或者对死去亲人的哀悼。

那是一个能者皆舞的世界。年轻的女大学生玛丽亚·冯·艾纳恩（Maria von Eynern）这样解释着在她原有世界崩溃后令她自己都吃惊的生活热情的爆发："其中有很多原因——首先是由被破坏的周围环境慷慨地、甚至是奢侈地赋予我们的真实的个人自由，它有着令人着魔的一面。大家都难以置信地热衷于交际。最后，每个人到头来都要为自己负责——为每一份快乐负责，也为在迷乱丛林中的每一次失足负责，因为走错的每一步都令我们踉跄跌倒。"[3]在崩溃带来的冲击之后，紧随着的是自我对责任的承担以及对个人自由的深刻体会。之前的无所适从被突兀地转变成了积极主动，这位女大学生对此做出了这样的理解："我们"，她仿佛是在为整个一代人发言，"在自身的周围创造了一种氛围，时刻保持着准备姿态，以便面对和处理生活中的种种奇葩现象。自由正在各个领域里向我们招手。"例如在着装上再无规范可言，"因为没人还拥有这种规范的衣着，所有无产者和知识分子们都拥有了真正意义上的自由"。

这种新兴的生命热情并不只是那些受过良好教育的人的特权。玛丽亚·冯·艾纳恩在自己身上惊讶地发现的那个"令人难以置信的社交热"遍及了当时的社会。当一些人刺猬般蜷缩在他们的苦涩堡垒中时，其他人却投入了新的交往、友情和爱情。驱逐、移入和疏散的结果并不只是相互的敌对，也是对彼此的吸引和好奇。在艰难和苦难的同时，家庭的支离破碎也意味着从令人窒息的关系网中解脱出来。穷人和富人之间的界限也变得通透了；那种一夜之间可以失去一切的体验，以及仍然能感受到的无处不在的死亡使之前具有决定性的阶级差异变得微不足道。这也是玛丽亚·冯·艾纳恩在她的记录里写的"一切无产者和知识分子的自由"之含义。

在战后文学中作为痛苦的年轻人进入人们集体记忆的沃尔夫冈·博尔歇特，也经历了死亡之近和生命之欢的关联。在压抑的场景中，对生命的渴望常常立刻被诋毁为对生活的贪婪；然而，在博尔歇特的文字中，这一贪婪的权利得到了维护。在1947年的著作《这是我们的宣言》（Das ist unser Manifest）中，他描述了他们那一代人的音乐，首先是那些被人们幸运地丢弃了的"士兵们情绪化的叫嚣"，然后是当下在汉堡舞棚里伴随着摇摆乐和布吉—伍吉（Boogie-Woogie）演奏的爵士乐："现在爵士乐是我们的歌声。兴奋疯狂的爵士乐是我们的音乐。打击乐器以其喑哑粗糙之音通过这种热辣、癫狂的歌曲紧跟其后。有时，又是一阵老兵们伤感的叫嚣，人们用尖叫掩盖了苦难，脱离了母亲。……深渊（咽喉）*对我们打着哈欠，而我们的欢乐之歌和我们的音乐在深渊之上舞蹈着。而这个音乐就是爵士乐。我们的心智有着一样的冷热交加的节奏：激动，疯狂和急促，无拘无束。并且我们的女孩在她们的手和髋部有着同样的热脉。她们的笑声带着嘶哑的、脆裂的、单簧管式的坚硬。她的头发，像磷一样擦得出火星，在燃烧。而她的心脏，和音乐进入同步，带着感伤的狂野。我们的女孩就像爵士乐。夜晚也是如此，充满了女孩闪烁的夜晚，如同爵士乐：热烈而匆促，夹带着亢奋。"[4]

这段文字的节奏本身就是最纯粹的爵士乐。它是对生活摇摆乐式的呼唤、是带有战争余音的低吼，而同时它早已被单簧管的音乐所升华。战争依然随处可见，甚至在女人们磷光噼啪作响的头发里。

这精准地描述了当年在舞棚里，那些幸存下来的男孩子们领着"他们的女孩子们"旋转舞步时，那种敏感和粗鲁交杂的氛围。在有些方面甚至有了摇滚舞的亢奋型雏形。比如在1951年罗伯特·A.

---

* 原文中的 Schlund 在德语里既是深渊或山洞也是咽喉的意思。在民间医学中咽喉这个器官也是一个代表说真话的器官。诗里的这个词有双关之意，既指德国当时战后百废待兴的深渊，也指人们通过不合时宜的狂舞试图摆脱对战争记忆的困扰。

第四章 舞蹈热

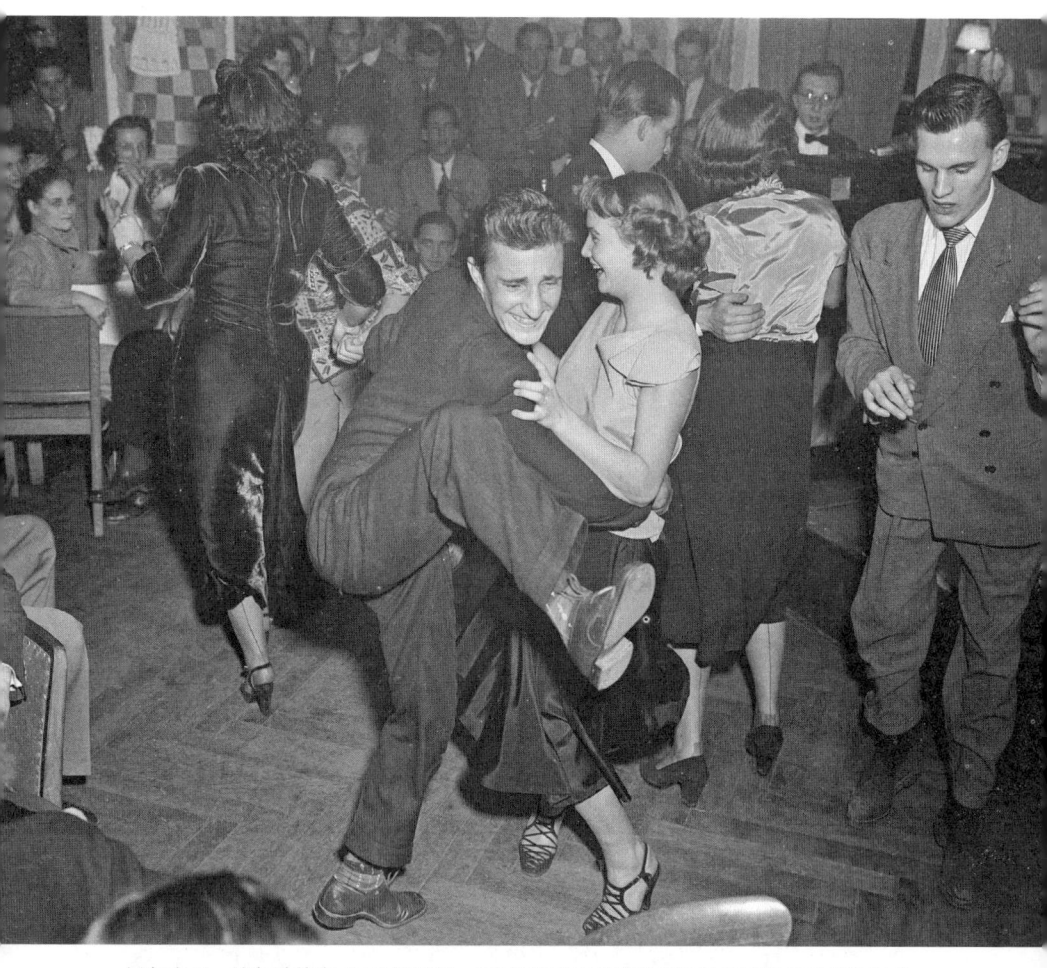

沃尔夫冈·博尔歇特在1947年写道:"我们的欢乐之歌和我们的音乐是在对我们打着哈欠的深渊／咽喉上的舞蹈……我们的心和脑有着一样的冷热交加的节奏:激动,疯狂和急促,无拘无束。"此图为慕尼黑1951年热门俱乐部的场景。

施特姆勒(Robert A. Stemmle)拍的电影《罪恶的边界》(*Sündige Grenze*)*中,人们可以看到一群亚琛的年轻人在布吉—伍吉舞蹈中

---

* 电影主要情节讲的是一群13岁至16岁的孩子们在德国,比利时和荷兰交界处在黑帮头目牵线下以走私为生并与警方周旋的故事。

加入了杂技的元素，就像几年后人们在典型的摇滚舞中才能见到的那样。

而且不只是在城市，在农村，人们也在饭馆里和广袤天空下的节日广场上跳舞。大型活动必须得到被占领区掌权者的批准，如果擅自组织，事后得缴纳一笔通常不是很高的罚金。人们喝的是一种淡淡的啤酒，很多人认为那是"仿造的"，而经常会提供私自酿造的白酒。在葡萄酒产地的人就有福气了，那里很少会缺拉动气氛的酒。有时跳得太过分了，使当地政府机构不得一次次地干预并禁止一些已被军方行政机构允许过的活动。他们尴尬地试图不让未满18岁的年轻人进入这些娱乐场所。几个月前那些还被认为大到足以和"人民冲锋队"*一起去送死的年轻人，现在连喝一杯葡萄酒的资格都没有，估计他们一定为此感到无法理喻。

经常是那些宗教节日，在战争结束后就立即带着新的活力成为欢庆的理由。5月底圣体节的列队游行终于又可以毫无阻挠地进行了。游行的道路被精心装饰，鲜花只需人去采摘而且花瓶也绰绰有余：人们只需把田野里炮兵用过的黄铜炮弹筒捡起来，好好擦亮它们之后就是最美丽的花瓶了。

科布伦茨，1945年11月11日，当无数的孩子为了圣马丁节†游行举着火把而聚集在一起时，发生了占领者和德国人之间一次严重的误会。圣马丁的装扮者骑着马走在游行队伍的前面。"突然队伍停了下来。那个在被征用为兵营的奥古斯塔文理中学（Augusta-Gymnasium）站

---

* 人民冲锋队（Volkssturm）是"二战"末期由纳粹政府根据1944年4月25日希特勒的元首令于该年10月18日建立的国家民兵部队，所有16岁至60岁之间的尚未服役的健全男性公民必须加入。人民冲锋队不归国防军管理，直接听令于纳粹大区长官（Gauleiter），只在军事行动上听令于国防军。其起源是1813年至1815年间为反抗拿破仑而组织起的国家冲锋队。

† 圣马丁节是为了纪念与人行善的圣人马丁而举行的儿童游行，他们夜间举着灯笼跟着骑在马背上的圣人马丁游行，一般都在每年11月的某个夜晚举行。

岗值勤的法国士兵，很显然担心这里正开始着一场抗议游行。他叫停了行列，没收了圣马丁的弯刀。当他看到市政府大楼后无数的人流相继涌来，这个士兵对空放了几枪然后撤退。但是孩子们不受其扰，他们唱得更加嘹亮，走得更远，每个孩子目光坚毅地注视着自己手里举着的火炬。到了克莱门斯大街（Clemensstraße）时一辆载着法国士兵的吉普车和我们迎面相遇。但是他们让我们通行并陪伴我们到达克莱门斯广场（Clemensplatz）。在他们的注目下我们熄灭了圣马丁节的火焰，就在神父开始对孩子们布道时，他们驱车离开了。"[5]

"好起来吧，我的小女孩，还有我支离破碎的美因茨"

在颁发所需的许可证一事上，不同的占领者有着难以预料的表现。被一个官员禁止的活动却会被另外一位利利索索地批准。1947年，英国禁止在科隆举行玫瑰星期一游行，而法国人却得迫使美因茨人恢复著名的狂欢节活动。无论如何，这就是美因茨狂欢节历年组织人之一卡尔·莫莱（Karl Moerlé）对当年情况的描述。自1941年袭击苏联以来，狂欢节一直没有再被正式庆祝过。1945年10月，法国城市指挥官命令卡尔·莫莱和"美因茨狂欢节最好、最负盛名者"中的另外两名男士来到他的部门。塞佩尔·格吕克特（Seppel Glückert）、海因里希·希尔森贝克（Heinrich Hilsenbeck）和莫莱这三位美因茨人依命准时出现在那里，但他们感觉很不自在。这样的传唤极少意味着是件好事。而当指挥官告诉他们必须立刻开始为明年的狂欢节做准备时，他们就更加惊讶了。对这三位目瞪口呆的狂欢节组织者来讲这个想法令人不安。因为一位军事领导人喜欢的东西可能对下一任来讲根本不合时宜。莫莱表示反对，认为鉴于这个城市的凄凉状态，他很难想象狂欢节的游行。然而，恰好是这一论点根本不为法国指挥官所接受。苦难越大，狂欢节就越必要。

1946年科隆人又开始庆祝狂欢节了：三年后在"我们回来了，我们尽力而为"的口号下，科隆正式举行了战后第一次"玫瑰星期一游行"。

第四章　舞蹈热

一位专门研究狂欢节的历史学家这样解释过这一过程：他"把公民节假日理解为一种应对方式"，"他认为正是鉴于此认识，特别是面对眼下这凄惨的局面，他必须要提倡一个用以宣泄的阀门，以助长美因茨人面对生活的勇气，让他们更容易去克服困境。"[6] 如果这些狂欢节俱乐部的老资格成员无法完成这一任务，军政府会求助于当地餐饮业和"专业艺人"来推进这项活动。[7]

在法国指挥官力图立刻启动喜庆活动的背后，可能还含有法国人积极跟进的去普鲁士化战略。他们所谓的"去普鲁士化"就是：加强德国西南部当地的文化传统，应有助于击退普鲁士及其在盟国眼里的军国主义影响。[8]

然而在1946年的2月，卡尔·莫莱和塞佩尔·格吕克特还是没能策划一场真正的"玫瑰星期一游行"，甚至连一个由"十一人团"准备，并由合法的"愚人团"领导的狂欢节都没搞成。* 但是他们组织了后来多次重复的"美因茨之夜"（Mainzer Abend），这些"少说废话的务实者"在人满为患的礼堂里略带羞涩地唱起了《愚人进行曲》（"Narrhallamarsch"）的旋律。塞佩尔·格吕克特，这位在纳粹时代曾在狂欢节上勇敢发言的少数人之一，用一首名为《愚蠢的男女们》（"Närrinnen und Narrhalesen"）的狂欢节典型的押韵诗来提醒众人作为公民的失败：

> 直话直说吧，七年，
> 又从我们这里被偷了
> 我们的城市和街巷

---

* 传统上狂欢节应由"十一人团"（Elferrat），一个11人组成的委员会来策划，并由指定的"愚人团"（Tollitäten）管理领导。狂欢节的常务会议模仿政府组织，有严格的等级制度和仪式。但因狂欢节本身充满嘲弄权威、讽刺时事的活动，因此在战时和战后初期，很难被批准举行。——编注

千疮百孔，鲜血直流。

可战争之前——你们想知道吗？
我们得扪心自问，
大家都不曾有过勇气
从奴役中解救自己。

我们不停地呼喊"万岁，万岁"。
我得在这儿说一下：
我们的许多兄弟姐妹
昨日那永恒的万岁，
无论说出来，还是唱出来的，
均非发自肺腑。[9]

  这首诗一半是自我控告，一半是自我洗白，而按那个年代的标准来讲，已经含有相当多的赎罪意识了。在圣英贝特（St. Ingbert）的快乐男子合唱协会（MGV Frohsinn e.V.）的戴帽聚会上，人们曾经唱道："我们这里都曾是党员！我爸爸曾是党员！我妈妈曾是党员！我姐姐曾是党员！"以此类推把所有的亲戚都定性了一遍。[10]
  而在180公里以北的另一个被占区，那里的英国人根本就不用鼓动科隆人去狂欢。早在1946年，这个在战争末期人口从77万锐减到4万人的城市就组织过一次小型的狂欢节游行，游行队伍穿过了被摧毁的城市里鬼城般的废墟。"越过瓦砾小山堆，穿过碎石的小路和叠起的石堆，这些道路以前曾经是令人骄傲的马路，整组整组穿着虽然简陋却很地道的化装服饰的孩子们带着自制的乐器，前往被基本清理干净的环城大道，并在那里组成了一支游行队伍。他们的脸被涂画过，手拉手地唱着歌穿街走巷。……当他们走到鲁道夫广场时，游行队伍已经发展成了一大群人，因为很多成年人也加入了进来。"[11]

在那些协会的编年史中，这样形成的节日游行被描写成"自发"的游行。就有组织的狂欢人员对一支正规游行队伍形式所定下的高要求而言，这个概念得相对来看。一个不是由协会组织的玫瑰星期一游行在他们看来根本就算不上是个游行。而科隆的居民们却涌上街头，没有协会主席、三巨头和十一人团*，他们穿着临时缝制的服装，即使一年后市政府禁止了"有组织的节日游行"，他们依然尽情地庆祝着他们的节日。

这项禁令有一个有趣的理由："时代的严肃性高于狂欢节。为了在未来更好的日子里保存其大众节日的品性和预防一切商业开发，1947年一切有组织的节日游行，公众场合下的假面舞会以及化装舞会都不被允许。"这里提到的"商业开发"针对的是这些协会和一些名声不佳的餐饮场所之间的默契，比如大西洋音乐咖啡餐厅（Konzert-Café-Restaurant Atlantic），那里的奢靡挥霍以及精致的装腔作势令市政官员们大感不适。大西洋曾经是个蹩脚的酒店，但却没有被毁坏，所以它楼上完全是房客超载。底楼的餐厅则模仿蒙特卡洛大赌场，在街上摆放了花桶，安排了接待领班、门卫和穿制服的男侍应生。很明显，在当时食品配给的情况下，这肯定是靠了不合法手段。基民党议员伯恩哈德·君特（Bernhard Günther）把大西洋和"其他如成人秀，和费米纳之类"都视为"龌龊之地"，这些场所多次成为科隆市议会讨论的话题，因为它们都是投机倒把

---

* 这三个都是德国狂欢节协会组织结构的必需性元素。三巨头（Dreigestirn）是指王子，农夫和处女（传统中由男人装扮，纳粹时代被禁止由男性扮演）；这三个各自象征着英雄，勇士和母性，并且王子的车輛是游行队伍里最为豪华的最后一辆花车。十一人团相当于狂欢节的策划委员会，但实际人数不一定限于11人，另外德文的11（elf）与法国大革命的自由、平等和博爱（Liberté, Égalité, Fraternité）的头一个字母相同。

者和犯罪分子们登堂入室的地方。战争刚一结束，狂欢节协会们就立刻重新在此聚会并邀请大家参加"男士会议"以及"科隆夜会"了，在那里人们可以用付开瓶费的方式自带从黑市买来的根茎白兰地，那是用甜菜根自制的。这中间穿着鲜亮的狂欢节舞女们毫无忌惮地晃动她们裸露的大腿，而当《佛罗伦萨进行曲》（"Florentiner Marsch"）沉寂下去后，她们趾高气扬地沿着烧焦的废墟穿过荒无人烟、被夷为平地的城市回家。

关于 1948 年第一次正式重新准备的、意味着科隆人身份认同的玫瑰星期一游行，闲不住的狂欢节组织者托马斯·利瑟姆（Thomas Liessem）做出了以下描写："在我的面前我看到的不再是这四位旗手和身穿先行者制服的警察乐队。我看到的是那些情不自禁地高兴着的，眼里还带着泪花的人们。他们从废墟中被烧坏的窗户眼里向我们招手，并不时地用手绢擦干他们潮湿的眼睛。我注意到在一幢修缮不佳的房子的窗前站着的一对夫妻：女的头戴小圆礼帽，身着 19 世纪 90 年代的套装。她一边挥手，一边令人心生怜悯地痛哭着，而同时她的丈夫则交叉着双臂支撑在窗台上不停地抽泣着。"[12]

这类感伤从来就是和狂欢节的放纵欢闹同属一体；在战后头三年里它越发地成为了一种普遍的好哭现象。这个现象也尤其适用于美因茨，也许正是因为他们把一战结束后的狂欢节口号"在眼泪里欢笑吧，然后你将是它们的主人！"再次挖掘了出来。著名的民歌歌手恩斯特·内格（Ernst Neger）把一首名为《我的小女孩，一切很快都会好的》（"Heile heile Gänsje, is bald wieder gut"）的歌加上了具有现实意义的一节，里面他把被摧毁的城市比作一个哭泣的孩子，他的膝盖受伤而这不是他的错：

> 如果我今天当一回上帝，
> 那我就仅有一事可做：

"献出欢笑,翻过忧伤":这是战后狂欢节的口号。"我会重建你,这不是你的错"——人们这样歌唱着被摧毁的城市。此图为1948年《新画报》里的拼贴图。

> 我将张开双臂拥抱
> 我那支离破碎的美因茨
> 将它温柔地轻抚并告诉它：
> 只需耐心一些。
> 我会很快将你重建，
> 这不曾是你的过错。
> 我将使你重新美丽，
> 你不能，也不许消失。

滔滔不尽的眼泪曾经冲淡了葡萄美酒。美因茨1950年狂欢节的口号是"献出欢笑，翻过忧伤"。这一年亚琛又重新开始颁发了"反对极度严肃"*的勋章。这年的获奖者是来自伯恩利（Burnley）的科隆初级法院的英国军事检察官，詹姆斯·A.达格代尔（James A. Dugdale）先生。给他颁奖的理由是纯粹的感激，这个英国人曾在之前批准一个被判刑的走私犯在狂欢节里被保释出狱三天。

在科隆，利口酒制造以及饮料进口商托马斯·利瑟姆以隐匿身份的方式执行他的主席职务。早在纳粹年代他就曾当过科隆的王子近卫队†的主席。[13] 作为第一批纳粹党党员，科隆的去纳粹化部门曾不允许他在狂欢节活动中担任领导职务，除此之外还给他下达了公共场所的禁口令。作为掩护，前指挥官老弗兰兹·奥伯利森（Franz Oberliesen senior）出面领导近卫队，而同时真正的幕后推手仍然是利瑟姆。[14]

在"要参与而不是埋怨"的口号下，科隆的狂欢节曾在第三帝国时期变成了顺应潮流的景象。而战后它依然如此。随着托马斯·利

---

* 原文为"Orden Wider Tierischen Ernst"：亚琛每年狂欢节的一个固定节目，获奖者除了要幽默外还必须是一个有个性并深受大众喜爱以及相当亲民的公众人物。这个终身勋章大多数被颁给政治家、法官及外交官。

† 王子近卫队（Prinzen-Garde）是科隆负责筹划举办狂欢节活动的组织。——编注

第四章 舞蹈热

瑟姆在20世纪50年代初正式掌控狂欢节大局,该节日被演变成了社会名流的一种自我表现工具。当然人们还改正了纳粹对这个传统节日曾做过的一次特别沉痛的干预。纳粹党人曾经下令,在所谓的狂欢节主要人物三巨头里,其中的那个"处女"角色今后不允许继续由一位男性扮演,此干预违反了惯例。对纳粹而言,处女是名男性这一惯例带有太多宣扬变性和堕落的味道。战后,科隆的处女又可以是带胡子的男人了——然而这也是让狂欢节重新成为对现实世界的发疯式对应的唯一细节,这种对应之前就早已如此。取而代之的是这个狂欢节不久将成为政要们的市侩庸俗代表,而这些社会名流则把自己扮演成一个污浊陈腐的平行国家。[15]"我们回来了,我们尽力而为",这是1949年玫瑰星期一游行的口号。由于货币改革那时已进行了一年,尽力而为早已非夸张之谈了。[*]那一年的狂欢节王子、啤酒和葡萄酒商特奥·勒里希(Theo Röhrig)列出了以下清单:"华丽的王子制服必须置办,还有王子副官们、两名侍者和一个专为王子配备的仆人的衣服。得定制300枚王子勋章,用青铜和珐琅制造,做工一流。为王子本人及其较为亲近的随从配备两部轿车,用科隆的标志红白两色喷涂并饰以王子的徽章,再加一辆客车给警卫人员。另外需要三位司机、一位面具师、一位服装管理员,等等。还有大小会议的附加费用。……并且还有为王子游车准备的抛投之物:500千克糖果,外加果仁夹心巧克力和巧克力,几千把花束。……全部加起来:一幢小别墅的价钱。"[16]

尽管如此,有一位红色火花(Rote Funken)狂欢节协会的成员日后回忆道,那其实更是一场可怜巴巴的"游行",即使是王子

---

[*] 由于战后通货膨胀非常严重,为了取消早已毫无流通价值的帝国马克以及为未来的市场经济做好铺垫,1948年6月20日在西德由英、美、法占领当局联合进行了货币改革。个人银行账户上的现金最终以10比1的比例被兑换成后来的(西德)马克。在被苏联占领的东德,货币改革也于1948年6月23日开始。

特奥的形象都不尽如人意。但也许他的记忆强调了暗淡的一面，以淡化当时欢乐的游行队伍和令人压抑的废墟景象造成的对比：当游行队伍像龙蛇*一样穿过废墟，走过那张宣传画片时，上面画着的是站在战俘营铁丝网后瘦骨嶙峋的德国士兵。"好几十万你的兄弟们还在受苦！而你呢——在欢庆狂欢节？"

狂欢节中必不可少的政治讥讽式评论并未将占领者排除在外。1949年在科隆长达两公里的游行队伍里有一辆游车主题化了当时的工业拆卸行为——"拆腚［精］光"†。人们还看到纸浆模型的英国漫画人物约翰·布尔如何用刨刀抛光德国米歇尔‡的光溜溜的屁股。同时三方盟军共同占领区的歌曲一次又一次地被唱起，这是所谓"三方占区"原住居民新创的狂欢节颂歌，它诞生于1949年4月，当时法占区加入了已有的英美双占区。随后在1949年9月，随着联邦议院的成立，德意志联邦共和国从三方占区中脱颖而出：

> 我们是三方占区的土著民
> 嗨—地—沁美拉—沁美拉—沁美拉—沁美拉—嘣！
> 我们有热情似火的姑娘，
> 嗨—地—沁美拉—沁美拉—沁美拉—沁美拉—嘣！
> 我们虽不是食人族，
> 可我们的亲吻更靠谱。
> 我们是三方占区的土著民，
> 嗨—地—沁美拉—沁美拉—沁美拉—沁美拉—嘣！

---

* 又译林德虫（Lindwurm），是一种神话生物。
† 拆卸 Demontage 这个词的结尾部与屁股（Arsch）发音相近，是德国口语中骂人的侮辱性词语。此为狂欢节用同音词来讽刺现状的实例。
‡ 约翰·布尔（John Bull）和米歇尔（Michel）两个是分别代表了典型英国人和德国人的漫画型人物。

这首歌的俏皮论点是,被占区的德国人犹如"当今的黑人"。当年的种族歧视主义者如今居然自黑成了西南非洲的霍屯督人(Hottentot)。当然这只是开玩笑,最后两段的歌词提醒着占领者们,他们可曾是拥有精神和高级文化的民族:

> 然而陌生人,你可得知道,
> 一位三占区人有幽默感,
> 他有文化,也有
> 精神,在这点上谁都骗不过他。

> 哪怕歌德也来自此处,
> 贝多芬的摇篮人人皆知。*
> 不,这样的事儿中国就没有,为此
> 我们为我们的祖国而骄傲。

被人称为"滑稽发酵粉"的科隆面包师卡尔·贝布尔(Karl Berbuer)给一首有名的狐步进行曲配上了上述歌词。1948年12月这首施拉默尔轻音乐四重奏的民歌被录制成唱片,并成为战后卖得最好的五张唱片之一。英国《泰晤士报》在头条位置讨论了"滑稽发酵粉"写的三占区颂歌,其标题为《德国人又开始放肆了吗?》("Werden die Deutschen wieder frech?")。这首歌被广为流传,以至于在第一批国际体育赛事上间或被当作那时还缺席的德国国歌来演奏,并以此表示对德国人的敬意。甚至有一次还当着康拉德·阿登纳†的面。1950年4月在一次新闻发布会上他说道:"我想是去年,

---

* 歌德出生于美因河畔的法兰克福,贝多芬出生于波恩,都和科隆相邻。
† 康拉德·阿登纳(Konrad Adenauer,1876—1967),"二战"后担任第一任德意志联邦共和国总理(1949—1963),1946—1966年任基民盟(CDU)党魁。——编注

狂欢节协会们又开始敢于发表政见了：1949年在狂欢节协会"吕斯基希之教徒"的彩车上可以看到约翰·布尔（John Bull）如何用刨刀处理德国米歇尔的光屁股，隐指当年盟军对德国工业设施的拆卸。

在科隆的体育馆有一场和比利时的体育活动。一些身穿制服的比利时军方代表也参加了，然后开始奏响国歌，而乐队显然有一个非常机灵能干的乐师，在没有特别委托的情况下，在本该奏响德国国歌时，响起了优美的狂欢节歌曲《我们是三方占区的土著民》（"Wir sind die Eingeborenen von Trizonesien"）。……这时众多的比利时士兵们站了起来并致以敬礼，因为他们以为这就是德国的国歌。"[17]

一首不登大雅之堂的狂欢节歌曲居然被用来替代国歌。阿登纳

第四章　舞蹈热

对于这类事件的叙述导致了原德国国歌的第三小节在漫长的拉锯式讨论后，于1952年出其不意地被宣布为新的国歌，这是阿登纳最喜爱的歌词，他的主张终被采纳。[18]

今天的人们必须将战后年代这种粗俗的狂欢节活动放在一个精神空间中来想象，其特点是如今看来无法理喻的高调和廉价泛滥的狂热。当年的人们互相攀比着把时代的精神局面套入越来越高规格的习惯用语里，这些词语还试图把德意志的苦难置于他们受害者的苦难之上。在恩斯特·维歇特（Ernst Wiechert）经常被戏仿的《1945年对德国青年的演讲》（*Rede an die deutsche Jugend 1945*）中就有这样的言辞："我们站在被遗弃的房前，看见永恒的星星在大地的废墟上闪烁。地球上从来没有一个民族像我们这样如此孤独，从没有一个民族像我们这样被烙上耻辱的烙印。而我们将额头抵在残破的墙上，我们的嘴唇轻轻呢喃着这个古老的人类疑问：'我们该怎么办？'"[19]

据文化史学家米哈伊尔·巴赫金（Michael Bachtin）的观点，早在文艺复兴时期就产生的狂欢节的欢笑针对的是"世界秩序的变化"。这是一个民族的欢笑，它尝试着相对淡化令其无奈的世界历史，所以这是恐惧的笑声，也是悔意的笑声："这种令人产生矛盾感的狂欢节欢笑把死亡和再生、否定和认可、嘲讽和胜利连接了起来，它本身是一种普世的、乌托邦式的、面对世界的欢笑。"[20]

并不是所有的德国人都能领会这个观点，尤其是德国北部的新教徒。1947年汉堡《明镜》周刊的观察员带着令人难以置信的惊讶描写了当年莱茵河畔所遭受的疯狂。而其《莱茵河水星报》（*Rheinischer Merkur*）的同僚们则试图对狂欢节的宣泄做出如此解释："狂欢节要求人们发生一种转变，一种积极的参与和奉献。在此节日中，人身上世俗的和异教的东西找到了其表达方式。从某种程度上而言,人性之妖魔将在这一整年里被驱除。"可这根本行不通，

《明镜》周刊的观察员津津有味地总结道:"那些在科隆被降了妖的人们到了圣灰星期三就要徒劳地寻找酸鲱鱼*了。"[21]

阿诺德·鲍尔[†]，这位对故乡柏林之狂热庆祝早已习以为常的记者兼作家，在1949年为《新时代》(Neue Zeit)报参加了慕尼黑的狂欢节并将其描写为地地道道的灵薄狱[‡]。在一家旅馆里铺着地砖的游泳池被改用为舞池，在他看来这是个"舞坑"，"随着文明中野蛮的温度上升到了沸点的同时"，那些可怜灵魂的身体就在那里扭动。在艺术之家那些新老电影界的大腕们，"摆出雕塑般的姿势，就好像是在祭坛上一样"。精神恍惚的法乌努斯们[§]和退位了的恺撒们，作为"马克货币的富足时代的旁观者"在那里一边啜饮着气泡酒、一边踢踢踏踏地走来走去；他见到了两性人，有时甚至是"一个地地道道带着亚热带魅力的异族人"。这样的场景尽管使阿诺德·鲍尔感到不适，但他还是将它体会成一种稳定的标志："作为相对应的另一面，这种波希米亚式的生活方式属于一个正在慢慢康复起来的社会。当一个社会环境也能容忍寄生虫的时候，它才是功能正常的。高级酒店离不开香槟气泡酒——人渣则属于红灯区。这就是道德定理。这个国家的社会堕落曾经冲垮了一切。每个个体都被置于世俗的法律之外。正在开始的新阵容又把局外人推入了隔绝状态。……巴比伦不复存在——施瓦比伦[¶]万岁！"[22]

---

* 酸鲱鱼是德国北部的家常菜，这里表达的是北方的德国人，由于他们大多数为新教徒，所以没有狂欢节这样的节日，对酸鲱鱼的执着以及对狂欢节的不理解体现了德国南北文化间的差异。

[†] 阿诺德·鲍尔（Arnold Bauer, 1909—2006），德国著名作家，"二战"时曾是反纳粹组织成员。

[‡] 源自拉丁语 limbus，意为地狱的边缘。

[§] 法乌努斯（faun）是罗马神话中的荒野、畜牧之神，半人半羊，生活在树林里，掌管动物。

[¶] 巴比伦（Babylon）一词出于《圣经》，意指人类之纵欲无度、放浪形骸的生活。施瓦比伦（Schwabylon）是个组合词，Schwaben（以节俭出名的施瓦本人）作为巴比伦（Babylon）的前缀词，两词合一，意指战后在经济尚未恢复时期人们用有限的物资，以极简的方式尝试过一种放纵的生活。

第四章　舞蹈热

狂欢节从此成为战后德国人双面性的流行比喻。投降的社会慢慢过渡成为一个享乐的社会。那个年代的实物类绘画中充满了忧郁的面具性人物，悲伤的小丑们，感伤的舞者以及又哭又笑的面孔。

虽然德国的北部和东部没有狂欢节，而类似狂欢节的节日则完全可以不拘于日历进行。早在1946年，在柏林的格尔德·罗森艺术画廊，与其有业务关系的艺术家们就组织了第一场"梦幻者舞会"，在这场舞会上由于缺少相应的布料，各种难以想象的极不合时宜的服饰都被穿了出来。尽管如此人们尽情地亲吻着和爱抚着；由于有海因茨·特勒克斯（Heinz Trökes）、马克·齐默尔曼（Mac Zimmermann）和维尔纳·乌尔曼（Werner Uhlmann）这些艺术家的参与，墙上的装饰确实如预期般美妙无比。即使是悲情画家维尔纳·黑尔特也一样作为气氛制造者在各酒馆之间跟跄着赶场，只要他还没喝趴下。1949年他和一帮演员、作家和画家一起在莎洛滕堡区（Charlottenburg）纽伦堡大街上的费米纳酒吧的地下室成立了名为"浴缸"（Badewanne）的小型歌舞剧场，那里曾举办了各种怪诞的演出。[23]

战后时期的派对不是在一艘正在下沉的船上，而是在早已是一艘沉船上的舞蹈。奇怪的是大家都还活着。一种奇怪的傻气会时不时地出现在人们身上。战后第一首实实在在的德国流行歌曲，是1946年伊芙琳·库内克（Evelyn Künnecke）的《三个小故事》（"Drei Geschichten"）——一首毫无意义的纯娱乐歌曲：里面讲述了一位骑士，他高高地坐在岩石上钓鱼却从没钓起过任何鱼。"到底为什么？到底为什么？"埃夫琳·屈内克一边带着温暖的一筹莫展一边给出了解答："（原来）钓鱼绳够不着海水。"从形式上看是一种抱怨，从事情上讲愚蠢至极：一种奇特的幽默出现了。

德国人这种不可理喻的突如其来的好兴致使历史学家弗里德里希·普林茨想起了传统里面亲人葬礼之后紧接着的宴席。"当战神玛尔斯扫荡了战场之后"，虽然苦难和困顿一时占据了上风，普林茨写道："但是在人们内心依然存有不少兴致。在大型的乡间农民葬礼上，一旦棺木入土，这种兴致一般马上就会散播开来。葬礼后从墓地归来的人们立刻就投入了酒店里的宴席：一开始还迟疑着，然后越来越强劲地散播出愉快，这是一种对自己"依然享有生之美好习性"的欢乐之感。"[24]

然而对比之前被战争所杀害的生灵，人们哪里可能吞噬得了这么多。假如用这种葬礼后的宴席来衡量悲与欢的尺度，人们也许根本就走不出一场歇斯底里的狂饮闹宴。可是正如玛格丽特和亚历山大·米切利希（Margarete und Alexander Mitscherlich）在他们名为"无力哀悼"（Die Unfähigkeit zu trauern）的大型研究中所指，正是因为大多数的德国人克制住了悲伤，所以这类的欢庆虽处于一种时常令人诧异的放纵，却仍临界于并未完全失去理智的气氛之中。

丧宴是一种人类学的普世现象。它是那些为数不多的习俗之一：虽有不同形式和深度但却以类似方式几乎出现在所有文化中。这样难过与欢乐兼具的聚会是一个悲痛和压抑悲痛的仪式；对许多人来讲，它是一种不可或缺的集体应对死亡的方法，在这个过程中，彼此相互矛盾而又同时平行存在的情感被仪式化了。

在这废墟中的舞蹈里，死亡虽隐姓埋名却无处不在。人们在一个生之无常随处可见的环境里行乐。在有些地方战争消散得尤其迟疑缓慢，甚至使人真的可以闻到尸体的味道。商人兼艺术品收藏家马克斯·莱昂·弗莱明（Max Leon Flemming）曾经在柏林破坏最严重的地区之一，位于柏林动物园区（Berliner Tiergartenviertel）的别墅里有过这样的经历。在他的周围一切都被炸毁，被垂死的抗争所磨损，左邻右舍的那些曾因庸俗装饰而几近荒诞的别墅房如今趴在了楼层的瓦砾里。弗莱明，这个曾经非常富有的人，在经历了1929年的世界经济危机后靠渐次出售自己的丰富收藏品为生，就像

第四章 舞蹈热

在巴伐利亚俱乐部跳舞:在美军的爵士乐俱乐部,德国和美国的音乐家们成了哥们。最要紧的是摇摆的节奏。

一位博物馆馆长所说的那样,"靠卖墙上的画糊口"。他曾是柏林艺术界里一名受人仰慕的成员,战争一过他就立刻和格尔德·罗森成立了那个在柏林具有主导地位的战后现代艺术画廊。

1946年9月7日,马克斯·莱昂·弗莱明邀请大批亲朋好友参加"废墟上的舞会"。每个被邀者都收到了一张手绘的水彩画邀请卡,在上面速写的废墟景致下他用打字机写着"请欢舞至周日灰蒙蒙的清晨"。地点:"玛格丽滕街4号,第四和第五层,在庞贝式的柏林废墟之绿色地狱正中",在动物园区这座唯一"最适合于此虔诚用途的房子的楼上"。服饰随意,"女士们少穿点,男士们则多点"。他请求人们尽可能自己带好含酒精的饮料,另外还要交上土豆及面包的配给票证,也可以"直接"带土豆来。在弗莱明告知大家"番茄是自己在废墟中种植的"之后,他在明信片上补充道:"这里还有一个'战后的特殊请求':每人各自带好一个酒杯及叉子。"当客人们在瓦砾中摸索出一条路之后,这场聚会想必会是一场令人陶醉的欢庆之夜吧。

第五章
爱在1947

男人们身心俱疲的归途

有一个词,它代表了所有的渴望,那就是"回归"。然而它在战后的岁月里失去了很多魔力。今天,回归在我们听起来像是一个短暂的一次性过程。但是从战场上,以及从战俘营出发的回归却曾是一个漫长,而且大多无法终结的行为。人们一说起"回归者们"(Heimkehrer)就觉得仿佛回归是一种状态,一种职业标签,或者更确切地讲是一种丧失工作能力的标志。这个回归似乎不愿意停下脚步;一个人回到家了却又似乎还未到达。甚至回家多年以后,为了解释这些人怪诞的举止,人们还是将其称为回归者。

无数的母亲及祖母们曾经对我们叙述过这样的故事,她们的男人如何多年以后突然出现在家门口,手里拿着一张退役证,仿佛他必须证明自己是谁似的。[1] 或者大街上一个一无所有,穿着军大衣的家伙如何一连几个钟头在房前探头探脑。还有他如何一直对着她的窗口张望,以至她慢慢才回过神来,楼下这个人就是自己的男人呀。或者楼下院子里一个男人在和自己的儿子搭讪,其固执劲让她差点想把他赶走，而自己的儿子却站了起来并说：看啊，这是爸爸呀。

对于回归这一时刻人们有过无数的期盼。当这些男人在前线作战时，替代他们的是起居室里的相片。为了让孩子们至少在想象中有一个父亲，人们要求他们不时地端详这些照片。他的相片被放在上菜用的矮柜上，就如同立在一个祭台上，他几乎总是身着军服，左右两边站着女儿们，戴着巨大的军帽表情严肃地看着自家的客厅。如果他曾经待在苏联或埃及的某处，家人就会在地图上找出大概的驻点并用手指给孩子们看。此时，这个远离日常生活的人成了生活会在战争结束后好起来的投射。他的归来将会使那种孤单，以及长期令人不堪的重负总算有个终结。这种负担就是在极端条件下独自一人对孩子们的教育，在空袭和短缺经济下对他们的抚养。任何一个来自前线的消息，哪怕是坏消息都是弥足珍贵的。垂死的士兵们对着战友们呼喊着家人的名字，而这些战友们则在战争的恐惧中拼命记住这些家人的名字，日后好能给他们传递消息。即使在战后好几十年里，这些手里拿着她们丈夫的相片，站在火车站带着询问的眼神面对回归人流的妇女依旧留存在集体的记忆里。还有那张被一个士兵无数次从口袋里取出的，早已破旧的妻子的照片，好让他在压倒一切的战争中至少不会失去对她的脸庞的记忆，有关这类的想象一点都不夸张。

然后，他突然一下子就站在门口，几乎无法被认出来。一无所有，面黄肌瘦，瘸着腿。一个陌生人，一个需要被护理的病人。尤其当他从苏军的监禁中归来，如此令人震惊的景象被描述过无数次。他的双眼从两个黑洞里望出来，里面看不到一丝对生的勇气。那个被剃光的头颅和塌陷的脸颊更加剧了一个半死不活的形象。大多数的孩子都坚决不肯坐到这个幽灵的腿上。

也有来自另一面的失望。"我几乎没认出我的妻子"，一个回归者日后说道："我离家已有十年。虽然这个女人和当年我离开时的

第五章 爱在1947

那个人有着相似之处，可是柏林的艰难岁月使她变老了。她不再是我曾经多少次梦见过的那个年轻、挺拔的少女。她骨瘦如柴，白发苍苍，看上去困苦不堪。"[2]

大多数的情况正相反。在同时代的照片中即使作为劳动中的瓦砾妇女，战后的德国女性看上去都令人惊异的美丽。即便在最艰难的条件下，只要还有最简单的护肤用品，"爱美"的需求从未减弱，而与此同时那些回归的男人们一般给人看上去就是一副破落的样子。不过这很容易被改变。更让人难以忍受的是回归者到家后不久就显示出的内心荒芜。

典型的回归者是一个坏脾气、不知感恩的汉子。如果家里还有沙发的话，他就懒懒地躺在沙发上，让那些曾经对他盼望多时的家人受尽折磨。当然他也痛苦着，只是他天天让他身边的人体会着他痛苦的程度。他们当中只有很少人曾经预料到，他们回家时会面对一个被轰炸过并被占领着，发生了翻天覆地变化的国家。尤其这是一个被掌握在女人手里的国家。他并没有为他妻子在没有他的情况下也把家经营得那么好而高兴，相反却为此闷闷不乐。因为即便是他的妻子也变了。一个先是在海军服役，最后由于受重伤而被安排到人民冲锋队的士兵，以一种令人心生同感的坦诚述说着他为何无法和妻子相处："我用了很久才明白，在我不在家的日子里，她已经学会了说'我'。她老说'我有''我是'之类的话，而我就说，'对不起''我们有'和'我们想'。我们慢慢才开始有了相互接触。我们其实几乎不认识对方。我们曾经算了一下，在我们认识的七年里，我们在一起的日子到底有多久。结果是只有231天。"[3]

一个大城市即使没有男人也照样可以运转，在战争年代女人们得出了这一经验。她们开过有轨电车、吊车，切割过螺纹钢，辊压过铁皮，接管过公共行政部门，经营过企业，尽管在那里最苦的活儿不是由她们而是由强迫劳工干的。她们学会了修理自行车，安装屋檐水槽和修好电路。战前男人们在他们的特权性职业中运用的那些令人不可思议的窍门，都被这些女人变成了毫不稀奇的门道。她们还学会了自己做出最重要的决定。为了把自己的孩子们安排到亲戚附近，她们不惜和疏散部门抬杠，她们介入到学校事务之中，并把家务活公平合理地分配给了孩子们。她们告诫那些希特勒男孩大队长别太过分，并试图驱赶他们头脑里那些"种族优越感"的荒诞念头。她们行使了权威，展示了刚硬，也经常把她们的孩子当作可以商量存活之道的伴侣，即便他们其实还太过年幼。

没有父亲使许多家庭成为一个彼此更加相依为命的利益共同体。这个共同体在战后持续的混乱里依然有效。女人们利用孩子们的灵活机动与他们的足智多谋，而孩子们则从其母亲那里学会了长远的眼光。幸运的话他们彼此的天赋正是相得益彰。孩子们抢劫和偷窃，母亲们则修理好其偷盗之物，在邻里间打听需求，进行买卖和交换。很多孩子在黑市里比他们的母亲更老练，以至于让他们去偷窃是一件危险性较低的事。少教所人满为患，因此根本不用害怕被拘捕。在废墟瓦砾间没人能比孩子们逃跑得更快，和真正的惯犯比起来他们大多能成为漏网之鱼，并且既不会被警察也不会被盟军士兵当真。

在这个道德的灰色地带，许多事之前看来是错误的，如今为了赤裸裸的生存却不得不去做，但很多母亲还是会对她的孩子们进行道德教育，好让他们依然心存善意。从事后来看，这些母亲把这份艰巨的任务完成得很漂亮。因为从统计数字看，正是这一代的孩子后来成了雄心勃勃、奋发向上的年轻人（与那群1945年还在襁褓里的那一代正相反），这是当时谁都未能预见到的事。这是战争及战后年代的母亲们最引以为豪并令人惊喜的成就之一。

可当她们的男人从战场上回来后，他们对回归的理解就是理所当然地重新拥有"一家之主"的地位。然而这个位置并非在毫无抗争的情况下就让给了他们，尤其是他们中的大多数根本再也不适合担任这一角色，用埋怨和诉苦这种可想而知最不好的方式使他们无法重新在家中占主导地位。他们的女人把家治理得越好，他们越是无法克服自己的多余感。尤其当家境困难，而这个回归的男人却又对此无能为力的时候。首先他得靠他的家人养活。出于羞愧感，他们中的大多数人做了他们最不该做的蠢事，那就是贬低自己老婆的能力。如此一来，很多回归者尤其以脾气暴躁和爱发牢骚的形象出现："从他的嘴里从来就没出过一句好话，只会嘀嘀咕咕和骂人。我曾经尝试过去原谅他一些实质上的粗鲁之举，但是从心灵层面上我已经认不出他了。"

有一位妇女在丈夫回家之后，为了庆祝这件喜事，她终于允许自己买了好多年未曾有过的烤肉。她骄傲地把肉端上桌，可孩子们切肉却笨手笨脚。"于是我老公就很生气……他以为我没把孩子们教育好，还骂了我和孩子。在封锁期所有的食物都是粉末状的，所以孩子们也没能用刀叉吃饭，他们只能用调羹，根本没有需要他们用刀切的食物。"

最麻烦的还是和孩子们的关系。大多数的回归者几乎没怎么见过他们的孩子，有些根本从未见过。他们很难和孩子们建立感情，嫉妒着孩子们和母亲之间坚固而默契的关系。他们觉得自己的孩子被惯坏了，并开始用自己从军队里学到的惩罚手段和刁难式的训练来磨炼孩子。一个差的分数意味着要做 25 个俯卧撑。一些原先在海军服役的人让他们的孩子去练一种名为"鲁齐军旗"（Flagge Luzie）的训练，即在两分钟之内换好衣服并把脱下的衣服折叠好放在椅子上。很多母亲告诫她们的丈夫，得先用爱来尝试，而且要慢慢地建立起和孩子的关系。可是没有用。父亲和孩子之间的陌生，尤其和儿子之间的，使他们的关系经常陷入一种紧张状态。那些在停战之后几个月的囤积和黑市买卖中一下子长大的孩子们，他们无法理解为什么自己突然得受制于一个没本事、病恹恹的暴君。因此，在世界大战后，家庭中的小规模战争也随之而来。那些因受困于当时法律而无法离婚的妇女往往在繁复的调解、制衡和建立脆弱的和平之间费尽了心力。

男女双方相互轻视对方所经历的苦难，这导致了很多回归者的婚姻破裂。不只是女方，男方也感到缺少对方的认可。很多士兵直到回归家庭之后才最终意识到他们打了败仗。这并不需要那些雄赳赳走过被占区的胜利者来证明。经常是妻子看着这个回到家中的可怜虫的同情目光，哪怕这是臆想出来的，就足以使他感到屈辱。还有就是那种对家人的困境感到负有多种责任的感觉；第一就是他们参与发动了战争，第二是因为他们输了这场战争。作为保护家庭的男人，这种在私人维度里的历史性失败感往往比对纳粹罪行的负疚感更加不可比拟的沉重。

那时的医学家们把这类战争回归者的心理变异归咎为一种叫"营养不良"的综合性缺乏症。长期集体性极度饥饿的经历不仅给身体也在心理上导致了深刻的变化。1953年《明镜》周刊介绍了心理医师库尔特·高格（Kurt Gauger）针对这个话题的一本书并摘录道："所有关于规范和品德，道德和法规，清廉和腐化，友谊和背叛，甚至于信仰和残暴的定义及其可能性，全都围绕着一种令人毛骨悚然、兽性般的对进食的重新评估。"饥饿的后果是一种习惯化了的孤狂性的自私自利。这样的一个营养缺乏症患者在今后也无法做到先人后己。[4]

很多女人毫不掩饰地让她们的丈夫感觉到，在她们眼里他们失败的战术简直就是纯粹的白痴行为，这当然不会减少战败造成的耻辱感。一位战争末期35岁的妇女对历史学家西比勒·迈尔（Sibylle Meyer）和埃娃·舒尔策（Eva Schulze）叙述过其丈夫连同一火车老兵如何被俄军俘虏并送往俄国的事，尽管他们有过很多次机会可

第五章 爱在1947

以制服看守他们的士兵："这些俄国人命令部队跟他们一起前往屈斯特林*。他们承诺到了那里之后就会按照规定释放他们。俄国人太了解德国人了，他们知道德国人需要释放证明。于是这帮老兵上了这个圈套。这是件非常奇怪的事。当他们到了屈斯特林之后又被告知到了屈斯特林还不行，得继续前往波兹南。于是这帮人又都慢腾腾地走到了波兹南。他们完全可以逃走啊，因为看守他们的人实在很少。但他们竟这么听话地走到了波兹南！在波兹南这些乡巴佬都被塞进车厢，运到了俄国。"[5]

从这些字里行间，除了明显感受到她们对其丈夫充满爱意的同情外，还伴随着一丝近乎享受般的蔑视。这种被丈夫们集体性抛弃的感受被多次表达："谁叫你们非得去打仗呀！"

在1948年3月第一期妇女杂志《康斯坦策》(Constanze) 里，作家及婚姻咨询师瓦尔特·冯·霍兰德尔 (Walther von Hollander) 描写了男性魔力的消失。女人得出以下结论，即在国防军中少有英雄，取而代之的反而是"一群沉闷迟钝的，毫无英雄气概的被阉割了的羊群，他们四周是那些被牧羊人驯服成只需一声口哨就叫嚣不已地去驱赶并看守他们的看家狗们"。相反女人们必须在某些方面比这群男人们"更勇敢，更独立并且更加将死置之度外"地行动，"哪怕她们不曾像战士一样被赋予荣耀，被栽培，被优待并被授予勋章"。

这种认知一旦深入人心，男人在女人眼里的地位就相应下跌了。女记者玛尔塔·希勒斯在1945年4月底的日记里写道："一种集体性的失望正在女人们的内心深处散播着。这个曾被男人掌控的、颂扬男性强人的纳粹世界正在动摇——随之一起的是关于男人的神话。在以往的战争中，男人们可以坚称他们拥有为祖国去杀戮和被杀戮的特权。今天我们女人一样有份。这改变了我们，使我们变得

---

* 屈斯特林 (Küstrin) 为波兰的科斯琴 (Kostrzyn) 的旧称。——编注

相机后的希尔德加德·克内夫(Hildegard Knef),她曾说:"德国男人输掉了战争,现在他们想在卧房里把战争重新赢回来。"

无所畏惧。在这场战争的结束之际，除了许多其他的失败外，还有男人作为一种性别的失败。"[6]

许多婚姻由于是在战争期间短暂的休假中一时兴起而结成的，其抗压力本来就不够。有的人为了让自己情人以后会拿到一份鳏寡抚恤金，或者为了能有几天的战中休假而结了婚。这类关系承载着人们记忆中的纳粹政权巅峰期，那时社会的广大阶层，只要他们是"亚利安血统"，都享受到了前所未有的奢侈生活。那是一种爆发性繁荣下的婚姻，它源于对即将开启的掠夺征途的自豪、并被攻击世界和一部分同胞的低级狂妄所激励。当年这气势庞大的吹奏乐似乎还在耳边回响，而如今的丈夫和妻子却在破烂寒碜中对坐。相较于那些小市民婚姻里因通常不得不面对的问题而产生的冷却过程，这些在陶醉中开始的爱情故事以及当年彼此面对一切征战风险的顽强许诺，它们的坠落来得更深。

有一些杂志专门鼓励离婚，也有一些强烈呼吁双方彼此再次努力。1945年12月，在著名的、美方批准创办的《新报》杂志由埃里希·凯斯特纳主管的文艺副刊上，作家曼弗雷德·豪斯曼（Manfred Hausmann）发表了文章《致一位回归者》("An einen Heimgekehrten"）。有意思的是他将回归战士与其妻子在家无法和平共处的现象不单单归咎于战争中所遭受的失败打击，而且也把其中所经历的巅峰时刻作为了缘由。

这场战争简直就是在一夜之间把你席卷走了，它把你扔到了异国他乡。你见到了南方、希腊生活疏懒的仪态、巴尔干国家的色彩斑斓、黑海的宽广起伏，你看到了俄国无边无际的草原、浩大的激流、恐怖的森林、无法形容的孤独。这就已经够多了。它同时激励和震撼着你的灵魂。可是还有别的比之更多。你必须战斗、焚烧、毁灭和杀戮。你曾听见、看见过你将无法遗忘的嚎叫和目光。现在你知道，一个人将会带着何等的牺牲之勇气挺身而出，而又会陷入何等可怕的深渊。你认识了所有毁灭的嘴脸。你曾经一次又一次地凝视着死亡空洞的双眼。你曾经经历过一个人在世界的黑暗中如何渺小而失落地走投无路。你曾经毁灭过生命，也曾经用自己的舍生忘死无数次赢回了自己的生命。你曾经是那么一个伟岸之人，前所未有，将来也不会再是。还有你曾经被迫于强压之下，承受了比任何一个奴隶所必须承受的更大的压力。所有你曾经经历的一切，最崇高的和最猥琐的、顺从和统治、冒险和损失、绝望和胜利、孤独和情谊、天堂和地狱，所有这些都不会再与你分离。就是作为这样一个被如此深刻改变了的人，你回到了家，来到了你妻子的面前。[7]

一个在无法比拟的孤独中的原始人，一头嗅觉灵敏的野兽，一位有着最美好品行的男士——这个魁梧高大的战士形象实在是无法和坐在一间被女人们众口一词提起过的冰冷厨房里那个令人遗憾的阴郁男人统一起来。然而事实上很多回归者的内心正是被这样的自画像所占据。在战争结束后出现了大量的士兵传记类小说，通过这些文字才使人们得以告别那些充满英雄主义的战争画面，并无奈地接受自己其实做出了"无谓的牺牲"的事实。可是这又如何去跟妻子讲呢？这个曾经骄傲的战士如今却因为自己无力抚养家人而不得不让自己的妻子在建筑工地上辛苦劳作。

作者豪斯曼对女人在战争中的经历的描述就少了很多同情心。尤其在豪斯曼想象中，女人活着就是要围绕着这个缺席的丈夫及其家产，这暴风雨般的钢铁之音是无法在这里消失的："你以为，独自承担教育孩子的责任和管理你（！）的家产对她来讲是件容易的事吗？假如你将她的经历和你的相比并且没有忘记，你是个男人而她是个女人，那么你就不得不承认，她的痛苦不会比你的那份少。"

好吧,至少他还说了这些。

具有标志性的是,豪斯曼如何附带安排了财产的分割,毕竟此文写于一场可能的离婚背景之下。假如战争还给这对夫妻留下了一些财产,那么这位妻子只是帮他做了些"管理"。如果无法达成和解,那么豪斯曼在此就为男人做了防范性声援。

在幸运的情况下,一场离婚战会中止于长期的僵持中。人们学会了配合,顺从,做出折中方案。在这类好不容易维持下来的婚姻里,人们大多冷静相处。父母们毫无激情的相处使得孩子们在日后很难想象,他们到底是如何被造出来的。卧室常常是住房里最荒凉的房间。它没有暖气,床被衣柜包围着,衣柜上放着箱子,被唯一一盏房顶吊灯忧郁地照着,这一切都把其居住者对情爱的态度表现得一览无余。

康斯坦策漫步世界

当时一些妇女杂志给了战后社会一个独特的切入口,比如《妇女》(*Die Frau*)、《莉莉斯》(*Lilith*)、《彩虹》(*Der Regenbogen*)或者《康斯坦策》。在这些杂志里人们很接地气地、切合实际地考虑着这个被战胜的国家会有怎样的前途,以及人们如何可以过上舒适的生活。单从发行量来看,《康斯坦策》就是旗舰产品。自1948年起它发展成为联邦德国最成功的女性杂志,直到1969年停刊并被彻底年轻化了的后续杂志《布丽吉特》(*Brigitte*)所替代。1948年3月由总编汉斯·胡夫斯基(Hans Huffzky)编辑的第一期面世。胡夫斯基之前曾领导过纳粹杂志《年轻女士》(*Die junge Dame*),从那里的编辑部带来了露特·安德烈亚斯-弗里德里希,也就是那位日后因其战争日记而出名的女作家。胡夫斯基对其时代精神的波动,尤其对于女性之所思所想和阅读需求有着灵敏的嗅觉。就在第二期里他马上在一篇名为《向我们的女士们致敬！》（"Hut ab vor unseren Frauen!"）的文章里承认了"男士的危机"：

> 女士们，诸位没在我们这些男人身上注意到什么吗？还没察觉我们早已不再是如战前那样的优良品种了吗？我们早就没有了那种古老的优秀品质。我们没有了以前的"职位"（在巴伐利亚州64%的公务员和46%的雇员由于去纳粹法案而被解雇）。我们不再手握机关枪，再也无法跟您讲述任何英雄的故事。我们戴着最后一根领带，穿着最后一双袜子。我们每个月底——假如还凑得出的话——放到桌上的200马克还不值一磅黄油的价值。我们印在您乖巧额头上的亲吻早已失去了往日融化一切的火焰。我们回家时不再带糖果给您，而是——如果您正好没瞧见的话——把您柜子里最后一块糖都偷走了。（事后我们还说：肯定是孩子当中的某一个干的！）

这真是一段了不得的自我哀怨，它在遣词造句上把握自如，还连带着对重要细节的感知。为了不让人们觉得这份杂志是在奉承女性，胡夫斯基加了一句话，即使是男人如今也感受到"男权世界里的不对劲"。而接下来紧跟的一句话才真正切中要害："我们每个人走到哪里都揣着他自己内心那个唉声叹气的家伙。他被深深地埋在我们最大的愧疚之中。"

接着，这位主编就带着温柔的懊悔转而谈及其女性读者的经济现状：

> 亲爱的读者，您认识穆勒太太吗？她就是那位每月赚180马克的先生的夫人。每个人都明白这个数目养家糊口远远不够。比穆勒先生给家人带来的180马克更重要的是穆勒太太每天端

第五章 爱在1947

上桌的午餐。这位丈夫不会知晓,这需要多少手段和窍门啊,这简直就是魔术。还不单单是吃饭这件事,还有需要被收拾好的衣物。这位穆勒太太有着无数的家务活儿,正如大多数的德国家庭妇女们。我们男人如果想想她们每天的工作,就能看见她们的身影:做饭、洗衣、缝补、打理花园、擦洗、排队、交换物品、修补、敲打、劈柴、补补丁、修补、抚育孩子、喂养小兔子、给送牛奶的师傅打毛衣……与此同时我们却在远离这些惨淡而琐碎的家务的任何一间办公室里,用另外一种无用的劳动赚着这180马克。如果我们要摘下礼帽,那肯定不是向国王和皇帝,不是对神父和总统,不是对领袖和高层领导——我们大家必须摘下礼帽,像一个绅士那样对我们的妻子们致敬。[8]

所有人都像绅士一样致脱帽礼!一个德意志男人的棱角不会这么快地就被磨平。同时这也暴露了一些胡夫斯基其他意图。假如家务活儿被如此热烈地推崇,而男人的工作却被贬低为"在任何一间办公室里做的无用劳动",那么很快人们就会怀疑,这是想让劳动力市场的失衡持续下去。事实上,胡夫斯基也只能大胆想象着有朝一日,女性可以"与男性并肩"操纵权力的杠杆:"我斗胆地说,她们正在走向自我实现的道路上,有一天她们会和尚存用武之地的丈夫手牵着手,并肩作战,引领我们世界的命运。"

我们今天知道,这个念头并非妄想。不过,在第一期《康斯坦策》里就立马对男人做出如此纲领化的极端批判,这实在令人咋舌。并且,《康斯坦策》在接下来的好几期里一再报道那些在政府和行政部门以及企业担任首要职务的女性人物。

除此以外当然还有泳装、春装和秋装在杂志上闪亮登场:左边一页是以"康斯坦策穿衣"为题的套装、衬衣和大衣,右边一页是以"康斯坦策解衣"为题的塔夫特衬裙和连体短裤。在"康斯坦策漫游世界"的专栏里主要是关于女拳击手，刚出生的狮子幼仔，不可思议的意外事件以及四胞胎的报道。有一篇短文提出这样一个问题："美国的男士到底有多么阳刚？"一再出现的还有那些关于离婚的指点和建议，并且鼓励女读者们开始独立自主的文章，比如学会骑摩托车。那些在酒吧作为聊天对象供人租赁的"出租车女郎"就曾经被不动声色地报道过。

在《康斯坦策》里虽也有不少帅男，不过它更着重关注女性的形象，致力于培养一种理想面貌——介于自豪和热爱生活之间。尤其在瓦尔特·冯·霍兰德尔的文字里，一再重复的话题是那些身心俱疲、没头脑的男人，正是这些带着攻击性、有好斗倾向的家伙曾经将世界引入了所有时代中最大的不幸。

自从战败之后，关于这是一场由男人造成的战争的观点已经成为女性的基本信念，尽管女人们当年对希特勒的崇拜并不比男人们差到哪儿去。在慕尼黑出版的带有虔诚宗教色彩的妇女杂志《彩虹》里，到处是经典的圣人画像和花园景致，它通过展现尽职的母亲取代了《康斯坦策》里那些享乐主义的女性形象，即使是这本杂志也将男人看作战争的主要原因。在1946年的第八期里，埃尔弗里德·阿尔舍（Elfriede Alscher）写道："在我们的放任之下，男人的世界变得太过自负，它遭受了重创之后，其瓦砾和废墟已是显而易见"。而女性，只要她们始终忠实于自己，则会因其天生的价值取向而倾向于和平；"就像一个将生命带入世界的女人，她肯定始终痛恨戕害生命的战争，只要她忠实于自己内心最深处的感受，她永远不可能去认同一个独裁制度。"

作为赋予生命的母亲角色，女人以一个被死亡之欲望所驱动的男人的对立面出现。在这个想象人物中，女权主义者的论点还加上了对家务劳动的神化，正如汉斯·胡夫斯基在《康斯坦策》上所推动的那样。和今天普遍有所不同的是，当年的女权主义者并不轻视

1947年的女性另类文化：对很多德国人来讲，如果他们的女儿，"穿得像美国傻白甜那样"前往遥远的西方，这无疑是令人惊悚和难以接受的。

NEUE JLLUSTRIERTE

KÖLN
16. DEZ. 1948

3. JAHR
Nr. 34 / 30 Pfg.

Abenteuer auf der Autobahn

Wer sind die Menschen, die im Winter 1948 an den deutschen Landstraßen und Autobahnen stehen? Wolfgang Weber photographierte sie jetzt auf seinen Fahrten durch Deutschland. (Zu dem Bericht in diesem Heft: „Tramp-Reise in die Vergangenheit".)

《新画报》1948年的封面图片证实了女性的独立。她们不能也不甘心于只是待在家里。

家务，而是将其视为一种新的政治自我意识的基石。1946年，作为巴登—符腾堡州议会立法会成员的斯图加特女政治家安娜·哈格（Anna Haag）发誓将家务劳动看作社会生活的胚芽细胞："今天的我们不得不首先关注家务活。它不是那些花里胡哨的小伎俩而是关乎我们亲人的生死：是温饱之大事！"1946年在卡尔斯鲁厄（Karlsruhe）的一次社民党妇女集会的发言中，她这样呼吁着并要求更多女性参与政治：三分之二女性，三分之一男性！"正因为它关乎我们现世生活的设计，为了吃住，劳动和薪酬，学校和教育，女性与职业……，为了战争与和平，我们女性必须在未来严肃对待所面临的政治事务！"[9]

真实的情况却与之相差甚远。1949年在巴伐利亚州的政府机构女性至多占了8%，这里已经包含了教会的组织团体。50年代只有1%的女性是某个政党的成员。[10] 她们更多参与的是那些战后在四个占区立刻成立的"无党派妇女委员会"。她们最主要的工作是协助军管委缓解最严重的社会弊端。这些曾被贬低为"土豆政治"的妇委会组织有些后来发展为强劲的政治联盟，其最大的胜利就是：法学家伊丽莎白·塞尔伯特（Elisabeth Selbert），作为当年共有65名议员的议会委员会里仅有的四名女性议员之一，在即将成立的联邦共和国的《基本法》里力排众议坚持写入了"男女平等"的条款。[11] 除了这种例外事件外，在很长的时间内传统的政治依然是男人的事。遵循于她们被广为称颂的热爱生活的感知力，女性们还是更多投身于生活中与实际有关的事务，那么除了一日三餐之外首居其位的当数爱情了。以此，她们从事政治的手段并不低效。

"贪恋生活，渴望爱情"

战争、崩溃后的无政府状态和男性的失败，迫使女性独立，进而导致了色情活动的激增。和20世纪20年代末的情形相似，那时一个由年轻女员工组成的新阶层发出了自己独有的"俏皮"声音，这些不再听命于男人，而是更加清晰地表达自己愿望的女性，使战后年代变得令人耳目一新。1948年在电影《明天的一切会更好》（*Morgen ist alles besser*）里，一位年轻的女高中毕业生对一个无比圆滑地恭维她的年长男士公然表示："我无意于妖媚，我需要的是钞票"。这部电影引起的共鸣都归功于她；这个清新的语调就是对未来的憧憬之音，它来自战后社会那些更加积极面世的人群。

人们一再声称，1945年的德国是女性国家。确实如此，然而可怕的是这又不仅如此。红军入境后头几周的强奸风潮对妇女们展示了男权的野蛮，即便在西部的被占区也不时发生士兵的骚扰行径。东游西荡的犯罪分子、失去家园的退役士兵、被遣散的那些心怀怒火的强迫劳工，以及形形色色的脑子出了问题的流散人员使得女性的日常生活变得岌岌可危。但是这并不是说她们就此妥协了。不单单因为她们无法只是战战兢兢地待在家里，而是因为她们根本就不愿意就这样生活下去。

为了去黑市，她们穿越城市走好几公里的路。食物的采购和筹办曾经和一路奔波紧密相连，这在今天看来是难以想象的。从亲戚、女友们、旧日同事那里及时拿到信息，是关乎能否生存下去的大事。人们交流着各种妙招，保持着人际网络的活跃并且必须持之以恒。因为那时没有电话，人们只能穿街走巷，奔走相告。更由于女性在去除瓦砾中亲力亲为的画面，导致人们一再产生城市在妇女的掌控之中的印象。

假如不用急匆匆地来回赶路的话，她们也会悠闲地散步。很多保留下来的新闻片以及业余爱好者拍摄的纪录片令人惊讶地展现着漫步的妇女。有时是和一群人，而大多数是一个人独自散步。在1945年的夏天，柏林的库达姆大街上已经又有了咖啡馆。尽管人们必须要用奇缺的食物配给票证支付,可还是有不少人能够坐在太阳下让人服侍。其他的人就只有散步的份儿了。英国的《百代》(*Pathé*)新闻短片曾经取笑过柏林库达姆大街上女性的"时装",比如短裙装下穿着的厚羊毛袜子。一位年轻女性穿着自己编织的平底鞋走进画面,鞋子上有她用纸花做的装饰,这在今天看来也许相当时髦。

尽管那个年代危险四伏,人们对冒险的兴致却丝毫未减。玛格丽特·博韦里*在她的日记里所写的这种"因长久与死亡的近距离接触而被极度提升强化的生存感"也表现在色情方面。许多女性耐不住地想要再经历些什么。战后最初几个月里,令人陶醉的重新开始的激情,还有恐惧和孤独感引起的不安,导致了一种形式荒诞的性饥渴。当年22岁的演员及舞者英格丽特·卢茨(Ingrid Lutz)曾经唱过一首如今听来相当怪异的流行歌曲,这首1946年名为《S.O.S. 我急需爱情!》("S.O.S. Ich suche dringend Liebe")的歌唱出了当时的性饥渴。"停,停,停",歌手用几乎嚎叫的声音对着观众唱道,就像一个岗哨警卫员在迷雾中拦住一个难民一样用攻击性的语气问:"喂,您要去哪里?",她用尖锐的声音叫道:"您想的又是啥?"听起来真的相当粗野:这首歌和之后几年风靡的小猫咪形象有着天壤之别。《S.O.S. 我急需爱情!》听起来冷漠、果断,而且非常粗鲁:"S.O.S.——我渴望接吻,S.O.S.——我今天就得知道。"

卢茨面对听众发出的这个对色情的紧急呼叫,其背景是当时的一些持续性话题比如男性的奇缺、社会风气的堕落以及放浪

---

* 玛格丽特·博韦里(Margret Boveri,1900—1975):德国女记者,其父(德国人)母(美国人)均为生物学家。她因优越的家庭背景,从小受到良好的教育。但15岁时父亲的过早去世给了她类似"截肢"的打击。战后,她对德国被战胜国分离为东西两国很有抵触,并致力于统一。

形骸。从这类通过歌曲表达的对渴望的揶揄嘲讽当中,我们完全可以看到女性主动出击的真实姿态。当年的泛美航空飞行员杰克·欧·贝内特(Jack O. Bennett),也是后来驾驶"空中桥梁"*第一架飞机的飞行员,在其回忆录《空中4万小时》(*40000 Stunden am Himmel*)里回忆道,1945年12月在柏林的库达姆大街散步时被一位"穿着优雅的女士"搭讪,并被问及可否晚上把她带去他的住所。"我既不想要您的钱也不要食物,"她说,"我就是觉得冷和需要一个温暖的身体。"[12]

这位飞行员贝内特可能曾出于虚荣而做了夸张描述。可是对于今夜也许是最后一夜的清醒意识曾驱使许多人彼此靠近,而且比起和平时代他们更为直截了当。有个事实可以为证,当年的柏林卫生保健管理中心由于性病病例的增长,曾经委托导演彼得·佩瓦斯(Peter Pewas)拍摄一部警示放浪形骸之危险性的电影。这部以《马路之缘》(*Straßenbekanntschaft*)为名的德发电影[†]1948年开始上映。围绕着埃丽卡这个女孩身边的故事,佩瓦斯创造了一部电影艺术品,它展现了战后那一代人的无所适从:"贪恋生活,渴望爱情。"[13]

1949年一部以《一千克》(*Tausend Gramm*)为题的短篇小说集面世,由于它其中带有一份所谓的废墟文学的宣言,这本书在德国文学史上拥有一定的知名度。其中有一篇阿尔弗雷德·安德施(Alfred Andersch)写的名为《忠诚》(*Die Treue*)的故事,讲述了一位少妇对性的渴望。她的丈夫作为战俘还被拘押着。日复一

---

* 空中桥梁,又被称为"柏林空运"(Berliner Luftbrücke, Berlin Airlift),是指1948—1949年柏林封锁期间,英美等西方国家的空军部队,为了提供西柏林物资而进行的大规模空中运输行动。——编注

† 德发电影(Defa-Film)指由德国电影股份公司(DEFA)拍摄的电影。德国电影股份公司是前东德民主共和国的电影公司,作为苏联在苏占区的宣传工具成立于"二战"结束后。两德统一后被转型为德国电影基金会(DEFA Stiftung)。

第五章　爱在 1947

在旋转木马上的友好关系，1946 年：许多德国男人直到 1945 年后才明白，他们在这场战争中到底失败到了何种地步。

日，她每次午餐后躺在床上，深受性欲的折磨。"她想到，这双腿啊就得有人触摸。还有肚皮也得有人轻抚。……这一切可是世界上最顺理成章的事情。我就是得毫不声张地自取所需。我可知道该怎么做。那个带着鲜花的男人就快来了吧。我会穿得漂漂亮亮的，请他喝一杯茶。假如他害羞的话，我就会毫不动情地告诉他我想要的是什么。"[14] 这个故事叫《忠诚》，因为这位少妇在想象着一旦最急切的渴求被满足之后，自己将会感到何等的良心不安。

　　使这篇文字产生文学价值的，并非那种对邮差或者送花男士的英勇放弃，而是描写这位少妇欲望时的客观性——完全符合废墟文学的那种毫无雕琢，不拐弯抹角并且专注于客体的风格。

困境引出了大量不同的生活方式，它们虽然使女性劳碌不堪，却也让她们过上了前所未有的自由生活。几个家庭临时组成一个大家庭，在那里人们可以互相交流生活经验，重新思考如何维持生活。即便在家庭范围之外也产生了许多临时的合居。熟人们聚居一处，朋友们一起搬进一个之前只供两人现在却要六人合住的公寓。拥挤虽带来很多麻烦，却也带来了不断的思想交流、抚慰和爱情。有时底层刚刚分手的一对和楼上的一对交叉组成了新的关系。[15]女性的数量又重新居上；人口的流动曾带来新的困扰，但是也引起了新的刺激。

合租居住——它曾被60年代学生运动的一代人认为是他们发明的，其实近30年前的崩溃早就让这种居住方式应运而生。这次《康斯坦策》又当起了先锋：这个杂志采用图片报道为合租居住做宣传，从画面里那些不言而喻富有魅力的年轻人的轻松体态上人们就能看出，那里的生活如何地令人振奋（"我的先生们，可别这么冷漠哦！"）。一篇题为《第七楼的四口人》（"Die vier vom sechsten Stock"）的文章介绍了四位艺术家——两位男士，两位女士，他们一起居住，一起工作。总之："这是四位年轻人在工作，在建构他们的新生活。这是不服输的四个人，他们属于那些虽经风雨却依然不屈服的勇敢者。这就是我们到处可见的那些人，是啊，这是何等的福祉，在工人、艺术家、海员、教授、工匠手艺人和医生里面，到处都有这样的人。"[16]

在《无题电影》（*Film ohne Titel*）这部鲁道夫·尤格特（Rudolf Jugert）1948年拍摄的无比温柔的新起点电影中，三位女性和一位男士一起生活在柏林一座被炸弹毁坏的别墅里：一位艺术品商人和其姐姐，他以前的女伴和一个农村来的家佣，农民的女儿克里斯汀，扮演她的是希尔德加德·克内夫*。一种自信的女性基调在片中占据上风，这是由优雅的前任设定的；而那位房主人的姐姐则是个前纳粹泼妇，有着牢骚满腹的倾向。令人惊讶的是那份淡定，在这种看重自由和爱好艺术的环境下，大家从容地接受了女佣人成了房主人的新欢的事实。接下来的轰炸，疏散和逃亡乡间——电影以"浪漫的讽刺"展现了混乱如何敲掉社会阶层的固化。它夸大其词地赞美着同时也极度地讽刺着——并且也正因为这样的混合而获得了巨大的成功，因为它捕捉了那些精神和情感上的机会，它们就隐藏在被逼无奈而出现的社会流动性里。

有关庇护和爱情的主题比比皆是。在沃尔夫冈·利本艾纳（Wolfgang Liebeneiner）名为《充盈的人生》（Des Lebens Überfluss），也经常被称为"最后一部废墟电影"中，一对吵到分手的夫妻把他们的破旧的阁楼同时出租了两次，分别租给女大学生卡琳和男大学生维尔纳。这两人都恨不得让警察将对方赶出公寓，但是一时间又不得不在这个极度狭小的空间里相互迁就。果断，幽默，斗志和自信——女角在所有方面都比男角强一点——最后在漏雨的屋顶下这两个人自由同居了——人们一般无法想象传说中市侩气十足的战后年代会是如此独立自主和不受束缚，并且对同居条款嗤之以鼻。这可不是每个人都喜欢的。当时的《时代》（Die Zeit）周刊评论道：这两个角色"对大学生来讲，其没有文化修养到了令人发指的地步"。

当时也有女性合租居住体，甚至规模宏大。在工业城市杜伊斯堡，75位单身职业妇女在一幢刚刚建好的带有很多小型公寓的

---

* 希尔德加德·克内夫（Hildegard Knef, 1925—2002），德国演员、配音演员、歌手及写作者。1948年她因《无题电影》获得卢加诺最佳女演员奖，是德国战后红极一时的影星。克内夫之后和好莱坞签约，并于1950年加入美国国籍。1989年她返回德国，并于2001年恢复其德国国籍。

摩登大楼里安置了她们的新家。大门上的第76个门铃是留给楼房管理员的。这不是一个死气沉沉的单身营房或妇女修会*，而是利用了社会福利资金建造而成的"妇女之家"，它以最大私人独立性为前提保障了一个团体的存在。唯一的条件是：谁一旦结婚，就得搬出去住。

剩女拯救了男权——物以稀为贵

在战后的年代，女性的性主动其实是受到了当时人尽皆知的女性过剩这一现象的推动。漂亮的女人很多可是男人却很少，而且这些男人的状态也是令人哀叹的：他们瘸着腿拄着拐杖，气喘吁吁还吐血。当然，像汉斯·泽恩克尔（Hans Söhnker）以及迪特尔·博尔舍（Dieter Borsche）这类的优雅男人不单单存在于电影屏幕上。可是这类硕果仅存的男人被几十个女人争夺。这正是多数女性的担忧，它们被大街上男人稀少的画面所证实。在1945年夏天的一个新闻片里，人们可以看到一对明显生活优越的年迈夫妇在柏林瓦砾堆旁的菩提树下大街散步。这位老先生一次又一次地被年轻女士搭讪，以至于他年迈的妻子不得不费力地将这些女人赶走。估计这个场面是人为安排的，但它却将该现象描绘得如此有声有色，使它在人们的脑海里如同幽灵般挥之不去。

在战争中阵亡的德国士兵的数量远超过500万。还要加上直至1945年9月底仍然在西方战胜国的战俘营里的650万男人。另有超过200万的被俘士兵在苏联的兵营里忍饥挨饿。直到1950年性别比率依然为1362名女性对1000名男性。[17]乍一看人们还不觉得这有啥可大惊小怪的，可是如果把目标集中到适婚年龄群组来看，问

---

* 妇女的宗教团体，她们生活在一个类似修道院的综合体中，但不对教会发誓。

题就尖锐化了。凡出生于1920年至1925年之间的年轻男性，至少五分之二已战死疆场。大城市的性别比例从数字上看尤其明显失衡。正如在柏林口口相传的那样，六女对一男，总之这非常接近所感受到的事实。

"六女争一男，六女争一男"，这个经常被重复，具有暗示力的句子在1948年首次上映的废墟电影《柏林谣》（Berliner Ballade）里几乎贯穿了整个声带，有时这是一个预言，有时则是一种恐惧的臆想。[18]在电影里格特·弗勒贝（Gert Fröbe）饰演一名瘦弱不堪的战争回归者，像一个惊诧不已的幽灵一样穿行在被摧毁的城市里。在柏林中部的瓦砾沙漠中，他居然还真找到了他家的房子。房子虽破却还矗立在那里，可是他的住所早已成了"霍勒太太的情爱中心"，他被授知了新的道德风俗。于是奥托这个角色只得重新逃亡，在柏林东奔西撞，并且被超现实的意象所折磨，即六个健硕的女人争夺着他那瘦弱的身体。"女性过剩，女性过剩！"这句画外音回荡在影片里。有一晚奥托被这个声音吸引到了柏林的一个公园，那里挤满了情侣，就像50年后的爱情大游行。他们坐在树下或树墩上，有一对还奢侈地拥有一辆美国的吉普车。这对男女使足了力气交谈，却彼此前言不搭后语，她用德语努力描绘着婚礼的场面，而那个美国大兵则用英语讲述着他父亲在底特律的屠宰厂和罐头厂，他们彼此听不明白，却各自掏心掏肺地喃喃自语。"成千上万颗心在寻找爱情，可众人却如此孤单。"当这个回归者继续在公园里瞎撞时，影片的声带发出微弱的背景音乐。"成千上万颗心依然孤独，而寻找却从不停止。"然而即使是"我有一张旧的防空袭床，那里的美梦妙不可言"这样的诱惑性呼唤，依旧无法让一个饱受惊吓的普通人去跟一名放浪女子滚床单。

这个令人讨厌的过剩现象让女人们伤透了脑筋。她们数量上的优势损害了女性的尊严。1949年，女性杂志《康斯坦策》用一首打油诗为其读者出了一口气。这首诗嘲讽了一名黑人，因为他认为，即使是像他这样的人，在妇女过剩时也能轻而易举地得手。《康斯坦策》用这首带有种族主义意味的"感慨女性太多的悲伤万分的抒情歌"，想要倔强地为妇女正名，即使在困境中她们依然挑剔。[19] 然而正是这种骄傲令她们渐行渐远。

即便女性变得独立，很多单身女性依然渴望着有个男人能给这乱七八糟的日子带来安宁。可是从统计学的角度来看，算都不用算就很清楚，这种运气是无法被所有女性拥有的。如果没兴致去算，那么报纸就能帮着免费发布这个令人沮丧的消息。1951年4月8日的《莱茵—内卡报》(Rhein-Neckar-Zeitung）就预见到"50万年龄在25到40岁之间的女性将没有结婚的可能，并且她们大都必须在长达几十年的时间里为职业生涯而操劳"。[20]

这不只是关乎爱情，更是关乎生计，对所有女性来讲职业劳动并非就是人间最大的幸运，尤其是不久之后，劳务市场上的就业前景很快又恶化了。女性过剩从此在就业市场上成为一个棘手的问题。在这里女人们互相竞争着，单身女性和已婚女性相互争风夺利。假如一个女人"已经在家中被抚养而衣食无忧"，却还是想挣钱，她就会被看成是一个贪婪无比，和他人抢工作的寄生虫。在指出有一大拨未婚女性必须就业的同时，由国家支持发起了一场反对"双职工"的运动，以针对这些［领双薪而］被谴责为过度敛财致富的人。1952年5月5日的《科隆评论报》(Kölnische Rundschau）写道："我们面临着一个令人担忧的女性过剩问题。由于不是所有女性都能成婚，她们必须寻求某一职业。那么出于原则性立场，已有保障的已婚妇女拿走没有保障的女性工作名额，这像话吗？"在很多的联邦州，和男性公务员结婚的女性公务员由于其优越的生活保障而被解雇——据说这也有利于孩子的成长和营造一种"幸福的家庭氛围"。

第五章 爱在1947

在困难时期女性之间久经考验的团结渐渐消失。随着第一波初级富裕的到来和刚与男人定型的关系，女性间的不信任也在滋长着。当初在舞池里通过击掌共同分享稀少的男性舞伴的情景已成为过去，尤其是那些因丈夫阵亡而守寡的单亲少妇们更是有抢走别人老公的嫌疑。一位阵亡士兵遗孀的女儿回忆道："对我来说，看到自己的妈妈如何被那些'健全'家庭所避开是一种很糟糕的经历。她日后在回忆录里写道，'我们这些阵亡将士的遗孀反正不会被那些夫妇们所邀请。我们完全被排除在外。人们多多少少地避开我们这些单亲女性'。……毫发无损的人们把自己和饱受摧残的人群分开，没有丈夫的女人成了边缘人群，被治愈好的人群和受到永久性伤害的人群之间的鸿沟是无法逾越的。我的母亲只能和其他的战争寡妇们建立起友情。"[21]

随着气氛恶化程度的上升，生活正常化的程度也同步提升着。紧跟着离婚浪潮的是结婚的浪潮，刚刚建立的家庭搬入新建的公寓并开始稳固有序的生活。而这时候还是单身的人们很可能永远就是孤身一人了。

战争结束后的离婚率是战前的两倍，并于1948年达到了前所未有的高峰。[22] 同时寻求新伴侣的人数也在增长。在离婚浪潮的后面是前所未有的婚礼繁荣景象，它导致了1950年"婚介市场近乎资源耗尽的状态"。[23] 处于1922年至1926出生年龄段的男性几乎达到了100%的结婚率。与此平行的是妇女在劳务市场中机会的下降：男人又重新恢复了"一家之主"的地位。

女性过剩的事实消耗了妇女们的自信心，反之男性则享受了其人口严重减少所带来的好处。虽然他们的自信心因在回归时所意识到的女性强势而受到了巨大的折损，但现在又突发地上升了。在当时备受欢迎的男性理想人物中，旧时的献媚型男人又出现了，他们专长于"拍女人的马屁"，并用骑士般的纠缠术征服那些难以驾驭的女性。"傲慢无礼"这个词再次用来描写那些特别被人追崇的女性，这可不是突发的偶然事件。如此一个"尤物"的"傲慢登场"被认为是相当性感的事，不过它也隐含了可以用些教育手段来改造她们的意思。这些献媚者喜欢在征服之后紧接着开始此类调教，所以那时很多电影里一下子冒出了类似"可得有人来收拾收拾你了"这种令人不可思议的句子。

回顾当时的电影，人们可以见证一场已进入白热化阶段的两性之争。无论是英格·埃格（Inge Egger）、芭芭拉·吕婷（Barbara Rütting）、埃丽卡·巴尔凯（Erica Balqué）、希尔德·克拉尔（Hilde Krahl）还是希尔德加德·克内夫都是那时的挑战者，一点都不比如今的乌玛·瑟曼（Uma Thurman）们差到哪里去。1952 年由阿图尔·玛丽亚·拉本纳尔特（Arthur Maria Rabenalt）导演的电影《阿尔劳娜》（Alraune）*里，希尔德加德·克内夫扮演的阿尔劳娜直接将四个爱人推向了死亡。在电影里她代表了人性中的原罪，而她对此却无能为力：比如当一个健壮的工头在她窗下的一口井前冲洗裸露的上身时，她挑衅地用樱桃扔他；还有她手持马鞭站在她下一个受害者面前，以及她伤心地坐在水塘边，因为又有一个人死了，这真令人难以置信。最后她并未驶入幸福婚姻的港湾，让一位有钱的阔佬当成宝物般供奉着，而是带着她的孤独执着地进入了影片黑暗的结局。

战争的特征总是在情爱之中再三凸显。在好男人优雅的面具下隐藏着攻击性和狂妄。在 1951 年 5 月出版的男性杂志《他》（Er）里有一篇名为《情场军校》("Kriegsschule der Liebe"）的文章。作者在文中建议，用暴风雨般的手段来征服爱情。"没有什么会比一

---

* 阿尔劳娜这个名字的原意是"曼德拉草"，引申之意是"附身于花草的精灵"，这部是德国拍于 1952 年的恐怖片，其女主角是生物科学家用一个杀人犯和一个妓女的基因培育出的"非人"之人。其影片以其爱情遭遇为主线，有着悲剧结尾。

个巧妙的进攻更能使一个女士心花怒放的了,这将使她永无完善其假装抵抗之术的机会。"他进而继续道:"出其不意却又不至厚颜无耻,行使力量但不粗暴野蛮,这是个讲究尺度的事情。外交家们对一个能靠直觉就把握好一切细节的男人称作:他有手段。"

力量可以,但不能野蛮——还有就是绝不道歉!这在今天听起来就像是一份令人极度厌恶者指南。不管怎样,作者在结尾处还是承认,在遇见真爱时所有的"战术"都不管用了:"一个男人在所爱的女人面前是没有勇气的。"

这样的两性之争说穿了还是一种对大苦大难的互相攀比。谁吃过的苦更多,男人还是女人?在沃尔夫冈·利本艾纳名为《爱在1947》(*Liebe 47*)这部电影里——它其实是沃尔夫冈·博尔歇特《大门之外》的改编版——一对男女在易北河的岸边偶然相遇,他们彼此不认识,却都同样厌倦生活。那里雾气滚滚,船埠被炸毁的工厂所围绕,河水里漂着死鱼。这真够脏的,女人说道,在这里寻短见可是个令人不舒服的念头。"我是不是得走开?"男士问她。"哦不,您就待这儿吧,您一点都不打搅我。"这时他明白了:在战争中连死都不曾是一个人的单独行为。"您哪里明白孤单的意思?"这位女士质问着他。"你们抛弃了我们!你们在乌拉尔山上爬行时,炸弹落在了我们的头上。"比起话剧版本,电影的结尾充满了和解:关于谁经历更多苦难的比较打成了平局,每个人皆以自己的方式走过了地狱。最后他们成了一对,拥有建立一个新家庭的机会。房东甚至还送了他们一枚珍藏的鸡蛋。

现实总是围绕着鸡蛋、面包和头上的房顶。"我养着我的丈夫!"《康斯坦策》用了这个骄傲的标题来展现奉养丈夫的职业妇女。"我的老公是我切切实实在马路上捡来的",一位妇女诉说着。"他这么游荡着,给我留下一个相当无助的印象。"这可给女读者们壮胆了。那位男士比她小五岁,"几乎就还是个孩子"。对这类"到处游荡的"

男人的偏好，曾经是对应于强硬男子的另一种选项。要不就直接找个有残疾的吧——《康斯坦策》多次号召，在150万因战致残的男士中找一个丈夫。聪明的做法是"不要把男人当作帅哥美男来看，而是一个未来的战友伙伴。"关于第一次见到男士残缺的腿是什么感觉，还有过冗长而广泛的讨论。

女性乐于照顾他人的天性是男人手里的一个理想杠杆，这让他们最终赢得了两性之争。1946年6月慕尼黑的《终结和开始》（Ende und Anfang）报刊里有一篇社论，在这份"年轻一代的报纸"上，一位拉罗斯博士（Dr. Laros）以《当代女性永恒的使命》（"ewige Sendung der Frau in dieser Zeit"）为主题写道：目前，"当野蛮兽性带着自私和暴力从各个角落以令人发指的可怕尺度爆发出来后"，命运赋予了女性力挽狂澜的使命："出于她们天生具有的爱之原始力量，她们对其丈夫表现出一种新的体谅，赋予他们一个心灵的家园，在这里他会重新复苏并在多年的破坏之后再次获得积极工作的动力。"结尾处这位拉罗斯博士转向了恐吓："假如你们现在不好好听着，不愿意理解的话，那你们会吃苦头的！我们民族的命运前所未有地掌握在你们手里。"

苏占区的弱女子

在六年杀戮成性的战争之后，迫使希特勒的军队投降的战胜国以噩梦般的方式促成了德国男性在战后年代令人沮丧的形象。德国人与战胜国的经验根据被占区的不同而各有不同。在德国东部，战争行为之后紧接着的是一波前所未有的强奸浪潮。50年之后，人们对其严重程度做出了如此详细的描述，以至那些痛苦的细节可以在此予以省略。[24]对强奸案例数字的估计是极其粗略的，有着好几十万的浮动。近200万的妇女被强奸，而且经常是被多次强奸。伴

第五章 爱在 1947

随着强奸的还有残暴的展示，折磨和凶杀。

对这些令人发指的罪行，现存的柏林妇女的相关记录中充满了骇人的描述。没有一个夜晚人们可以免受被狂乱撞门、入室抢劫、斗殴和强奸的困扰。玛格丽特·博韦里做出了如下总结："我必须说：我觉得每晚等待轰炸和手榴弹的来临要比担心受到这些陌生男人的骚扰好受多了。我对铁器爆炸的恐惧要比对脾气暴烈的人小得多。有两个夜晚我靠吃安眠药入睡，所以什么都没听见。直到第二天才知道，后院的哈特曼太太被强奸了四次；我根本不认识的泰小姐，一个彻头彻尾的纳粹分子，被强奸了一次，大家打心眼里觉得她活该受到如此报应。"[25]

对于这些"无耻行径"做了最为生动记录的是女记者玛尔塔·希勒斯的日记，2003年这本日记以《柏林一女子》*（Eine Frau in Berlin）为名再版后成了畅销书。作为该书的作者她一直以"无名氏"的笔名出版，尽管2003年她的身份因媒体上激烈的争论而被公开。[26] 正如她所描写的那样，4月底战后仅仅两周的时间就足以让她见识了一整套"强奸类型"的"样板目录"。她经历过那种把自己的丑陋当作享乐的残忍，强奸者将他奇臭无比的口水慢慢流入她被压开的上下颚并以此为乐。她也经历过一些相对温和的家伙，事后他们把她扶起来并拍拍她的肩以示抚慰。还有一些爱说话的家伙，他们在行事间舒坦着，还想和她打牌。她幸好没有经历过那些用枪托把女人的牙齿打落，特别粗暴野蛮的那一类。

玛尔塔·希勒斯是一个曾经远游过的女性。她在莫斯科工作过，在巴黎索邦大学（Sorbonne）求过学。由于她的俄语不错，因此她想在俄国人中找到一个保护者的计划相对容易成功。"找一头可以帮我赶走狼群的狼，军官，军衔尽量高，司令员、上将，只要能搞

---

* 根据日记改编的同名电影中译名为《柏林的女人》。

到手。"这个计谋甚至使她成功地在"出色人物"中钓到了一名少校:"我相当自豪,成功驯服了狼群里最强悍的那头狼,好让他帮我驱赶其余的狼。"这位少校有着温柔的一面,对她并无过度的索求。她受到的困扰更多来自少校的伤腿导致的睡不踏实。虽然有这样的难处她还是得到了一些温暖,以至于当少校几天后被命令回国时,她居然感受到了离别的伤感:"我有些心痛,有些空虚。我惦记着他今天第一次给我看的皮手套。他用左手优雅地拿着它们。有一次手套落到了地上,他急忙把它们拾起来,不过我还是看到了这是两只不同的手套——一只在手背上有缝纹,而另一只却是光滑无痕的。他有些尴尬,假装没看见。就在这一刻我真喜欢他。"

"二战"使2700万俄国人失去了性命。希特勒曾下达对平民进行毁灭性战争并动员国防军"放弃士兵之间战友情谊的立场"。[27]他的总司令们把这项命令执行到了极其残忍的地步。苏联红军的战士们有过可怕的经历;许多人曾经接连四年打仗而没有休过一天假,他们走过故乡被烧焦的土地,被洗劫一空的村庄,走过尸横遍地的田野。他们进入被征服的德国,惊讶地发现一个比他们显然更富有和更先进的国家。到底是什么驱使德国来侵略和毁灭我们的国家?"我开始了报仇并且我还会继续报仇,"在一场发生在克拉斯诺波列(Krasnopolje)附近的大屠杀中失去妻儿的红军战士高夫曼(Gofman)这样说道:"我曾看见遍布德国士兵尸体的田野,可是这还不够。他们中的很多人得为每一个被杀害的孩子去死!"[28]

不少德国人慢慢明白过来,正是当年国防军,党卫队和军警部队对俄国的暴力才导致了苏联士兵在复仇狂热的驱使下将暴力重新带到了德国。一个受到严重虐待的妇女曾事后宽容地承认:"我吃了很多苦。可是假如我用理智来看待这些,我告诉自己,这一切也许就是我们的男人们在俄国所犯罪恶的可怕报应。"[29]

"我想啊想,"露特·安德烈亚斯-弗里德里希在日记里写道,"我

第五章 爱在1947

爱俄国人，但是他们的政权让我觉得毛骨悚然。"她朋友圈里的其他人都是反纳粹的抵抗者，"他们也困惑于同样的问题。他们想爱俄国人但却做不到。……他们彼此憎恨和害怕着。"[30] 其实有不少的红军将领，他们为其烧杀抢掠的部下感到羞愧。作为惩罚不少士兵被枪毙。然而惩戒性的尝试很晚才开始呈现效果。在柏林红军有一段时间分发了墨水瓶给妇女们，并要求她们对强奸者做记号，以便其上司对他们进行惩治。可是哪位女性敢用这样的办法来越发刺激这些兽性大发的男人呢？

6月底当她未婚夫格特（Gerd）从战场上归来——这事令人极度失望，玛尔塔·希勒斯就停止写日记了。这位回归者也同样无法忍受女性全新的自我意识。有个晚上这对伴侣和邻居们聚在一起，女人们"各自倾吐着这几周来她们的经历"。格特气得拉长了脸："你们变得像母狗一样不知廉耻，你们这里所有人。你们没觉得什么吗？……和你们来往太可怕了。你们已经完全失去分寸了。"这个失败的男人并没有看见强奸带给女人的羞辱，首先想到的反倒是自己失去了尊严。他厌恶地推开她，而不是给予她安慰和温暖。冰冷的情感结束了很多恋爱关系；这也是那个年头里经常重复出现的一个文学主题。人们很少意识到女性因这种行为所受到的双重不公。要去"宽恕"他那确实无辜的妻子，一个男人得跳出他自身的阴影，但是这个阴影太强大了。[31]

假如伴侣们还是共同生活下去，他们就会无言地对此事保持沉默。这些柏林女性对官方所称的"被迫性交"的开诚布公只维持了很短的时间，然后像格特这类的男人们所要求的羞耻感便重新登堂入室，于是这些所承受过的罪恶被沉默像块毯子那样所掩盖。由此耻辱感被集体化了。对于被波及的妇女来讲，它作为多重的不公平压迫在她们身上。假如有人像无名氏一样公开她的经历，她将被判定为"无耻"之人。

1959年当《柏林一女子》首次出版时，柏林的《每日镜报》写道："用'柏林一女子'的目光去看这近300页篇幅的书是一件非常痛苦的事。这并不只是因为其主题的残忍——比之更加令人感到折磨的是叙述这个话题的语气语调……，在进行比较时所用的这种令人反感的方式，还有当他人不愿意提及此事时的那种冷酷无情的诧异，那些对德国男人轻蔑的评论……大部分，其实是几乎所有女人都无法将她们生命中的可怕经历写成这么一本淫秽的书。"[32]

44年之后，当这本日记经由出版人汉斯·马格努斯·恩岑斯贝格尔（Hans Magnus Enzensberger）的《另类图书馆》（Andere Bibliothek）再度出版时，作者当年那种玩世不恭，贯穿于全书的毫无感情的语气在读者的耳朵里听起来则完全不同。2003年这本书一再加印。直到两代人过后，很多德国人才想要面对其战败史里显而易见最棘手的部分，即女性之命运。并且在某一时刻，这些曾经饱受嘲笑的"威尔默斯多夫的寡妇们"*，这些众多单身、带着骄傲和经常有点怪异的柏林老妇人终于被人们用温柔的眼光来看待。

西占区的薇罗妮卡·多谢

如今人们虽然可以更公开地谈论战后妇女命运这一话题，却几乎从未就东西德之间心态上的不同来进行讨论。直到1989年发生的东德民众运动，在很多方面东德人和西德人的经验是不同的，而最大的区别在战争一结束就立刻出现了。德国女人在东部和西部与占领者所有过的性经历就有着天壤之别。虽然在西德也有占领军士兵所犯下的强奸案例，但是西部的盟军给人留下的印象不但友好，

---

* 威尔默斯多夫（Wilmersdorfer Witwen）是西柏林的一个区，战后这个区寡妇的比例是柏林最高的。

而且有时还相当感人。当人们后来在寻找东德人更明显的排外现象的理由时，却根本没有把这个战后的不同体验放入讨论范围，这就更加令人不可思议了。人们甚至把社会主义国家的幼儿园里孩子们过早去掉尿片、学会使用尿盆这些无稽之谈都拿出来当作解释，对当年的集体强奸却令人不解地只字不提。不正是当年与入侵者惨痛的经历更能合理地解释，为何东德好几代人比西德人更加自我封闭吗？而之后由国家规定的缄口沉默在集体意识上更加深了这类效果。即使事件发生在 70 多年前，但怀疑和不信任会习惯化并传承给下一代。历史学家卢茨·尼特哈默尔（Lutz Niethammer）将民主东德称为一个"被玷污了贞洁的瘦弱女孩"，相反将西德比作是一个"生机勃勃的轻浮女子"[33]，他虽然没有提到这个内在的关联，却把东西德的区别说到了点子上。

在关于"战胜国的掠夺行径"这个话题上，即便在西德也是一团模糊的神化和幻想，它让人无法得到真实的图像。冷战，开放的性政策和无所不及的想象力交织成一堆充满矛盾的混乱感受。在德国长大的同性恋美国作家温弗里德·魏斯（Winfried Weiss），在其名为《一个纳粹时代的童年》（*A Nazi Childhood*）的书里曾描写当年 8 岁的他和朋友如何在伊萨尔河畔的垃圾里发现被外国士兵丢弃的装满精液的避孕套。这两男孩确定这是外国士兵和妓女性交时用的，他们那时就从生活中偶然得知这些了。即使他有一次遭受过一名士兵的性侵，也没能改变这个男孩带着明显的同性恋心态爱恋和崇拜着美国大兵。于是他满怀敬佩地举起这个避孕套，凝视着"这白糊糊的液体"，并以其孩童的感受惊诧于这些被他崇拜的超人就是从这种液体中产生的。"这个白色的套子里就是那些声名狼藉的美国人的美妙精华呀。"[34] 他 1956 年移居美国，并在那里教授文学课程直到去世。在美国人给很多德国人留下的深刻印象中，没有比这位作者所描写的更怪异的了。

进驻的盟军部队以"速度、精确和完美的体形"[35]出现在画面上，尽管并不是所有人都对此陷入怪异的狂喜，但多数情况下人们还是出人意料地给予他们友好的欢迎。德国最后的狙击手刚被消灭，坦克的隆隆滚动声就已取代了枪炮声，妇女和儿童们则挥着手站到了大街上。驱使他们这样做的往往是一种单纯的感激，即不是被俄军解放的感激。在这之前，为了制造对西方盟军的恐惧，纳粹的宣传人员使尽了一切伎俩。在他们看来人们尤其要害怕的是那些美军和法军中的"黑鬼大兵"。

事实上进驻的美国人、英国人和法国人也犯下了战争罪，据说伟大的法兰西的北非士兵们尤其臭名昭著。[36]不过也可能是人们头脑里顽固不化的种族歧视使这类案犯群的行为长久地留存在记忆里。不过摩洛哥士兵的典型犯罪行为，在美军那里只是一些个案，甚至可以相对忽略不计。所以对坊间的评价必须要有相应的谨慎态度。尽管如此，仅仅在斯图加特就有1389名妇女在法军进入后因遭强奸而报案。[37]尤其在巴登州和巴伐利亚州地区，掠夺和强奸案时有发生。在巴伐利亚州一些孤立的农庄经常遭到美国士兵的洗劫，妇女则被强奸。谋杀和过失杀人也发生过，甚至可以肯定这曾经是一种"司空见惯"的现象。

在战争结束后的混乱中，没有一个国民群体能幸免于犯罪和暴力的疯狂。烧杀抢掠的有少年犯罪集团，被释放的强迫劳工和集中营里的囚徒，被驱逐的人，当然也有占领区的士兵。但是在强奸妇女的问题上，若是将红军和西方盟军犯下的行径等同视之的话，那就不免有失偏颇。[38]至少英美士兵总体上的行为相对端正，这是被多方证实和记录的，甚至党卫队方面也能证明这一点，在这种情况下几乎没有理由怀疑他们在撒谎。1945年3月正当美军进军时，在国防军暂时收复了之前曾被美军攻下的地区后，一位党卫队一级突击队大队长叙述了从当地居民那里被告知的事实："这些美国人的确想用送罐头食品、巧克力和香烟来搞好和老百姓的关系。"据说百姓们对美国人有着"最佳的评价",女人们还强调,和那些会把她们"赶走"的德军相比,她们如何在美国人那里受到了良好的待遇。最后这位党卫队一级突击队大队长不得不承认,民众感受到了敌方道德上的优势:"在德军收复了盖斯劳滕(Geislautern)之后,美军撤退时,德国机关确认,那些美国士兵逗留过的寓所既没有被损坏,也没有被盗窃。普遍相传的是他们的举止好过我们自己的德国军队。"[39]

不过也有一些地方比盖斯劳滕不幸得多,那就是德国士兵们进行过狂热抵抗以及在毫无意义的象征性对峙中美国士兵们牺牲了的地方。在早已被拿下的村庄里,每当美国士兵遭遇了狙击手的射击之后,他们往往在妇女身上倾泻其怒火。一些报道使人得出一种结论,即在发现和解放集中营之后,对其恶劣环境的目击也导致了美国士兵们紧接着对德国平民进行了极具攻击性的蹂躏。

美国的军队领导层曾下令其士兵要行为端正,但对德国人则要着重不表示出友好。在其占领方针里他们将德国平民形容为阴险,恶毒和危险的禽兽不如者,在能够以信任感接近他们之前,必须要经历一场严厉而且持久不懈的再教育过程。这和苏联人不同,根据其法西斯理论他们将德国人民看作是纳粹权力精英的牺牲品,美国人则始终强调了纳粹政权的群众性本质。对他们而言,大多数的德国人是狂热的纳粹分子以及出于信仰的病态凶手。据他们估计在驻军很长的一段时间内,他们仍将面对法西斯的游击队以及狼人行动的暗杀*。

1944年4月,军队领导层于是就相应严厉地统一要求其士兵,

---

* "狼人行动"(Werwölfe)是1944年纳粹开展的游击队行动,旨在于盟军占领区内制造抵抗力量,拖延盟军的进攻速度或暗杀盟军要人。

须毫不留情地让敌人屈服,并严禁一切形式的结盟行为。握手、交谈,一丝的亲近都不被允许。因此当美国士兵们在进驻过程中受到漂亮的妇女和惊讶好奇的青年人的友好欢迎时,他们的反应就更加惊诧,尽管有禁盟令,他们还是从吉普车上递出了香烟和巧克力,由此引发出来的感激之情令他们百看不厌。

随着美国人的进驻,人们看到一支奇特的部队。人们在路边对所看到的一切都很惊异:他们随意的坐姿,自信的欢笑,还有那漫不经心的抽烟样子。在希尔德加德·克内夫的回忆录里,他们的肩膀据说像衣柜一样宽,而他们浑圆的臀部则像雪茄盒一样窄小。他们被描写成矫健无比,极度热爱生命,并且在众多当事人的记录里可以一再读到他们"有着孩子般的稚气"。当然对美国士兵孩子般举止的强调也源于美军入驻之前当地人对美军的惧怕,于是人们放心地接受了美国人出自天性的那种傻帽气,尤其黑人大兵"善良的微笑"也被感激地察觉。对美国士兵来讲,那早已成了德国男人第二层皮肤的军纪是陌生的。这些胜利者随意轻松地坐在汽车上的样子让有些妇女觉得他们仿佛就是驯良的众神一样。

少年男孩们所见到的胜利者驶入德国的画面是终生难忘的。而年纪稍长的那些则大多和其父辈一样,吃惊地发现这些士兵们对大部分女性有着何等的吸引力。男人则首先是羡慕美国人的机械化装备,据口口相传的消息称这也是德国失败的唯一原因。但是即使是他们也认识到了,这些身着制服的胜利者在行为上体现着某种文明,他们惊异地观察到,一个下级士兵可以不用离开座位就将一份文件交给上司,并且不用时常脚跟相击也能赢得一场战争。

尤其令人印象深刻的是士兵之间毫无那种僵硬的教条作风。这种美国式的懒散而坐,这种随处都能让自己感觉舒适的能力被看作是一种普遍的持家之道,这让有些人反感,却令有些人着迷。美国士兵在异国他乡也这么宾至如归的事实使人惊异不已。他们的随意

第五章　爱在1947

1945年，德国姑娘和美国士兵在柏林的一个酒吧里。

不拘被一些女性感受为占领者令人可憎的举止，而另外一些女性却无法抵御地受此吸引。[40] 在这些身处敌国也无拘无束的男人身上，她们猜测出一种未知的私密性和舒适之道：一种不令人感到紧张的男性气概。

众多的回忆录曾以同样的语气报道，在快速建起的美国兵营前，妇女们为了换取几片香肠、口香糖和香烟，排着队要求为这些士兵提供服务。这不免夸张和轻率。这类的接近曾经是带有风险并与屈辱相连的。而实际情况也的确如此，美国士兵不用费多大的周折就能结识德国女性。他们只需稍有勇气来无视禁盟令，并且将悬挂在各处的性病警示置之不理。不久这些小姐们就到处被称作薇罗妮卡·多谢*（Veronika Dankeschön），它其实是个文字游戏，来自英文里"性病"（VD：Venereal Disease）的缩写。由于相应药物的缺乏，性病曾泛滥成灾。然而即使面对这样的风险，德国和美国的男女仍竭尽全力互相交往着。早在 1945 年的夏天，美国人根据《雅尔塔协议》[41] 刚刚进驻被划分到的柏林区域，柏林万湖的沙滩上就挤满了一对对恋人，他们穿着军服和碎花裙到来，然后穿着泳装晒太阳，冲锋枪则放在野餐的毛毯边上。

据报道，西德的女孩子们在通往兵营的马路上排起了长队，甚至为了靠近这些大兵们，在士兵营地周围的森林洞穴里也有年轻女孩子在那里野营。为了逮捕这些女人并对她们进行强迫性的性病检查，美国的军警和德国的警察们总是一次又一次地进行大搜捕，在此过程中她们被辱骂，被残酷欺负，有时甚至被虐待。

除了这种粗暴的监控之外，也有比较温和的调控。1947 年 2 月在柏林策伦多夫区的市政厅，人们从第一批 600 名申请者中筛选出被认为适合与美国士兵交往的女孩。一个由德国教师、医生和行政公务员组成的考量委员会对她们进行考试，并在确认合适之后颁给她们每人一个"社交护照"，凭此护照她们被允许进入美国人的俱乐部。这份列出有交际能力的女士名单被交给了美国人，他们保留有最终的决定权。[42]

直至今日，仍有人认为是当初物质上的贫困使得德国妇女成为"小姐"，也就是那时人们所戏称的小阿米莉†。毫无疑问，苦涩的饥饿使许多妇女在对如何活下去的选择策略上无法太过挑剔。被记录

---

* 在这里对 Dankeschön 这个姓氏的翻译采用了意译，原音译为"丹克舍恩"。

† "小姐"（Fräuleins）原作为对未婚女性的称呼，但后来被用来称呼卖淫的女性；"小阿米莉"，见页 32 脚注。——编注

第五章　爱在 1947

提防薇罗妮卡·多谢的警示：这个写着"不要和 VD 游戏"的广告牌是对性病的警告。由于它的缩写字母是 VD，德国的姑娘们也被称为薇罗妮卡·多谢。

下来的也有很多案例，其中的妇女和少女是被其家属送到了兵营。这才是真正的豺狼，逼迫自己的女儿卖淫的父亲，然后一有机会就把她们骂成婊子和人民叛徒。不过艰难和被逼无奈并不是令女性对美国士兵热情高涨的唯一动力，在对他们的主动寻求中也明显带着对更加自由的生活方式的好奇。在这些小姐们的所作所为中，电影学家安妮特·布劳尔霍赫（Annette Brauerhoch）看到的是"自发的和未被记录下来的一种对抗文化的形式"。作为为数不多的尝试之一，她于 2006 年出版的考察论文《"小姐们"和美国大兵们》

(‹Fräuleins› und GIs）在德国女孩对美国士兵的喜爱中发现了一种主动的追求，其中包含了一种"对德国过往历史的抗议"。[43]

在寻求一个美国大兵的行为里也隐藏着一种文化或亚文化因素。对这些年轻的妇女来说，这意味着从德国的生活方式，从这种时常束缚着她们的污浊环境中解脱出来。大多数的德国历史学家却在很长一段时间里不愿去想象人们对陌生的异国事物的渴望，也不愿意去想象可能正因如此才使得美国士兵具有吸引力。在他们看来，人们不仅仅出于对巧克力的喜爱，而是可以出于其他原因而受到美国士兵，甚至是黑人士兵的吸引，这是根本无法理喻的。对这种通敌行为，"纯粹的物质匮乏"是唯一能被人所接受的动机，把此类事件看作是对民族的背叛，这类冲动似乎依然沉睡在我们的内心深处。

一旦谈到战后时期的妇女，历史学就开始运用统计数字。历史书中充斥着大量关于经济局势、就职以及在党派和协会里参与工作的数据和表格，却很少谈及生活的乐趣。这种将和盟军士兵的交往缩减到纯粹的物质层面上的狭隘看法，把女性变成了悲惨生活中的被动角色。假如更深入地关注她们对美国人的狂热，那至少会部分地承认她们是自己生活的主体。然而即使是女权主义学者，也更乐于把女性看成是牺牲品而无法从其欲望中获得什么乐趣。

这也使后来的人们很难认识到，这些美国士兵的情人们是德国与美国友好关系的先行者。事实上在走向西方的漫长路途中，她们就是先驱，是我们共和国走向自由化的先锋人物。就从精神上让德国人复员的过程而言，她们不带政治色彩的，纯私人性质的行为使我们忽视了她们在其中所起的重要作用。无论那些在兵营四周的村庄出现的舞场有多么的破旧和无趣，正是这些薇罗妮卡·多谢们替过去的历史画下了重重的句号，她们做得如此彻底并往往充满了很多爱意。

有关被占区里的爱情故事的想象力如同星星之火蔓延开来：在

汉斯·哈贝的小说《禁区》中一位美国犹太籍的少校爱着一个纳粹高官的夫人：在他流亡国外之前，早在学校里他就爱上了她。一名来自得克萨斯州带有受虐倾向的军官看上了一个集中营指挥官的妻子。一位德裔贵族小姐给一位美国上将当家佣。不过一旦其夫人驾到，就有好戏看了。

在1950年的男性杂志《他》里有一篇最垃圾的文章，即男版的被占区艳遇，一位所谓的文岑茨·多谢（Vinzenz Dankeschön）为消磨时间而搭上了一个美国女兵的故事。这位来自弗兰肯地区的记者兼作家汉斯·普夫卢格—弗兰肯（Hans Pflug-Franken）在长达两页的名为《我有一个黑姑娘》("Ich habe ein schwarzes Mädchen")的故事里没少用充满种族主义的陈词滥调。当然，她是一头黑豹："其实我恨她，因为她就像一头我听不懂她的话，而又必须去爱的野兽。也许对她而言我也是一头野兽，因为她带来大袋的坚果并喂给我吃。"他索取了坚果也索取着温柔，尽管性并不使他愉悦。这位黑豹女子让这个来自纽伦堡的男人害怕：就在最享受的那一刻，他渴望有一个他习以为常一动不动地躺在那里任人摆布的女人："我需要一个把手臂交叉在脑后的女人，并且按我所愿的那样一直安静不动。可是你却扭曲得太厉害，你索取了我而不是我索取了你，你这个吸血鬼。"对男人的忧虑如此地直抒胸臆，这可真是无以复加了。

20世纪50年代中《快图》（*Quick*）画报上连载了詹姆斯·麦戈文（James McGovern）的小说《小姐》（*Fräulein*）。小说讲的是勇敢的德国女子埃丽卡（Erika）经多年作为脱衣舞女郎和淤泥摔跤手四处游荡后，如何在非裔美国士兵斯（Si）的身边找到了幸福。有一次他们无意中目击了另一对德美恋人在一家美容院的废墟里做爱。在性高潮的那一刻德国女人发出了"史前般"兽性的尖叫，在这两个观察者听来就好比是夏娃在人间生下第一个婴儿时的叫声。当被偷窥的女子看到这两个吓坏了的观众时，她"从这个象征着德美友谊的水泥祭坛上"抬起身,"就像一个女神,一个无坚不摧的地母一样从普鲁士的大地上复活,而正当月光拂过她垂荡的乳房上的粉色乳头时,她像一个胜利者一样站在破碎的废墟上,如同一个活生生的证明,无论如何、哪怕不择手段德国都将继续生存下去"。[44]

从一种更为清醒的观察视角来看,的确正是众多为美军服务的女性担当起了让德国得以生存的责任。她们是口译翻译,清洁工或在美国驻军内部商店里当售货员,在那里有专供美国士兵的来自家乡的货品。单单通过这类职务往来就会在很多情况下产生导向恋情的关系。到底有多少我们不得而知。不过直到1949年一共有1400对美国大兵和小姐之间的联姻。这听上去好像真的不是很多。可是有多少调情,尝试过的关系才会最终导致这1400桩婚姻啊?如果再把官方曾对这样的婚姻所造成的阻挠考虑进去的话,那么曾经发生过的恋爱关系肯定比这个数据更高。

来自布鲁克林的24岁的丹尼尔·米利特罗(Daniel Militello)是战后第一个娶了德国女人的美国士兵,为此他必须克服种种阻挠和禁令的刁难。他作为装甲师"地狱之轮"(Hell on Wheels)的一员,本来是要去收拾狙击手和狼人们*的。[45]而他却认识了16岁的卡塔琳娜·特罗斯特(Katharina Trost)。他们彼此相爱了,而米利特罗呢,虽然他的军队早就被调往东部,他却总能想出新法儿回到巴特瑙海姆(Bad Nauheim),他的卡塔琳娜的身边。当她1945年秋天怀孕后,米利特罗向美军行政部门申请结婚许可却毫无结果。当年11月他必须返回美国,次年2月他从军中退役。米利特罗在托马斯·H.巴瑞(Thomas H. Barry)号货船上找到工作,在没有登陆许可的情况下,船一到达不来梅港市(Bremerhaven)他就跳下船并历经波折地来到巴特瑙海姆,在那里他先是和他的恋人躲在

---

* 指参与"狼人行动"的成员。

卡塔琳娜的外婆家。1946年6月他们结了婚。当米利特罗8月在美国领事馆为其妻儿申请入境许可时，他在被逮捕并监禁一个月后被遣送回美国。他只能让他的家人滞留在德国。这期间他的事情在美国的几家关注他的报纸上引起了争论。最终在一位纽约的参议员的帮助下他的卡塔琳娜·米利特罗拿到了签证，并作为第一位德国新娘于1946年11月飞往美国。据估计直到1988年一共有17万名德国的士兵新娘步其后尘。[46]

和那些在德国形象不佳的美国士兵的未婚女友们相比，像卡塔琳娜·米利特罗这样的已婚妇女也没少受罪。对她们的歧视包括了从轻蔑的目光到人身攻击。当时对她们典型的指责就是："他们用了五年时间来征服我们，可只用五分钟的时间就搞定了你们"。有些士兵的妻子曾遭暴打，或者按国际惯例被剃了光头。甚至还曾有过政治谋杀事件的报道。[47]

即使没有遭遇欺凌和被打耳光，也会有令人难堪的沉默。哪怕是60年代的那些批判性知识分子，他们致力于挖掘出一切法西斯的残存思维，可对涉及这些美军新娘的诽谤也视若无睹，尽管这些妇女在反专制的潜质上完全不输给他们。[48]她们当中那些带着倔强和骄傲，抵挡着鄙视的目光与她们身着制服的爱人们在大街上散步的女子才是真正的特立独行者。直至1979年，电影导演赖纳·维尔纳·法斯宾德（Rainer Werner Fassbinder）才给这些战后不忠的德国妇女建立了一座丰碑。虽然在电影《玛丽亚·布劳恩的婚姻》（*Die Ehe der Maria Braun*）里有着显而易见的物质上的动机，但汉娜·许古拉（Hanna Schygulla）身上散发着的尊严却令人产生了对这些任性轻浮少女的适度尊重。另外在电影里，被神话了的美国香烟作为黑市货币和诱饵起着主导作用。影片开头一个黑人就用香烟奖励了玛丽亚，电影结束时，就在经济奇迹的年代，她打开煤气后，因点燃香烟而炸毁了自己的房子。

战后英雄：德国的养父母和德美混血儿。这些所谓的棕色婴儿和他们的母亲一样受到了严重的歧视。

值得注意的是：那些妇女杂志针对这些对"小姐们"的批判做出了最猛烈的抵抗。在《女性——其裙装、工作与快乐》(*Die Frau – Ihr Kleid, ihre Arbeit, ihre Freude*)的杂志中，一篇题为《薇罗妮卡·多谢：妇人与少女——对她们的指责以及谁才是指责的真正对象》("Veronika Dankeschön: Frauen und Mädchen – Die Vorwürfe gegen sie und wen sie in Wahrheit treffen")的文章中,那种认为薇罗妮卡就是为了香烟而出卖自己的观点遭到驳斥。一个被战争剥夺了无数个舞会、蒸汽游轮之旅、音乐会之夜和爱情冒险经历的妇女,她现在更想要的是"终于好好地活一次"。哪怕时不时物质上的考虑会起一定作用,人们也不得不承认,即使以往的爱情关系和婚姻缔结也不单纯只是出于爱情。而接下来的话就是对这些道貌岸然的读者群的一记重拳:"在征婚广告里那些更经常可以看到的'愿嫁入肉店'的征婚愿望,这难道不比那些出于纯粹的饥饿和苦难的献身更加值得深思吗?那些征婚者不是为了飞逝的一个小时,而是将一辈子把自己出卖给一个安全的经济实体。"把一生托付给一个肉铺是个何等概念!

现代社会的人们认为好感和算计之间的交织早已被克服了;而这篇《女性》文章所指出的正是它的依然存在。在对婚姻伴侣的选择中,战后年代的艰难使对物质利益的算计再次以无以复加的清晰度浮出水面,甚至经常是以史前级别的维度出现。至于一段关系是出于困境还是出于单纯的爱情才建立起来的,并不是其中最令人关注的,而是两者之间这种兼容并蓄而又难以调和的度。玛尔塔·希勒斯的日记就提供了一个最简单粗暴的例子。在军事高层里找一个领头狼来保护自己免受那些平庸粗野之狼的紧追不舍,她的这个冷酷决定符合远古时代的择偶方式。在兵荒马乱年代里找到了某种保护,使她自己都很吃惊的是,感激之情如何变为一种温柔的依赖之感。而这就是狼性主宰的时代;这位女性作者自己感受到这是动物本能的遗传,它在交配行为中得到延续并保证了她本人的生存。

把自己理解为年轻一代知识分子汇集之地的杂志《对》(Ja)在1947年6月发表了一篇社论,题为《与盟军相处之道》("Umgang mit Alliierten"),它主张在战败者和占领者之间要有一种"更为开放的关系"。这种关系的特点应是减少军事胁迫,并且更多地要靠被"希特勒主义所践踏的"人性。在薇罗妮卡·多谢的身上,作者看到了一个作为占领者和德国人之间和睦相处的榜样:

> 无数妇女和少女在对方的怀抱中发现了这样的关系。这是可以想象的最人性化的联系。我们不带任何幻想地知道,多少在战争年代无法被满足的渴望——丰足的厨房,历经战争保持下来的好身材,在此时此地要比人性之美德占据着更为优先的地位。还有营养更为丰富的午餐以及秘密搞到的食品救助包裹,决定了许多和盟军士兵的新关系,这些在人类的临时过渡期都是理所当然的事。

在这种带有典型时代特征的,既隐晦又非正统的混杂思想中,这位作者将占领区士兵的爱情看成了"马歇尔计划"(Marshallplan)的一种色情对应物。只有那些因为"缺少机会、天赋或者出于其他原因"而"无法走上这条通往盟军的自然之路"的人,才会对此类关系持有异议,并因其嫉妒和怀疑心而危害"对世界的普遍理解"。所以,对理智的强调和政治觉醒的悲怆齐头并进——这是一个深谙机会主义的疯狂宣言。

假如细看统计数据,也就明白了爱情与算计是怎样亲如姐妹、不可分割的。尤其在农村,这类"以利益为导向的择偶"变得十分明显,农民之间的传统理性婚姻本来就一直是代代相传的维持生计的组成部分。1000万被驱逐者试图在巴伐利亚和德国北部村庄根深蒂固的环境中站稳脚跟。在这些乡县里,选择配偶的半径以前仅限于当地居民,而现在这里涌入了一半的西里西亚人和波莫瑞人。结果呢?虽然有过很多爱情和交往的故事,但是仍然很少发生一个年轻的农民把一位可怜的新来落户的姑娘娶为妻子这样的事。说到底,娶一个带着一份丰厚嫁妆的当地农民的女儿才更值得。相反，被驱逐者中的男性情形则完全两样。他们在农村婚姻市场上很抢手，因为有了他们，家里就又增加了一个劳动力。此外，农民的女儿嫁给一个简朴知足的流离失所的男子时，还能省下一部分嫁妆。被驱逐的男人们尽最大所能把握住这个机会：尽管有着本土宗族主义的想法，但他们宁愿嫁入德国北部的农民家庭，也不愿把自己与那些曾一起逃亡，一无所有的女子捆绑在一起。被驱逐者中的女性才是婚姻市场的绝对输家，统计学清晰地证实了这一点。然而，从浪漫的角度来看，德国人彼此之间这种对婚恋的患得患失令人恶心，但这并没有引起公众的反感，反而是女性对战胜国成员的献身却被看作是一种腐败的背叛。

德国的爱情生活在战后的困顿中彻底失去了它的浪漫，以至那些年里最浪漫的电影引起了巨大的反响。到今天，人们仍然错误地认为，仅仅因为一个简短的裸体场景便使希尔德加德·克内夫在1951年出演的电影《女罪人》(*Die Sünderin*)成为德国有史以来最大的电影丑闻。事实上是狂热的宗教信仰与卖淫的结合激怒了教会。然而，最重要的是，玛丽娜对她那失明和身患绝症的画家的无条件的爱，她为他所提供的安乐死以及她最终为画家而自杀才真正造成了对大众的挑衅。他们把这部电影看作对经济奇迹中所包含的理性的亵渎。此外，玛丽娜爱的不是一个有着油头滑脑之魅力的诱惑型男人，当时的电影里这类男性比比皆是。他是过去的一个残骸，他将来仍然还是这么一个残骸，一个"漂泊之徒"而已。这种在不伦之恋中的自愿沉沦与当时的时代风尚如此相悖，以至于战后社会在关于这部电影的话题上曾经吵得不可开交。[49]

一般来讲，德国人有足够的手段来调和这种爱情和趋利性的世俗性纠结。比如借助于幽默。"我期待着星期四"，伊芙琳·库内克在1946年同名的流行歌曲中唱道。这是一首令人倾倒的、欢快的歌，歌声中荡漾着与爱人团聚的所有轻松心情。最后，伊芙琳·库内克在唱出来的备忘录里附加了一句："但我还要告诉你的一件事是：可别忘了食物篮！"

第六章

抢劫、配给与黑市——市场经济的必修课

大多数的德国人直到战争之后才尝到了饥饿的滋味。靠着在被占地区里抢劫来的物品，他们之前还凑合着过得不错。在许多城市里食品管理局曾囤积了大量的储备，因此当地居民甚至在长期的轰炸中不必挨饿就挺了下来。然而这些勉强维持着的基础设施在战争的最后阶段几乎完全崩溃。鉴于当时供应线受到的摧毁，大多数幸存下来的德国人在那个热得出奇的1945年的夏天，依然相对温饱的事实就几乎是个奇迹。之后食物供应的局面才开始尖锐恶化，并且在1946/1947年的"饥饿之冬"*中演变成一场可怕的灾难。

饥荒之所以没有在战争结束后就立刻发生，是因为在战争中迷失方向的战败者和在完全陌生的领土上行进的胜利者都发挥了出奇的应对危机能力。在战后最混乱的日子里，假如许多面包师没有再继续烘烤面包，商人不再寻找新发掘的临时送货路线，驾驶员不再在只能用手推车且没有佣金的情况下继续运输货物的话，那些原来

---

* 德国战后的1946年冬天是个百年不遇的寒冬，加上粮食短缺，因此1946—1947年之交的冬天被称为"饥饿之冬"。

就有的困境便会更加严重，在城镇中尤其如此。依靠着一些勇敢人士的坚持，曾一度中断的粮食供应得以暂时维持。比如一位在纳粹术语中被称为"帝国农务司长官"的慕尼黑粮食管理局的领导，在5月初得知慕尼黑的面包师们只剩下够维持五天的面粉之后，便亲自走访了周围地区。在这个寻求补充给养的旅途中，他带上了巴伐利亚磨坊主协会的主席，此人因认识磨坊主们而说服他们交出了储备的存粮。[1] 正是由于用了如此费尽周折的办法——单从盟军那里搞到货车和汽油就让人费尽脑汁——才使得最初的供给令人惊讶地得到维持。大多数人预见的是完全相反的情形，即整体性的崩溃，也正是由此而导致了在最后的战乱中所发生的歇斯底里的囤货场面。

第一波再分配——公民学会抢夺

1945年5月2日，年轻的女秘书布丽吉特·艾克在她的日记里写道："天一亮，抢劫就开始了。"她那时跟着她的姑姑瓦利和许多当地人搬到了柏林—腓特烈斯海恩（Berlin-Friedrichshain）的乡镇政府大楼。该楼位于以戈培尔命名的居民区（Goebbels-Siedlung），它刚被那些落荒而逃的居民们，尤其是那些曾有过特殊贡献的纳粹党员们所弃置。"有一具被烧焦的老妇人的尸体躺在那里。我们得跨过一堆死尸。在乡镇政府大楼的地下室里，他们把一切可能的东西都鼓捣出来了。我碰到了黑尔佳·德博的妹妹维拉，我们手拉手进了地窖，那里烟味弥漫令人窒息。到处都是黑乎乎的，我们老是踩在软乎乎的物体上，好像是死人。男人们撬开一扇又一扇的门，所有的东西都在那里，香烟、葡萄酒、烧酒、面霜、纸牌、日用品、靴子。在匆忙中我只拿了几盒面霜，没有选我更该拿的靴子。"

在对乡镇政府大楼的一通搜索之后，她们还在被遗弃的公寓里走了一遍，直到几个妇女想出去撬开衣物管理处的主意：

第六章　抢劫、配给与黑市——市场经济的必修课

> 经过一番争夺，我抢到了一捆咖啡棕色的绉绸，裤子吊带和各种各样的小物件。然后我去了一楼的皮草仓房，挑选了一件很好的军用皮大衣。突然有人吹哨并开枪，他们说俄罗斯人来了，我想，这下完蛋了，我们都跑下楼，出口处站着几个俄国人，我们不得不放下军用大衣，我吓得把一切都扔掉了。谢天谢地，我跑了出来并且只想着回家，人们全都疯了，掠夺时大家就像鬣狗一样，没有人顾及他人，他们还打架，根本就不像人。[2]

抢劫时，癫狂的贪婪占据了人们的大脑，导致大家盲目攫取其实根本用不上的东西。最要紧的就是别让它们落入他人之手。经常会听人说起，人们稍后一旦略微恢复理智，就在回家的路上直接把这些曾用拳脚抢来的东西扔掉了。

慕尼黑的《南德意志报》曾经报道，在法制完全真空的日子里，被抢劫的物品价值高达好几百万盟军马克。据说在储存仓库里人们在糖粉里踩踏，奶酪从货物火车站滚到马路上："贪婪再也无法遏制。"[3] 在阿兹贝格地窖*里葡萄酒桶被撬开，多名估计喝得烂醉的妇女淹死在地窖中深及膝盖的酒里。多么怪诞的死亡啊！她们在战争中幸存，却在终于到来的休战中死于红酒的海洋里。

对几天几周后到底会发生什么的极度不确定感导致了过度疯狂的抢购行为。人们碰到什么就攫取什么，而同时自己的战利品又很快被身边的同胞所掠夺。为了缓解压力，盟军的军事行政管理部门主动打开已被占领的储存货仓，任人洗劫。

---

* 慕尼黑有很多啤酒地窖，因为啤酒需要 6 摄氏度左右低温存储。阿兹贝格地窖（Arzberger Keller）是慕尼黑建筑师加布里尔·冯·赛德尔（Gabriel von Seidl）于 1881 年为其啤酒商叔叔在宁芬堡大街上造的啤酒庄。这个啤酒地窖于"二战"中被摧毁，如今是慕尼黑法院大楼。以上信息部分摘录并译自《南德意志报》（2015 年 9 月 12 日网页版）。

在所有被占区里，盟军努力使局面尽快恢复平静。任上的市长们很快被找出来并下达给他们第一批指令。这些早已习惯于服从的市长们表现出来的即刻合作的态度出乎盟军的预料，但大多数情况下他们还是几天之后就被替换掉了。负责心理战的团队很快就找到了窍门，如何找到当初被纳粹政府解雇的前魏玛共和国顶尖人物，并让他们成为自己的沟通对象和命令执行者。在苏联占领区，对于雇用新行政人员的策略，最初一段时间盛行的是明显的实用主义。从莫斯科流亡返回的共产党员瓦尔特·乌布利希受到委托，与其他共产党干部一起恢复公共生活，做好行政管理工作。乌布利希密切关注着百姓的情绪。关于柏林市行政机构的重组，他做出了如下设想："我们不能任用共产党人作为区长，即便要任用，顶多在威丁和腓特烈斯海恩这两个区里。在工人聚集的地区，区长一般该是社会民主党人。在资产阶级居住区——比如策伦多夫区、威尔默斯多夫区、夏洛滕堡区等地区——我们必须让有产阶级的人当领导，这个人应曾是中央党、民主党或德国人民党的成员。假如他是医生那最好；但同时他也必须是一位反法西斯主义者，并且是我们可以与之共事的人。"[4] 在许多城市，也有些反法西斯主义委员会毛遂自荐，它们是从抵抗运动和工人运动残余力量中产生的。但是，如果他们在行政当局眼中成了一支新生的秩序监管权力，他们的援助提议往往会被一再驳回。

为了维持残余的秩序，这些新市长奉盟军的命令，必须确保此前因战争而早已被极度削减的公职部门的公务员和雇员能返回原本的工作单位。对这些人的政治审查直到后来才开始，在美国和苏联占区最常见的情况是，这种政审往往导致他们因之前纳粹党党员的身份而遭到解雇。法国人和英国人对去纳粹化的执行则较为宽松。对他们而言，行政机构的效率才是更重要的。

尽管被占区的行政部门之间存在种种差异，它们却有一个共同

第六章 抢劫、配给与黑市——市场经济的必修课

点：因为新主人怀疑在行政部门里有很多的纳粹分子，因此经常质疑他们、不信任他们。尽管如此，那些留在办公桌前的公务员和雇员们依然毫无怨言地完成他们的工作。德国传统中政治中立的公务员典范出乎意料地使得这些人能以当年为纳粹专制效忠的态度来执行盟军的命令。

在威斯巴登（Wiesbaden），于1933年被废黜的市长格奥尔格·克吕克（Georg Krücke）官复原职，并收到美国人一份长达三页的"指令书"，要求他执行军事政府的下述命令：a）维持法律和秩序；b）消除纳粹主义，清除纳粹主义公务员、其帮凶和所有的军事倾向；c）铲除基于种族、宗教和政治信仰的一切形式的歧视。[5]

格奥尔格·克吕克从最简单的做起并致力于第一点。他召集他的部门领导们试图让他们了解当务之急，并安排具体对策。最紧迫的事情包括：让道路暂时可以安全通行，对田野里的散弹进行收集，监察存货，对肉制品实施检验并将其分配给居民，对非法屠宰者予以拘捕，从附近森林里收集和发放木材，以及协调各种没收物资。最后一项措施旨在缓解饥饿和住房紧张：强制安排房屋被炸毁者和难民的入住；被遗弃的公寓被征用，而家具则转交给"因空袭轰炸而受损"的居民们——尽管形式上说起来是"借用"。[6] 在许多城市里，"纳粹主义的成员和其支持者们"被责令上缴衣物和家居用品。在哥廷根（Göttingen）这类被指定的"上交目标"得到了精确的量化。它包括男式大衣，裤子，内裤和外套各1790件以及8055顶滑雪帽；女装是895件大衣，1074只胸罩，537条腰带和890件毛衣。

食品票证的逻辑

这个对胸罩和内裤能进行精确计算，而且几乎不间断运转的行

政系统能够确保服装、食品和燃料的配给系统几乎毫无中断地持续运作。自从1939年战争开始以来老百姓对配给早已不陌生。不过战败者应得的卡路里数量被盟军降低了：在英国和美国的占区里，人们每天只有权获得1550卡路里，这是当时医生认为一个标准成年人每日所需热量的65%。

尽管人们已经忘记了当年对短缺物资的管理是如何操作运行的，食品票证是战后年代人人皆知最臭名昭著的事物之一。食物的定量配给是一种对自由市场的干预，而且在第一次世界大战期间就已经尝试过这种供给方式了。法国和英国也曾有过一段时间信任这一系统。每个居民每个月都会收到一张印有票证的卡片，上面印有一定数量的面包、肉、脂肪、糖、土豆和所谓的营养品。购物时，人们要交出适当的票证并支付张贴在海报上的官方正式标价。没有票证就买不到东西，单靠钱是不够的；必须两者都有才行。

零售商人将从消费者那里收到的票证粘贴在一个剪贴簿上，这个剪贴簿他必须上交给其批发商，这之后他才能获取同量的新商品。把这样的商人称作商人其实是一种误导，因为在官方监督下，这个分配者没有一点自由贸易的空间。假如他交还给批发商的票证少于之前他购买的食品量，他必须对此缺额给出合理的解释，否则他将被怀疑进行了黑市出售，即做了自由买卖。重体力劳动者会得到额外的"重体力劳动者票证"，这些票证比如包含另外30张5克脂肪的票证，以便他们提高每日的摄取量。

从法律角度看，人们并不是在购买物品而是在"领取他的配额"。配额的概念无处不在，在战后年代的卡巴莱歌舞剧场里人们还在讲着关于配额人群或者配额化个性的笑话。那个出了名的"正常消费者奥托"（Otto Normalverbraucher）也是出自那个年代。他就是那个拥有1550卡路里资格的，一直无法真正吃饱并在镜子里清晰追踪自己如何衣带渐宽的人。1948年在电影《柏林谣》（*Berliner*

Ballade）里格特·弗勒贝就扮演了这么个正常消费者奥托——他那时曾是个骨瘦如柴的小男人，这个人和他自己16年后在《007》第三集里扮演的那个五大三粗，名叫金手指的贪婪亿万富翁迥然不同。

德国人是带着矛盾的心情来看待这些食品配给票证的。尤其是比较富裕的阶层认为，这种对消费的限制是一种苛求，因为他们的钱起不了任何作用。无论他们拿出多少钱放到桌上，他们还是无法比他们的穷苦邻居们合法地得到更多的肉肠和面包。至于这类牵制的理由他们当然心知肚明：配给就是为了防止他们这样的有钱人把市场买空，导致对穷人的供给所剩无几。饥饿应该被公平合理地分摊到所有人头上，并被控制在能让人活下去的界限之内。理论上讲是这样的。

而实际上，国家的引导行为造成了一个最无奇不有的黑市，它只会让贫富之间的差异变得更加明显。大多数的商人把他们扣存下来的商品不凭票证而是用极其高昂的价格卖出去。这样一来买方和卖方就触犯了《消费控制惩罚规定》*以及其他一系列法律，并将受到法律制裁。随着粮食供应危机的加剧，惩罚措施从1945年的为期六个月的拘禁，上升到1947年差不多三年的拘禁；在萨克森，手段专业的倒爷们作为"供应破坏者"将会面临死刑的威胁。[7] 根据管理法规的逻辑，每个人只要拥有超过他配额的数量，即超过最低量的食物，不管他是如何得到的，都要受到法律的制裁。这一举证责任的逆转公然表示："任何人只要获得超过他应有的配给量，就一定是通过不合法手段，即黑市交易获得的。"在1947年出版的系列普法书籍《人人知法》（*Recht für jeden*）的第一册中就是这样定义的。

对食品票证的拥有使得每个人都成为一个巨大的食物接受团

---

* 《消费控制惩罚规定》（Verbrauchsregelungs-Strafverordnung）颁布于1941年11月26日。

伙的虔诚一员，他们得到的是几乎一勺一勺地称量好，一份精确统一的量——一个社会性的调教动作，它将百姓永久地当作孩子并且将他们变成管理当局的未成年被监护者。"珍贵的物品啊，你们这些不起眼的，玫瑰木颜色的 N3 和 N4 票证！"[8]当 1946 年圣诞节在这个票证上加上对咖啡的特供时，《莱茵日报》（*Rheinische Zeitung*）发出了这样的欢呼。

由于几乎战争刚一结束就又开始了票证的颁发，人们感觉似乎依旧有一种管理秩序的权力在继续关照着他们。作为"生存准许证"（Lebensberechtigungs-Ausweis）[9]，它给其拥有者一种确定感，那就是即使在全面投降后也依然手中握有被书面确认的生存权利。而当出示这些票证不能完全保障人们可以确实获得上面标示的食物、脂肪和糖的分量时，人们的失望就越发扩大了。曾经允诺的 1550 卡路里不久后就被大幅削减，在战后头三年最困难的阶段甚至有过只能供给 800 卡路里的时候。

大多数人这时才明白过来，在管理制度的公平逻辑中，票证上标明的分量其实是最高限量。而往下是没有底线的——这个误解导致许多德国人觉得自己是一个巨大愚弄的受害者。在"新鲜脱脂牛奶家用凭证"上写着："无权每次获得等量的配给份额；牛奶分配员必须将他所拥有的牛奶量平均分发给每个客户。"

1946 年《南德意志报》发表了一张照片，它展示了铺放在一张桌上，一个普通消费者确确实实一天所拥有的食品量：半咖啡勺的糖，一块指甲大小的脂肪，一份半根火柴大小的奶酪，一块橡皮大小的肉，一口牛奶，不过至少还有两个土豆。1946 年到 1947 年之交的冬天情形变得更严重，这是个百年不遇的寒冬。

除了缺乏食物外，还缺乏燃料，当然这也只能通过上交票证来获得。英国军政府预见了这场灾难，并在 1946 年秋天就允许所有人进入森林伐木。但是很少有人，尤其是城里人，可以享用此项优惠，因为他们缺乏手推车和工具。当北方的冬天带着无比严寒入侵时，最后一根木梁早已经从城市废墟中被拖了出来，这是一项危险的工作，许多人因此而受伤。在基尔，人们斗胆使用手推车穿越冰冻的峡湾到击毁的沉船残骸，这些沉船残骸仍然有一半伸出水平面并被冰所包围。这是一个大胆的尝试，而大多数是徒劳的，因为沉船早已被洗劫一空。街道和公园的树木被砍伐，但由于木材太潮湿而无法正常燃烧，其结果令人大失所望。报纸上刊登了如何保护自己免受冻伤的提示：用手指揉搓鼻子和耳朵。用粗糙的刷子搓洗双手！不要拘束同盖一床被子！

食物不够，但却有不少如何"经营厨房的提示"。在该标题下，《妇女世界》（Frauenwelt）杂志小心翼翼地用虚拟语气给出如下建议："假如再次分配到果酱，我建议您通过稀释使其增量两到三倍。您可以使用夏季罐装的不加糖的果肉；或者在缺少这种果肉的情况下，使用磨碎的胡萝卜或南瓜碎。也可以使用一份磨碎的红色甜菜根，口味不会受到影响。以这种方式稀释过的果酱得再煮一会儿，然后它们明显够吃更长时间。"[10]

在许多城市，特别是在被英军占领的地区，爆发了罢工和饥饿示威游行。英国人急忙贴出海报并声明是发生了"世界粮食危机"，而并非只有德国人在挨饿。在英国，口粮也受到了削减，而在其他国家，特别是印度，差不多面临着饿死人的局面了。当时由于有传言说，同盟国不仅将工厂拆除，还将鸡蛋，土豆和肉类运出国境。他们因此在传单中解释说，德国人冬季食用的面包和面粉中有一半需求依靠国外，英国占领军的粮食需求几乎完全是通过从英国进口来满足的。

针对当时流传的一种假设，即流离失所者在他们的营地中过着像极乐世界一样的生活，英国人认为有必要做出以下解释："流离失所者的食物有98%是进口的，尽管德国人该负责为这些深受重创的人提供食物。"这是当时非常典型的解释。自投降以来,对原来的强迫劳动者和从集中营被释放人员的"优惠待遇"一直是一个持续性的话题。在盟军的命令下,被解放的流离失所者在商店必须享受优惠待遇,对此许多德国人感到嫉妒和愤慨。在多年遭受营养不良后,这些人获得了具有更高额度的特殊食物配给卡,这其实是公正的,并且从医学上讲也是必需的。尽管如此,一些人还是做出了苦涩的反应:"留给德国人的唯一的东西就是外国人都不用的东西",当时一位来自黑森州劳特巴赫(Lauterbach)的"束手无策的人"这样报道。[11]

这一切都是盟军的错。在许多德国人眼中,随着盟军对德国无条件投降的接受,盟军就要对粮食供给的局势负责。人们虽然对从盟军卡车里递出的每份吉百利巧克力和所送的麦克斯韦咖啡心存感激,然而一旦这个被摧毁的国家的管理陷入停顿,他们的反应还是充满了积怨。"他们想饿死我们"——人们很快这样指责。而事实上在1948年马歇尔计划通过之前,西方盟国就试图缓解紧急情况。1946年8月,第一批包裹到达了德国,这是在22个美国慈善机构的倡议下发送到欧洲的。总共分发了1亿个救助包裹,以对此负责的私人援助组织"美国向欧洲汇款合作社"(Co-operative for American Remittances to Europe,CARE)命名。西方盟国与苏联的竞争越是加剧,国家性质的救济就越多。在正式称为"欧洲复兴计划"(ERP)的马歇尔计划所包括的124亿美元的经济和粮食援助中,德国获得了大约10%。1947年3月日趋明显的冷战促使双方,这也包括东方,增强了他们比最初打算的还要更加谨慎地对待战败国的意愿。把德国人作为可靠盟友的需要越是迫切,对报复和赔偿的愿望就越是逐渐淡化。对赔偿的呼声变得越来越微弱,对工业设施的拆除也减少了。

第一批德国人花了不少时间才明白过来,眼下横跨了他们这个

第六章 抢劫、配给与黑市——市场经济的必修课

被占领国的资本主义和共产主义之间的制度分界其实带来了一定的好处。当这个后来成为神话的救助包裹（CARE-Pakete）让越来越多的人经历了幸福时刻，并且自1948年6月起盟军的"空中桥梁"在西柏林进行了长达十个多月的庞大补给行动之后，人们对盟军的怨恨才停止，甚至在西占区还由此产生了持久的感激之情。即使在苏占区，如果没有东西方之间日益加剧的敌对情绪，俄国人将花费更长的时间才能将自己的占领地区宣布为兄弟国家，并为其提供高出东欧集团标准的生活水平。因此，尽管德国的分裂对于个人而言意味着妻离子散以及为整个民族带来诸多艰难，冷战对德国人而言却不啻一种幸运。

但是，在1946年的年底，东德和西德的人们又重新体验到死亡的恐惧。许多人不知道他们是否能够以及如何熬过这一年的严冬。幸运的是，除了学会在空荡荡的商店前排队外，他们早已练就出其他的生存技巧。一方面，他们习惯了剥夺自身行为能力的汤勺式定量配给，另一方面，他们采取了最灵活的自助方法。他们探索出了新的自助手段，变卖用不上的物品换取现金，并低价卖出自己的黄金。他们实行了现在流行的"游击式园艺"*"修理咖啡馆"或"二手服装交换"，让下层经济与上层管理并存。工厂工人和装配工不是待在其工作单位，而是组成了遍布全国的小组，为农民提供维修服务。作为回报，他们收到了香肠、肉和蔬菜。而且他们倒买倒卖，贪污和走私。在配给系统中领取配给口粮的这一批人，也同时是一群流散各处、在灰色地带的亡命之徒，他们为自己的生存奋斗并每天重新考验着自身的凝聚力。

---

* 即在不属于自己的弃置土地上进行园艺创作的行为艺术。

口中夺食的百姓——自助与犯罪并行

战争的结束重新定义了贫穷和富裕。现在，任何一个拥有一个可怜巴巴的小果园的人都是富人。他们中的一些人想方设法地将表土置入被炸毁的房间，一直铺到四楼，并试图在仍然矗立的墙壁之间建立一种高层花园。那些设法从经济管理部门拿到一块荒地（Grabeland）的人，冬季仍然可以食用之前罐装起来的果脯。1946年12月，康拉德·阿登纳给工业家保罗·西尔弗贝格（Paul Silverberg）的信中写道："在今天的德国，社会地位的差异已经几乎消失。唯有一个区别，那就是他是否能自给自足。"[12] 在许多公园中，绿地都已被批准用于种植蔬菜，令人印象最深刻的是树木被砍伐一光的柏林动物园，人们在那里一些倒下的大理石雕像之间的土地上进行了大规模的耕作，完全不受任何制约。一些家庭甚至给自己划分出一块地，一旦那里长出第一批果实，他们就必须昼夜守卫在那里。

当然，农民的日子最好过，他们不知道何为饥饿。一种巨大的诱惑是：与其自己带着收成艰辛地踏上通向城里的瓦砾之路，不如坐等城里人自己找上门。那些人带着银器、精美的瓷器和照相机来，然后背着半麻袋土豆走人。但是，也有很多一无所有的人跑来，包括许多儿童和年轻人，他们已经身无分文，却仍然在这里"购物"。每天大约有30至40人会来敲农民的门，乞讨、交换或购买。当然这些人因为大都做了亏本生意而痛恨着农民，是不得已才接受了买卖。据说这些农民换来的地毯甚至铺进了他们的马厩。

粮食管理局尝试通过控制和好言相劝来说服农民不搞黑市买卖。马厩和谷仓遭到搜查，囤积的收成被没收，那些违法贸易的农民遭到逮捕。呼吁声到处响起，力图唤起农民作为同胞的自豪感和他们对整个社会的责任感："向世界，向城市居民展示，残存

都市园艺：在德累斯顿市中心的电车站前种菜。就像1945年的这个自助花园一样，很多地方都使人联想到当今的另类经济：交换交易所，服装交换群和维修互助群。

的德国是一个患难与共的共同体,在这里遭遇苦难的人不会被弃之不顾。"[13]

一份社会民主党的传单反映了当时城市居民的真实情绪:"300万至500万的食品生产者及销售者就像熏肉里的蛆虫一样,不为周遭之苦难所动,不但大吃大喝还囤积食物。这已到了忍无可忍的地步了。饥寒交迫的人们打破饱餐者的窗户并焚烧农场的那一天越来越近了!到时候他们可不该抱怨;这是他们咎由自取!"[14]

对农民的仇恨度越高,城镇居民对直接窃取农作物的顾虑就越少。为了囤积粮食,他们成群结队地骑着自行车驶入乡村,这样他们就可以更好地免受攻击,并且可以轻松摆脱警察的检查。个别农民不得不用猎枪保护自己的财产。仅在科隆,为了将食物从农村拖拉到城市,每天就有大约1万人出发。傍晚时分,人们就会看到他们用皮箱、书包和背包背着他们的战利品回家。

城市行政管理部门不得不承认,老百姓假如不自力更生的话根本无法获得温饱。人们借助着蚂蚁抬物般的运输方式对崩溃的基础设施进行自我补偿。科隆市议员罗尔夫·卡塔涅克(Rolf Kattanek)说,他对运进城的每百公斤土豆感到高兴,这里我们还必须在意识里加上如下补充:无论合法与否。[15]直到1947年5月,所有的食物囤积者都不曾受到法律制裁。在这段时间内,每人每天可以合法地将30磅货物从山麓地带运送到科隆。

囤积并不是一件毫无危险的事情。强人法则在非法状态下盛行:很多人成了偷袭的牺牲品。开往乡间的火车拥挤得令人发指,而稍后晚间的返回列车除了乘客还有装了战利品的袋子因而更加拥塞。所有的车门真的都卡着这类大包小包。许多囤积者站在敞开的车门踏板上,他们用一只手紧紧握住手柄,另一只手则攥着肩上的麻袋。其他人则试图带着行李在缓冲器上找平衡。一些特别狡诈的强盗则利用这一点。在那些由于许多轨道损坏,火车只能以蜗牛速度行驶

第六章　抢劫、配给与黑市——市场经济的必修课

的路段上,他们伺机等待着他们的猎物,用长长的抓钩挑走麻袋,从无助之人的手中抢走这些人之前好不容易拾集起来的甜菜。

"现在每个人都在与他人搏斗。"在时代见证者的报道中这是一句可以一再被读到的句子。人们表示"战争结束后我们才真正认识了人性"。大家将之称为"狼性时代"(Wolfszeit),一种"自然状态下的人狼",所有的法制观念都面临着分崩离析的威胁。然而真的如此吗?道德是否真的就整个儿被弃之如敝屣,抑或为了避免正视而进入了深度睡眠?

1945年5月,参与了在柏林康德大街(Kantstraße)的一家药材仓库的掠夺之后,女记者玛格丽特·博韦里在日记中写道:"你必须经历过才知道这是怎么回事儿。人们扒着门窗进入仓库,从架子上扯下东西,把他们不想要的东西直接扔在地板上,像'野蛮人'一样——我旁边的一位奥地利人说——互相践踏对方。我唯一关注的葡萄糖当然早已荡然无存。我还随手拿下了几样东西:福尔马林消毒液、咳嗽糖浆、纸卷。所有的肥皂类物品当然是没有了。因此,我伤心地回到家,并和米图什太太分享了自己抢到的东西。"[16] 在这里,毫无顾忌的偷窃和充满爱心的分享并行不悖。掠夺和分配、社会解体和团结一致同时共存。此事与许多其他事例一样表明,道德标准并没有完全瓦解,而是进行了适应,人们改变了标准,而没有完全放弃。玛格丽特·博韦里后来补充道:"在财产普遍混乱的情况下,很长一段时间里我们还是理所当然地找到什么就拿什么,但是谁用得上就给谁。后来的回归者因为我们吃空了他们的自制果酱瓶,为取暖而烧了他们饭厅的椅子,并在很长时间里偷偷取下公共场所的电灯泡而感到愤慨,在我们看来是十分荒谬的,因为他们都没经历过之前的任何事。"[17]

在孩子的面前人们尤其会陷入无法解释的困境,特别是当孩子们看着母亲偷东西甚至自己被派去从事偷窃活动时,这在许多没有

父亲的家庭中是很普遍的做法。跳上运煤火车或卡车是一种锻炼，它将整个街区，也将街上偶遇的人群凝聚成了一个团伙。小家伙们把煤块扔下来，大人们则以迅雷不及掩耳的速度将它们收集起来。《莱茵日报》在1948年2月报道，许多装着煤球的卡车经过科隆歌剧院的十字路口时不得不停下来："一群孩子如同在围猎野兽一样爬上货车。一瞬间装载的煤球被扔了下来，其数量是人们在10秒钟之内所能够拾取的最大量。煤球在等待的人群间纷纷飞落——落在车道上以及被高抛至人行道上。最熟练的是一个9岁的女孩，她后来对记者透露自己曾经学过芭蕾舞，而现在她像女皇一样坐在一辆卡车的煤球山上，它对男孩们来说太高了。'给我扔点东西吧。我还什么都没有'，一位戴着毡帽的老太太边抱怨边打开了手中的包。"[18] 登峰造极的偷煤行径也包括把数节货运列车车厢和其他部分脱钩。一旦火车开动后，人们就有时间不慌不忙地将这些车厢清空。个别情况下人们还会在开阔的火车道上布下停车信号，然后以闪电般的速度卸载煤炭。

如果谁还良心不安的话，教会将帮助他消除悔意。1946年正值"饥饿之冬"，科隆红衣主教约瑟夫·弗林斯（Josef Frings）在他著名的除夕夜布道中将第七条"你不可偷窃"的诫训相对化了："我们生活在一个艰难时代，一个人如果无法通过工作或通过请求以及任何其他方式获得维持生命和健康所必需的物品，那他可以用变通方式来获取。"此主教的这番通告引起了极大的社会震荡，教会当局发出抗议，然后弗林斯赶紧想方设法做出另一种较为委婉的表达，然而为时已晚：从那时起，人们简单地将"想办法搞到物品"称为"弗林森"（Fringsen）。他们说："我弗林森了一些煤。"当英国人对科隆的一些机构进行系统性搜查时，人们在红衣主教弗林斯家里也发现了很多非法囤积的煤。

人们必须敢作敢为：一位在逃亡途中来到柏林的理发师把一个

第六章 抢劫、配给与黑市——市场经济的必修课

自我组织的天赋：一个人迫使火车停下，其余的人收集煤块。

牺牲或逃跑了、总之从人间蒸发了的同行的发廊撬开。他每天在这家店里剪发和卷发，而他的客户们将此作为自力更生的表率而乐于奖赏他。在慕尼黑有人听说美国大兵们酷爱黑森林的钟表，并以此取悦自己在伊利诺斯或圣路易斯的妻子。于是他行入乡间，从农民手中将钟表贱买下来，然后在兵营前出售。

在慕尼黑的美国旅行社前，一位与希特勒有着惊人相似度的残疾士兵拄着拐杖摆出各种姿势。他站在给巴黎、伦敦和里维埃拉（Riviera）做的广告牌前，用收取一定小费的方式让人拍照。"你只有机灵才能养活三个孩子"，一个德累斯顿人这么说。[19] 机灵，就是机警，一个与众不同的词汇。"警觉"是个相近的词，一个人得灵活，消息灵通，抓住每一个机会。如果有谁不怎么特别介入有组织的偷抢行动，他不会觉得自己有多么道德高尚，只会认为自己太过愚蠢。"我们在这方面不够聪明"，"我干这个不行"，"我爸爸偷东西不行，但是他很擅长组织大家去搞来各种东西"——许多类似这样的叙述就是来自这个集体弗林森的时代。[20] 这不再关乎诚实或不正当，而只是关乎一个人在这个灰色地带的经济中是否能灵活地浑水摸鱼。

在对咖啡进行投机倒把时，人们的非法意识特别弱。在比利时边境的村庄，由于英国占领区的高额税率，走私成为一种获利极高的群众运动。警察的反制措施具有特别激进的特点，以至于人们很快将那里称作"咖啡前线"。在冲突中曾有 31 名走私者和两名海关人员丧命。由于海关人员对向儿童开枪有所顾忌，因此孩子们也被派上前线。在此过程中孩子们利用他们人数上的绝对优势：数以百计的儿童和年轻人背着装满咖啡的袋子冲过边境，小孩子从海关人员的胯下钻过，年轻人则从他们的腿边蹿过。即便边境警卫队成功地从人群中抓出来一个孩子，到了晚上他们还是不得不将他释放，因为长期以来少教所早就被更严重的案犯挤满了。1951 年，罗伯特·A. 施特姆勒的电影《罪恶的边界》（Sündige Grenze）在意大利新现实主义的启发下，用电影的方式为亚琛的这些自称"捣蛋鬼"（Rabatzer，亦有"骚动制造者"之意）的孩子们竖起了一座令人难忘的纪念碑。施特姆勒为此招募了 500 名儿童和年轻人，其中一半来自柏林，他们在德国和比利时边境的原始事发地点拍摄。这些无人管教的儿童们如何在海关官员和警察的追赶下跑上铁路路堤，从徐徐启动的火车车厢下钻过，像蝗虫一样袭击边境，这些都是战后

第六章　抢劫、配给与黑市——市场经济的必修课

电影中最扣人心弦的场景。此外这部影片也揭示了善恶之间的界限是多么难以确定。

完全本着红衣主教弗林斯的精神，亚琛捣蛋鬼们也得到了教会的理解。对边境上使用枪支武器一事，教会多次提出了抗议。走私者们则用他们的方式来感谢教会。艾费尔山区尼德根（Nideggen in der Eifel）的胡贝图斯教堂（Hubertuskirche）就位于咖啡前线的位置，在1944年11月初那场有名的万灵节战役*中受到了严重的摧毁。咖啡走私者们踊跃响应了当时为重建教堂而发出的捐款号召，因此教堂很快恢复了往日的辉煌，并开始举行弥撒祷告活动，自此这座教堂被称作圣摩卡教堂（St. Mokka）。

在1947年除夕之夜，柏林杂志《对》（Ja）里一篇题为《我们是罪犯》（"Wir sind kriminell"）的报道对一个普通中产阶级家庭做出了一种刑法意义上的清算。[21] 为了维持其简朴的生活标准，这个"苟延残喘"的三口之家必须打破该篇报道中整齐列出的许多法规和法律：从废墟上偷厚木板，在黑市上买美国陆军男鞋，从工作场所偷拿10块玻璃，提供虚假信息以获得内衣配给卡，不一而足。所有罪行都是读者为了维持日常生存的惯常行为。如果一旦被抓获，这些罪行对这个家庭成员将造成12年7个月的总刑期。这篇报道的结尾语是："这就是曾经被称为一个良民之家的我们。"

"没挨过冻的人，都曾偷窃过。"作家海因里希·伯尔（Heinrich Böll）言简意赅地断定，"任何人都可以合理地指控任何其他人的盗窃。"[22] 而作为另一面的立法者则更加直截了当。在《人人知法》

---

* 万灵节战役（Allerseelenschlacht）是1944年11月3日发生在福森纳克（Vossenack）和施密特（Schmidt）的战役，由于发生在万灵节的日子里，故被称为万灵节战役。它是"二战"末期自诺曼底登陆后发生在亚琛东南面许特根森林（Hürtgenwald）地区一系列德军与美军之间被总称为许特根森林战役（Schlacht im Hürtgenwald）中接近尾声的一场战役，由于地形多为峡谷、丘陵和森林，双方损失惨重，许特根森林战役是"二战"中最艰难的战役之一。

的系列丛书里写着:"每个人都应该满足于分配给他的食物和发放给他的必需品。"[23] 他本该如此,然而他却做不到。并且他也无法做到。1947年,犯罪学家汉斯·冯·亨蒂希(Hans von Hentig)写道:"在德国,犯罪现象已呈现出西方人类文明史上前所未有的规模和形式。"[24] 在亨蒂希看来,这个法律规范的普遍解体将文明的崩溃引入了一个新的阶段。虽然1946年单单在柏林就有311宗谋杀案被记录,即使谋杀、抢劫和过失杀人案件有着极大的增长,但并不是重罪案的庞大数目令他感到惊恐,而是不计其数的轻度罪行更令亨蒂希深感不安。和他的同行卡尔·S.巴德尔(Karl S. Bader)一样,他将其称为"犯罪的非职业化现象",它已经渗透到了普罗大众的日常生活中。

在其1946年7月18日刊载的社论中,《时代》周刊主编恩斯特·萨姆哈伯(Ernst Samhaber)确认了"丛林法则"的生效。他认为:"在德国,我们生活在两个平行世界里。"在一个世界里,人们尽量仅仅依靠自己的食物配给卡挣扎求存,在另一个世界中则充斥着黑市交易和非法的勾当。"只需在德国主要城市乘坐有轨电车或火车,我们就可以清晰地区分这两个世界的人。我们看到了来自货币价值世界的那些消瘦、饥饿的面孔。这是些不幸的人,他们几个月以来必须依靠每天1000卡路里维生,是一些体内耗空和有着饥饿性水肿样子的人。在他旁边坐着来自有形资产、以物易物世界里的人,我们甚至不必说'黑市',他身体溜圆,充满活力并且轻松愉快。今天,在电车中点上一支雪茄烟的任何人都属于这个超越法律规则的世界。"萨姆哈伯继续说,世界上一直有两个世界,但是在过去,这些不法之徒会寻求黑暗的保护。"今天这个地下世界跻身到了光天化日之下。更糟糕的是,它对残余的有产阶级世界有着一种危险的吸引力。这个无法无天的幽灵在四处游荡,吞噬着曾经隔离着混乱与秩序的那一堵越来越狭窄的墙。"

针对我们对性与罪习以为常的心态而言,萨姆哈伯在此具体列

第六章　抢劫、配给与黑市——市场经济的必修课

举出的罪行看起来微小而可笑："如今还有哪个鞋匠不要耍手段要求把香烟当作小费？如果不给他些切实的好处的话，还有哪个裁缝会接受新的客户？"总体来讲这个第二经济的确正在吞噬着第一经济。可以合法获得的东西越来越少了。

生活中这些非法的东西自有其魅力，而上层的中产阶级早就已经开始受其吸引。想办法搞到物资（弗林森）甚至可能是件趣事。甚至一个认认真真的，权衡着道德的人，比如枢密顾问的女儿露特·安德烈亚斯－弗里德里希，作为一位工厂厂长的前妻，甚至是令人尊敬的纳粹抵抗人士，她也发现自己用手段搞到东西所带来的愉悦远远超出了对生活必需品循规蹈矩的获取。她和她的朋友们将自己称为"猎物的炫耀者"（Trophäisten），还自豪地展示了自己搞到的东西。她从俄罗斯人那里学会了"扎普－扎拉普"（Zapp-zarapp）一词，这是战胜者用来描述他们当时对自行车和行李箱进行野蛮没收的词汇。当俄国人从一个穷鬼手里拿走他的箱子时，他们就会说"扎普－扎拉普"，这听起来几乎还带有劝慰之意。而现在安德烈亚斯－弗里德里希也使用了这个词"扎普－扎拉普"，或者就简单地说："炫耀猎物"。通过这种换句话说，"褪去不少盗窃行为的贬义色彩"。她在日记中指出："柏林仍然有很多扎普－扎拉普。到目前为止，几乎没有人找到回归法制的途径。毫无疑问，跳出法律比回归法律的道路容易得多。……我们本来并不想继续当猎物的炫耀者，然而我们觉得不这么做很难。这比我们之前想象的要难得多。"[25]

可是人们真的就"跳出"法律了吗？在德国真的就如《时代》周刊总编所想的那样，存在着可以清晰区别开来的合法与不合法的两个世界吗？或者是生存至上的道德观已不再认知这样的非此即彼，而是转而认同一种兼和并存，一种审时度势和一种或多或少的选择？而且，从德国人所曾犯下的一切来看，在如此的背景之下，这难道不是一个荒诞不经的提问吗？

在车厢之间前往乡间觅食,而在回程途中这些囤积粮食的人经常也成为强盗的受害者。

假如我们暂时离开这个战后德国日常生活的地平线，带着一定的历史距离感来看待这个有关寻常百姓犯罪的争议，这一切就显得荒诞不经了。在全世界的眼里，"这些德国人"因其犯下的战争罪以及种族屠杀就早已是罪犯。他们早就告别了文明，离开了信奉人权的民族之林，作为一个民族他们自毁名誉的程度，只有那些移民海外的德国人才明了。但在德国境内，即使是那些为纳粹政权感到羞耻的反对人士也不是很清楚，他们在世界的眼里到底跌落到了何种地步。德国人觉得秩序和教养是他们与生俱来的优越品德，即使是对千百万犹太人的屠杀和德国国防军所犯下的罪行都没有让大多数德国人丧失这种自我感觉。而当他们看到触犯法律如何在战后困境中成了一种常规现象后，其惊骇的程度就越发剧烈了。

没有任何一个集体感受会比这个更扭曲：当境外人士将德国的崩溃视为德国人重新社会化的机会时，境内的德国人却刚刚开始对德国陷入集体性犯罪而感到担忧。当现今的我们如此轻描淡写地说出"肇事民族"这个词时，德国人曾觉得自己是在战后才成为罪犯——因为他们偷窃了土豆和燃煤。至于他们仅仅在德国就洗劫了50万犹太人，将他们驱逐出其住所并且最终杀害了他们中的16.5万德裔犹太人，在所有的针对战后法制意识之沦丧的思考中，这些事实根本就没有被作为众多理由之一而被提及。在战后这一时刻，根本就没有一个人会想到，他们所惧怕的文明之沉沦在这之前其实早已发生了。

而生活还是一如既往地前行。被泯灭的良知做出一种仿佛什么都没有发生过的样子。饥饿指挥着下一个脚步，对那些流民的恐惧重新激发了康德所言的绝对范畴律令*并修改了道德本身的力量。扎

---

* 绝对范畴律令（Kategorischer Imperativ），亦被称为定言令式，是哲学家康德（Immanuel Kant，1724—1804）在其《实践理性批判》以及《道德形而上学基础》中提出的概念。康德认为如果某种行为无关任何目的，而出自纯粹客观的必然性，那么这种令式才是"绝对范畴律令"，它是先天且综合的，亦即道德的法则。与之相对的是"假言令式"（Hypothetischer Imperativ），如果行为是实现目的的手段的话。这里的绝对范畴律令可以理解为道德法则。

普—扎拉普、倒弄东西、获取猎物、弗林森，这些都是用来相对化和自我原谅的词汇。在将他人之物占为己有时，人们在偷和盗之间做出了细微的区分，这两者之间的权衡利弊只是用来捍卫自己的占有物。同样是一块燃煤，假如它被一个人所私自占有，那么比起在货车上属于一个抽象机构的燃煤，它就会受到更多集体的法制意识的保护。那个从货车上将燃煤拿走的人只是在弗林森，而那个从私人地窖里拿了的人就是在偷窃。这些战后年代的人们喜欢把自己比作动物，有好有坏：从农田里拿走土豆是积攒粮食的仓鼠，从囤积粮食者那里抢走食物的人就是鬣狗。在仓鼠和鬣狗之间徘徊的是那头令人难以捉摸其社会属性的狼，哪怕是一头失群的孤狼也和一整群狼一样臭名昭著。

尽管社会价值体系中的大部分元素都随着战争的失败而消失了，可是看来毫无政治意义的"操守"却作为准绳被保留下来。"操守并不排斥机灵和狡诈"，1952年库尔特·库森贝格在其为《新报》杂志所写的、几乎如同挽歌般的关于战后苦难的回忆文章中提道："就在这种近乎强盗一样的生存环境里依然盗亦有道，它也许比今天的铸铁一般的良知更具有道德。……[我们的]任务是：不忍饥挨饿但也不失体面。一个母亲拿走女儿[配给份额下]的一小袋食糖。一个主人和客人分享自己最后一点脂肪，不去想自己明天靠什么度日。那个时候要行善事比起今天更难，却更让人有幸福感。每一次奉献都是从自己的口中夺粮……神圣的圣马丁到处都有。"[26]

在困境中产权其实并未消失，而是被重新定义。对于民众的正义感而言，所有无法被确定为某具体个人的财产都被划入广义上的公共财产之中，并被他人看成可被征用之物。即使是寓所门上的姓名牌也只能对这个公寓提供有限的保护。一个房客的长期缺席导致家具和家用物品的所有权受到侵蚀，从而转为共同财产。这位所有者可能早就在战争中丧生；对许多人来说，搬入其居所，在那里寄居下来就像是自我执行的非手续化的行政资助一般。国家已如此分崩离析，以至于每个人都可以将自己视为国家的执行者。

除此之外，还有一种对"更高层次的不公正"的感受。这场战争剥夺了有些人的一切，另外一些人却毫发无损。在这之前还能看到的勤劳努力与成功及财产之间的某种相互关联，现在实实在在地灰飞烟灭了。对所有人而言，一个人在战争中所有的得与失都是偶然的，且无关对错。战争对于个人命运的任意妄为使人们对个人财产曾有的态度发生了变化。在很多人的眼里对财产的拥有现在是"毫无任何理由的，需要被更改的一个偶然事件。"[27]

法律观念上的这种转变无疑给犯罪动机加上了一个不堪一击的伪装。其中不乏双重标准。"投机倒把者们都去死吧！"在鲁尔区（Ruhrgebiet）的饥饿示威活动中，人们高声疾呼着——而他们也正是在黑市上做小商品交易的同一伙人。然而，我们还是不能轻易地将此称为普遍的道德沦丧。无论如何，如果战后头几年的犯罪学家曾预测他们经历的是道德沦丧的开始，如同一场无法被扑灭的大火一样，那么他们其实大大低估了平民百姓对道德的适应性和生存能力。之后发生的事情与之相反：在苦难结束之后，在黑市经济里成长起来的一代发展成历史上表现最佳的一群人。平均来看，很少会像50年代时期东西两个德国的人民那么让警察省心，尽管他们因其出了名的小市民气而为人所耻笑。

正如库尔特·库森贝格所见，我们可以得出这样的结论，即"艰难年代"确实就是培养道德的最好学校。这个年代所给人的教育彻底而且坚韧。它的方式是相对主义，学习目的则是培养一种怀疑论态度。许多缩头乌龟、悭吝鬼和忙得煞有介事的倒爷们都难以跟上这种价值观的模糊性。单从骑士十字勋章（Ritterkreuze）的经济价值波动上就可见一斑——人们对当年盟军攻入时被沉埋或烧毁的纳粹徽章感到非常的懊恼。他们其实应该将它们藏起来，而不是销毁它们！因为那些在1945年5月引起占领军愤怒攻击的物品，到了11月已经是令人垂涎的纪念品。战胜者们为了换取各类纳粹纪念品拿出了成条的香烟。当一尊希特勒的半身雕像被一名黑人士兵买下，而人们因此感激涕零地换取到了三板巧克力时，那一刻对于许多德国人来说，才是最重要的去纳粹化的时刻，比任何演讲或布道坛上的讲话都更加有效。

食品票券上的数字也是生活的课堂。印上去的数量是相对的——就像生活中的一切：50克就是50克再减去根本就不存在的数量。黑市上的"公平"价格更是相对的。露特·安德烈亚斯-弗里德里希在1946年1月的日记中写道："人们逐渐习惯了这样的事实，即一部分人的小钱是从1000马克的纸币开始，而其他人的却始自5芬尼的硬币"。[28]

有人可能会认为，如此之多的相对而论一定会令人憎恶，尤其是对于德国人而言。但是社会对人的教育总有两个方面，一面是令人痛苦而费力的，另一面是令人振奋而大涨见识的。特别是对年轻人来讲，他们每天都穿梭在不同的世界里；他们游走于被完全不同的价值观所塑造的各个社会领域。无论他们是在家中、在黑市上还是与占领区士兵们打交道，他们始终行走在不同的编码系统中。这可能会令人兴奋并且有利可图。例如作家汉斯·马格努斯·恩岑斯贝格尔*，对这位联邦共和国思维特别敏捷的伟大思想家来说，正是黑市的经验塑造了他充满嘲讽的思考力。1945年底，当时年仅16岁的恩岑斯贝格尔就成功地为驻扎在考夫博伊伦（Kaufbeuren）的美国驻军提供了口译服务，当美国军队走了之后，他为后来的英国人服务。约尔格·劳（Jörg Lau）在恩岑斯贝格尔的传记中写道：

---

* 汉斯·马格努斯·恩岑斯贝格尔（Hans Magnus Enzensberger）：德国战后著名的诗人、作家、出版商、翻译家和编辑，1929年11月11日出生于考夫博伊伦。现居慕尼黑。

"对于年轻人而言,这是何等巨大的权力:现在,面对当初与纳粹有过历史纠缠而失信了的成年人,他不仅在道德上占了优势,他还对新的主人有更多了解,因为他可以与他们交流,并从中汲取了很多他人所不知的东西。这个 16 岁的孩子是一种媒介,少了他双方都不行。"[29] 对于恩岑斯贝格尔来说,首先这让他生意兴隆;他用纳粹纪念品换来了美国人的香烟,又将它们换成了其他纳粹徽章、荣誉匕首、制服甚至武器。他变得越来越富有。有一段时间,他在父母家的地窖里储存了 4 万支香烟。假如以每支烟 10 马克计算,他即拥有 40 万帝国马克,这对于 16 岁的年轻人来说是一笔不小的财富。[30]

用幸运牌香烟兑换纳粹党的金制徽章,这种用两个世界的象征之物所做的交易,使这个年轻人的感官和思想更加敏锐,11 年后,他的诗歌集《为狼而辩》(Verteidigung der Wölfe)使他一夜成名。[31] 在这部诗集中恩岑斯贝格尔对羔羊群发动了猛烈的抒情式攻击,即当时那些逃避责任的、"不愿意学习,而将思维留给狼"的小人物们。而这位年轻的恩岑斯贝格尔身着巴伐利亚的及膝裤,骄傲地平衡于历史断裂的边沿上。这是影响一生的经历。约尔格·劳这样描写着他在这个崩溃社会中的乐趣:"即使没有学校,现在也可以学到很多关于政治和社会的知识:例如,人们会认识到,一个没有真正意义上的政府的国家可能会是一件令人愉快的事情。会认识到无序也可以是一件好事。在黑市上人们会看到,资本主义总会给机智的人一个机会。人们了解到,在没有中央命令和控制的情况下,社会能够自行组织自己。在物质稀缺的条件下人们认识到了自己的实际需求。了解到人们可以随机应变,并且最好不要依靠他们庄严的信念。……一言概之:尽管艰辛,假如一个人年轻而充满好奇,这个短暂的无政府状态下的夏季会是一段美好的时光。"[32]

公民学校：黑市

如果一个人在正规商店长期得不到他的所需之物，他就会另谋货源。每个市场限制都会自然而然地导致相应黑市交易的产生。经历了第一次和第二次世界大战的德国人有足够的时间来适应这个事实。德国投降之后，黑市获得了一个全新的品质并得到拓展，此时的德国人早已精于此道了。之前大多数是德国人与德国人之间的买卖，比如从前度假回来的战士会变卖他们从法国或荷兰带来的战利品，现在随着占领区的士兵和无家可归人员的到来，这个市场有了新的参与者，这些人将市场打造成了一个与陌生人接触的令人兴奋之地。随着那些昨天还被当作敌人受到射击、当作奴隶被征服的人现在在黑市上有了越来越多的话语权，黑市成了一个愈加不可思议并同时充满诱惑的地方。这些陌生人拓宽了供应品种，为了这些东西有的人不惜任何代价也要弄到手：好时能量棒、博梅尔巧克力、全麦饼干、奥利奥饼干、焦糖玉米花混花生粒、黄油手指饼干、士力架、马尔斯夹心巧克力棒、杰克丹尼尔牌威士忌、老菲兹吉拉德威士忌，还有名为象牙白雪的洗衣粉。

这些东西来自联合国善后救济总署（UNRRA）以及美国驻军的贩卖部（PX-Läden）。作为战败者又同时作为贸易伙伴，人们来到黑市，而他们自己也有一些货物可提供。一些人只想随便看看，在五颜六色的集市里到处瞧瞧，那里可以听到并明白各种新鲜事儿。这是个荒谬的场景：战争的赢家和输家，受害者和犯罪者，为了尽量做一笔赚钱的、双赢的买卖，都相遇在这块非法之地。只是这个交换买卖经常有着极度不对称的结构。有的人拥有那些原本稀松平常却因为配额制度一下子贵得离谱的物品：黄油、人造黄油、面粉、巧克力、橙子、干邑白兰地、油、汽油、煤油、缝纫用线。另一些人则提供自己还留存的奢侈品：手表、珠宝、照相机、银餐具。曾经是昂贵的东西,但是当肚子叽里咕噜叫时,它们突然看起来远不如黄油面包值钱。在饥饿最严重的时刻,用徕卡相机换取两根风干香肠对有些人来说是一笔很值得的交易。但是,一旦他吃饱喝足,这场交换就好像是一桩严重变相的盗窃案,而他就是受害者。对许多人来说,黑市似乎是一个痛苦的地方,他们将整个家庭的遗产用来换取他们以前丝毫未曾注意到的东西。他们的感觉就像童话中的笨汉斯(Hans im Glück),但却变成了大萧条的版本:一块黄金被换成马、牛,最后是磨刀石,但所获得的幸福感与好人汉斯完全不同,它很快就被消耗掉并永远消失了。

就在有些人靠做黑市买卖果腹,并越来越穷之际,另一些人却像唐老鸭一样游弋在钱堆里。美国士兵通过转售为他们进口的粮食,使自己的军饷增加了十倍。他们通过一个从港口到军营的大规模精细分配系统运作,而且几乎所有级别的军官都参与了。英国人、法国人和俄罗斯人按照相同的方式运作,但数量略少些。

德国的倒爷们组织得并不比他们逊色。人们在黑市可以搞到被倒卖的工业和手工业品,这都是被经销商和生产商从正规市场中扣留下来的商品。例如,在1948年3月,布伦瑞克警察在一家贸易公司的墙壁之间发现了2.8万听罐头肉。在汉堡,缉获了3.1万升葡萄酒,148吨水果和15吨咖啡,这里只是截取了每天非法出售产品的极小部分。[33] 在市场上,也有几乎不回避任何非法手段的地地道道的犯罪分子,他们会大规模伪造食物配额卡或抢劫发放这些配额卡的处所。然后,这些配额卡在黑市上被成捆地销售。它们是过生日时很受欢迎的礼物——好比如今亚马逊礼券的雏形。但是,要获得这样的爱心礼物,就必须与这些在黑市上起着主导地位的各类奇葩人物打交道。这些人总是打扮光鲜,即使有点不合时宜,他们总是在嘴角叼着香烟,鞋子擦得锃亮,将帽子调皮地推到脑后或拉低,时髦得从头顶到脚心,就这样他们四处闲逛,把自己当成汇集信息和各种商品需求的情报中心。

单单在柏林就有60个黑市地点,它们起始于最出名的亚历山大广场,直至红灯区较小的黑市。据物资局的估计,在柏林至少有三分之一,有时甚至高达一半的商品流通是通过非法黑市完成的——这个比例明显表明,对战后年代的德国人来讲这些不免偷偷摸摸的采购行为是无法避免的。

人们一旦进入黑市,就得跟人打交道,对人的鉴别能力就有着举足轻重的意义。这是一个由"怀疑文化"[34]主导的、培养人性甄别能力的速读学校。人们必须仔细打量对方,在其脸部表情上找出值得信任或值得怀疑的信号。人们就是这样尝试着寻找残存的正派和公平,假如连这些都没有的话,任何生意都是无法长期存在的。只有在黑市里,卖方才会经受比商品本身更细致的检验。

要接近这些黑市的转运点也不是件容易的事。黑市没有固定的摊位,除了少数例外,例如慕尼黑著名的默尔大街(Möhlstrasse),沿着这条街有一长排破烂的小屋和棚屋,它们一点都不起眼,尽管里面堆满了大量的商品财富。其余情况下黑市只是由人组成的。他们在那里走来走去,偷偷摸摸地告诉别人他们可提供的货物。或者他们成群地紧紧站在一起,人们需要一些勇气才能挤入其中。一些参与者看上去特别奇装异服,尤其是那些想交换珠宝的妇女们。她们直接将饰物戴在身上,将自己的身体当作柜台,从而避免了自己与陌生人的直接对话。在集体记忆中保留下来的还有商人的长大衣,大衣的内衬上附有成排的手表、珠宝、奖章等类似物品。为了提供这些商品,他们将大衣打开的姿势很像暴露狂的猥亵举止——这也是由黑市引出的众多性联想之一,这使得对黑市的造访成了一件令人不堪的非礼之事,抑或正因如此黑市才格外吸引人。

黑市注定是一个必须近距离接触的环境,许多参与者对此感到不适但仍须克服。新来的人都会感到尴尬或无所适从。交换者之间

柏林威廉皇帝纪念教堂(Kaiser-Wilhelm-Gedächtniskirche)前的黑市:作家西格弗里德·伦茨(Siegfried Lenz)认为黑市有着"虽然凌乱却不失大胆的诗意",并且具有"凝重的超现实主义"色彩。

的距离如此之近,以至于他们形成了一个"天下乌鸦一般黑"的阴谋圈子,使其他人感到被排斥在外。[35]人们不得不先设法挤入这个圈子,才可以让自己很快地和他们一样近距离地窃窃私语。挤得最紧的是在检查货物的那一刻,人们用手指触摸并嗅探着。怀疑是对的,因为所提供之物经常被伪造或早已过期。人造黄油中混杂着车辆润滑油,袋装土豆中经常被掺入石头,不可食用的漆木油被充当食用油出售,而烧酒有时来自医学和自然历史机构的解剖展示玻璃瓶,里面原先保存过各种器官、胎儿和动物。而且没有地方可以让人投诉。也许正是多年后对这些经验的反省,联邦共和国后来成为世界上唯一一个以国家之名委任机构对产品做比较和测试的国家,这个机构就是商品(货物)测评基金会*。[36]

然而过了不多久,这种颇为麻烦的"以物换物"的黑市交易就被"以钱换物"所替代。这种物与物的直接对换只在一种情况下带来无可置疑的好处:当一个单腿残疾人把那只无用的鞋子拿来交换。他们因人而异用左脚的鞋换右脚的鞋,反之亦然。因战争而致残者之间的这类交换是经常可见的。

在其他情况下,重演人类发展史上的货币交易对黑市而言更为实用。与以往不同之处在于,传统货币在这里被香烟所代替。由于禁止在士兵和平民之间进行美元交易,并且由于即将进行的货币改革,帝国马克变得愈加不安全,因此香烟代替了钞票。香烟成了战后时期的贝壳类货币。它们的价格虽然波动不定,但依然是那几年较为可靠的确定性之一。作为货币它其实非常适合:体积小,易于运输,堆叠和计数。它像捆成一捆的钞票一样以小包的形式出现。作为其本质之一,它比货币更具有稍纵即逝的特征:就在吞云吐雾

---

* 商品(货物)测评基金会(Stiftung Warentest)是一个德国非营利的消费者组织,由政府成立于1964年12月4日,其目的在于对一切商品及服务进行对比和检验,并且测验比较结果被发表在一份同名的杂志上,它是德国迄今最有名的基金会。

之间，那些换来的香烟使家产灰飞烟灭。即使到处可见它们在烟熏火燎，实际上它们却总是奇缺。作为支付手段，香烟本来就具有的超强魅力更增添了一种超常感。

香烟是胜利与失败之间的媒介。德国男人们为了争夺占领军士兵扔掉的几根烟蒂而在尘土中大打出手的事，是人们热衷讲述的战后场景。许多人描述时充满了蔑视，另一些人则充满了苦涩。原先的优秀民族居然堕落至此。人们无不羡慕地看着盟军士兵们如此漫不经心地抽烟。为了模仿他们的姿势，年轻的德国人做出了令人啼笑皆非的肢体扭曲。他们特别注意的是扔掉和踩灭那个烟头的时刻。没有哪个占领军士兵会把香烟抽到几乎燃烧到了手指。他们用一种简直是无法模仿的随意丢掉烟头。这可是来自黑市的德国人根本无法做到的，但是当他们吸烟时，他们试图假装自己在地下室里有抽不完的香烟，至少恩岑斯贝格尔就是这样。[37]

由于香烟被当作货币使用，吸烟者就如同一个烧钱的人。吸烟比以往任何时候都愈加成为一种活在当下的快感，它让人战胜了对未来的思虑。女性也想分享这种逍遥之感，这一来，"德国女人不吸烟"的口号终于成为过去。1948年货币改革后，超级性感的女人出现在香烟广告中，她们像自恋的蛟龙一样吞云吐雾。1950年，来自巴伐利亚州蒙特哲拉（Montgelas）家族的一位伯爵夫人像同谋者一样对杂志的读者们微笑着说："一个把舌头都抽麻了的人是永远无法品尝出一支费纳斯香烟*的味道的。"

不过一开始，人们对此事就持以较为务实的态度，甚至认为香烟可以暂时抑制饥饿。这也是德国在官方压力下种植越来越多烟草

---

* 费纳斯香烟（Finas）是基里亚齐季斯兄弟烟草公司（Kyriazi Frères）的香烟品牌，这是一家创立于1873年的埃及和希腊的烟草公司，其德国分公司在1925年建立于汉堡，现已被合并至另一家公司。费纳斯香烟由于其有害健康的成分而被欧盟禁止生产，尽管人们还是能够从eBay网站上买到欧元发行前生产的这种烟。

的另一个原因。在苏联占领区，战后一年中烟草的种植面积增加了60倍。这个举措达到了一箭双雕的目的：它既削弱了黑市贸易，又安抚了饥饿的人们。

尽管黑市上的人彼此疑心重重，但吸烟作为一种沟通仪式依然重要。向对方提供从烟盒里伸出的香烟，大家轮流用一支打火机点烟，在开始抽烟时那种莫名的拥有共同体验感的一刻——所有这些都是社会行为，在黑市充满怀疑的气氛中，它们在彼此打量和确保可靠之间，为了建立信任从而变得更加重要。在黑市令人疑心重重的鱼龙混杂之中，幸福牌香烟和农夫烟草*就这样为彼此的理解做出了难以估量的贡献。

对于德国人来说，黑市是人生中至关重要的一种学习经历。在充满怀疑和好奇心的氛围里，这是一所学习与人沟通的学校。对于当年在纳粹统治下被狂热化的集体观念来讲，它所提供的极端市场经验是一种彻底的修正——这是被大家长期铭记的一个教训。历史学家马尔特·齐伦贝格（Malte Zierenberg）写道，黑市的这种无规则化"奖励了狡猾之人并惩罚了软弱者"，它创造了一个经济领域，"在那里显然人再次变成了他人的狼"。[38] 对 50 年代产生深远影响的社会性猜疑正是发源于此，其腐朽本质来自不信任。还有 50 年代那令人感到诧异的对秩序的崇拜，其根源也来自非法贸易对人的逼迫。然而，其他人则看到了其带来的机会而不是对自己的强迫："在配额制导致的饥饿海洋中，它看上去是自由，是个人进取和求得生存的最后堡垒。"[39] 在先由电台播出，并于 1964 年以《雷曼的故事或我的集市如此美丽》（Lehmanns Erzählungen oder So schön war mein Markt）为标题成功出版的书里，西格弗里德·伦

---

* 幸福牌香烟（Lucky Strike）又译作"好彩香烟"。农夫烟草（Machorka）是一种来自俄国的烟草，由于烟叶的剪切粗糙，其尼古丁含量很高，被禁止出口到欧盟。

第六章　抢劫、配给与黑市——市场经济的必修课　　　　　　　　　　　213

柏林黑市上的男孩骄傲地分享他们最主要的硬通货：幸福牌香烟。

茨针对当年的黑市道出了辛酸的回忆。叙述者用满怀讥讽的感慨，从当下令他感到无聊厌烦的经济奇迹回望过去的短缺经济，正是这个黑市经济激发了他最出色的天赋，并把人们聚集在一个充满"黑色熟悉感"的亲密氛围中。[40] "那些富有创意的举措从未像那时这么伟大。例如，当一位衣着破旧却依然贵气十足的女士背着一个有着12个支角的鹿头走近一个男人并向他兜售时，市场创造出了一种'虽然凌乱却大胆的诗意氛围'和一个'凝重的超现实主义'。"

只有将它与其对立面，即通过食品票券建立的管理系统联系起来看时，黑市才具有彻底的指导性意义。一方面是原始市场力量的野性博弈，另一方面则是人均配给量的理性分配。一个人在两个不同系统之间的平衡动作着，总是在同一天经历这两种情况：短缺经济下的国家管控和不受限制的无政府式市场自由。这两种相互矛盾的分配逻辑都有各自极其严重的缺陷。这种每天都要用艰苦实践体验出来的社会学，解释了西德人后来对"社会市场经济"体系所表现出的坚定忠诚，该体系从1948年成为新成立的联邦共和国的专利口号。这个词本身听起来像是一个魔法公式，因为它调和了两个方面：一个关注每个人都能获得基本所需的照顾国民的国家和一个由需求控制并着眼于客户利益的自由市场体制。

短短几年的黑市确保了"社会市场经济"成为世世代代的忠诚信条。该体制"之父"路德维希·埃哈德（Ludwig Erhard），联邦共和国第一任经济部部长，继阿登纳尔之后的第二任总理，成了经济起飞的标志性人物。他那巨大的头颅立在一个相当厚实的身体上，中间几乎没有脖子，从耳朵正上方开始的偏分头；聪明和狡猾隐藏在巨大的舒适感之中。他最有特色的标记：抽雪茄。从路德维希·埃哈德起，香烟货币的时代就标志性地结束了，香烟终于可以摆脱其无法负荷的社会代码意义。而埃哈德的丹内曼（Dannemann）粗大雪茄理所当然地成为了新时代的标志。人们不再火烧火燎地抽着烟头，好像过了今天就没有明天似的，而是悠悠然地吞云吐雾。

第七章

甲壳虫汽车一代的闪亮登场

货币改革，第二个零点时刻

1948年6月18日的夜晚，作为最后一名工作人员，20岁的英国士兵克里斯·豪兰（Chris Howland）正在汉堡的英国三军广播电台（British Forces Network）*。作为音乐节目主播及德国北部最受欢迎的唱片DJ，他因为节目中大量的流行音乐和轻松的主持风格而深受德国听众的爱戴。当他正准备以本尼·古德曼（Benny Goodman）那首《对日投石》（"Throwing Stones at the Sun"）向听众们道晚安时，两位英国军警出现。[1] DJ豪兰心里有些不安，这些戴着红色军帽的警察出现很少意味着好事。可他们只是将一个信封交到了他手里，并要求他在次日凌晨6点30分开始的早间广

---

* 英国三军广播服务（British Forces Broadcasting Service，简称BFBS）在1943年由英国旧陆军部创立。它为驻扎在全球各地的英国军队和英国海外领地公民，提供电台、电视和卫星至军舰广播服务。另外，它也通过互联网向全球广播。现时广播的地区包括阿富汗、伯利兹、波斯尼亚、文莱、加拿大、塞浦路斯、马尔维纳斯群岛、德国、直布罗陀、科索沃、中东、北爱尔兰。

播节目[*]里立刻宣读这封信的内容。"好吧。"豪兰说,他拿过信封并准备回家。但他没走成。这两位军警强迫他将这个密封的信封放到桌上,并和他们一起在播音室里等待,直到鸟儿开始啼鸣,太阳爬上饱受摧残的城市上空,直到早间广播的时刻到来。

天明时分,克里斯·豪兰照着命令打开了信封并宣读道:"英国、美国和法国的军事政府颁布了第一个重组德国货币体系的法律,该法律于 6 月 20 日生效。迄今有效的货币根据本法退出流通。新的货币叫德国马克。原有货币,即帝国马克从 6 月 21 日起失效。"

几个月以来,许多德国人都在期待着这个时刻的到来。人们一次又一次地传言着货币的停止使用。因为没有人再信任帝国马克了,所以每个还持有过多帝国马克的人都试图将其换成实物资产。除了数百万遭受饥饿之苦的人之外,还有很多德国人拥有花不完的帝国马克,他们花天价过着其实非法的奢侈生活。对帝国马克的不信任导致商人们囤积了越来越多的商品,以待有着更多未来前景的新货币出现的那一天。在 1948 年的初夏,由于不断流传着关于这未知一天即将到来的各种谣言,商店几乎空无一物。

现在这一刻终于来临。这一天当中,英国三军广播电台的听众们逐渐得知有关该程序的详细信息。他们可以在 6 月 20 日那个星期日到食品配额卡的发行地点,以 60 帝国马克换取每人 40 德国马克的人头定额。一个月后,他们将以一比一的交换比例再获得 20 德国马克。而其余的帝国马克现金资产将变得毫无价值:1000 帝国马克只能换得 65 德国马克。

就这样,大约 93% 的帝国马克的存量被无替换销毁。储户们只剩下其原先财富的 6.5%。人们对于这个"历史上独一无二的财富没收"[2]的抵制却颇为克制。根据《明镜》周刊的一份报道,只有

---

[*] 这个 6 点 30 分的早间广播节目名为 *WakeyWakey*。

黑市交易者表现出对这项改革的抗议，他们本能地精确预见到了此项改革的效应。在截止日期的前一天，"大约40个黑市商人在科隆中央火车站前游行。他们戴着白色鸭舌帽，带着骆驼牌香烟、烧酒和写着'黑市商贩求改行培训！'的大海报。星期天下午，他们气愤地站在科隆埃格施泰因城门（Eigelsteintor，类似特里尔的罗马式黑城门*）前，分别以60芬尼和30芬尼的价格兜售美国香烟和德国的博斯克牌（Bosco）香烟。在这个不同寻常的周日，生意几乎无人问津。"[3] 美国人希望通过一系列措施使德国经济重新站稳脚跟，而货币改革是整个措施链中的核心组成部分。这些措施是"马歇尔计划"一系列行动中的一部分，它们不仅仅意图在经济上对德国而且是对整个欧洲给予支持，以遏制苏联的影响并降低共产主义带来动荡的风险。1947年3月，精疲力竭的英国从希腊内战中撤出，从而引发了这些大规模的财务支援。在希腊，庞大的共产党游击队与得到英国支持的保守派政府进行了对抗。作为对英国人撤退的回应，美国总统哈里·S.杜鲁门于1947年3月12日在华盛顿的国会发表了一个震撼性演说。在这个演说中他呼吁，今后任何想要捍卫自由价值观、反对苏联支持的少数派恐怖行为的国家，都应得到帮助。这个所谓的杜鲁门主义将未来描绘成两种生活形式之间的竞争——民主的资本主义与极权的共产主义的对抗——从而在战后不到两年的时间里，对战胜国联盟和战败者之间的力量平衡做了新的梳理。冷战被宣告开始。俄罗斯和西方盟国成了对手，西方盟国有意将昨天的被征服者变成未来的伙伴。不少旧日的纳粹分子意识到，自己已与美国人并肩作战，加入了一场新的反俄战争。

不久之后，美国国务卿乔治·C.马歇尔（George C. Marshall）

---

* 黑城门（Porta Nigra）位于德国特里尔市（Trier），又音译为尼格拉城门。此门以灰色砂岩砌成，长时间风化成深色，因而得名。——编注

向欧洲国家提供了广泛的贷款，以"重新建立欧洲人民对其本国和整个欧洲的未来的信心。广大地区的生产商和农民必须能够并且愿意出售其产品，以换取价值不容置疑的货币"。英国获得了32亿美元，法国获得了27亿美元，意大利获得了15亿美元，西德获得了14亿美元——为了至少在一定程度上保持战胜国与战败国的比例合理，西德是唯一必须偿还这笔钱的收贷国。从1947年6月开始准备筹建欧洲经济合作组织（OEEC），在军事政府的代表下西德也参与其中。战争结束仅仅两年之后，欧洲经济联盟的发展就已显而易见，西德也将是其未来的成员之一。在其缓刑监督官——美国的悉心引导下，德国仍然拥有作为工业大国的所有设施，尽管它们之前遭到了破坏。

如此一来，在货币改革使东西德之间的分界线同时成为货币边界之前，德国分裂的趋势就已明确。此举一出，苏联也于三天之后跟进，进行了自己的货币改革：每人可将70帝国马克换为新东德马克；储蓄金额最多只被认可100马克。但是，东德没有发行真正的新纸币；人们只是将准备好的相应票券粘贴在了旧货币上——这个方法被戏称为墙纸钞票（Tapetengeld）。根据俄罗斯城市指挥官的意愿，该方式适用整个柏林，但是，西方盟国却决定在其管辖的柏林地区也引入德国马克。在东柏林一直由四个大国共同召开的市议会上，四国之间的第一次公开冲突最终引起了双方关系的恶化，继而导致了该城市在政治和经济上的分裂。

于是从1948年6月24日起，苏联封锁了通往三个柏林西部地区的通道，试图以此使西柏林陷入饥困。作为对封锁的回应，英美两国架起了空中桥梁。在接下来的15个月中，他们付出了巨大的努力，将超过200万吨的粮食、燃煤和其他生活必需品运到这座被切断了所有供应的城市。每两到三分钟，就有一架巨大的运输机降落在西柏林机场，降落地点也包括万湖（Wannsee）——由于机场

第七章 甲壳虫汽车一代的闪亮登场

容量不足，英国人部署了10架巨大的桑德兰水上飞机（Sunderland-Wasserflugzeuge），它们从汉堡港起飞，降落在柏林最大的湖上。直到1949年9月，柏林的天空一直充满着所谓的"糖果轰炸机"（Rosinenbomber）的轰鸣声，令西柏林人对英美的不懈努力深怀感激。对他们而言，飞机的噪声听起来就像是音乐，它帮助人们抵抗冬天的寒冷和持续的饥饿。通过这个空中桥梁，西方的战胜国成为保护国。这座被全世界仇恨的帝国首都在短短几年内已转变为坚守"自由世界的前沿之城"——这种迅速的发展使得最具思考力的人都难以接受，也没有给日后对历史的整理反思留有什么余地。

由于对西部地区货币改革的计划，美国人在西方盟军三国中担当了领导的角色。甚至新的德国马克也是在美国印刷的。这些钞票被装在1.2万个被贴上写着"门把手"的假标签的木箱中，相继运往不来梅港，然后从那里秘密地分发到各地。6月20日，在食品配额券发行点或市政厅发行了总计500吨，面值57亿德国马克的钞票。[4] 当年负责这个"猎犬行动"（Operation Bird Dog）的27岁的爱德华·A.特南鲍姆（Edward A. Tenenbaum）中尉后来不无道理地夸口说，他曾经指挥了自诺曼底登陆以来美国军方最大的物流壮举。

几乎是在最后一刻美国人才想起来，应该让德国人觉得他们在这个问题上也有发言权。于是在1948年4月20日，美国邀请了25名德国金融专家在靠近卡塞尔的罗特魏斯滕（Rothwesten bei Kassel）原空军飞行基地参加一个绝对机密的会议。不过会议没有很多要讨论的议题；他们只是不想让德国人有抱怨没有参与此项决定的理由。不过，这些专家还是起草了通知德国民众的信息宣传单。

美国的参与当然不是毫无私心的。由于无意于无限期地供养西德，美国一直在寻找刺激德国经济的方法，并且他们意识到，决定性的障碍就是帝国马克缺乏足够的吸引力。战后时代经常说的口头禅就是"我可工作不起"。黑市总是占了上风。以物易物，非法进货和倒买倒卖经济消耗了超过一半的劳动力。许多人接受工作只是为了能够获得居住许可证和食品券，然后让自己为更重要的事情去卖力。只有当获得新货币成为必要时，常规经济才会复兴。真正从事一份正式工作的意愿开始上升，就像贸易商人将其货物投入正常贸易而不是将其倒卖的意愿一样，农民现在也有了在公开市场上出售收成的理由。这导致了一个一再被误传的印象，即商店从星期天到星期一突然一夜之间摆满了货物，人们因而言之凿凿地称之为奇迹。改革的影响是如此之大，以至于历史学家乌尔里希·赫伯特（Ulrich Herbert）将其描述为一年后成立的联邦共和国的"大爆炸"。[5] 与1949年5月8日议会委员会在波恩通过的《基本法》相比，当时的人们对货币改革的感受更为深刻。[6] 对于西德人来说，战后的事件再没有像货币改革那样更令人记忆犹新了，它就如同一出没有导演的大型歌剧。作家汉斯·维尔纳·里希特（Hans Werner Richter）在新币诞生的第一天就经历了两个奇迹，他的回忆充分体现了当时人们不知所措、难以承受的感受："我们途中经过一家小商店，是我们以前曾在那里凭票购买的毫不起眼的一家杂货店铺，就是在这里，货币改革的奇迹开始发生，这是真正的奇迹。这家商店看上去完全变了样，到处都摆满了商品。陈列架上摆着应有尽有的蔬菜品种：鲜大黄、花椰菜、卷心菜、菠菜，很久以来我们所没有的一切……我们走进了商店，这时另一个奇迹发生了。以前店员对我们虽不算十分不友善，但经常是一副心不甘情不愿的样子，可现在对我们很有礼貌。一夜之间，我们从凭票购买者和祈求者成为顾客。"[7]

即便是对拥有自由选举权的自豪感，也无法与再次享有被长期剥夺的"顾客"地位带来的满足感相提并论。正常的购物行为其实也代表着一个自由的时刻，只有习惯了无拘无束，购物从不曾受限的人才能将它鄙视为一件微不足道的事。货币改革并能未终止所有食品的配给，通膨浪潮席卷而来，许多人深受其害，但是突然出现的新兴"商品世界"至少给了他们一个清晰的未来前景。情况显然正在好转，那些尚未从经济起飞中受益的人都感到有信心能够很快通过努力奋斗而起飞。1948年11月12日，战后最后一次大罢工以反对"哄抬价格"为号召而发起，这场罢工所激起的愤怒被一种乐观情绪冲淡，即认为不久以后将会有更多的商品被分配给大家而不会持续短缺。1950年1月1日，当只有在购买糖才需要交票证时，科隆的一家报纸就欢呼了起来："我们可以松一口气了……许多令人不愉快、连政府自己都很反感的官民间的摩擦消除了。我们可以再次吃到我们想要的东西，商人不再需要粘贴票据，也不必再为缺货而烦恼了。这样的时代已经过去。掐指算来总共大约是160个月即4600天苦日子！我们又有了黄油——关于食糖我们以后再讨论。"[8] 正如这位开心的作者不太精确的估算那样，不自由消费的时期可以从战争的结束追溯到1939年配额定量经济的开始。这是一种激进的消费者观点，它忽略了战败投降这个重大事件，似乎除了食糖之外，战争现在才真正结束。

货币改革成为这种感觉的一种体现，它代表了神话般的经济奇迹的起飞。1948年6月，那些很长时间被人们所想念、被积压的货物突然从隐蔽的库房中大量涌现。从理论上讲，现在任何人甚至都能以5300马克的价格订购一辆大众汽车，交货时间仅需八天。

这是一个令人相当愉快的夏天，即使大多数民众物质状况的改善进行得非常缓慢。经济学的一半是心理学——这个金句据说恰恰出自路德维希·埃哈德之口；很少有比货币改革更能形象地证明这句话。即使城市依旧是摧残之相，棚房破败不堪，汽车的价格高到令人无法承受，布料也是粗糙又昂贵，但是新的光辉温暖了蒙尘已久的灰色生活。货币替换才刚完成，在法国占领区出版的原本风

气氛活跃剂:法国占领当局授权出版的《图片中的新民主》杂志(缩写为 DND)在货币改革之初将新的国家形态作为标题比喻为"这位可爱的女士"(缩写也是 DND)。

格相当严肃的杂志《图片中的新民主》(Die neue Demokratie im Bild)的封面上就刊登了一个全尺寸的比基尼美女,她面带幸福的微笑优雅地躺在充气床垫上。这名年轻女子是对正在建立的联邦共和国的一个讽喻。图片的标题"这位可爱的女士"(Diese Nette Dame)取代了杂志的原名"新民主"(Die neue Demokratie)[9],两个的缩写字母皆为DND。DND确实很诱人,她是一个半裸的、强大的海妖,将把人们渡出战后的苦海。

货架如此之快又能被装满的事实揭示了工商业的实际效率,其被破坏程度远没有人们普遍认为的那么大。四分之三以上的工业实力仍然得以保留。由于纳粹军械工业对工厂的机械设备大力进行了现代化改造并大规模扩建,战后的工业生产率仅略低于1938年的水平。此外,大量流离失所者涌入并成为训练有素的员工,而且他们积极地投入建设,这首先为工业就业创造了框架条件。由于这两个原因,始于1950年的惊人的经济起飞其实并不像经济奇迹这个称谓所暗示的那般神奇。

尽管如此,货币改革在心理上的影响如同一个辉煌的起跑点。仅仅在德国人感到自己有可能或必须从头开始的三年之后,货币改革似乎第二次重设了历史的时钟。[10]几乎没有人能逃脱这一精心策划的开端的魔力。这次重启在大众心理上的成功还包括一个平等因素:货币改革通过为所有公民配备相同的60马克财产,令其积蓄极度贬值,就像在大富翁游戏中一样使大家一起"回到起点",它就此创造了一个机会均等的魔力,这是联邦共和国至今仍然具有约束力的不可或缺的一部分。[11]几乎没有其他实体能像大众汽车那样对此做出更为雄辩的讲述,尽管(或者正因为)大众汽车是阿道夫·希特勒最喜欢的项目。

沃尔夫斯堡，人工种植园*

甲壳虫汽车承载着这头狼。直到进入 60 年代，每辆大众汽车都在它引擎盖上携带着一匹狼行驶。更准确地说，是"一只金色的，长着蓝色舌头的，回眸凝视的狼"，它在"一座大门紧闭的银色双塔城堡的城垛围墙上向右走去"。沃尔夫斯堡市（Wolfsburg）的法规明确规定，在每个甲壳虫的引擎盖上都得可以看到沃尔夫斯堡的市徽。它看上去有着恰到好处的古旧，但其实它是直到 1947 年才被美术老师和徽章学家古斯塔夫·弗尔克尔（Gustav Völker）设计出来的。因为沃尔夫斯堡的一切都不是古老的，甚至连名字都不是。这个叫沃尔夫斯堡的地方是在战争结束后才存在的，更确切地说是从 1945 年 5 月 25 日那一天开始的。在那之前，它被称为"法勒斯雷本（Fallersleben）附近的 KdF† 汽车之城"，1945 年，甚至连那里的居民也不认为它是一座城市。就连真正的居民也无从谈起，因为沃尔夫斯堡的那些破破烂烂的营房所在地在 1938 年之前只不过是田野、树林和草地。人们说，沃尔夫斯堡的每个人都是外来者。这个地方以附近的沃尔夫斯堡城堡（Schloss Wolfsburg）命名，其广阔的土地数百年来一直是其所有者的经济基础。文艺复兴时期的城堡至今仍然屹立在工厂的东部，在当时计划的城市之外。这个城堡的主人京特·冯·舒伦堡伯爵（Günther Graf von der Schulenburg）于 1938 年被没收了财产，后来在离此东北 40

---

* 这里的原文"Menschenplantage"是一个新造词，它所指的是"二战"之后，像大众汽车之类的工厂因其性质和之前的强迫劳改营十分类似，它所培养的就是一种驯服的劳动力。

† KdF（Kraft durch Freude，意即力量来自欢乐）成立于 1933 年 11 月 27 日，是德意志劳工阵线（Deutsche Arbeitsfront，缩写为 DAF）旗下的一个纳粹社会团体，其目的在于满足纳粹政府的极权要求以将"组成一个真正的所有德国人的民族和服务团体"，通过提供一般民众原属于中产阶级的独家活动，期望缓和阶级分化并促进经济发展。KdF 汽车（KdF-Wagen）即为这个团体的品牌产品。

公里处的唐格恩（Tangeln），他用补偿金建造了德国宫殿建筑中最年轻的一座城堡。

1950年，《明镜》周刊的记者驱车前往沃尔夫斯堡，发现了一个"异变的人工种植园"，好比一个"第二共和国的俄摩拉"*，在视觉和气氛上都让人联想到淘金者的住地克朗代克（Klondike）。至于十年之后，这个劳动营将成为经济腾飞的象征，成为年轻的联邦共和国典型的、被高度推崇的平庸的典范，这些在战后的最初几年是几乎无法想象的。而那些认为这是有可能的人们则更加努力地工作，从而使得这一切成为事实。结果如此完美，以至于历史学家克里斯托夫·施特策尔（Christoph Stölzl）后来写道："假如一个在1960年至1980年间访问德国的游客询问，哪里可以让他在一天之内体验到德国的特色，那就必须让他去沃尔夫斯堡。"

沃尔夫斯堡的历史始于1938年。阿道夫·希特勒想要一款普罗大众都买得起的汽车。它的价格应低于1000马克，性能可靠且耐用，省油，并具有风冷发动机。据说希特勒本人已经绘制了草图，可以在上面看到典型的圆形甲壳虫形状。但是，老牌的德国汽车公司不太愿意满足这些要求；他们认为这个价格太离谱了。而希特勒认为他们没有为百姓建造汽车的能力，觉得他们（就像他自己一样）只是着迷于豪华汽车。接下来他就干脆委托德意志劳工阵线负责汽车的建造，相应工厂的建设以及相关城市的规划，这是一个由许多工人和雇主组成的纳粹联合会，旗下拥有众多的企业。德意志劳工阵线的负责人和其下属组织"力量来自欢乐"的领导博多·拉弗伦茨（Bodo Lafferentz）从高空发现了在法勒斯雷本附近的一个理想

---

* 在《圣经》中，俄摩拉（Gomorra）与索多玛（Sodom）是两个陷入荒淫无度及罪恶的城市，被上帝用硫黄加火的雨毁灭。

建筑工地：地理位置便利，靠近中德运河*、鲁尔区—柏林的铁路和高速公路。这个地区还未被完全开发，在当时的版图里位于德国的正中部位。这个中心位置很重要，因为希特勒的汽车制造商梦想着建造一家买主可以自己取车的工厂。为了这个体验式购买，当时还计划建造一家优雅的酒店和一个现代化的客户工作坊，在那里购买者能让工作人员向他仔细解释汽车的技术，然后亲自把自己的新车开出来并驶过新建的高速公路而将它带回家。[12]

希特勒想要一辆像亨利·福特（Henry Ford）的 T 款那样的大众负担得起的汽车，但它必须看起来更现代。德国的中产阶级在全球机动化的比较中处于劣势的这一事实与纳粹的平等主义宣传不相符。在 1938 年 5 月 26 日，即耶稣升天节那天的奠基仪式上，希特勒承诺为 600 万至 700 万人建造一款汽车："机动车将不再是一种划分阶级的工具。它将是大众的公共交通工具。"这款 KdF 汽车并不是由国家赞助的针对梅赛德斯的竞争产品："有能力的人还是会购买价格更高的汽车。但百姓们做不到，而这辆车就是为他们打造的。"这次演讲按照规定的礼仪结束，人们向领导人致以一次又一次的敬意、万岁、欢呼和掌声。大区长官（Gauleiter）奥托·特尔朔（Otto Telschow）对着麦克风大声叫喊："我的领袖啊，下萨克森人民将他们的心奉献至您的足下。"

希特勒的计划将最先进的技术和民间特色结合在了一起。这个有快乐创造力的汽车城应该有 9 万名居民。当时设想的是一座具本土风格的花园城市，代表着现代建筑与传统建筑的融合。它的田园特色包括尖屋顶、凸出的挑楼、天窗、格子窗，最重要的是沃尔夫

---

* 中德运河（Mittellandkanal，缩写为 MLK）是位于德意志联邦共和国中部的一条运河，具有联邦航道法律地位。中德运河是德国最长的人工水道，长达 325.3 公里，算上其支渠和连接渠共长 392 公里。它连通了多特蒙德—埃姆斯运河、威悉河、易北河和易北－哈弗尔运河。

第七章　甲壳虫汽车一代的闪亮登场

斯堡的任何房屋中都必不可少的木制百叶窗。这种住宅区舒适的乡土审美理应与沿着中德运河另一边1.3公里长的堡垒般的巨大厂房形成有效的对比。后者的外观由一系列凸出的门结构构成，这些结构像一把粗糙的梳子的尖头一样突出。阴沉的熟料砖外墙加强了堡垒的排斥性。这种庞大的单一格调，对其防御性凸出部分的顽固性重复，至今依然代表着大众汽车厂的面貌；汽车城内具有相同纪念碑式建筑风格的发电厂则任其五个烟囱像枪杆子一样高高地耸入天空。

当工厂以最快的速度建造时，这个像家一般亲切的花园城市仍然是纸上的一个梦想。在施坦因姆克山（Steimker Berg）上只建成了一个微小而精致的居住区，这是为高级工程师和熟练工人的家庭建造的。随着对波兰的入侵和战争的开始，汽车和模范城市被证明就是对百姓的一个空头承诺。大众对汽车的消费梦想变成了一座军备工厂，这个城市则变成了劳动大本营。由费迪南德·保时捷（Ferdinand Porsche）设计的大众汽车只被制造了几款样本，在其加固的底盘上安装了带有碗形弹簧座椅的开放式车身。从大厂房里开出来的敞篷式军用吉普车替代了甲壳虫汽车，是美式吉普车笨重的对应物。

KdF汽车宣传泡沫的破裂令许多为此车型签署了高价债券的储户们大失所望。33.6万人参加了该融资计划，最后仅有630辆汽车被交付。他们没有得到任何退款，而且他们在战后时期试图收回当初付给大众汽车公司的预付款，却徒劳一场。

在被夯实的黏性土上，快速建起的一排排单调的营房取代了原计划中带有小菜园的联排房屋。所谓的社区营地被墨索里尼政权派来的意大利工人占领，他们是纳粹政府的盟友。为了他们，纳粹的规划师不得不放弃他们先前自豪地宣布的无教堂城市建设计划。为此，一家酒吧被改建成教堂。另外还需要一个大型的节日大厅，好让意大利人可以熬得住北方寒冷的生活，并使他们保持对宣传性演出的兴致。

难以忍受的是紧邻的"东营"。在这里，波兰人和后来的俄罗斯强迫劳工被囚禁在铁丝网后。这里还设有诺因加默（Neuengamme）集中营的一个分部以及许多厂区内部较小的营地，这些营地不只是制造车辆，还制造飞弹、圆盘地雷和铁拳（反坦克榴弹发射器）。一部分因犯就睡在工厂大厅下的无窗、潮湿和闷热的大地窖里。只有当进入上面一层楼的工作场所时他们才能走出那里。几百名匈牙利犹太妇女和南斯拉夫女游击队员住在1号厂房的洗衣房，她们只有在被派往工厂的其他地方时才能看到日光。

1943年，有1万名强迫劳工在这个名为"力量来自欢乐"的汽车城里工作。他们占了企业职工的三分之二。营地中有2500名法国人，其中包括数百名来自与纳粹合作的维希政府辖下青年组织的志愿者。另外还有750名荷兰人，其中205名是1943年因拒绝签署忠诚保证而被判处在该工厂强迫劳动的大学生。其余的荷兰人则是在"征兵行动"中被强行招募的。像法国人一样,他们被安置在"公共营地"的营房中，当时大多数的意大利原住居民已离开了。根据纳粹的种族理念，比起"东欧工人"，法国人和荷兰人受到的待遇好一些。他们被允许在沉闷的住所中自由走动，并获得较高的工资。星期日，他们穿着高雅的西装走来走去，与周围压抑的环境形成了鲜明的对比。荷兰人尤其致力于改善营地的气氛，发起不同种族的工人团体之间的联谊活动，在"德国管理人员和外国工人之间发挥着铰链功能"。[13]而波兰的强迫劳工并不像工厂集中营里的囚犯一样一直被关着，当权者认识到最低限度的行动自由可以促进他们发挥劳动能力 。

为了让这些"自由人"遵守纪律，他们的行为稍有不慎都会受到严厉的处罚。在KdF之城，其周边地区和工厂设施的所有路线

第七章 甲壳虫汽车一代的闪亮登场

上都有工厂保安和盖世太保的巡逻队。任何被发现的可疑之人都有被送到劳教营的危险。即使还能从那里活着出来，他们都已是身心受到了摧残。工厂里每八名强迫劳工中就有一个曾遭受过劳教营里的恐吓。对劳教营酷刑的恐惧以及工厂相比劳教营来讲较好的条件，解释了工厂里令人惊讶的纪律性。但是，在工厂工作时也会遭受体罚，这时候上级就会要求工厂的保安部门来出力。他们情愿不求盖世太保，因为盖世太保送回的那些饱受虐待的工人根本无法继续工作。

"即使在这种情况下我还能发现美，我为自己感到骄傲"，集中营的囚犯兹维·赫尼希（Zvi Hoenig）日后回忆道，他从奥斯维辛集中营里被选出来送往KdF之城。"我下了决心，如果我还活着，我将以自由人的眼光再次来看自己当年被监禁的这些地方。并且我真的做到了。"[14]

1945年初，在这个日后叫作沃尔夫斯堡的城市里居住着9000个外国人和7000个德国人。4月10日，美国部队越过该地区。他们跨过运河并在厂区只留下一个小分队，只因为那位指挥官没有意识到在行军途中拿下这个工厂的重要性。工厂保安和盖世太保都逃走了，在这个KdF之城里出现了危险的权力真空。一部分东欧强迫劳工将他们的积怨发泄在工厂设备上，有的则发泄在滞留下来的德国人身上。荷兰人和法国人阻止了他们，并在很大程度上成功地安抚了这些人。

1951年霍斯特·门尼希（Horst Mönnich）所著的畅销书《汽车之城》（*Die Autostadt*）上市，它将大众汽车的故事叙述成一个激动人心的工业冒险记，在书中也写到了那些被解放的强迫劳工相互之间的冲突——这一描述符合当时的时代特征。据门尼希所述，"成千上万的俄国人、波兰人聚众闹事，他们闯入居室，把所有的东西都砸了个稀巴烂。"[15]那些滞留在沃尔夫斯堡的"德国人没有武器。但是他们有两辆消防车。为了制造混乱,他们将其驶入人群。车身上的红色犹如斗牛士激怒公牛的红布。这在人群中造成了一种极度的愤怒,但他们的反抗还是被摧毁了"。[16]

其实这个场面纯属幻想,它根本就无从考据。甚至于门尼希所讲述的那些"外籍工人后来每天早晨站在工厂大门前,随机挑选出几个德国工人,殴打他们"的事也毫无证据。当然强迫劳工肯定报复了那些特别欺负过他们的警卫和工头。在许多难民营被解放的那天,在盟军观察和容忍下这样的事情也的确发生过。个别的抢劫案也可能曾经发生;一些地方曾报道那里也发生了相应的事件。[17]但是,门尼希隐瞒了奴役下的非人道条件,他顽固地尝试把"东欧工人"和动物做比较并将残忍归咎于他们的民族性,因此他颠倒了暴力的因果。就在他将奴隶工人笼统地描绘成连名字都没有的一伙时,他理所当然地给了每一个在书中出现的英国人和美国人人性化的名字。[18]

在门尼希的"汽车之城"里,德国人、英国人和美国人彼此很快就相处得很好。据他所述,他们探讨技术细节,恭恭敬敬地谈起他们不久前在战争中给对方造成的伤害。为了显示德国人和美国人如何志趣相投,门尼希甚至还让一位德国工程师将卡尔·桑德堡(Carl Sandburg)谱写的工业之城诗歌《芝加哥》("Chicago")倒背如流——完全与那些从东欧来的,要从沃尔夫斯堡被清除出去的那帮子混混不同。[19]

霍斯特·门尼希曾在国防军中担任过所谓的战地记者,将有关军队行进的令人鼓舞的故事报道给后方。战争结束后,他成为"四七社"*的成员。对外国工人的种族主义式刻画促成了小说《汽车之城》

---

* 四七社(Gruppe 47)是于1947年由几位德国年轻作家成立的一个文学团体,它没有固定的纲领,组织形式和固定成员,却发现和培养了一大批日后对德国现代文学产生重大影响的作家,如海因里希·伯尔、君特·格拉斯等。该团体于1967年起因内部分歧而停止活动,1977年正式解散。

的巨大成功，该小说到 1969 年已售出 10 万多册。然而，最重要的是，它基于一种对技术的巨大热情，并被门尼希以掷地有声、娓娓道来的新务实主义风格加以渲染。他的英雄是发明家、工程师、领班——一群技术精英。对他们而言，运转良好的引擎比自由和民主更为重要。书尾以"有些人离开了，而新的人来了"作为总结："合适的人总是在合适的时间到来。这些人是谁？答案很简单。他们是完全致力于汽车事业的狂热分子，他们有着热情的天性。而他们的激情就是汽车。因此汽车才会行驶，因此这才成为可能。"[20]

战后的伊万·赫斯特（Ivan Hirst）就是在合适的时间里出现的合适人选。1945 年 6 月，下萨克森被划分成英国占领区，而美国人撤离了。英国军事指挥部将工厂的管理权交给了 29 岁的工程师伊万·赫斯特少校，后者在战争期间曾在布鲁塞尔（Brussel）管理过一家英国坦克维修厂。他得看看能从沃尔夫斯堡得到些什么收益：那些为了防止空袭而被德国人存放在库房里的超现代化的流水装配线和大型压力机也将会在伯明翰（Birmingham）表现出色。满怀激情的技术员赫斯特一眼就爱上了这家汽车厂，更爱上了不久之后就会从这家工厂驶出的圆形汽车。凭借出色的战术技巧他成功说服了上司不要拆除工厂。等到他们渐渐习惯了这种车奇怪的外观之后，他们都被甲壳虫车所吸引。由于这种汽车可以为其所用，他们更容易做出保留工厂的决定。然而，尽管工厂恢复运转已久，拆厂的风险还是在沃尔夫斯堡汽车厂的上空徘徊了很久。英国陆军订购了数万辆这种性能极为可靠的汽车，以补充他们所剩无几的车队。

不过直到 1948 年，预期的产量仍远未达成。人力资源的极端波动和工人积极性的缺乏导致生产进度比预期缓慢许多。为了采取更有效的办法来解决饥饿问题，许多工人干脆逃班——这是货币改革之前的一个普遍问题。除此以外，大众汽车工厂的德国管理层不

沃尔夫斯堡,"一个失败了的人工种植园"——《明镜》周刊如此描述这个在1950年才有12年历史的城市。

敢像其他公司那样在英国老板的眼皮底下大胆地在黑市上行事——这才是真正的竞争劣势,导致原材料和供应商零部件出现瓶颈。采购员在黑市上买不到的东西,伊万·赫斯特试图用军衔赋予自己的权力搞到。为了使他的工人能够吃饱肚子,他于1947年让人们开垦了工厂周围的地区并种植了小麦。到了那年的夏末,硕大的金黄色麦田将沃尔夫斯堡汽车厂紧紧包围,直到工厂的大门口。

第七章　甲壳虫汽车一代的闪亮登场

1946年的3月，赫斯特组织了第一次厂庆。他坐进一辆用冷杉绿装饰的甲壳虫汽车里让摄影师拍摄。照片上的横幅写着："1946年3月在总装线上组装的第一千辆大众汽车"。在接下来的几个月里这样的情形依然继续着：为满足盟军需求，每个月平均生产1000辆甲壳虫汽车，它们一律被油漆成卡其色。对于德国的客户而言这种汽车依旧供不应求，只有德国邮政获得了用于信件及包裹运输的有限配额。

而英国人唯独对于沃尔夫斯堡人再三表达的要"清除公共营房里的外国人"这一意愿避而不谈。[21] 相反的，在战争结束后东欧人不断地涌入沃尔夫斯堡；盟军将这里的营房作为那些来自整个德国的流离失所者（DP）的集中地，在未明确其遣返之前他们必须待在这里，与此同时人们又尽力将那些"滞留在此"的强迫劳工们送回原地。1950年1月29日的《沃尔夫斯堡新闻报》（*Wolfsburger Nachrichten*）写下了这样的回顾："1945年至1946年春，美国的载重大卡车不停地将柏林的流离失所者送往拉格贝格（Laagberg）。这些来自五湖四海的人被集中在这里，之后被送往他们的故乡……一个五颜六色的民族混合体汇合到了拉格贝格，这个营地可谓是名副其实的'微型世界'。在营地的繁忙期，这里曾经有过40多个民族。"[22]

沃尔夫斯堡真可谓人来人往。就在那些流离失所者收拾营房准备返回家园的同时，从相反方向来的难民和被驱逐的人群又将营房挤满。许多人只是暂时停留在这里，在工厂里工作一段时间后继续往西方前行。

随着产量的提高，这个营房之城吸引了越来越多的来自全德国的流散人员。而工厂需要劳动力。"1945年至1948年间，新雇人员和被解雇人员的数量分别是全部人力资源的三倍。"为了支持生产，英国人下令德国战俘下车间劳动。此外还有那些"东欧劳工"，因为那些宁愿在营地靠盟军难民署救济而不愿意被遣返的流离失所者，有一段时间必须在此实行义务劳动。在沃尔夫斯堡聚集的是一个杂乱的混合体。无家可归的被解雇的士兵们，那些有过战争经验之后对一切舒适生活根本无所适从的失根的年轻男人们，还有之前那些不愿返乡的强迫劳工们——这是一个孤独的、失落的男子营地。"在沃尔夫斯堡，爱情没有栖身之处"——这就是《明镜》周刊对1950年形势的总结。

在沃尔夫斯堡最先开张的酒馆里有一家起名为"故乡"（Heimat）的酒馆，这很典型。在这里没有什么比故乡更遥不可及了。那些宽阔的混凝土马路从虚无延展至毫无目的的远方。作为当年为这个巨大的纳粹模范城市所设想的宏伟基础设施，它们是其中唯一被完成了的项目，而今在这一群可怜人的眼里看来就像是一个无处不在的讽刺。相反那些为数不多的房屋却缺少相应的道路，被人踩出来的路径通向那些零零落落且地处毫无意义位置的建筑物。而那些看起来排列整齐的临时木板房，一旦靠近，就暴露出其凋敝破败的实质。

只有那些为数不多的流落到沃尔夫斯堡的妇女所居住的小屋才显示出一种将环境布置得更加美好的意愿。尤其在抚养孩子的地方，对布置设计的需求有所提高。而这种木板房完全有其长处：人们可以在它的周围种植土豆、甜菜、蔬菜，甚至可以尝试种植烟草。家兔、小鸡、鸭子甚至猪都被养殖过，虽然后者曾遭禁止。不过木板房整体来讲已是破旧不堪，而且每次有人搬出来时，房子看上去就更加糟糕。许多工人在没有解除契约的情况下一夜之间就把手上的工作给辞了，而在搬出营地时，他们拿走了设施里只要还能用得上的一切。那些新被聘用的人在开始的一段时间里只能睡在地板上。

"沃尔夫斯堡是希特勒狂妄自大的产物。"1950年柏林的《每日镜报》（*Tagesspiegel*）这样写道，"它和与其相邻的城市萨尔兹吉特（Salzgitter）一样，具有同样的国家社会主义破产的特征。一个拥有时髦的远程供暖设备房屋的大城市的雏形,突然被置入一片被遗弃的风景之中,令人印象深刻的外墙后是破烂不堪的木板房区,豪华的高速公路戛然终止在一条乡间小道里,一处之前也不优美的景观,从德国各个角落里来到此处的失根人群……它是一个负面形容词的集合体。"[23]

报应很快就来了。在1948年下萨克森的地方选举中沃尔夫斯堡再创辉煌。极右翼的德意志帝国党(Deutsche Reichspartei,缩写DRP)在2.4万张选票中获得了1.5万张选票,使其成为市议会中最强大的党派——而在下萨克森其他的乡镇,这个右派党很少取得超过10%的选票。这个在历史上被称为"沃尔夫斯堡之震撼"的选举结果几个月后被宣布无效,沃尔夫斯堡的居民重新投票,但是这次也还是出了差错,之后被取缔的德意志帝国党的后继组织德意志党*依然获得了48%的选票。

这种重新爆发的右翼激进主义从何而来?假如它泛滥于整个德国,它是否会导致一切为建立联邦共和国而做的准备立刻被盟军禁止?记者们蜂拥而至,就为了一睹这个纳粹小镇的真容。"沃尔夫斯堡是一个殖民主义式的城市,这里最极端分子旗开得胜,然而由于东欧难民的存在,这些极端分子不可能是共产党人",在地方选举之后《明镜》周刊这样写道。[24] 原因很快就被找到了:太多男人,太多难民,太多失根之人,太多退役士兵和太多年轻人。因为太过肮脏,没有人愿意将沃尔夫斯堡称作一个试管里培养出来的城市。这个城市过早地被遗弃,犹如一个只有着十年历史的躯干。它没有

---

* 德意志党(Deutsche Partei,缩写为DP)成立于1945年(其前身下萨克森民族党[Niedersächsische Landespartei]成立于1945年),是一个右翼党,50年代与其他党派入驻联邦议院参政,1961年之后因民众支持率极低而导致80年代缩小到只拥有一个协会的性质。1993年重新成立,它是目前德国右翼党派之一,是一个右翼保守派和右翼民粹主义的党派。

丝毫传统的遗产可以保护居民抵御大声喧哗的激进主义。它没有教堂，没有家庭结构，没有市民阶层的传统，没有共同的建筑风格可以给这些混杂居住一处的人们一个心理依靠。连一个可以让居民对亟待恢复的稳定抱持信心的地方都没有。它只有工厂及其无知蒙昧的劳动力，而且"他们当中有许多可疑的人物"，几乎所有关于激进的沃尔夫斯堡的报告都没有提及这一点。

可是当这些营地的居民从他们悲惨住房的窗户中远望运河时，他们看到了一座工厂，看起来就像神话里一座城市坚不可摧的外墙，所有的未来都属于它。大众汽车的工厂看起来好像是从幻想电影中投射出来的——直到今天也依然如此。和破败的临时建筑物所流露出的生之无常相比，它就是一个不可动摇的堡垒。在沃尔夫斯堡居民们的眼里，这个崇尚技术的纳粹遗留之物难道不正像是一座不可磨灭的烽火台吗？

这个工厂曾是沃尔夫斯堡居民们的一切，他们没有理由不为此感到骄傲。经历了众多的人员流动之后的中下层雇员仍然是一个完整无缺、虽人数不多却占有优势的核心，在很大程度上他们受到的是纳粹时代和德意志劳工阵线思维的塑造。技术工人对他们的技术使命有着精英般深刻的理解，并感到与工厂有着灵魂般紧密的联系。金属行业工会（IG Metall）在沃尔夫斯堡几乎没有运作机会；工人和管理阶层之间一派和平。大众汽车公司的企业职工委员会将"所有工人和雇员视为一个封闭的，民主运行的效绩团体"，与工厂管理阶层一起为未来奋斗。[25] 对于工会关于工人利益的演讲，这里的人们充耳不闻。当来自沃尔夫斯堡的一名社民党官员在讲话中声称，该市的所有邪恶都源于大众汽车厂时，在当地引起了极大的愤怒，致使这座城市的情绪最终倒向了极端右翼。

假如1948年英国人没有找到一个名副其实的领导人物，一个懂得引导这些心怀反动又渴望臣服的沃尔夫斯堡人，并将他安置为新的企业总经理的话，这种社会心理和政治上的混乱局面极有可能会在 50 年代爆发。他被众口一词地称为"诺德霍夫国王"，然而即使这个称呼都无法彰显其权势之大。海因里希·诺德霍夫（Heinrich Nordhoff）称其手下员工为"工友"，而他们则给他冠以"总司令"的头衔。战争期间，诺德霍夫曾经营位于勃兰登堡（Brandenburg）的欧宝汽车厂为德国国防军生产卡车。尽管他不曾是纳粹党的成员，却曾是"国防经济领袖"*，因此对于美国人来讲本不可以接受他担任领导职务。而对这一点比较松懈的英国人却认为他是继伊万·赫斯特之后最合适的人选。对诺德霍夫而言，站在权力的顶峰就是他的天性。他用刻意轻微的声音和在最小细节上都极尽掌控的自我表现创造出一种领导风格，此风格有效地将原来那些乌合之众收拾得服服帖帖。没有用多久，这些工人就像一支劳动大军，他们兴高采烈地列队整齐，运作得如同一台齿轮机器。这些"工友们"以最现代的生产方式、铁一样的纪律以及由于不断上升的盈利而高涨的积极性创造出每年出产 10 万辆甲壳虫汽车的纪录，当时这种产量只有在美国可以想象。1950 年，社会学家卡尔·W. 伯切尔（Karl W. Böttcher）和记者吕迪格·普罗斯克（Rüdiger Proske）在参观了沃尔夫斯堡之后，合写了一篇文章给《法兰克福手册》(Frankfurter Hefte)，其中写道："这个完全合理化的工厂的等级制度在某些方面类似于国防军的等级制度，工厂里的劳动小组类似于战场上的战斗团体。"[26]

1955 年，第一百万辆甲壳虫汽车刚刚开出厂房，诺德霍夫便让全体工作人员来到工厂外为宣传而拍集体照。员工们组成了具有压倒性力量的人头攒聚的群体。照片的左侧是延伸着好几公里的堡垒

---

* 国防经济领袖（Wehrwirtschaftsführer）是纳粹德国时期的一个荣誉称号，作为国家社会民主党奖励的一部分，授予国防相关公司的负责人。从 1940 年起，非军备公司的负责人或管理层员工也越来越多地被授予这一头衔，以表扬这些公司对战时经济所做出的贡献。——编注

般的工厂外墙,它散发着抵抗力,坚不可摧,彰显无比的力量。它给予了工人大军一种依靠和界定感。照片的右侧是站在一个未显示的台基上的诺德霍夫。他身着灰色双排扣西服搭配着白色衬衫和领带,将双臂交叉在背后,一条上等亚麻布的手帕整齐地折叠着插在胸前口袋中。在人群中他高高在上,巨大而又孤单,如同一群灰色老鼠大军的唯一统治者。最小的细节都被考虑周全。一名穿着白大褂的实验室技术员因其鲜亮的外套在人群中特别抢眼,他被命令站到最前一排,稍稍移动至照片的左边,以使照片更加具有平衡感。否则,它将完全朝着诺德霍夫的方向倾斜。

这套繁复的系列照片曾被用多种形式拍摄,但始终以这位最高将领为首。在经过时间较长的布景改动后,诺德霍夫再次登上了这个塔式结构。这次他没有让他的下属出场,而是他的产品,甲壳虫汽车的车队。它们也排列有序,车灯打开,准备出发。就好像经济奇迹已在此列队集合。

20世纪50年代通常代表着个人生活的改善和家庭消费的上扬。然而在这里,经济崛起展现的另一副面孔,却往往在肾形桌、电冰箱、意大利里米尼(Rimini)的露营旅行和牛奶吧里的带内衬喇叭裙的画面中轻易地被人们遗忘:即工业社会中如火如荼的纪律严明的组织,一个由混凝土、钢铁、煤炭和焦炭气体构成的世界,在那里人们曾经拼命耕耘,直到精疲力竭。

沃尔夫斯堡已经成为工厂社会的缩影。几乎没有任何其他企业可以将这个臭名昭著的"Stamokap"(Staatsmonopol-kapitalismus),即被共产党左翼所称的国家垄断资本主义的体制体现得更好的了,在这个体制中,国家资本和私人资本难以区别地合为一体。1949年,英国先是以信托方式将这个责任有限公司移交给了下萨克森州政府。1960年,联邦德国通过了《大众汽车责任有限公司产权私有授权法》(VW-Gesetz),将其转变为股份公司以完成它的私有

站在劳动大军前的指挥官：1955年大众汽车公司老板海因里希·诺德霍夫庆祝第一百万辆甲壳虫汽车组装完成。

化，州和联邦政府分别持有20%的股份。这并没有改变大众汽车公司是德意志联盟*的一个准国有公司的印象。用特奥多·阿多诺（Theodor Adorno）的说法，这个康采恩公司是"工艺技术面纱"的典范，它通过工业、行政管理和政治之间的密集融合掩盖了臣服于市场规律的劳资关系。

事实上，这位名为诺德霍夫的国王一直在尝试着让人觉得其企业的私有式经济结构已被消除并且"他对整个联邦德国的社会负有责任"。[27]对此人们大多深信不疑。1949年的《汽车评论》（*Motor-Rundschau*）声称"这个工厂不属于任何个人，所以它属于公众"。[28]

然而事实却刚好与此相反：即使在战后多年这座城市仍从属于这家工厂。因此，当地政府从未能够在大众汽车面前拥有自我意识；对大多数的当地居民来讲，市政府就像是大众汽车公司的一个部门。一般的城市会由市政府建造露天游泳池，而在沃尔夫斯堡却是："诺德霍夫赠给这座城市全德国最现代化的游泳池"。这个游泳池于1951年由大众汽车公司的建筑部门建造。

起初，哪怕这个游泳池的一平方米都无法被这个城市称为是自己的，一切都属于大众汽车责任有限公司。在工厂所在的土地的产权问题上，工厂的领导阶层和市政府争吵多年。假如没有明确的法律保障，就根本无法考虑建设必需的基础设施。就因为如此，在货币改革一年之后，政府都无法针对住房奇缺的问题采取任何措施。而根据英国人的一项调查，"当地政府的无所作为"正是导致1948年选举结果的最重要的原因。直到1955年当地政府才取得345公

---

* 德意志联盟（Germany Inc./Deutschland AG）是由德国的银行业、保险业、工业企业组成的网络，这些领域的大企业之间交叉持股，形成一个利益关系交错的庞大工商金融联盟。联盟主要作用是由银行等金融机构（如德意志银行、安联集团）主导，进行有组织的资源分配和产业规划，例如1962年由德意志银行主导戴姆勒和奔驰两家公司的合并。——编注

顷的土地以满足"本地道路及公共场所的需求",以及另外的将近1900公顷"用于满足其余基本设施需要"的土地。[29]这就从根本上改变了局面:市政府不再需要对私有土地带有丝毫的顾虑;在建筑规划上,它拥有唯一的掌控权,并采取了大刀阔斧的措施。然而此后在这片土地上创造出来的产物不管如何看来都显得惨淡凄凉。可以想见,在这片被开垦出来的土地上毫无节制地建起的住房系列有多么的无趣,从根源上讲它们估计从未摆脱过劳改营地的幽灵,只有汽车城赫赫有名的宽阔马路穿越在它们之间。一个貌似市中心的地方只能在那些不良建筑密集处让人勉强地识别出来,就好像该城市参与了一个奥林匹克最蹩脚的建筑方案比赛一样。

然而,沃尔夫斯堡当地人却在这片纯功能性的荒原上感到出奇的自在。世界各地的城市社会学家来到这里,调查一个没有中心,没有传统,也没有舒适感的城市对居民的影响,可他们几乎没有感到有什么令人担忧之处。沃尔夫斯堡甚至令其批评家都感到无聊。例如,与引人注目的鲁尔区相反,它仍然处于批判者关注的边缘。尽管这座城市和工厂共同构成了社会市场经济的雏形,尽管为了将当年集中营的居民转变为"新型的工业公民"[30],"沃尔夫斯堡的一体化机制"所走的道路是联邦德国战后历史的象征,可是左翼反对派出人意料地对诺德霍夫国王的庞大帝国兴趣不大。造成这种情况的原因只能出于他统治下的不可动摇的劳动和平景象。[31]反对派的知识分子对如此驯服的工人感到羞愧而与之分道扬镳。沃尔夫斯堡无法成为一个左翼的国度,充其量是一个贵族制恩赐下的社会民主国家:伦敦《晚报》(Evening News)不无惊叹地断定:海因里希·诺德霍夫沉浸在上帝一般的光环中,赐福给他的子民。[32]

在诺德霍夫偏巧于1968年那个神话之年终结的一生中,他就像一个轻歌剧里的统治者一样获得了无数的勋章。他获得了德意志联邦共和国星级肩带大十字勋章,瑞典瓦萨军团一级指挥官十字勋章和"意大利人民之友"奖章；他还曾被授予巴西（中级）国家南十字星勋章，二级意大利共和国功绩勋章，教皇名下的圣大额我略教宗骑士团中级勋章，多个名誉博士学位和荣誉公民——他的高贵头衔的数量与大众汽车的低调风格正好相反。他去世后，遗体被披盖上圣墓骑士的白色斗篷并被安放在开发部门的测试大厅中。大众的员工们排队等候10个小时，只为了与他们的总经理道别。

今天，任何漫步在沃尔夫斯堡的人都会认为，这里曾经只有一个巨大的军营和一个畸形的工厂，这种想法简直是匪夷所思。沃尔夫斯堡早已成为了消费主义的殿堂，只是这座城市从本质上讲仍保留了其创始人的早期梦想。早在60年代，人们就用特别优雅别致的个别建筑来抵制四周无情沉闷的感伤氛围：像1962年阿尔瓦·阿尔托的文化宫或1973年汉斯·夏隆的剧院建筑。* 但是自千禧年以来，沃尔夫斯堡就把自己作为一个汽车化生活方式的全方位社会性艺术作品布置在了一个未来派公园和展览景观之中。工厂厂区前的所谓环礁湖景，用精致的灯光给工厂黑暗的巨大建筑增添了光彩，它和众多的桥梁、丘陵、弯曲的小径、优雅的凉亭，以及艺术家奥拉维尔·埃利亚松（Olafur Eliasson）创作的《跳舞的喷泉》(*Tanzende Fontänen*)和芳香隧道一起，就像极权体制下无忧无虑的世外桃源里一个欢快的魔幻公园。一个在真空式工业背景下由自然、教育和高科技组合而成的游乐场，机器人正在此制造着完美的汽车。在这些建筑物之间，设计师大腕诸如扎哈·哈迪德（Zaha Hadid）的斐诺科学中心（Lernkathedrale Phaeno）或同样壮观的贡特·亨

---

* 1958年沃尔夫斯堡市议会邀请芬兰建筑师阿尔瓦·阿尔托（Alvar Aalto）建设一个文化中心，这座"文化宫"（Kulturhaus）最终于1962年落成。汉斯·夏隆则受邀设计市立剧院，于1970年动工，但这座"夏隆剧院"（Scharoun-Theater）在1972年夏隆去世后翌年才竣工。——编注

（Gunter Henn）的大众汽车动态校园（MobileLifeCampus）等建筑散落其中。在这里，人们对于未来个人化出行之可行性的怀疑并没有对消费主义造成丝毫干扰，反而上演得热火朝天，在这样的情形下只有傻瓜才会谈及意识形态的自由。

让客户参观工厂，使其成为客户取车时的一种全面体验，这是当年希特勒最初对这座"力量来自欢乐"之城的设想，如今已经成为现实。人们可以在工厂里的丽思卡尔顿酒店过夜，第二天早上在玻璃塔上观看自己新购置的汽车如何从40米高的停车架中被自动提出，并以优雅、技术奇迹般的姿态被交付。汽车博物馆，设计展示厅，试车场，音响和艺术装置——这种在购买汽车时压倒性的美感提升，简直令人无法排除这样的念头，即当年对"力量来自欢乐"的憧憬似乎在80年之后以极度的夸张实现，尽管就这个国家早已转向的温顺平和而言该想法是不合时宜的。

新兴产业——贝亚特·乌泽在兜售中发现的商业模式

西部的大众汽车这种大到塑造城市的企业，以及东德的艾森许滕施塔特炼钢之城*的复兴，其实都不足以涵盖战后德国经济发展的一隅。对那些单打独斗的人而言，战争结束后的混乱是再理想不过的局面了。一个自由企业家的行为通常始于小创意，往往没有任何生产手段。有的人在厨房为邻居熨烫衣物，有些人却靠着冷酷无情发财，为了50芬尼帮所有那些不忍心下手的人屠宰兔子。一位

---

* 艾森许滕施塔特（Eisenhüttenkombinat）是德国勃兰登堡州的一个市镇，其意为"炼钢厂之城"，于1961年11月13日由斯大林城（Stalinstadt）、菲斯滕贝格（Fürstenberg）和舍恩弗利斯（Schönfließ）合并而成。斯大林城是为炼钢厂员工居住所建立的城市。为纪念斯大林的去世，该城市于1953年5月7日被正式命名为"斯大林城"。在后来的去斯大林化运动中，该城市与菲斯滕贝格和舍恩弗利斯合并，并更名为今天的"艾森许滕施塔特"。

早在 1937 年，当年名为贝亚特·克斯特林（Beate Köstlin）的贝亚特·乌泽就取得了飞行员执照。日后她成为试飞员并将战斗机开往空军基地。

名叫贝亚特·乌泽（Beate Uhse）的年轻女飞行员就是这么一个空手套白狼的例子。她在东普鲁士长大，是一位开明乡绅地主和一名女医生的女儿。因为她在家乡瓦尔格瑙（Wargenau）没有良好的教育机会，她很早就习惯独立，辗转于各个寄宿学校。为了学习英语，16 岁的她以互惠生的身份去了英国一年，并在 18 岁时获得了飞行员执照。一年后，在成功完成国际飞行拉力赛之后，她在施特劳斯贝格（Strausberg）的弗里德里希飞机工厂（Friedrich-

Flugzeugwerke)担任飞行试飞员。试飞对她而言是份梦寐以求的工作，因为它同时需要飞行技能和技术专长。战争期间，她曾担任空军上尉，将各种军备公司的俯冲式轰炸机和战斗机开往需要它们的空军基地。

当红军攻下柏林后，她带着18个月大的儿子克劳斯和其女佣汉娜从藤珀尔霍夫机场（Flughafen Tempelhof）驾着一架她搞到手的小型民用飞机逃往弗伦斯堡（Flensburg），莽莽撞撞地降落在了英国人的军用机场上。几周后她从俘虏营里被释放，后来在布拉德鲁普（Braderup），北弗里斯兰（Nordfriesland）的一个村子里的学校图书馆安定下来，一待就将近三年。当一时无法做飞行员时，她就靠各种手段谋生。她在田里帮农民干活以换取实物酬劳，她还在黑市上做各种生意，挨家挨户地贩卖玩具和纽扣。通过报纸上的广告她还提供释梦算命服务。可是这些都不怎么有起色。在乡间无数次的往返途中她突然有了一个主意。在兜售纽扣时她总是和人搭讪聊家常，从中得知了各种家长里短，这使她有了帮人做避孕指南的想法。她将一本笔记簿大小长达八页的小手册称为《X指南》（Schrift X），在里面解释了如何通过安全期，也就是日历计算法（Knaus-Ogino）避孕。

这位思维务实的前女飞行员对伟大情感的功能失调有着一种可靠的直觉。她感觉到战争结束后人们对性冒险的渴望有多么强烈。就像她自己一样，许多逃亡和流离失所的人一下子处于新环境中，他们都在寻找新的接触方式。出于对彼此的安慰、好奇和开创新生活的渴望，人们很快就越来越亲密。但是，正是在眼下这种新的困惑中，孩子是不合时宜的。贝亚特·乌泽在她书中的序言里写道："如果我们出于本能而繁衍，今天的已婚夫妇就没有可能让自己的孩子过上体面、人性化的生活并给予他们适当的教育。因此，我们有社会责任，将对性本能的满足与生育完全分开。"

而这些适用已婚夫妇的指导其实对那些未婚的人更为重要。在《X指南》里乌泽对他们解释了近些年来医学研究得出的结论，即"女性在两次经期之间只有几天的时间是有可能受孕的"。没有人确切地知道，战后的德国人有多么不开化。可能许多人确实还坚守着1941年1月海因里希·希姆莱（HeinrichHimmler）宣布的禁止避孕令。不管怎样，贝亚特·乌泽在其《X指南》里对避孕这个话题赋予了一种新时代的精神："全世界有越来越多的社会，以控制生育（节育运动源自美国）为名，提出了对女性的受孕机会进行系统性控制的要求。"

这个指南手册还墨迹未干，甚至连语法错误都还没来得及修改，她就前往弗伦斯堡让一个印刷厂做胶版印刷。同时她还印了许多广告宣传单，挨家挨户地投寄。她从电话簿里得到了胡苏姆、海德（Heide）和周围地区居民的住址，一连好几天骑着自行车分送这些广告传单。每一本《X指南》她收两个帝国马克，另加70芬尼的收件邮费。这相当于四分之一至半根香烟的黑市价格，在当时来讲价格不菲。

她的主意一炮打响。《X指南》获得了圆满成功。就在头一年，1947年，就有3.2万名妇女订购了这本八页长的小册子。[33]贝亚特·乌泽几乎都来不及印刷和打包邮寄。她很规规矩矩地将她这个由女人独当一面的生意在英国军事当局注册为"贝特乌销售"（Betu-Vertrieb）。这个"以婚姻卫生为主的邮购业务"成了一个色情业集团公司的核心业务，70年后，该集团成为上市公司，拥有470名员工，年销售额为1.28亿欧元。[34]

这种对所有家庭以不请自来的方式散发广告的商业手段被这位女企业家坚持使用了几十年，然而这也恰恰为司法机构提供了一个依据，使其长年不断地用各种诉讼扰乱她。不过贝亚特·乌泽第一次与法律发生冲突并不是因为违反道德或对年轻人的危害，而是因为违反了价格法规。弗伦斯堡卫生局的一份专家报告说,尽管他们觉得《X指南》的内容无可指摘,但为几张最多价值三个芬尼的纸片索取两个帝国马克,这相当于发放高利贷的罪行。多个行政机关,其中包括汉堡的"反诈骗公司中央办公室",得出结论认为,避孕指南不值这个价钱——理由是指南中没有提到全新的事实。贝亚特·乌泽在手册中也许故意"忘了"提及,日历计算法的开发者其实是日本妇科医生荻野久作(Kyusaku Ogino)和奥地利妇科医生赫尔曼·克瑙斯(Hermann Knaus)。

对其他人而言这个细节无伤大雅,但他们对"煽动淫乱"耿耿于怀。1949年,一位来自以天主教徒为主的明斯特的刑事法官是第一个对贝亚特·乌泽做出有伤风化这一指责的人。而乌泽所在的弗伦斯堡法院却认为,这本《X指南》及其广告"既未侮辱他人,也无伤羞耻感,对公共道德没有构成任何伤害"[35]。尽管来自全国各地的起诉像雪片一样多,那时德国北部的联邦州依然坚持一种开明的政策。只是当贝亚特·乌泽开始将她的邮寄业务拓展到其他的文字和各式色情工具时,各种各样的刑事控告开始铺天盖地朝她而来。在贝亚特·乌泽的职业生涯里,她不得不经受多达700场的官司,直到60年代末刑法放宽,再也没有了对此进行刑事追究的手段。

这期间贝亚特·乌泽结了第二次婚。1947年她来到叙尔特岛(Sylt)度了一个短暂的假期,她通过出售从布拉德鲁普带来的黄油筹措到了度假的花销,当然做的是黑市的买卖。在沙滩上她结识了恩斯特·瓦尔特·罗特蒙德(Ernst-Walter Rotermund)。这两人相见恨晚,因为他销售护发水,而且和她的小册子一样也是用邮购贩售的方式。罗特蒙德是个离了婚的男人,拖着两个孩子,而她是个寡妇,有一个孩子。他们一起搬到了弗伦斯堡他的姑妈那里,一个圣母玛利亚教堂的牧师住宅,因为他姑丈是一名牧师。战争结束后这样的混合家庭成千上万。罗特蒙德全身心投入了妻子的生意之中,

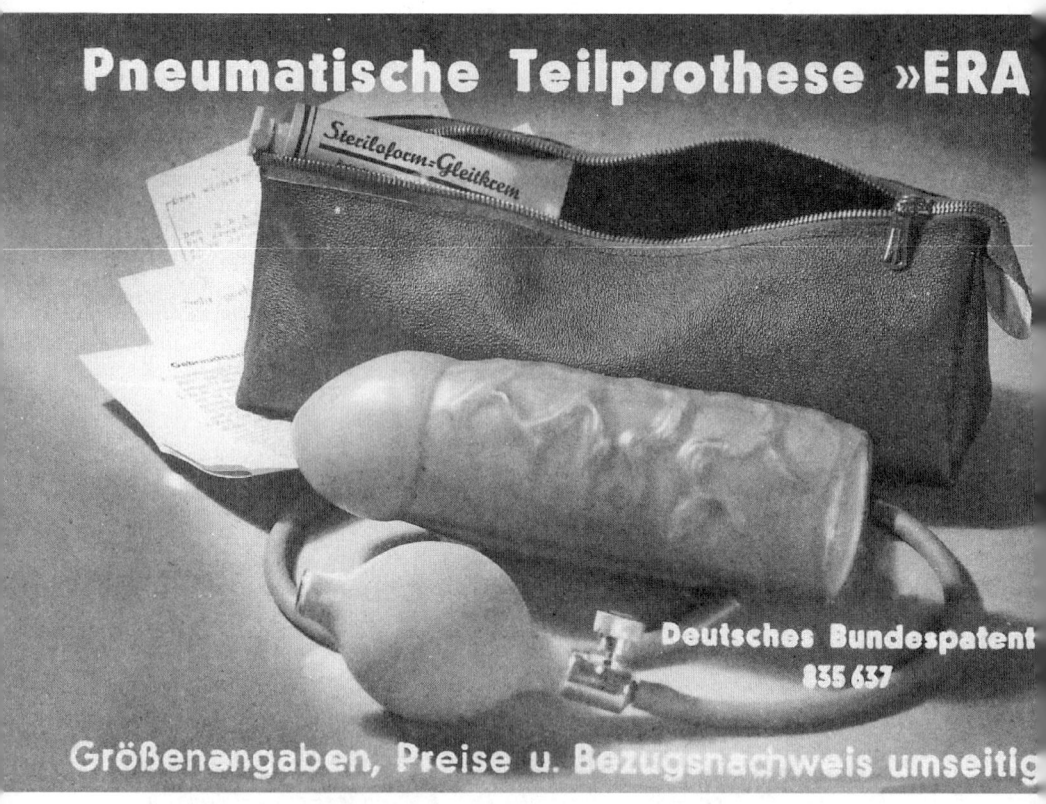

贝亚特·乌泽产品中的畅销品：由于战争的伤害、被囚禁和饥饿带来的恶果，很多男人深受性无能之苦。

加上两个助手一起打包订购的货物，写上地址，并给无数的信件写回复——这些都是在圣母玛利亚教堂的牧师之家进行的。直到 1951 年他们才因为蒸蒸日上的生意搬入新的仓库和办公房，他们的产品目录此时已增加到 16 页。

很明显她所提供的产品赶上了一个巨大的需求。1951 年她在黑白的产品目录封面上放了一张少妇的脸，这位少妇用担忧的目光看着读者。她穿着一件高领毛衣，在黑色的背景中这张严肃的脸尤显突出。比起"婚姻卫生专业店",这个封面图片也许更适合配上一篇存在主义的论文,色情在这里荡然无存。在图片的下端印着一行手写体的暗示着个人隐私和亲密关系的字:"我们的婚姻一切都好吗?"如果不是的话,也许答案很简单哦;比如在接下来的几页里就有"克服暂时性冷淡的激情糖果"。

性无能在战后年代里曾经是个严重的问题。许多战俘回家时是如此的虚弱和病态以至于他们毫无欲望,更别提性行为了。全科医生康拉德·林克医生(Dr. Konrad Linck)在1949年11月的《妇女世界》杂志里写道:"回归的人无论胖瘦都是重病之人。仅出于这个认知我们就能判定这个回归者婚姻生活的状态。长年的营养不良导致了他生殖腺功能的消失,以至于他不是作为一个男人而是一个年纪最大的儿子回到了家中。这个局面当然对男女双方而言并不是显而易见的。相反它会导致悲剧性的误解,导致不信任、嫉妒以至于最终婚姻的整体性崩溃,尽管双方原则上都愿意挽救这个婚姻。"[36] 至于贝亚特·乌泽的药水是否能够解决这个问题,估计很值得怀疑。每三个订货的客户里就有一个会在订单里附上一封寻求解决性生活问题的信。1951年贝亚特·乌泽雇用了第一位长期雇员,一名医学工作者,他以拉特医生作为笔名(这个笔名略显缺少创意*)给予咨询并且也同时研究新的提高性功能的药物。[37] 为了突出其药效的神益,贝亚特·乌泽在她的目录里把感谢信也印了上去:"真诚地感谢您寄给我们的手册,它给了我和我丈夫无以估量的帮助,并让我们用更洁净的手段从虚伪的道德观念里解放了出来。我将冒昧地在熟人圈里介绍您这个令人尊敬的企业,好让您的帮助使更多的人受益。"另一位女性客户写道:"那个令我苦恼的婚姻问题被您用如此贴心的方式处理了,我不能忘记对您表示感谢。"[38]

---

* Dr. Rath, Rath 和 Rat 一词同音,即建议的意思。

就像"婚姻卫生"这个听起来毫不带菌的词汇一样,贝亚特·乌泽的形象也曾经如出一辙。这位"性解放的登霍夫伯爵夫人"*[39]倡导一种原则上没有隐私和秘密的性态度;她提倡裸体主义和所谓的伙伴式婚姻。尽管如此,放任的性、手淫甚至同性恋并没有立刻出现在贝亚特·乌泽的世界里。她的咨询服务当时只是专门针对那些希望提高性欲的夫妇——后来出现的以脱衣舞表演窥视秀和录像视频为象征的色情浪潮使消费者开始有了个体倾向,而这些从80年代开始才产生了重大的影响。这时业已退休的贝亚特·乌泽将再次处于这个行业的最前沿。2000年,她在戛纳电影节隆重获得热辣金奖的荣誉奖†,这是颁给色情行业最著名的电影奖。

早期的贝亚特·乌泽所提倡的却是一种没有淫秽的性行为。她在一份产品目录中,以一对较为年长的中产阶级夫妇的照片作为装饰,仿佛他们正在秋天里漫步。她的口号"将阳光带入您的夜晚"几乎可以代表其整体理念。她特别喜欢被科学的灿烂光芒所照耀。从精神上而言,美国动物学家和性研究者阿尔弗雷德·查尔斯·金赛‡与她很接近,前者的实证性研究结果也塑造了德国的50年代。金赛向许多估计最能代表美国平均水平的受试者询问了他们的性行为,并获得了惊人的见解。以前被认为是不正当个别现象的行为突然被证实为非常普遍且稀松平常。金赛真是一个不折不扣的启迪者:

---

* 玛丽昂·登霍夫伯爵夫人(Marion Gräfin Dönhoff, 1909—2002)是德国《时代》周刊的主编兼联合出版人。她以参与抵抗纳粹运动闻名,且被视为战后西德最重要的记者之一。作为东普鲁士贵族,她的一生贯穿了德国20世纪的历史,其生平具有历史性意义。

† 热辣金奖(Hot d'Or)是由法国色情杂志《热辣视频》(Hot Vidéo)主办的,在1992年至2001年间每年在戛纳或巴黎给色情电影颁的电影奖。2000年的荣誉奖得主除了贝亚特·乌泽,还有奥娜·泽(Ona Zee)和社群网站"天岩"(Skyrock)。——编注

‡ 阿尔弗雷德·查尔斯·金赛(Alfred Charles Kinsey, 1894—1956)是20世纪美国的生物学家、昆虫学和动物学教授,以及人类性科学研究者。他因自身所出版的《男性性行为》(Sexual Behavior in the Human Male)和《女性性行为》(Sexual Behavior in the Human Female)——统称金赛报告还有金赛量表而知名,并为性学这一领域打下基础。

他的作法是通过将事物揭示出来继而来改变事物。贝亚特·乌泽很赞同这个方法，因为她不认为自己是传教士，而只是一个观察仔细、清醒的、不偏不倚的技术人员。甚至在两个《金赛报告》尚未出现在德国图书市场上之前，她就敏锐察觉到这些报告具有畅销书的质量，继而发表了这两个报告的摘要。

这位"色情仙境里的贤淑女童子军"[40]有着一种将性的话题用枯燥乏味的语言表达出来的天赋，以至于在战后那些对规矩和体面极度重视的修复年代里，性仍然是一个有讨论空间的话题。她用一种斟酌过的轻描淡写阐述那些成人性用品。就这样她"根据医生的建议"将这些带着触尖、圆粒以及波纹状的避孕套作为一种手段提供给"那些有点冷淡或者不够活泼的女性，以便她们获得特别深刻和强烈的爱情体验"。[41]

贝亚特·乌泽明显对其职业毫无羞耻感。她没有将自己隐藏起来，而是在广告手册中公开面对顾客，通过个人签名和图片将自己展示成一个专业的现代女性。凭借她假小子般的短发、纤细、运动员一样的外表以及小精灵般的开朗，她着重以一种"自然"，几乎不带一丝性感的形象出现在众人面前，与色情演员桃丽·布斯特尔*截然相反。她是一个能与人同甘共苦的伙伴。她以一种直接面对的方式将自己，自己的名字和自己的传记放到营销的中心，把自己演绎成一个在整洁无瑕的车间里为性幸福工作的认真而有才华的工程师，从而去除了其生意中一切秘密和肮脏的东西。她不放过任何机会；从一开始，她的个性化营销就经过深思熟虑。她甚至还推销了自己的营销策略。在她第一次开展业务的 50 年后，她在法兰克福书展上介绍了自己的营销指南书，可谓是一种有关自我营销的 X 指

---

* 桃丽·布斯特尔（Dolly Buster），1969 年 10 月 23 日出生于捷克布拉格，现居德国，其形象为身材丰腴的金发美女，因此作者说贝亚特·乌泽的形象与布斯特尔相反。

南。她以《满怀激情地进入市场——给艰难市场的指南》(*Lustvoll in den Markt – Ein Ratgeber für schwierige Märkte*) 为标题，描述了自己如何作为女性和母亲、飞行员、运动员和勤奋的企业家，并有意识地将自己摆在关注的中心，以消除公司形象中任何不正确的苗头。

尽管如此，她还是成了那些惶恐不安的道德卫士们的靶子。1951年，她被裁定犯下散布不道德之文字及用品的罪行。弗伦斯堡的陪审法庭认为，"由于该类令人手足无措的产品"，她的产品目录里"缺少一种必需的慎重和委婉的推销方式"，而且她的产品有助于"推动淫乱"。对于法庭而言更糟糕的是，她作为一个出身名门并曾受过良好教育的女性来推销这类淫秽产品。[42] 她的上诉被驳回；因她的广告册子唤起了人们的"欲念"，法官确定她"毫无羞耻感"；她以彻头彻尾的毫不自省和顽固坚持触犯了法律。尽管上诉法院以程序错误为由撤消了这个判决，却确定这个广告册子"触犯了百姓们在性的问题上所有的健康理念"。

从此之后这类诉讼接踵而来。司法部门和警察局对她立案侦查的刑事案件共达2000多宗，其中700宗导致了法律诉讼。幸亏她聘用了优秀的律师并靠着个人的机智打赢了几乎所有的官司。她不加区别地恣意分发广告传单，以至于一些本不该受其干扰的社团也被涉及，比如有一次传单被投到了一所天主教神学院，此类事实构成对她最臭名昭著的一项指控：侮辱他人罪。从此之后她采用了双层信封，外面的那个一律没有发件人的名字，在里面的信封上则提醒收信人因其内容可能有伤风化并请他在感到受扰的情况下将其立刻扔掉，谁不这么做，就是咎由自取。1961年圣诞夜的前一天，贝亚特·乌泽的全球第一家性用品商店开张——一个聪明的决策，她打赌在圣诞节之前人们应该会抱着平静的心情并忙于其他事情，所以没心思去和一家新自助商店过不去。

第七章　甲壳虫汽车一代的闪亮登场

德国正陷入泥沼？对堕落的恐惧

继货币改革之后，这些针对贝亚特·乌泽以及其他无数个"伤风败俗"代表所进行的顽固斗争，深深塑造了迄今对50年代的形象的认知，它们几乎完全掩埋了公众记忆中所有较为欢快的、自由自在的一面。1948年，经济刚开始稳固，一场新的讨伐运动就以歇斯底里的热情发动，很快人人都在谈论"反对污秽和垃圾的斗争"，伴随而来的是之后长达多年的相关法律条款的备案工作，即1953年出台的《关于传播对青少年有害的出版物法》(Gesetz über die Verbreitung jugendgefährdender Schriften)。恰恰就当未来在大多数人的眼里刚刚开始明亮的时候，一群道德卫士把德国的未来描绘成一团漆黑。在货币改革之前，"社会上的犯罪倾向"大都是那些囤货者、盗窃燃煤者以及黑市投机商人，他们让人们对德国的道德滑坡感到担忧。而当经济开始好转，犯罪率开始下降时，年轻人的道德状况成了人们担忧社会秩序时关注的焦点。面对刚刚赢得的自由他们必须受到一定的约束。

带着民族保守意识的那些人和年轻共和国的精神格格不入。盟军自由意识的影响，新的电影和书籍，抽象艺术以及欢快摇摆的、"激励高昂"的音乐令他们深恶痛绝。他们不无理由地认为这些会给德国社会带来彻底的改变。漫画书被等同于"图片愚民主义""下流的文盲化""美化暴力"以及"毒害灵魂"。它们是一种"侵略者文学"，在女性跟随者的提袋里分发传播，是"儿童的鸦片"，一种"大众瘟疫"以及"文化耻辱"。[43] 有一个14岁的少年，因为想看看"一个人怎么上吊自杀"就把一个5岁的孩子吊在了窗钩上，这个事件当时被看作是反复阅读漫画的后果。[44] 老师们定期在孩子们的书包里搜查米老鼠、阿吉姆、西格德和狐狸兄弟（Micky Maus, Akim, Sigurd und Fix und Foxi）的漫画书。这些书册都被没收，一旦这些低级读物多到放不下时，就在学校的广场上被公开焚毁。

除了漫画外，"性泛滥"也像一个令人毛骨悚然的幽灵困扰着战后的头十年。同时，青少年无人管教的现象已到了无法被忽视的地步。这场战争使160万儿童成为半孤儿或全孤儿，其中有些人甚至连他们自己的姓名都不知道。流浪青少年独自或成群结队地到处游荡，他们抢劫、撒野、卖淫。许多成年人不愿将青少年令人悲伤的无政府状态看作是战争苦难以及纳粹政权下灵魂遭受毒害的后果，而是将污秽和垃圾的文化入侵视为原因。仿佛既不是"全面战争"，也不是极权主义对儿童心理构成的摧残，以及对战后崩溃的无尽失望，而是这个"现代的生活环境"被指控为"污染了年轻人"的元凶，顺便一提，当年的魏玛共和国也曾经采用了同样的论点控诉现代社会。从这个角度来看，经济的慢慢复苏和生活条件的正常化并不被视为一种改善的转折点，而是被视为危险局势的一部分，而早在1933年之前，人们就已经偏爱把这种情形称为"时代危机"。

1953年，北莱茵－威斯特法伦州的"州政府青少年保护行动办公室"（Landesarbeitsstelle Aktion Jugendschutz）的首席执行官汉斯·塞德尔（Hans Seidel）用了在这场反文化的争论中很典型的方式如此定义了此"时代危机"："它的内部典型特征就是现代人与至关重要的生存价值分离的历史过程，我们可用诸如唯物主义和虚无主义之类的关键词来描述这个过程。这种分离导致了自然纽带的丧失，特别是社群纽带的丧失，这意味着重要文化内容的分裂及退化。就这样，爱情退化为色情，职业退化为谋生，锻炼退化为运动，音乐退化为娱乐。现代技术过分强调物质上和速度上的提升，它一方面造成傲慢，另一方面造成恐惧。还有文明的影响，正如工业化和城市化的进程以及我们整个生活条件的去自然化也都与此相关联。"[45]

非自然化和退化，以及与生俱来的自然社群分离——从这个民族的立场来看，被盟军所推动的西方文化的进入自然而然地对青

第七章　甲壳虫汽车一代的闪亮登场

少年造成危害。这位在年轻的联邦共和国担任公职的青少年保护者因此还认为"我们40%的年轻人显而易见受此之扰，健康状况欠佳，并且深受其害。"[46]他的心理学家同事黑尔玛·恩格斯（Helma Engels）在绝大多数年轻人身上看到的只是"一伙迷恋享受，毫无节制的未成年人"，他们完全被"对电影院的沉迷，在精神上可怕的毫无追求，那种看来毫无意志力的纵欲乃至毫无一丝责任意识的过早的性行为所捆绑，他们没有任何集体精神，仅仅依附于触手可及的当下"。[47]

这是一个荒诞的错误论断。1952年，第一个壳牌青少年调查报告*发表了，至今为止它每四年进行一次针对青少年价值观变化的调查。即使在那个时候该调查就解除了警报：它描绘了非同一般顺从的一代人，他们早已令人惊讶地将战争以及战后的伤害应对得非常好。不过该调查当时并未受到和今天一样的重视，它不足以阻止警察和青少年管理部门对"难以管教"的青少年进行一场实实在在的大扫荡。尤其是"无人管教的女孩"如同怪物一样引起了官方部门的恐慌，在今天看来这简直就是病态的。

在对道德败坏的恐惧背后，隐藏着对成长中的这一代人的愤怒：年轻一代除了破坏性地表达自己的失望之外，并无法独立自主，还常常轻蔑地背离了老一辈。在孩子们的眼中，独裁政权及其瓦解已彻底地否定了这些年长者。年轻人当年越是热衷于希特勒，现在他们就越是感到被欺骗。当他们的父母无法保护他们免于丧失家庭平安时，孩子们将父母一辈视为失败者，这使得孩子们只能靠自己。1947年，也就是1968年的20年前，亚历山大·米切利希就述及了"代际决裂"（Bruch der Generationen）。[48]他

---

* 壳牌青少年调查报告（Shell-Jugendstudie）是一项面向德国青少年的社会调查。这个调查始于1952年，每四年进行一次，由壳牌公司委托专家通过问卷调查研究德国青少年的价值观、生活习惯及社会行为。

描述了许多年轻人的无政府虚无主义,从"他们言语中的怪异和粗野,他们手势的飘忽不定和漫无目的"他认识到,年轻人变得多么"不相信世界"以及对"父辈的业绩"是多么失望。[49] 虽然他能够理解并从根本上也对他们表示了赞同,可是对于普遍存在的"年轻一代对年长一代及其所认同的生活方式的缺乏敬重"还是令他感到悲痛。然而,面对年轻人的拒绝,年长者中缺乏同理心的人却充满了苦涩。尤其许多年轻女孩转向外籍士兵,她们听着他们的音乐,追随他们的时尚,模仿他们的语言,这些激起了年长者的满腔愤怒。就在年轻人美国化之际,父母一辈对于失败和错误的全部耻辱感拧成了一股劲——在歇斯底里的反对"堕落青年"的斗争中,他们寻求着一种貌似非政治化的、文化上的出气口。人们可以借此继续当一名纳粹而无须公开自己的身份。于是他们就针对自己的孩子,针对贝亚特·乌泽之流,针对漫画,针对"黑人音乐"以及吉特巴舞(Jitterbug)进行了一场替代性战争,简而言之:针对所有的污秽和垃圾文化。他们为了将其定性为腐化性作品就重新运用了"好莱坞垃圾"和"文化布尔什维克主义"这些标签,单从这个事实就能清楚地看出,往日的政治界限还在起着多大的作用。*

在臭名昭著的少管所里,所谓的"堕落女孩子"只因为未成年就有过性行为而受到了人身攻击和非人待遇。相反男孩子们则大多因侵犯财产罪而被贴上"恣意妄为"的标签,而这导致他们遭受破坏人格的惩罚性措施。从各个方面来看,许多年轻人确实是孤儿:他们在精神上无家可归,心理受到创伤并且饥饿不已。伴随着他们的被遗弃,他们跌跌撞撞地从一个资助者投奔到另一个,其中不乏心思可疑之人。在许多管教所里拳打脚踢、严格训练和枯燥的工作

---

* "好莱坞垃圾"(Hollywoodschund)和"文化布尔什维克主义"(Kulturbolschewismus)都是纳粹德国用以批评某些艺术或文化运动的术语,战后重新起用这些标签,展现的排他和界限划分与30年代很接近。——编注

取代了理解和宽容。单是管教所的档案将女孩们标签为"道德低能""本质欠佳""性冲动异常"和"不可调教"的事实,就表明了当年这些教育者们想出了何等残酷的改造和惩罚性策略。[50]

女性的性行为被这些人民教育工作者视为是对公众和平妖孽般的威胁,而青年男子的性冲动则被看作是上帝给予的,可以欣然接受。[51] 也正是因此,当希尔德加德·克内夫在电影《女罪人》里扮演自信的妓女玛莲娜,引领和保护着她的情人时,就让这部电影引起了早年那些反对色情的积极分子的强烈愤慨。并且由于贝亚特·乌泽是一个女人,检察官被她激起的办案野心要远远超过了对其从事色情用品经销商的男性同行的刑事追究。

但是,天主教会可以声称他们对纳粹政权下的性自由化早已进行了批判。第三帝国的青年组织从一开始就受到教会的怀疑。在他们眼中,希特勒青年团(HJ)和德意志少女联盟(BDM)助长了年轻人的性淫乱。许多父母不幸地经历了国家剥夺他们对子女的教育权,并通过诱人的冒险引诱他们的孩子远离父母。天主教救济机构发言人彼得·佩托(Peter Petto)神父认为,希特勒青年组织成员和"高射炮助手一代"*是被国家毁了的一代。在1947年对教育工作者的一次讲话中他这样解释:"他们中的许多人经历了傲慢无礼、严格的集体训练、良心泯灭、反对宗教影响的教育。他们因战争的野蛮习性而变得麻木不仁,并且渴望从致命的无聊和单调的生活中获得感官上的享受。他们深感失望,常常觉得自己是一群迷失的人。他们在不安分的流浪者中占了很大比例。"[52] 然而值得说明的是,这

---

* 高射炮助手一代(Flakhelfergeneration):1943年起纳粹政府征召1926年和1927年出生的男学生入伍,成为德国空军的辅助防空人员,征兵范围后来扩大到1928年和1929年出生的男女学生。其法律根据是《空军青年战争援助服务》(*Kriegshilfseinsatz der Jugend bei der Luftwaffe*)。这些辅助人员的官方名称是"空军助手"(Luftwaffenhelfer),但更常被称为"高射炮助手"(Flakhelfer),因为这些少年兵通常服役于空军和海军,负责发射高射炮。——编注

位对少年福利院中的各种虐待发出过尖锐批判，心怀仁爱的佩托神父，他可能认为对肉体享乐的渴望与被战争钝化了的精神同样令人担忧。

不管对"性欲崇拜"的担忧出自哪个精神领域，直到突然出现一大批用强硬手段执行禁令并对令人侧目的生活方式进行恐吓的人，此时这些道德卫士们的危言耸听才开始对战后社会刚刚萌芽的自由主义产生了一定的威胁。1951年通过的《基本法》中的第131条款使得一大批被指控的老纳粹分子回到了公共事业部门，该条款允许由于盟军的干预而在战争结束后失去职位的公务员复职。甚至有人怀疑，联邦刑事局（Bundeskriminalamt，简称BKA）之所以如此深入地与堕落文艺作品作斗争，只是为了让那些必须复职的前纳粹同事能有事可干。[53]比如站在联邦刑事局对"性病态出版物"的战斗最前沿的刑事检查员鲁道夫·汤姆森（Rudolf Thomsen）。这个前党卫队突击队大队长（SS-Hauptsturmbannführer）曾在克拉考（Krakau）执行过"帮派识别和打击"的行动，这个词其实就是对平民进行谋杀的代名词。汤姆森在波兰的工作曾受到上级领导的高度赞扬。[54]五年后，他同样坚决地反对道德沦丧，努力协调各个部门和各种措施来对抗道德堕落。

幸运的是年轻的联邦共和国的社会对这类镇压的抵抗力，远超过50年代那个腐朽不堪的社会给人留下的普遍印象。出版商、电影发行人和作家们通过法律手段来抵抗右翼对大众的煽动性言论，并把控告他们的人告上了法庭。在媒体中，正如《时代》在1952年所称的，"正在不断推进的威权主义的国家观念"受到了顽强的抵制。[55]"反抗威权的秉性"实际上并不是1968年那代人的发明；这个名词早在1951年就出现在《明镜》周刊上了。[56]不过那些道德卫士也使用了这个词汇。一场真正意义上的有关文字和图像的自由以及道德与淫秽之间界限的文化之争蔓延开了。科隆的红衣主教弗林斯，也就是当年在囤货和偷盗问题上曾宣布俗世的法律是次要的那位主教，这回再次发出了自助的呼吁，假如国家不采取有力行动的话："我们要组成一个强大的阵营，发动一场充满力量的运动，并呼吁联邦政府和州政府不要停下来，直到这些事情（这里指的是电影《女罪人》）在将来不再成为可能为止。如果没有什么可以帮助我们，我们只能采取正当的自我救助。"[57]暴力抗议、臭气炸弹的袭击和群架伴随着《女罪人》的首映，导致许多教会人士和道德狂热分子违反法律。但是，国家为保护艺术的自由挺身而出。一名警察曾在法庭上说，他"从未见过像牧师克林克哈默尔博士（Dr. Klinkhammer）这样粗暴野蛮的示威者"。这位来自杜塞尔多夫的牧师被指控犯有胁迫他人、扰乱治安以及反抗国家权威的罪行。[58]

第八章

再教育者

三位作家和文化官员为盟军打磨德意志精神

就在盟军越过德意志帝国边界的那一刻,他们的背包里早就有了一套处置所占领地区的完善方案。他们早就准备好与被俘虏士兵以及平民百姓进行交流。而且当时还有详尽的计划以应对实体胜利之后最大的任务:重塑思想。如何祛除德国人的狂妄?怎样才能从德国人的头脑里去除12年来一直被灌输给他们的种族主义?种族主义显然已经渗透德国人的灵魂,以致无论怎样残酷的地毯式轰炸都无法使他们放弃这种思维。

德国的海外移民加入了盟军的行列,为了保证他们同胞的投降是持久的,他们工作在心理战的最前沿。比如苏维埃方面就有"乌布利希小组",它是以瓦尔特·乌布利希命名的,他后来成为东德德国统一社会党(SED)的领导人,移民到苏联后则是德国共产党(KPD)骨干。这个小组从属于红军政治行政总署下的第七支队。战争开始之后德国人和俄国人就在这个宣传部门紧密合作了。在这些俄国人当中,有许多对巴赫与贝多芬、荷尔德林与席勒,还有德俄关系的悠久历史充满热情的人。在德国人中则是作家和记者，他们把创作的热忱投入传单和电台发言稿之中，比如写过《绿色是我武器的颜色》（Grün ist meine Waffenfarbe）的埃里希·魏纳特、维利·布雷德尔、阿尔弗雷德·库雷拉，以及弗里德里希·沃尔夫。[*]

1945年4月30日，由十人组成的乌布利希小组从莫斯科飞往明斯克，然后继续飞到波兰的梅塞里茨（Meseritz），从那里乘着卡车经过被击毁炸碎的坦克和腐烂的动物残骸，驶往柏林东部的布鲁赫米勒（Bruchmühle），那里敌我双方依然不屈不挠地用机关枪互相扫射。乌布利希小组原本要找出为成立新政府所需的正直德国人。这个小组尝试赢得战败者对苏维埃政权善意的信任，并试图让他们揭发或交出那些活跃的纳粹分子。而且它还要确保立刻建立起一个反法西斯的民主新闻媒体。该小组的十名成员中有五名曾在莫斯科的德国人民广播电台担任过记者，包括古斯塔夫·贡德拉赫（Gustav Gundelach）、沃尔夫冈·莱昂哈特（Wolfgang Leonhard）和卡尔·马龙（Karl Maron），后者后来成为《新德意志报》（Neues Deutschland）的副主编。鲁道夫·赫恩施塔特[†]曾经是自由派《柏林日报》（Berliner Tageblatt）的作者，一周后从莫斯科赶来，他的任务是在5月21日之前在柏林创办一份日报。原本他的共产主义同伴倾向于将他留在莫斯科，因为他们认为一个犹太人会有损于他们的事业，并且在柏林他会面对太多的敌意。然而，5月8日赫恩施塔特就搜遍了柏林报业区莫塞大楼[‡]的废墟，在仍然躺在那里的尸

---

[*] 埃里希·魏纳特（Erich Weinert, 1890—1953）、维利·布雷德尔（Willi Bredel, 1901—1964）、阿尔弗雷德·库雷拉（Alfred Kurella, 1895—1975）以及弗里德里希·沃尔夫（Friedrich Wolf, 1888—1953）都是民主德国的文化先锋人物，其中有作家、艺术学院的校长、剧作家、翻译家。

[†] 鲁道夫·赫恩施塔特（Rudolf Herrnstadt, 1903—1966），犹太裔德国人，记者、共产党政治家，曾经是民主德国政治局常委、《新德意志报》总编，于1954年被开除党籍。

[‡] 鲁道夫·莫塞出版社大楼（Mossehaus）是一座以《柏林日报》的所有者、出版商鲁道夫·莫塞（Rudolf Mosse）命名的建筑物，《柏林日报》的报社和印刷厂皆在大楼里。纳粹接管后，《柏林日报》关门，印刷厂仍持续运作，直到1945年遭战火严重破坏。——编注

第八章　再教育者

体中寻找可以正常运转的印刷机和打字机了。他与《大战中的小女孩》(*Kleines Mädel im großen Krieg*)的作者弗里茨·埃彭贝克(Fritz Erpenbeck)一起寻找招募昔日值得信赖的同事——在这座残破的城市里，这是一项极具挑战性的任务。为了取得支持，他要求红军将《德国战俘报》(*Deutsche Zeitung für Kriegsgefangene*)里最优秀的几名编辑提供给他。

一个又一个可能的战友和他们取得了联系。当他们在克罗伊茨贝格区的奥托·莫伊泽尔印刷厂(Otto Meusels Druckerei)找到了一个合适的地方时，时机终于在5月22日那天成熟：《柏林报》(*Berliner Zeitung*)创刊了，发行量为10万份，它著名的头版头条标题是"柏林正在复苏！"(Berlin lebt auf!)。

美军中也有德国战士参加这场心理战。德籍移民，其中很多是年轻的犹太人，还有会说德语的移民后代，为了在反希特勒的联合阵营中贡献才智，他们主动请缨应征入伍。他们中的大多数人是在美国马里兰州的军事情报训练营里奇营地(Camp Ritchie)接受训练的。正如这个营地的毕业生之一汉斯·哈贝所述，该营地的外面看起来几乎就像一个高尔夫俱乐部，坐落在田园诗般的蓝岭山脉(Blue Ridge Mountains)脚下的一个湖边，而它的内部就像一艘怪异的愚人船。[1] 来自15个语区的移民在这里为即将在欧洲大地上开展的心理战接受训练。他们学习了审讯技巧，在敌人后方进行侦察，通过虚假信息或更好的是通过真相来削弱敌人的备战能力。这个被各地的人们称作"里奇男孩"(Ritchie Boys)的是一支受过高等教育的队伍，除了对纳粹的仇恨之外还有对德国文化的尊重将他们凝聚在一起。他们当中有在大学学习过德国文学的美国人，因此能说一口流利的德语。德裔的"里奇男孩"里有作家克劳斯·曼(Klaus Mann)、汉斯·哈贝、斯特凡·海姆(Stefan Heym)、哈努斯·布格尔(Hanuš Burger)以及后来的卡巴莱艺术家格奥尔格·克

身着定制制服的汉斯·哈贝。1945年作为美军少校的他创办了16份德国报纸,《新报》是其中的旗舰报刊。

第八章 再教育者

赖斯勒（Georg Kreisler）。

他们当中最光彩夺目的当然要数汉斯·哈贝了。这位1911年在布达佩斯出生、原名为亚诺施·贝克西（János Békessy）的记者在20岁时就当上了《奥地利晚报》（Österreichischen Abendzeitung）的主编。这之前他曾经为《维也纳周日周一邮报》（Wiener Sonn- und Montagspost）在希特勒的出生地布劳瑙（Braunau）做过调研，虽不是非常精确但他却查出假如希特勒的父亲当年没有改姓，这位元首原本应该叫阿道夫·席克尔格鲁贝尔（Adolf Schicklgruber）。后来他为著名的《布拉格日报》（Prager Tagblatt）担任驻日内瓦国际联盟*的通讯记者。哈贝，这位自称"漂亮出众并且也不缺乏心灵素质"的人在其生命的尽头可以夸耀曾娶过世界上最富有的三个女人。他一共结过六次婚。继他的第一任妻子玛吉特·布洛赫（Margit Bloch）之后，维也纳电灯泡工厂主的女儿埃丽卡·莱维（Erika Levy）成为其第二任妻子。即便是她也无法在哈贝身边久留。由于1938年奥地利"加入"了纳粹德国，哈贝作为一位改信基督教的犹太人的儿子转眼间被取消了国籍。他前往法国并加入了法国的志愿军。正如他自己曾经卖弄吹嘘过的那样，他决定把自己的人生塑造得比他的小说更精彩，他加入了伞兵部队。在被德军俘虏之后，他成功出逃的冒险经历后来成为作家埃里希·玛丽亚·雷马克（Erich Maria Remarque）那部名为《里斯本之夜》（Die Nacht von Lissabon）小说的素材。他从里斯本上船，来到了美国，在那里才刚刚认识他下一任妻子，日后的通用食品公司的富有继承人埃莉诺·克洛斯（Eleanor Close），他就报名参加

---

* 国际联盟（Völkerbund，简称国联）：1920年1月10日成立于日内瓦，是"一战"结束，在巴黎和平会议召开后组成的跨政府组织，也是世界上第一个以维护世界和平为其主要任务的国际组织。该组织的存在却无法阻止第二次世界大战的爆发。于1946年4月20日解体并被联合国所取代。

了反纳粹德国的战斗，这次则是为美军效劳。

就这样哈贝来到了里奇营地。身着按照他自己的意愿改制的制服——一般这是将军们才有的特权，他完成了第五纵队在意大利南部萨莱诺（Salerno）损失惨重的登陆战。可他就是喜欢打扮得漂亮出众，并以勇气和优雅的完美组合给军队上级留下深刻印象。在向北部推进期间，他被任命为心理作战师新闻部的负责人。1944年9月占领卢森堡后，他立即接管了技术上极为强大的卢森堡无线电广播电台，并使其成为一个诱导敌方的出色要塞。10月底，亚琛成为第一座被占领的德国大城市。从那时开始，哈贝被命令应立即在每个被征服的主要城市创办一份报纸，以便让美国人获取社会主流媒体的话语权。他最重要的搭档是里奇男孩汉斯·瓦伦贝格（Hans Wallenberg）——前《柏林午报》（B.Z. am Mittag）主编的儿子。1945年4月起，从《科隆信使报》（Kölnischer Kurier）开始，16家新报纸在其所在城市停火后就立即开始运营出版。这只有通过一个挖空心思想出来的复杂流程才能得以实现。这16家报纸的编辑部取材受命于哈贝指挥下的一个中央编辑部，它坐落在巴特瑙海姆被没收了的布里斯托尔酒店。报道手稿每天都通过飞机或吉普车运到各地的报社编辑部。在那里，它们被补充上当地报道以及该地区军事行政部门的公告——这样共享一个跨区域编辑部的方式后来成了德国地方报纸沿用至今的系统性结构。

然而，这种高效率的工作方式却在同行里造就了危险的嫉妒者。几乎在哈贝创建报业的同时，盟军的军事管理部门也在颁发新闻许可执照给那些和纳粹政府没有过瓜葛的德国出版商和报商，其中包括《法兰克福评论报》（Frankfurter Rundschau）、《莱茵—内卡报》、《南德意志报》以及许多城镇里的小报刊。它们都要经过一个审查机制，不过自1945年底起，这个审查机制在英美占区就被转化为事后审查制了。之后还有类似《时代》、《亮点》（Stern）这样的周报出现。美国监管部门控制了新闻许可执照的发放,这导致了军事管理部门内部一种近乎母性的责任感与激烈竞争。执照发放团队认为汉斯·哈贝旗下那些由政府资助的、设备优良的报纸对于他们扶持的德国新报业而言是一种不公平的竞争。最大的冲突之一就是持续不断的稀缺纸张的分配之争。在遥远的东柏林,鲁道夫·赫恩施塔特的出版帝国虽困难重重也在不断扩张。除了《柏林报》他还创立了《新柏林画报》(Neue Berliner Illustrierte),这是一份制作精良的报纸,很快就拥有了一流的摄影师和插画师。他随后还出版了《今日女性》(Die Frau von heute)、青少年杂志《开始》(Start)以及《民主建设》(Demokratischer Aufbau)。1947年柏林出版社已有1700名员工。

哈贝和赫恩施塔特面对的是同样的任务:如何能让德国人对占领国所办的报纸产生信任?这些报纸当然会被人们认真地阅读,首先因为当时情形如此不稳定,所以哪怕再小的提示、信息都会让人们觉得很有价值,它给予人们某种方向感。可是,除了充当那些有关禁足令和食品配额的布告栏之外,怎样才能让一份报纸在某种程度上取得温暖人心的效果呢?出于这个疑问,盟军之间发起了一场自相矛盾的竞赛,以获得各自占领区内德国人的青睐。这次不只是围绕着新闻媒体。盟军达成一致的去纳粹化和再教育政策,基于一个在惩罚和建立信任之间的平衡上:借助那些还留在本土的真正反纳粹人士来清除罪犯并让当年的随大流者*改过自新。假如没有对战胜国善意的基本信任,人们将无法赢得持久性和平。

---

* 联邦德国为了"去纳粹化",厘清曾参与纳粹者的罪责,于1946年通过《解除国家社会主义与军事主义第一〇四号法令》(Gesetz Nr. 104 zur Befreiung von Nationalsozialismus und Militarismus)。根据该法,与纳粹有关联的人必须接受审查,从重到轻判定类型:主犯(Hauptschuldige)、有罪者(Belastete)、轻罪者(Minderbelastete)、随大流者(Mitläufer)、免罪者(Entlastete)。其中随大流者与免罪者可获得"非纳粹化"证书。——编注

理论上讲苏联人在这方面就相对容易得多。因为他们的世界观使他们坚信，历史"必然"走向一个没有阶级的社会，这使他们有了相信德国人善良一面的可能。在他们对历史的理解逻辑中，德国人袭击他们违背了无产阶级的客观利益。就在第二期《柏林报》上，赫恩施塔特以突出的方框里印发了斯大林的名言："历史的经验告诉我们，这些希特勒之流来来去去，可是德意志人民、德意志国家将依然留存。"通过将法西斯主义解释成压迫劳动阶级的恐怖主义专政，苏联人开辟出一条快速宽恕的意识形态之路。在他们的眼里，虽然德国的群众因为没有进行足够的抵抗而有罪，不过他们不太倾向于像许多美国人那样认为德国人本质上是邪恶的。

尽管和美国人、英国人相比，苏联人实际上给德国民众造成了更多的恐惧情绪，但在宣传的层面上他们对德国人却要亲切友好得多。从一开始他们就向德国人描绘出一个和解的前景。1945年5月23日在《柏林报》上，当时已是柏林副市长的乌布利希小组的卡尔·马龙写道："这个世界曾看到德国人过度掠夺和破坏，但愿他们现在会看到我们进行的和平重建以及公正赔偿，好让我们可以再次坦诚地面对他们，德国可以再次在一个和平的国际大家庭中占有一席之地。"

另一方面，战争刚一结束就立刻给了德国人这么一个重返社会的机会，对此美国人根本无法坐视不管。他们没有共产主义的历史理论能让他们将德国人看作是希特勒的受害者。相反，在一个普通德国人的身上他们看到的是一种军国主义的、专制的、铁石心肠的性格，对这种性格而言，元首国家是最合适的政权形式。总之对于民主制度他们还远未成熟，而且在民主实现之前，他们对于世界和平而言仍旧是一个无法估量的危害。原则上，每个德国人都应被视作敌人。

这种态度导致的实际结果就是禁止联谊令，早在战胜德国已可预见的时候，西方盟国就颁布了这道禁令。他们禁止士兵与平民有任何接触，只允许他们有基本日常所需的淡漠交际。1944年9月9日出版的所谓的美国陆军G-3手册要求"无论在官方或非官方场合，避免单独或集体以友好、熟悉或亲密的方式与德国人打交道"。[2]在一个以《在德美国军方人员行为守则》("Thema Conduct of American Military Personnel in Germany")为题的备忘录中写着："在不表现出报复与恶意的情况下，美国人的行为应表现出冷淡的敌意和反感。……应该清楚地让德国人明白他们对第二次世界大战负有责任，并且他们在德国统治下对其他民族所犯下的严重迫害是不会被原谅的。……他们要明白不仅德国将会因其侵略行为而再次受到战败的惩罚，而且还会因此受到那些他们原本心仪之人的蔑视和惧怕。"[3]被禁止的行为有握手、散发巧克力、一起去餐馆，一起庆祝，当然也包括性关系。

众所周知，士兵们并未长期遵守这些规定。他们吃惊地发现，大多数的德国人和《在德美国军方人员行为守则》里的敌对形象相去甚远，他们也对那些随处可见的兢兢业业感到恼火。尽管如此，至少在头几个月里，通过海报、手册以及电影植入广告的不断提醒，这项禁止联谊令表面上起到了让人们收敛举止的作用。

苏联士兵在进驻后的行为却与之大相径庭。他们给人留下了一种极为矛盾的印象。他们中的许多人尤其是在喝醉的情况下，一次次显现其残暴的一面，反过来他们又以无法抑制的真诚热情令人吃惊，常常在街头邀请德国人参加胜利庆典和自发性的聚会。他们发自内心的冲动热情与突然爆发的暴力一样富有传奇色彩。他们喜欢舞曲和古典音乐会，戏剧和杂技，当枪炮声一平息，他们立即狂欢庆祝。他们下令重启在战争期间关闭的剧院、音乐厅和综合性剧院，其数量之多令人难以置信地。早在战争结束两周后的1945年5月26日，柏林爱乐乐团在音乐家们亲手清除了瓦砾之后，便在泰坦尼亚宫电影院（Titania Palast）举行了首场音乐会。能够举行这场音乐会这一事实就足以令人惊讶。该乐团当中有35名成员死亡或失踪，大部分乐器已从仓库中被转移，其余的则被俄罗斯军乐队没收。在指挥台前站着的是身穿黑色燕尾服的莱奥·博尔夏德，就是那位几周前为了用钝刀从坚韧的牛身上撕下几块肉，而在后院与女记者露特·安德烈亚斯—弗里德里希一起在那头白牛身上爬来爬去的博尔夏德。

在俄国军队的要求下，45家综合性剧院和卡巴莱歌舞剧场以及127家影院在6月中旬就已经重新开张了，每天有8万至10万人光顾。[4] 为了满足俄国人娱乐的兴致，那六家名为瓦尔多（Waldos）、两家名为罗德丽（Rodelli）、三家叫克里通（Kriton）的综合剧院，喜剧演员歌舞厅（Kabarett der Komiker），声与烟滑稽剧场（Kabarett Schall und Rauch），以及快捷小型管弦乐队（Expresskapelle），全都忙得四脚朝天。这不是为了愉悦德国人，而是俄国人自己想要在艰难的前线战争岁月之后好好享受一把西方的娱乐活动。"他们也让德国人一起来享乐，自己则与观众们打成一片，作为战胜者他们没有丝毫接触恐惧，也许他们也想受人喜爱"，文化学者伊娜·默克尔（Ina Merkel）这样写道。[5]

俄国人也同样无拘无束地倾心于德国的上流文化。而美国人对德国的古典音乐却感到怀疑，并且他们自问这种敏感至极的矫揉造作是否细看之下也与德国人的野蛮行径有着更多的关联；与此同时，俄国人却毫无顾忌地崇敬德国的文化遗产。好在魏玛是他们的占领区。早在1945年7月，红军的士兵们就在大量的媒体报道下拆除了魏玛歌德—席勒纪念碑的护套板，它是当年在纳粹大区长官弗里茨·绍克尔（Fritz Sauckel）的命令下为了防止轰炸造成损坏而搭建的。一个月后第八近卫军司令兼图林根军事管理负责人瓦西里·崔可夫（Vasily Tschuikow）上将，在庞大的随从人员陪同下参观了这两位魏玛古典主义代表人物的纪念碑和墓地。在将军做了长篇演讲之后，轮到成名作家尼古拉·维尔塔*发言："希特勒分子曾想限制歌德和席勒，他们曾经想遮蔽他们最美丽、最光辉的理想。……今天，当我们开放歌德和席勒的墓地时，我们也同时打开了一座牢笼，它曾牢牢禁锢了他们二人关于人类幸福、人民之间的友谊和正义的思想。"尼古拉·维尔塔几乎把纳粹主义全然说成是非德意志的，这一论点被战败者们欣然接受并收获了热烈的掌声。

在美国占领区这边，对德国的阳春白雪文化这般的同理心顶多出现在几个日耳曼文学学者和德籍移民身上。大多数人对德国人的文化传统持怀疑态度，不明白为何恰好是这些受过高等教育的德国高知们曾经是最恶劣的纳粹分子。他们对德国记者广泛参与在重建中的新闻业也抱着同样的怀疑。至少到 1945 年年底为止，苏联对军方人员与战败方之间的紧密联络没有提出什么反对，并且将再教育的任务基本上交给了德国的共产党同僚们，而与此同时，除了里奇男孩外，美国人则试图避免让更多的德国人在再教育工作中担任领导职务。

然而，对于禁止联谊令汉斯·哈贝却是一个坚定的反对者。他坚信，只有当盟军和德国人打成一片时，才能够去芜存菁并成功地实现去纳粹化。除此之外，他无法想象假如没有良好的社会关系一个编辑部要如何运作。基于这点美国人就得和德国人紧密合作。哈贝的杰作于 1945 年 10 月 17 日发表在慕尼黑一份由美国军政府的信息控制部（Information Control Division，简称 ICD）出版，由他主编的跨省份报纸《新报》上。正如其报头所明示的，这份报纸是一份不折不扣的"面向德国民众的美国报纸"，但是它至少一半

---

* 尼古拉·维尔塔（Nikolai Virta, 1906—1976），苏联作家、剧作家，著有小说《孤独》（*Odinochestvo*）、剧本《我们每日的粮食》（*Khleb nash nashushchny*）等作品。

的版面是德国知识界的布告栏。从特奥多.A.阿多诺到卡尔·楚克迈尔（Carl Zuckmayer），几乎所有有重要观点要发表的人都在这里写过文章：马克斯·弗里施（Max Frisch）、亚历山大·米切利希、赫尔曼·黑塞（Hermann Hesse）、阿尔弗雷德·德布林（Alfred Döblin）、托马斯·曼与亨利希·曼（Thomas und Heinrich Mann）两兄弟、阿尔弗雷德·克尔（Alfred Kerr）、彼得·祖尔坎普（Peter Suhrkamp）、奥达·舍费尔（Oda Schaefer）、伊尔莎·艾兴格尔（Ilse Aichinger）、路易丝·林泽尔（Luise Rinser）、弗里德里希·卢夫特、赖因哈特·莱陶（Reinhard Lettau）、赫尔曼·凯斯滕（Hermann Kesten）、瓦尔特·延斯（Walter Jens）、沃尔夫冈·博尔歇特、露特·安德烈亚斯—弗里德里希、乌尔苏拉·冯·卡多夫、京特·魏森博恩（Günther Weisenborn）——这只是选出的一小部分，由此可见它的跨度有多大。汉斯·哈贝把埃里希·凯斯特纳收入麾下任副刊主编，阿尔弗雷德·安德施做他的副手。除了属于编辑部美方工作人员的斯特凡·海姆，还有其他德国人比如卡巴莱演员维尔纳·芬克（Werner Finck）、日后的猜谜节目大咖罗伯特·伦布克（Robert Lembke），以及多年后成为德国自民党政客和外交部国务秘书，当时年轻的共和国最令人难忘的女政治家之一的希尔德加德·哈姆—布吕歇尔（Hildegard Hamm-Brücher）。对这位年轻的科学版女编辑而言，在《新报》的工作是一所培养民主的学校；"它曾是一所思想校园，每天都在积累新的经验。……而且人们和我们的相处也是民主和开放的，所以从这点看来，和那些完全还使用国家至上的专制思维的人相比，我在三年后取得了他们或许要用20年才能取得的进步。"[6]

《新报》是一份令人印象深刻的报纸；大尺寸版面，设计高雅，文字聪慧并具有争议性。其内容确实重新开始了各种争论，对于1933年后的读者来说这是个新气象。就在最初出版的几期中的一期里，哲学家卡尔·雅斯贝斯在《答西格里特·温塞特*》("Antwort auf Sigrid Undset")一文中就德国人的集体罪责提出了异议。[7]这位挪威女作家此前对于德国人的再教育不抱任何希望，因为德国人所犯下的行径是由其"德意志思维"所导致，作为一种历史常态，它是由傲慢、自负和攻击性所决定的。[8]她认为再教育是行不通的，因为这意味着孩子们必须和他们的父母一辈决裂。针对这位诺贝尔奖得主的文章，雅斯贝斯做出了如下回答："在我看来，对整个民族以及对这个民族的每个成员做出一个总体性的评判，这样做有悖于人之为人的要求。"他甚至认为德国人的"自我教育"都是可能的。不过这就得承认当年对几百万人犯下的谋杀案，对通过宽容和适应而导致的共犯罪责进行毫不留情的审查以及对过往做出公开的讨论："这取决于我们是否在真理的条件下赢得我们德国的生存权。我们必须学会彼此交谈。"这不只是意味着性格上的改变，甚至涉及对话形式上的变化："教条式的断言，叫嚣，固执的愤慨，一感到被羞辱就中断对话的荣誉感，所有这些都不能再发生了。"[9]

《新报》当时是一个独立精神的论坛，人们未曾料到占领区政府会允许如此多元化报纸的存在。毕竟在哪里才能既读到狄奥多·阿多诺又能读到路德维希·埃哈德的文章呢？尤其在埃里希·凯斯特纳的领导下，报纸的副刊使《新报》的知名度越来越高，它占了整份报纸三分之一的版面。每期都要写一篇讽刺性短评和不少其他文章的汉斯·哈贝，他强硬而又平等合作地领导着编辑部，扬扬自得于间或高达 250 万份的发行量，另外还有 300 万份订单由于纸张的缺乏而无法被完成。

哈贝坚信，假如没有德国和美国编辑之间的友好合作，像《新报》这样的报纸是无法办成功的。而编辑部的微观世界也对应着整

---

* 西格里特·温塞特（Sigrid Undset, 1882—1949），挪威作家，1928 年诺贝尔文学奖得主。

个社会的去纳粹化,哈贝期望在去纳粹化的行动上会有更强的力度,而对那些"与纳粹毫无干系的人"则要更加坦诚以待。除了哈贝自己每天像一名马术师一样穿着始终贴身、熨烫笔挺的制服,编辑部里大约20名美国工作人员每天穿着皱巴巴、松松垮垮的制服上班,他们和德国同事们相处甚欢;美国的军方机构带着怀疑看着这种毫无拘泥的开明气氛。哈贝不久就被认定为思想不可靠而且"有联谊行为",仿佛他被那些自以为是、信口开河的德国人彻底洗脑了。

德国人则对他有着与之相反的保留态度。那里的人们尤其对由哈贝这样的美籍德裔人士推动的去纳粹化运动耿耿于怀。许多人并不知道他其实是一个匈牙利犹太人。至于得知此事会让事情变得更容易,还是更困难,人们只能对此做无限的猜测了。哈贝本人却肯定地认为德国人更愿意让外国人来进行再教育,而不是被自己人。在外国人那儿接受再教育属于仪式的一部分。

即使人们在回顾时觉得大多数的去纳粹化措施其实并无大碍,被战胜的德国人依然觉得这是一种屈辱。尤其是第三帝国的知识分子、教师、教授、作家和记者,他们仍然觉得他们所遇到的那种不信任毫无道理。比如美占区里每个成年人都要填一份含有131个问题的问卷,它本来是作为解聘公职人员的根据——一个很快就引发出人们一长串讥讽谩骂的教条主义程序。有些提问遣词造句很不恰当,有些明显暴露了缺乏对不同纳粹社团的认识,不仅如此,对于德国人而言,这种简单的经验主义式调研是完全陌生的,而且在他们看来简直既冒昧又天真幼稚。"您参加过纳粹党吗?您是否曾在纳粹党里担任以下职位之一:帝国长官?大区长官?乡镇长官?当地小组长?您退出教会了吗?您曾是希特勒青年团成员吗?您的妻子是犹太人还是混血儿?您的妻子曾经是纳粹党成员吗?"许多德国人一想到通过这种方法被透视就很难平静下来。作家恩斯特·冯·萨洛蒙(Ernst von Salomon)就这种无理要求撰写了一部

第八章 再教育者

小说，该小说在1951年以《问卷》(Der Fragebogen)的标题出版，成为战后德国最畅销的小说之一。以这个调查表为主线，他编写了一部厚达600余页的自传，并以此方式证明，一个保守民族主义的德国知识分子的复杂生活无论如何都无法被这种荒谬的问卷所概括。

当然，每个德国人在战后都一概受到盟军的怀疑，连那些最自以为是的人都明白其中的道理。这就是战争的逻辑。在纳粹民族共同体的逻辑里，从海外流亡回来的德国人被剥夺了评判的权利。逃离的人是没有发言权的。这些德籍新移民审讯或者说教一般的举止让德国人觉得是一种妄自尊大。即使哈贝在自己最亲密的德国员工当中深受爱戴，但在编辑部保护墙之外，他感到的是一股令其压抑的反感。

为了抵抗这些移民的傲慢，德国人紧紧抱团。这根本就不仅仅是一种躲藏逃避之举，相反是一群良心不安的老牌纳粹分子们倔强的嘀咕抱怨。这不仅限于窃窃私语：战后的西德生发出一种富有活力的辩论文化，在这种文化中，受到盟军保护的德籍移民可以公开地受到攻击。最出名的就是围绕和关联着托马斯·曼本人的争论。这位1929年诺贝尔奖的得主自1940年以来就在加利福尼亚的流亡之地定期给电台写讲稿，这些讲稿通过英国广播公司（BBC）传播到他的同胞那里。在通常每次长约八分钟、总共55份的讲稿里，他对听众阐明了纳粹政权所犯下的罪行，他提到了"道德之沉沦"，并从外部视角出发描述了这个国家是如何将自己排除在信仰人道主义的民族体系之外。

此时，战争刚结束，许多德国人期待着这位著名作家的回归会带来一种道德援助。1945年8月4日，之前曾任普鲁士艺术学院（Preußische Akademie der Künste）诗歌部主任并自认是德国文化杰出代表人物的瓦尔特·冯·莫洛（Walter von Molo）在《黑森州邮报》（Hessische Post）上刊印了他写给举世瞩目的托马斯·曼的一封公开信，这封信随后也在《慕尼黑报》（Münchener Zeitung）上登出。在信中他请求托马斯·曼重返德国，回到这个已不再是他所认为的凶手之国，而是受害者的国度："请您快点儿回来，看看这些饱经沧桑的脸，看看许多人眼里无法叙说的痛苦，他们不曾参与对我们阴暗面的颂扬，他们无法离开家园，只是因为千百万人除了故土没有别的安身之处，而即使这个故土也渐渐成了一个巨大的集中营，很快这里只有不同等级的看守者和被看守者。"[10]

这一请求表明了德国迫切需要托马斯·曼回国，然而，这个原本是恭维式的请求却让托马斯·曼感到极度不快。那些随大流者哭哭啼啼地把自己看作是受害者，好像他们也曾经在一个大集中营里待过一样，他不愿意回到这样的德国。于是他以《我为什么不回德国》（"Warum ich nicht nach Deutschland zurückkehre"）为题写了一个拒绝声明，并将它发表在了纽约的《建设》杂志*上，同时通过美国战时情报局（Office of War Information）发表在了德国的各家报纸上，其中就有《奥格斯堡市报》（Augsburger Anzeiger）这样将其以燎原之势传播开来的报纸。托马斯·曼将他的拒绝声明和他对所谓的"内心流亡"（Innere Emigration）的文人的集体攻击联系在了一起，这些文人自以为通过遁入非政治的文学创作就能把自己看作是无罪之人："在我的眼里，那些1933年至1945年间能够得到印刷的书籍比不值钱且拿不出手的书还要毫无价值。这些书沾满了血腥和耻辱的味道。它们得全部被捣烂打成纸浆。"†

---

* 《建设》（Aufbau），1934年由流亡美国的"德籍犹太人协会"（German-Jewish Club）创建的杂志，每两周一期。托马斯·曼是"德籍犹太人协会"的荣誉成员。这份杂志一直办到2004年底，2005年后由苏黎世的犹太媒体公司改为同名月刊。

† 托马斯·曼这篇针对莫洛的文章见报于1945年9月17日。

第八章　再教育者

这在当年可谓一拳击中要害。不言而喻，这个集体性的诅咒对那些留在德国本土的作家造成了强烈的震撼。不管是虚伪之徒还是正直分子，煽动者还是感伤者，托马斯·曼把他们一股脑儿地塞进一个大布兜儿，飞甩着把它扔进了垃圾桶。那些再教育者中的大多数人也很吃惊，因为托马斯·曼的文章真的没什么教育价值。而且因为直到1936年托马斯·曼被开除国籍为止，他的书也都允许被印刷，因此他的论点也是错误的。难道他的书也应该被销毁吗？

那些留在本土的作家们于是全力回击。在1945年8月18日的《慕尼黑报》上，弗兰克·蒂斯*以"内心的流亡"为标题解释了自己出于责任感而没有移居国外。蒂斯说，逃跑是件轻松的事，可是他在忍受纳粹统治的同时也在为文学服务。他从一开始就知道，一旦熬过了这个"恐怖时代"，"我在精神和人性的发展方面将会获益良多，比起在国外的剧院包厢或正厅内遥望德国悲剧的这些人，我从中走出时所得到的知识和经验会更为丰富"。[11]

这些斗士互不相让。把流亡者比作将自己的同胞们弃于污浊而不顾、远望德国悲剧的惬意观众，这个描写对所有在极其艰难的条件下被迫离开故土，而且大都被剥夺了收入来源的人来讲，简直就是一种放肆之举。以功成名就的托马斯·曼而言，他的流亡生活的确相当体面惬意，而蒂斯的评语是一种尖酸的羡慕之言，却将气氛搞得更加糟糕了。

不过，在德国终于又可以公开争论了。1946年夏天，一本将所有在报纸上公开展现的唇枪舌剑收集到一起的小册子面世了；因为参与者都是技巧高超，娴熟于用文字角力的人，对读者而言它提供

---

*　弗兰克·蒂斯（Frank Thiess，1890—1977），德国作家，其著作在纳粹时期也被禁止。战后他是"内心流亡"作家的代表性人物，曾是德国极右翼组织维提克联盟（WITIKOBUND）成员，因其思想保守和具有右翼倾向而使其书籍被后人所遗忘。著有《对马岛：关于一场海战的小说》（Tsushima. Roman eines Seekrieges）。

了一种思想上的极大享受。他们追求更高的正义，而且将相互诋毁、夸夸其谈和受伤的虚荣心，如孔雀开屏般华丽且巧妙地交织在一起。就从这点来看，战后年代一点都不死气沉沉。它的贫困匮乏给极品的才智争论提供了足够的机会和空间，那些内心流亡之辈用一种奇特的老弗兰肯人的势利做派进行着这场论战，用尽浑身解数，自命不凡得一塌糊涂。

正如卡尔·雅斯贝斯所要求的，进入一种讨论的氛围是《新报》的第一要事。汉斯·哈贝担忧地看到，有许多原先对政府持以批判态度，本该终于有被解放之感的德国人却疏远了盟军政府，并突然和旧日的纳粹分子团结起来。许多曾经坚持操守的德国人出于某种荣誉感，公然认为要对被打败的纳粹分子伸出援手，1945年11月哈贝以《被误解的团结》("Missverstandene Solidarität")为标题揭示了这一现象：对德国人而言，没有什么比这种能大显身手实行一种难以理解的中世纪骑士精神更具诱惑力了。[12] 不过，如果他们把与纳粹的清算全部让给异国的战胜者来做，哈贝坚信这是对责任的推卸逃避。

汉斯·哈贝至此面对的恰恰是来自文化圈围墙内的敌意，就在这些人把本来皮实的他整得够呛的同时，西北面300公里之外正上演着一出更加令人沮丧的戏剧。在巴登—巴登（Baden-Baden），当年因小说《柏林亚历山大广场》（*Berlin Alexanderplatz*）一举成名，作为犹太人被迫流亡国外而现在像哈贝和赫恩施塔特一样回归的作家阿尔弗雷德·德布林，于1945年秋天受法国人的委任搬入了一个负责再教育的办事处。这个办事处位于被没收的斯特凡妮大酒店（Grandhotel Stephanie）。德布林当时68岁，每天清晨他身穿精致的法国制服在那里入座，受巴黎情报部的委托开始对民主精神生活的重组。按照他的设想，这包括创建一份文学杂志，他将其取名为《金色大门》（*Das goldene Tor*）。它的封面图片展示的是经艺术处理过的旧金山金门大桥,对一份法方赞助的报纸而言这很不同寻常。德布林全身心地投入工作,重新联络旧日人脉,给人写信,给西南电台撰写稿件,并在付印之前检查、校阅德国作家的手稿。最后这一事项是个关键点,他对作品进行了审查。昔日的同行们的反应是被激怒并感到被羞辱。当他在弗赖堡邀请一帮作家参与《金色大门》的工作时,他遭遇了一种先是执拗的、而后公然倾泻而出的仇恨:"我当时感到这是一个艰难的尝试,因为他们是曾经高傲、如今失望的德国人,现在是时候努力重建起旧日的交情了。那个有十来个人的小组,他们当时疏离而缄默地听我说话,可我说着说着就说不下去了,仿佛词语在口中冻住了一样。在这里要点燃火焰很难。因为大家保持沉默,我不得不请他们一个一个地发表意见。即使我之前就知道他们的拒绝态度,可这下子就明摆着说出来了:他们不愿意合作,这指的是和法国人的合作,他们情愿将自己破败的民粹老路走下去。当中有些时刻他们说得情绪十分激动,他们发泄着愤怒,因为觉得自己受到了不公正的待遇。"[13]德布林很惊愕。在一场杀戮了数百万生命的战争之后的过渡期里,为何一个占领国无权行使审查?他们认为他把自己看作是较好一类的人。难道他不是吗?

1947年,他冒险前往他所热爱的柏林,据说是为了在夏洛滕堡宫(Schloss Charlottenburg)给一群旧友和读者们做一个讲座。即使是在这种场合下他都没有脱下他的法国军装。他慎重而固执地穿着他的制服。当德布林跨入大厅时,第一批听众们发出热烈的掌声。著名的柏林小说的创作者回归了。"然后却静了下来",作家京特·魏森伯恩这样叙述:"出现在门口的那个人虽然长着德布林的脸,可他是一位身着制服的法国少校。那些鼓掌的双手在惊愕中放下。散发出来的只是对一位客人的普通性礼貌,……而且也没有人对这位柏林作家致欢迎辞。不是反对法国军官,我们结识了不少他们的人,可这位真的是我们的德布林吗?当然有为美国、俄国、英国或法国

鲁道夫·赫恩施塔特从 1945 年 5 月开始为《柏林报》总编,后来担任《新德意志报》总编,1953 年 6 月 17 日游行示威后靠边站了。

的军事服务机构工作的德国人，可大多数情况下他们会脱下制服或者很少穿它。不管出于什么理由，德布林给人一种"外宾"般的陌生客人感，而且他很快就启程离开了。"[14] 这位曾将柏林称为"他所有思想的土壤"的作家最终失去了故土。这些听众里几乎没有人知道德布林25岁的儿子就是穿着这样的法国制服自杀的。德布林夫妇在逃亡去美国的路上不得不把他们的儿子留在法国。沃尔夫冈·德布林（Wolfgang Döblin），这个才华横溢的数学家，在他与其法国部队失联之后，就在德国军队可能俘虏他之前，在孚日的乌塞拉市镇（Housseras de Vosges），位于法国东部附近的一个谷仓里自杀身亡。

离巴登—巴登750公里，距德布林曾开过朗读会的夏洛滕堡宫20公里处的另一个世界里，成功创办《柏林报》的鲁道夫·赫恩施塔特也处境不佳。他在自己的故乡也处处碰壁，感到疏离，无法恰当地表达自己。问题不是俄国人，也不是读者，而是他自己党内的同志。这位记者被形式主义的语言，官僚化的德语，还有那些令人不得不费心揣摩的不伦不类、枯燥无味的党派用语所困扰。尤其让他痛苦的是苏联在占领区的不良声誉。赫恩施塔特爱俄国人，他曾为他们在纳粹德国当间谍，在他暴露后俄国人保护了他。他在俄罗斯遇见了其后来的妻子瓦伦蒂娜（Valentina），并且在斯大林时期互相揭发的斗争中幸免于难。他永远无法原谅他的德国同事们用刻薄恶毒的语气在背后嘲笑俄国人、说俄国人坏话，尽管他们对此遮遮掩掩的。赫恩施塔特坚信，只有公开辩论才能改善德国人与俄罗斯人之间的关系，从而真正向那个被频频宣传的"民族之间的友谊"迈进。因此，他在1948年11月写了一整页题为《关于"俄罗斯人"和关于我们》（"Über die ‹Russen› und über uns"）的随笔，不是刊登在他的《柏林报》上，而是发表在德国统一社会党的党报《新德意志报》上。这篇文章引起了轰动，因为这是第一次有人写下了红军在胜利的狂热中在苏占区所犯下的野蛮行径。他没有提及强奸，不过他还是写了：红军"穿着沾满历史污垢的大靴子到来，他们坚定，怒火中烧，带着警惕和膨胀之心，有一部分人是野蛮的——对，就是野蛮，因为战争使人变得野蛮。谁有理由对此感到愤怒？顶多是那些像苏维埃政权一样花了几十年竭尽全力阻止战争的人。"[15] 这篇文章还提及许多恶劣行径，最具体的就是成为战后暴行象征的强行抢夺自行车。

《新德意志报》收到的读者来信令人应接不暇。赫恩施塔特的女儿伊琳娜·利布曼（Irina Liebmann）后来叙述说，整条走廊都放着装满读者来信的洗衣篮。正因为赫恩施塔特的言辞中充满了对苏联的坚定信仰，所以他可以如此坦荡。即便在文字公式化且极度堆砌辞藻的情况下，这篇文章也显得熠熠发光。但这同时也充满了风险，因为赫恩施塔特从一开始就承认，即使是德国统一社会党——"工人阶级中最进步的那一部分"——对苏联的态度也是"不恰当的，因为它胆怯、分裂并且并未清除敌方势力的影响"。赫恩施塔特毫不动摇地站在苏维埃一边，以至于乌布利希甚至怀疑，他早已是俄罗斯人安插在德国统一社会党政治局里的间谍。他属于东德少数坚定的共产主义者，对一个有着自由和自我实现的无阶级社会的历史使命的执着超过了对自己权力的重视。共产主义的救世历史观与德国统一社会党内斤斤计较的形式主义之间的反差使他难以忍受。他的女儿想起了他有一次走路时突然停下脚步说："如果人们第一次在世界历史上创造一切，一切都是新的，而且之前没有学过，也没有经验，那么你会不会觉得，他们一开始会把一切都做错吗？"[16]

赫恩施塔特以攻为守，直接和工人们结成联盟。他在《柏林报》的许多地方版面上追踪斯大林大街建设工程的施工进度。他赞扬工人的高涨热情和人民的建设意愿，后者从全国各地为这个模范工程捐款。赫恩施塔特醉心于这样的工程理念：不仅要造价低廉，功能强大，用途适宜，而且最重要的是按照他的想法造出适合工人阶级的传统而美观的宫殿式建筑。与德国同志的功能主义相比，他对于美的感受更接近俄国人的美学；是苏联人一再阻止德国统一社会党下令拆除普鲁士时期的建筑物。他攻击那些官僚机构，谴责其"草率行为，对工人阶级利益的忽视以及对工人阶级的善意的践踏"。他反对那种"心胸狭隘地发号施令的乐趣"，并提倡建筑工人要求更好的协议和更合理的工资。"我们是否拥有拥有这样一种氛围：思想开放且人人有快乐前进的动力，可以让所有人都能确信，每一个有益的倡议都会得到支持，而且谁是正确的，谁就会得到公正的对待？我们还没有这种氛围，党内没有，国家也没有。"

1953 年 6 月 16 日，那些曾经在《柏林报》上被颂扬的斯大林大街的建造工人开始暴动，并最终导致了 6 月 17 日那场著名的起义*，赫恩施塔特的命运从此被盖棺论定。先是一些政党内部的把戏，然后是政治局的非正式法庭，最后他在《新德意志报》的集体会议上被"判处死刑"。他的女儿写道："他被允许再去一次编辑部，但只是为了让他再次直接受到他人的羞辱。所有与他共事的人都坐在那里。这个阴谋的主要证人弗雷德·厄斯纳†来了，讲了三个小时有关的敌对行为，然后每个人都得表态。……快说，你们还看到过些什么，他在你们面前是不是总是这副资产阶级的样子，带着敌意或就是自高自大，不公正和卑鄙的态度？这些人都这么揭发了，他们推倒了他们在赫恩施塔特周围感觉到的那堵防护墙。后来有些人似乎感到羞愧，因为所有我问过的那些人都说自己当时不在场。而这

---

* 弗雷德·厄斯纳（Fred Oelßner，1903—1977）当时是德国统一社会党政治局委员和中央委员会宣传秘书。——编注

† 即"东德六一七事件"（Aufstand vom 17. Juni 1953）。1953 年 6 月 16 日，300 名东柏林的建筑工人为抗议工作量增加却未加薪而进行了罢工和示威游行，其间示威者的诉求也从经济面向逐渐转为政治面向。隔天，数万人继续在东柏林示威游行，而在东德的其他地区，也有数百场抗议示威活动进行。局势到 24 日才逐渐平息。——编注

场'畅所欲言的辩论'却一直持续到凌晨3点。"[17]德国统一社会党由此失去了一位其最伟大的理想主义者。

慕尼黑的局势也升级了。汉斯·哈贝对规则的傲慢态度使他的上级领导无法忍受,特别是他与德国人的坦率交往;他们认真地计算他们所规定的二比一的比例是否被真正地遵守(美国作者占三分之二,德国作者占三分之一)。实际上,《新报》的比例刚好是一比一。因为约翰·史坦贝克(John Steinbeck)和卡尔·桑德堡的名字听起来太像德国人,负责此事的美国将军把这两个美国人纳入了他列出的德国人名单里,哈贝充分利用这个尴尬误会从而免于承担后果。当然,这将导致日后更多的报复。

哈贝看重刀枪笔剑的文字战,他宁愿没有每日社论,也不愿意放弃读者来信的版面。在标题为"畅所欲言"(Das freie Wort)的读者来信栏目下,有位读者还曾经报告过一位开车撞倒了一个孩子后逃之夭夭的美国兵。当哈贝的朋友兼副手瓦伦贝格在一篇社论中就苏联占领区内缺乏自由的现象而攻击苏联人时,紧张的局势达到了顶峰。即使在1946年,对四个战胜国的任何公开批评都是禁忌,而且当时冷战尚未公开爆发。当哈贝在报纸付印前的半小时拒绝将温斯顿·丘吉尔完整的长篇讲稿放到头版时,决裂便发生了。人们声称哈贝被德国人洗了脑并判定:"你已经成了当地人"。1946年底,他在被授予刻着橡树叶的铜星勋章后辞职并从军队退役。

随后发生的是一段不久之后在公众视线下被曝出的艳遇插曲:回到美国后的汉斯·哈贝在婚姻前线上展开新的战斗。他与埃莉诺·克洛斯离婚,并娶了他多年前就认识的女演员阿丽·吉托(Ali Ghito)。婚礼后不久,他遇到了吉托的同事埃洛伊丝·哈特(Eloise Hardt)并再度花心。两年后,他在墨西哥与四号妻子离婚,于1948年在墨西哥与埃洛伊丝·哈特结婚。但是,阿丽·吉托不承认离婚,因此图谋着要报复。她的计划后来成功了:1950年,哈

第八章 再教育者

贝当时正在同时撰写几本书,其中包括《我们与德国的恋情》(*Our Love Affair with Germany*),他再次遭到了来自德国的公开攻击,其激烈程度远远超出了他以前所经历过的。攻击是于1952年6月1日在年轻的联邦共和国最成功的杂志《亮点》上进行的,标题为《让流氓滚出德国!》("Hinaus aus Deutschland mit dem Schuft!")。总编辑亨利·南宁(Henri Nannen)亲自出马,他利用了阿丽·吉托爆料给他的那些八卦隐私,以不可估量的冲击力对哈贝做了一次政治与文化上的总清算。

吉托,原名叫阿德尔海德·施纳贝尔-菲尔布林格(Adelheid Schnabel-Fürbringer),原先是想告哈贝犯重婚罪,但当她带着相应的文件来到亨利·南宁那里时,南宁立刻采取行动。他终于看到一个机会的到来,可以好好整治一下他那个不安分守己的对手。这个对手此时已经在南德意志出版社(Süddeutscher Verlag)旗下的《慕尼黑画报》(*Münchner Illustrierte*)做主编,每天像烟花一样绚丽绽放着。南宁带着胜利感敲击着打字机键盘:"德国战后政治生活里最多姿多彩、令人眼花缭乱的肥皂泡破灭了。"用这种风格他继续写道:"汉斯·哈贝,别名亚诺施·贝克西,加利西亚的移民以及美国宣传部门少校,在多年的自我膨胀之后不得不突然泄气了。幸好对德国来说,这只不过是些从这张嘴里流出来的恶毒口水而已。他曾经不停地诽谤每个曾在第三帝国的某个时期担任过"门卫"的人。简而言之,哈贝对德国来说就是一个潜在的政治危险。"[18]

流着口水,诽谤的嘴脸,否认哈贝的出身并用"加利西亚的移民"暗示其犹太人的背景,强调其宣传部少校的身份并要求将其驱逐出境的要求——要阅读两次才能相信这么恶毒的语言真的出自一个不久后在德国最受人瞩目的新闻工作者之口。[19] 即使是在口诛笔伐最激烈的50年代,这样的言辞仍是非同寻常的离谱。

南宁和哈贝两人的过去就如同镜像:学习过艺术史的南宁,曾经是杂志《第三帝国之艺术》(Die Kunst im Drittenreich)的工作人员,在战争时期他也从事了军事宣传工作,只不过是在敌对方,在党卫队旗队领袖库尔特·埃格斯(Kurt Eggers)辖下的南星部门(Abteilung Südstern)做战地记者。这个部门曾经在意大利进行过对抗美国的心理战,正是哈贝在1944年战斗过的地方。

南宁的文章令人费解地无耻。他并不是一个习惯于仇恨的普通极端右翼分子和反犹太人士,而是联邦德国自由新闻主义的先驱人物。当年在埃姆登(Emden),作为一个18岁学生的他曾经和同龄的犹太女孩绮丽·温德米勒(Cilly Windmüller)是一对,日后他一再称其为自己的"最爱"。绮丽的父母死在了集中营,此前他曾经帮她办理过为移居巴勒斯坦所需的繁复手续。后来南宁多次前往以色列,为了再见到她(可是在此过程中居然看上了她的女儿)。

为什么会出现这么恶毒的文字?也许德国新闻界的圈子太小,以致一山容不下二虎。这位将自己称为"德国最成功的再教育者"的哈贝,不仅占有道德优势,还有着从消亡的奥匈帝国带来的广闻博识与身上散发出的好莱坞光芒,这些肯定让来自东弗里斯兰[*]的强壮的南宁感到别扭。还有就是集体性的野蛮;这种愤怒的新闻式攻击夹杂在令人错愕的肆无忌惮之中,在战后年代里反犹主义的陈词滥调就是这样被毫无顾虑地见机使用,就好像对犹太人的大屠杀从来没有发生过一样。

与他们二人都是朋友的希尔德加德·克内夫对此深感不适。"这下你可是做了有失身份的事儿",她对《亮点》的总编这么说。[20] 然后在双方都不知情的情况下,她将此二人邀请到汉堡大西洋酒店

---

[*] 东弗里斯兰(Ostfriesland),英语亦翻译为东弗利西亚,德国最西北部沿着北海(Nordsee)的平原地区,隶属下萨克森州。

自己的公寓。南宁先到。哈贝到了的时候,她便离开房间,将门从外面锁住,并告知两人只有当他们把话讲清楚后她才会把门打开。克内夫的计划的确奏效了。这两个强大的对手缔结了一份和平协议并将它发表在《慕尼黑晚报》上。[21] 汉斯·哈贝甚至后来有几次给《亮点》撰文,但南宁所想要的他的小说却连载在《快》(Quick)和《新画报》两本杂志上。

《明镜》周刊也不可避免地对哈贝感到怒火中烧:当哈贝的自传于1954年以典型的夸张至极的《我自首》(Ich stelle mich)为标题出版时,这份杂志甚至将此作为封面故事。该文的作者津津乐道地摘录了书中最自负且夸夸其谈的章节,在长达九页的文字里将哈贝在战场上、上流社会的舞会中以及民政局婚姻登记处那些冒险生活复述得淋漓尽致。而且文中反犹太人的陈词滥调大行其道:哈贝的"塔尔米彩礼"其实来自贝克西家族的遗产。最符合《明镜》周刊作者典型风格的是该文的标题:《一个人格的流产》("Fehlgeburt eines Charakters")。[22]

即使在维也纳人们也肆无忌惮。《图片电讯报》(Bild-Telegraph)情不自禁地用犹太德语讽刺哈贝的自传:"我不是为出名而来,我是来忏悔的。"[23] 这种"犹太方言"(哈贝在一封给编辑部的抗议信中这样称呼它),就更显得不合时宜了,因为即使是他最坚定的敌人也不得不承认他在语言风格上的精练。但其遣词造句的能力往往令人羡慕到足以引起他人的愤恨。

哈贝内心虽有脆弱的一面,但他的成功令他安然无恙。他那些有关上流社会的华丽艳俗的小说几乎无一例外成了畅销书。仅从书名就能窥见一斑:《塔尔诺夫斯卡》(Tarnowska)、《伊洛娜》(Ilona)、《伊洛娜的女儿》(Die Tochter der Ilona)、《凯瑟琳或失落的春天》(Kathrin oder der verlorene Frühling)、《九月之尘》(Staub im September)、《他人回家时》(Wenn die anderen nach Hause

1946年，作为"文化长官"，身着法国制服的阿尔弗雷德·德布林。只有作家伊姆加德·柯伊恩（Irmgard Keun）觉得他很古怪，看上去像一个玩具士兵，"而且他以一种调皮的方式变老了"。

第八章 再教育者

gehen）、《在波恩大家都是清白的》（*In Bonn sind alle Westen weiß*）、《十七岁——卡琳·温特和她老师的日记》（*Siebzehn- Die Tagebücher der Karin Wendt und ihres Lehrers*）。最后三部以化名出版，共20多部质量不一的作品。这些书的风格摇摆于花里胡哨的典型化和微妙的讽刺之间，大体上照着美国模式，充满了对人性的洞察力，但也有着令人一目了然的心计，其中一些最好的作品被评论家所低估，如今已完全被人遗忘了。可在它们出版的当年，每个人都在谈论它们，尤其因为这位"中产阶级的极端人物"[24]也是一名政治上的积极参与者。据说哈贝后来在斯普林格（Springer）的媒体上对共和国的左翼倾向不依不饶地口诛笔伐，用恶毒的讽刺把鲁道夫·奥格施泰因*和海因里希·伯尔贬低为"红军派"†恐怖行动的开脱者，这使他成了边缘人物。不过当一个边缘人物对哈贝来说再好不过了。在瑞士提契诺（Tessiner）的马焦雷湖（Lago Maggiore）湖畔，他就像明星维科·托里亚尼‡那样享受着自己的晚年：虽是个不好相处的人但却是一位优雅的绅士。他的邻居罗伯特·诺伊曼§这么写过："水虽臭，但空气清新／汉斯·哈贝一定是淹死的"。[25]

对回归移民阿尔弗雷德·德布林来讲，作为再教育者的人生实验的结果却要惨烈得多。客观而言，作为多年占领政权下的"文化官员"，他的个人业绩还真算不错。和大多数其他类似的报刊相比，《金色大门》杂志维持的时间可长多了。德布林成功创立了美因茨

---

* 鲁道夫·奥格施泰因（Rudolf Augstein, 1923—2002），德国媒体人物，《明镜》周刊的创始人。
† 红军派（Red Army Faction, 缩写为RAF, 又作"红军旅"）为联邦德国的激进左翼组织，成立于1968年，于1998年解散。——编注
‡ 维科·托里亚尼（Vico Torriani, 1920—1998），瑞士著名的歌星、美食家、电视节目主持人。
§ 罗伯特·诺伊曼（Robert Neumann, 1897—1975），奥地利作家、诗人。汉斯·哈贝死于1977年9月，可见他说哈贝已死的话时，哈贝还活得好好的，他反倒死在了哈贝之前。

科学与文学学院（Mainzer Akademie der Wissenschaften und der Literatur），推动了法占区的文学生活，并为法国文化在德国的传播做出了巨大的贡献。当他于1948年以近70岁的高龄退役时，法国政府相当慷慨地给予了他700万法郎的安置金，大约相当于2.1万马克。[26] 想必这使他充满了自豪和感激；然而，这并不足以增强他的信心，让他能够在德国再次找到家的感觉。德布林感到自己是个失败者，完全不被世人所理解。正如他在夏洛滕堡宫演讲时精准感受到的一样，他被人们视为"外宾"。德布林在文学上的成就不高，而他写给电台的杂文风格在典型的怪诞幽默和唱高调之间摇摆，但这种风格并不受听众和电台青睐。他于1949年发表的宏大自传体报道文学《命运之旅》（Schicksalsreise）只有寥寥无几的读者，以至他的出版商以这样的假设来安慰他："也许是时代的问题，您之前的读者还没有找到理解您的正确方式。"[27] 而事实上这是一个视角问题。在经历了12年的流亡之后，这位年事已高的作家以局外人的眼光关注着他的同胞，他看到了一种奇怪的喧嚣。在长久的沉思和哀悼之后，他看到"这里的人们像蚂蚁一样在破烂堆里来回奔跑，在废墟中兴奋而疯狂地工作，他们真实的苦恼是他们无法立即解决困难，因为缺乏材料，缺少指令。……让他们建造一座城市要比让他们去体验他们所经历的和了解其前因后果要容易得多"。[28] 这个"让他们去体验"的说法揭示了这位教育者的观察角度的微妙之处。许多人都不想被教育，被他这个德国人，哪怕他拥有的是法国护照。西南电台对德布林也渐渐地冷淡下来。他的节目《时代的批判》（Kritik der Zeit）的播段被改成了弗里德里希·西堡（Friedrich Sieburg）的节目。对于德布林来说，这是一个不祥之兆。日后成为《法兰克福汇报》（Frankfurter Allgemeine Zeitung）文艺副刊总编的西堡，尽管是一位饱读诗书的罗曼语语言文学家、一位心思细腻的保守派思想家，却也曾在巴黎为纳粹外交部部长约阿希姆·冯·里

第八章 再教育者

宾特洛甫（Joachim von Ribbentrop）服务，为后者辖下的大使馆担任顾问和纳粹宣传员，而他的书一直到1948年都被法国人禁止出版。1940年，当德国国防军侵入巴黎时，已视那里为第二故乡的德布林不得不继续逃亡，先是逃往纽约，然后逃往洛杉矶。然而现在他居然被西堡排挤出了电台！

即使在其他回归的流亡者那里，德布林也没有得到多少支持。由于他作为一个流亡的犹太人改信成了一名虔诚的天主教徒，很多移民将此看作是一种背叛而拒他于千里之外。德布林，一个信仰上靠不住的家伙、一个有天赋的嘲弄者、不擅长说大话的人，就这样受到集体的碾压。路德维希·马尔库塞（Ludwig Marcuse）在1953年纽约的《建设》报上写道："他曾经在许多阵营待过并且是这个时代最著名的逃兵。就像他曾经是个一个犹太人，一个柏林人，一个近乎共产主义者的人，现在的他是个天主教徒。正因为他是近几十年来最居无定所的德国人，他磨损耗费了很多制服。"[29] 马尔库塞这位哲学家继而笔锋一转，提议授予诗人德布林诺贝尔文学奖，而此时的德布林早已于五个月之前就离开了德国。1953年4月28日他向联邦总统特奥多尔·豪斯*做了一个面面俱到的卸任道别，然后开始了他的第二次流亡。在给总统的信中他写道："这是一次富有启发性的拜访。可是在这个生养了我父母与我的国度，我却是一个多余之人。"[30]

此时这位75岁的作家已虚弱到必须被两个用人用担架抬到火车站站台的地步，他坐在妻子身边一把摇摇晃晃的椅子上，等待火车的驶入。他在两年半后去世，被埋葬在孚日的乌塞拉村，在当年于德军围困下开枪自杀的儿子身边。作为德国最伟大的作家之一，

---

* 特奥多尔·豪斯（Theodor Heuss，1884—1963），德国政治家及作家，"二战"后联邦德国的第一任总统（任期为1949—1959年）。

德布林却不愿被葬在他的故土。三个月之后，他妻子埃尔娜的尸体在他们阵亡的儿子的墓地另一边追随他入了土。她在巴黎的公寓里打开煤气罐自杀了。

第九章

艺术冷战和民主设计

文化饥饿

有人说，人不能只靠面包活着。而当面包都没有的时候，这句话就更正确了。这时"任何词语"都得派得上用场，不只是像《马太福音》里所写的"从上帝之口"所出的完整言辞，也可以是一幅画或者是贝多芬《第五交响乐》的最后乐章。自1945年5月起，"文化饥饿"（Kulturhunger）作为战后年代的关键词就这样应运而生了。和肉体的饥饿相比，这种饥饿比较容易解决。战后文化行业重新恢复的速度之快感动了当时的人们，并由此引发了众多关于重新开始的慷慨激昂之词。成百上千的报道叙述着人们如何在战后的第一场音乐会上泪流满面。[1] 事实上，这肯定是一个扣人心弦的场面：人们躲过了战火，并在某一时刻在一个破败的音乐厅里倾听着贝多芬的音乐，注目着乐队精湛的演奏和指挥家的运筹帷幄，无论世事如何，他们依然能够感受到自己是一个崇尚文化的民族。这是一个奇迹？抑或是一场骗术？是傲慢还是一种谬论？

为了让文化工作者将全部精力投入总体战，戈培尔于1944年

9月1日下令关闭了所有的剧院——这是终极战役的一个宣传信号，它强调了局势的严重性，并以此挑明现在战事情况取决于每个"探戈青年"[2]的投入。即使那样也无济于事；当一切都成了一片废墟，人们至少还能去剧院犒劳自己。反正很长一段时期人们几乎没有什么东西可以购买，所以人们乐得把积累下来的帝国马克花费在剧院或电影院里。正因为没有别的东西可买，所以人们在文化上消耗了不成比例的大量资金，这是文化饥饿的庸俗一面。在1945年至1948年间，剧院的上座率达到了80%以上。[3]只有在货币改革之后，西德人才再次变得"没文化"。随着食物含脂量的增加，对文化的渴望却减少了，现在尤其要紧的是把稀缺的德国马克节省下来。随着繁荣的开始，人们也开始了吝啬——这是经济学的一个悖论。剧院的票房一下子跌了一半，这导致了剧院在1948年陷入战后第一次危机。

不过战争刚一结束，仅在西德就有60家市级剧院重新开张，其中一半是临时搭建的舞台。节目单上有经典剧目里的传统节目，而且对应不同占领区与国家，很快舞台上就添入了桑顿·怀尔德（Thornton Wilder）、尤金·奥尼尔（Eugene O'Neill），让—保罗·萨特（Jean-Paul Sartre）或者马克西姆·高尔基（Maxim Gorki）的作品。

甚至连小的城镇和乡村也有剧可看，许多巡回演出的演员走遍全国各地。他们乘坐着装有木制气化发动机的旧卡车在城镇之间穿梭，在客栈里表演莎士比亚和斯特林堡（Strindberg）的剧目还有《查理的姑妈》*。从一个村庄到另一个村庄，年轻的波希米亚风情

---

* 《查理的姑妈》（*Charley's Aunt*）是1892年由英国演员白兰度·托马斯（Brandon Thomas，1850—1914）主演的三段式喜剧。剧中查理的姑妈来自巴西，由于无法按时到达英国，查理和他的朋友只能说服他们的朋友巴布斯假扮成查理的姑妈，来做他们和女友约会时的礼仪监督者。这个男扮女装的文青浪人让村里的居民大跌眼镜。

第九章　艺术冷战和民主设计

让村民们乐不可支。在城市里，客厅舞台和地窖剧院的时代开始了：这是一类只有很小舞台的私人剧院，在台上表演时没有布景，只有少量道具，这正是存在主义的理想舞台。

在酒馆里上演着诸如《被赦免的人们》（Die Amnestierten）或《死者家属》（Die Hinterbliebenen）之类的轻喜剧。在音乐厅里贝多芬的音乐欢快地回响着，不久，伊戈尔·斯特拉文斯基（Igor Stravinsky）、巴托克·贝拉（Béla Bartók）和保罗·欣德米特（Paul Hindemith）刚刚重新排练的乐曲就紧随其后；在短暂犹豫之后，阿诺尔德·勋伯格（Arnold Schönberg）的曲目也得到上演。无论前往首演之夜的路途多艰辛，穿过这座被炸毁的城市多么不容易，观众们仍再次领略到大型歌剧的魅力。1945年9月2日，柏林的德意志歌剧院（Deutsche Oper）首次上演了歌剧《费德里奥》（Fidelio），一周后，国家歌剧院在海军上将剧场（Admiralspalast）也开始上演克里斯托弗·威利巴尔德·格鲁克（Christoph Willibald Gluck）的《俄耳甫斯与欧律狄刻》（Orpheus und Eurydike）了。

然而，战争结束后不久，柏林爱乐乐团就得重新寻找新的指挥家了。8月23日晚，从5月起就担任乐团指挥的莱奥·博尔夏德与女友露特·安德烈亚斯—弗里德里希在一场音乐会后被一名英国陆军上校邀请参加晚宴。在格鲁纳瓦尔德（Grunewald）的一幢别墅里他们度过了美好的一晚，正如饿得发慌的露特·安德烈亚斯—弗里德里希日后在她的日记里所写，那里"有着无法想象的精白三明治夹着料想不到的实实在在的肉片"。[4] 人们喝着威士忌，谈论着巴赫、亨德尔和勃拉姆斯，聊得忘了时间。直到十点三刻他们才想起已过了宵禁时间。"没关系，我送你们回家"，这位英国人安慰着他们并用自己的公务车送他们回城。就在前一天夜里，喝醉的美国士兵和苏联人有过一次枪战，因此柏林当时气氛有点紧张。不过这是在一辆英国人的轿车里，大家就接着之前的话题继续交谈。这两个德国人为这位占领者真诚的语气感到高兴,而英国人依然沉浸在音乐会的气氛里。在柏林的维尔默斯多夫区的联邦广场,英国和美国占领区的交界处,他没看见一位美国执勤人员用手电筒要求停车的信号。几秒钟之后汽车被枪林弹雨击中;莱奥·博尔夏德当场死亡。作为纳粹抵抗组织"埃米尔叔叔"的一员,他和露特·安德烈亚斯-弗里德里希曾经强烈渴望的和平岁月,对他而言仅仅维持了108天。

盟军迅速将此案大事化了,毕竟这名英国司机毫发无伤,而美国人则以务实的态度迅速找到了替代莱奥·博尔夏德的人。仅四天之后,美国负责音乐事务的官员约翰·比特(John Bitter)为柏林爱乐乐团任命了新指挥:塞尔吉乌·切利比达克*。一天之后,即1945年8月28日晚上,他与管弦乐队一起举行了第一场音乐会并获得了一次令人陶醉的成功演出。多一个或少一个死者算不了什么。

大多数德国人更喜欢用电影院来满足对文化的饥渴。他们是品位极高而且精明的观众,而有着跟好莱坞看齐之雄心的全球电影股份公司(UFA)则向他们提供了最好的电影。该公司大部分的影片在短暂的停映后被继续放映。盟军将最糟糕的宣传作品清理出去,并允许众多非政治性的电影重新上映。另外还有来自美国、俄罗斯和法国的电影片。特别是《乱世佳人》给人留下了深刻的印象;德国当时的影星卡尔·拉达茨(Carl Raddatz)和汉内洛蕾·施罗特(Hannelore Schroth)根本无法与费雯·丽(Vivien Leigh)和克拉克·盖博(Clark Gable)这样丰碑式风华绝代的人物相提并论。

不过,德国影迷眼里最大的明星是查理·卓别林(Charlie Chaplin)。早在卓别林1933年访问德国时,他就已被誉为超级明星了。此时,他于1925年拍摄的《淘金热》(*The Gold Rush*)在

---

* 塞尔吉乌·切利比达克(Sergiu Celibidache, 1912—1996),罗马尼亚指挥家。在罗马尼亚接受教育后前往巴黎和柏林,曾任慕尼黑爱乐乐团、柏林爱乐乐团指挥,晚年在美因茨大学和美国柯蒂斯音乐学院任教。

经历12年的禁演之后吸引了大批影迷们涌入影院。对片中的那些饥寒交迫、饱受欺凌的流浪汉们,观众们感同身受。卓别林用刀叉如此细腻地吃着鞋子的样子,仿佛他在吃一条鳟鱼,这个经典画面让观众们会心而笑,人们意识到即使在饥饿之时也要不失尊严。在《新报》上,埃里希·凯斯特纳报道了电影院里的场面:"如今第一次看到这部电影的年轻人和当年初次观看《淘金热》的人们一样欢声大笑,这让头发灰白的卓别林老戏迷们打从心眼儿里高兴。我们曾经私下担心过,纳粹主义也许早已毁掉了青年男女对电影艺术的品位。感谢上帝,这个担忧没有成为事实。"[5]

只是德国观众还得再等12年才能看到卓别林的《大独裁者》(*The Great Dictator*)。1946年,在柏林试映了两场之后,美国文化官员认为德国人的心智尚未成熟到会去嘲笑希特勒的地步。《纽约时报》对柏林的试映做了报道:"多年来崇拜着希特勒的德国人现在不愿意被告知他们其实跟随了一个小丑。"[6] 戏剧评论家弗里德里希·卢夫特就是试映时的观众之一,连他也对卓别林的希特勒笑不出来:"现在的我们无法用欢快的眼光看待这个讽刺剧,因为我们为其原始乐趣付出的代价太过沉重。所以这个电影现在还不能给我们看。也许以后,很久以后吧。"[7]

在某些城市,当地军事行政部门曾决定强迫德国人观看有关集中营的电影纪录片。这么做本来是出于好意,但从大众教育效果来看却很值得怀疑。许多观众将视线移开,在整部电影放映时他们固执地注视着地板。而那些已经看到了银幕上尸体的人们则呕吐不已,并在离开电影院时哭得晕倒。

当年的里奇男孩之一,哈努斯·布格尔将来自各个集中营的电影文件整理成一部名为《死亡磨坊》(*Todesmühlen*)的电影,并打算在电影院放映。但是,美国战略情报局却无意放映这部长达80分钟的影片,因为据说它将营地系统的结构讲述得过于繁复和冗长。

无奇不有的是，它居然找来1933年从德国移民美国、好莱坞最伟大的喜剧天才之一比利·怀尔德（Billy Wilder）对该片进行修改。在集中营中失去许多至亲的比利·怀尔德在看过《死亡磨坊》之后对哈努斯·布格尔做出了如下评判："不好意思，您拍的那些陈谷子烂芝麻没人会感兴趣。就集中营而言，虽然我对此已经很习惯了，为了拍摄《失去的周末》（Das verlorene Wochenende）我甚至还住进了戒酒所，可我看了您拍的十米胶卷之后就恶心了。您的这部电影冒犯了许多人。而且——客观地说，——无论德国人在我们看来有多么可憎，他们——我现在正逐字引用华盛顿的政客们说的话——是我们未来的盟友。所以我们可不能这样得罪他们。"[8]

这部电影在比利·怀尔德的监督下被剪辑缩短至22分钟长度。不由分说地，它在多处被放映了。就这样，在1946年4月的头一个星期，在柏林美占区的51家电影院里只能看到《死亡磨坊》这部电影。74%的座位是空的，但是单单在柏林还是有将近16万人次看了这部影片。至于该电影在他们的头脑里产生了何种效果并不为我们所知。[9]那些再教育部门对这部电影的效果充满了怀疑。由于这部电影把德国人视为集体有罪，他们很容易将这部影片归类为宣传片：对集体有罪的强调忽略了德国人当中那些抵抗过纳粹的人物，同时使得纳粹分子和反纳粹者为了对抗盟军而走到了一起。1946年底，由于集体罪责论从未被认真追究过，《死亡磨坊》从心理战委员会（Psychological Warfare Commission）的再教育项目中被取消了。

美国人对其采取的文化措施做了相当精细的评估。战后立刻被放映的电影一半以上是喜剧片。和20年后在德国成为偶像的亨弗利·鲍嘉（Humphrey Bogart）相比，他们期待弗雷德·阿斯泰尔*能带来更多的教育效果。一开始他们根本避免播放战争片。与此相

---

* 弗雷德·阿斯泰尔（Fred Astaire，1899—1987）为美国著名的喜剧及舞台剧演员。

反,苏联人将《索娅》(*Soja*)和《彩虹》(*Regenbogen*)投入影院放映,这两部电影毫不留情地揭露了武装党卫队(Waffen-SS)的暴行并将其融入令人心碎的电影情节里。[10] 他们也放映了一部名叫《有趣的家伙》(*Lustige Burschen*)的喜剧片,这是一部相当喧闹,有着原始达达主义味道的电影,它使电影评论家们在欣喜之余也感到吃惊,因为电影的目的通常是为了突出苏联在"文化领域上的成就",并将俄国的文化展现为"以其内容丰富而独领风骚"。

在战后德国引起了最大轰动的是视觉艺术。第一次展览才刚刚开幕,现代艺术的风格问题就上升为一种对政治态度的检验。对一个人是否必须或能够在图片上"认出某些东西"的争议,不仅对人们的精神做了划分,也分裂了各个政治阵营,而且很快成为国家之间的争论。抽象艺术的关键问题是,绘画作品中的一个亮点是否可以是绝对的,并满足于只作为一个亮点而存在,或者它是否必须显示画作之外的某种真实,这使世界开始分裂为两大阵营。从字面上来讲这的确如此,因为艺术成了冷战的战场,其结果就是抽象艺术成了西方艺术的灯塔,而现实主义则成为社会主义的审美要求。但是,在事情发展到这个地步之前,人们必得为之付出泪水,在事业上一落千丈,克服各种恩怨纠葛,甚至秘密特工也得积极行动起来。

抽象艺术衬托下的社会市场经济

艺术之所以成为政治的载体是有其渊源的。早在1937年由约瑟夫·戈培尔在慕尼黑举办的《堕落的艺术》*展览上,参观者就被引导着走过一条所谓的的憎恶作品之路。埃米尔·诺尔德(Emil

---

* "堕落的艺术"(Entartete Kunst)作为一个惯用名称也可以从字面上翻译为"退化的艺术"。

Nolde)、保罗·克利（Paul Klee）、恩斯特·路德维希·基希纳（Ernst Ludwig Kirchner）、弗兰茨·马尔克（Franz Marc）、奥古斯特·马克（August Macke）、维利·鲍迈斯特（Willi Baumeister）和许多其他人的作品先是从博物馆里被没收，然后据策展方所言，该展览旨在揭示若非元首在大厦将倾的最后一刻扭转了乾坤，德国人会面临什么样的"恐怖的文化腐朽的终极篇章"。展览必须展示出这个病入膏肓的魏玛共和国对丑陋和畸形到了何种崇拜和认同的地步。参观者的情绪非常两极分化。既有在作品前就像服从命令一样立刻开始讥笑和嘲讽的愚蠢之人，也有喜爱这些突受诋毁之作的人士，想利用最后一次机会再次好好观赏这些作品。从当时展示厅的照片中，人们可以吃惊地发现许多沉思着的参观者，他们看来的确被画作引起不安的情绪，但也可能他们正苦思冥想着这些作品被揪出示众诋毁的原因。

八年后，在奥格斯堡的谢茨勒宫（Schaezlerpalais）里，在斯图加特的《极端的绘画》（*Extreme Malerei*）展上，在策勒（Celle）的《被解放的艺术》（*Befreite Kunst*）展，在柏林的罗森艺术画廊以及同样在柏林的名为《12年以后》（*Nach 12 Jahren*）的画展上，人们得以再次见到这些被排挤的艺术家的作品。这些展览通常是不同艺术风格的五彩混合：后期表现主义，卡尔·霍费尔（Karl Hofer）一派的忧郁表现主义，马克·齐默尔曼之流的超现实梦幻主义，或者是恩斯特·威廉·奈（Ernst Wilhelm Nay）交响乐般的抽象绘画。一切都有待被重新谱写。正是那个战后不久在柏林库达姆大街冒着风险开张的罗森艺术画廊，聚集了一批战后充满了创作激情、风格各异、富有创意的艺术家们：维尔纳·黑尔特、尤罗·库比切克（Juro Kubicek）、珍妮·玛门（Jeanne Mammen）、海因茨·特勒克斯以及许多其他画家，他们虽然画风各不相同却有着创作出优秀艺术的共同意愿。风格其实是次要的，首先是作品非得是一流的。

第九章 艺术冷战和民主设计

早在1946年海因茨·特勒克斯就预见到了一场关于艺术派别的争论的来临，他在罗森艺术画廊某次画展的开幕式上说："让我们不要从一种不宽容进入另一种不宽容。我们将不再如同过去那样受着内心的束缚绘画。然而我们确实需要一个清醒的头脑。这场战争将所有的情绪都扫荡无余。我们现在应该怎么画，我们想怎么画？我不想为我们的艺术家拟定任何方案，那是偷懒的把戏。我们画起来再说。"[11]

对那些被独裁统治所禁止但仍在隐秘中诞生的艺术作品，画展的组织者和画廊业主首先想对它们进行一次盘点。1946年，在遭受重创的德累斯顿举办的《德国综合艺术展》（*Allgemeine Deutsche Kunstausstellung*）为此提供了最大的概观。250名艺术家的597件作品在位于诺德广场的原陆军博物馆（Armeemuseum）展出。除了宣传性的纳粹自然主义作品外，几乎所有的艺术运动、流派都在此呈现。该展览由后来的抽象现代主义发言人威尔·格罗曼（Will Grohmann）发起，旨在为那些曾被国家嘲弄为不健康的艺术正名，并对准备为新时代提供视觉语言的各种潮流运动开创一块争奇斗艳的园地。这才是最关键之举。

与其他艺术相比，视觉艺术更被看作一个洞察未来的窥视孔。人们时常挂在嘴上的就是视觉艺术反映了"时代的推动力"，它指出了"通往未来的道路"，或者它代表了当下时代的"轨迹"。艺术就好像是占卜家眼里的咖啡残渣，观察它的人们希望从中可以解读出德国社会未来命运的种种线索。

在大多数此类展览中，参观者可以在随处可见的调查问卷上发表他们的意见。这些问卷一方面是激动情绪的出气口，另一方面，人们想借此对独裁统治后民众对艺术的理解有一个精确的了解。对那些负责人而言，调查的结果显然引起了他们的不安。超过65%的参观者批评了德累斯顿综合展览里的许多现代作品。越是传统的作品，越是得到了好评。而外国参观者的情况则正相反：对现代艺术的认可率达到了82%。[12] 然而在德国方面，却有很多人对此付以嘲笑和讥讽。尤其是年轻人的反应从无动于衷乃至情绪激动都有。一些人呼吁再次采取赶尽杀绝和集中营的手段。奥格斯堡的《极端的绘画》展览受到了太多辱骂，以致埃里希·凯斯特纳撰写了一篇忧心忡忡的文章，指出这些"被培育出来的年轻野蛮人在品位上的无知"，并呼吁开设有效的艺术教育课程。[13]

在很大程度上，报纸媒体承担了这项艺术课程。在许多版面上它向无所适从的大众解释了当代艺术的潮流。德国人对当代艺术的态度不只是拒绝，还有许多德国人认为他们脱离国际文化已有12年了，正急于寻求与之接轨。在生硬拒绝之外，也有人们对知识的强烈渴求和对文化问题的严肃兴奋，就今天人们习惯于耸耸肩对啥都无所谓的态度而言，这几乎是异乎寻常的。"艺术品必须是自然的吗？"1947年，《妇女》杂志提出了这个问题。它展示了毕加索的一幅立体主义的女性肖像，并解释道："讲起女人有两副面孔这其实很平常。每个人都会用这样的比喻。但是一旦画家将这个视觉比喻直接运用到绘画里，外行人就会因此震惊。"[14] 在1946年的《立场》(Der Standpunkt)，这份旨在推崇高档的生活方式以及表现主义艺术的杂志上，艺术史家奥托·施特尔策（Otto Stelzer）对表现主义做出了同样的解释。施特尔策写道，表现主义不应被视为通往艺术享受的唯一途径，但表现主义肯定不是纳粹主义所宣称的那样堕落："恰恰相反，过去那种对待艺术最为普遍的态度才是堕落。"[15] 他没有用指责的口吻或傲慢的语气，而是带着悲伤和担忧的心情写下了这篇文章。

那时的文艺界非常在乎老百姓所喜闻乐见的东西。这种对普罗大众艺术见解的警觉关注和当年纳粹对百姓的审美判断力所赋予的意义有着一定的关联。当年的"认可式独裁"[16]的一个重要支柱就

第九章 艺术冷战和民主设计

是让群众感觉到，是他们的品位决定了第三帝国的审美结构。纳粹媒体中培养的理念是，百姓与精英们在文化上肩并肩地站在一起，这对民族国家的构建至关重要。

普罗大众拥有对艺术的权力，这个被巧妙设置的假象在战争结束后仍然使那些从事文艺工作的人们不寒而栗。艺术并不是投资者们奢侈的冒险场所，而是一个具有约束力的、解决社会政治冲突和理想目标的传播点。画展上的那些问卷旨在了解普罗大众到底具有什么样的品位，以及这些在展厅里肆无忌惮地对"精神病垃圾"大放厥词的抗议者到底具有多大程度的代表性。还是人们想通过艺术来证明，大多数德国人对灭亡了的纳粹政权依然有着深刻的同情？

在1945年的《新报》上，美国少校汉斯·哈贝写道，那些好斗之徒并非是顽固不化的纳粹分子。他们只是想闹事，"因为我们允许他们闹事。对他们而言，民主就是能够使他们的愉悦和不适感得到恣意的释放。可这不是民主。正相反，民主是对他人成就甚至是对不同审美的尊重；它也表现在试图去了解是什么原因使他人为之动容。……他们必须首先了解，在一个民主国家，坏的事物是通过自然剔除过程而消失的。而不是通过法令，也不是靠警笛。"[17]

而如此轻松的辩论语调只能是从一个局外人那里嫁接过来的。德国大多数现代艺术的捍卫人士的语气听起来几乎和那些诽谤污蔑分子的话一样冷酷无情。比如在柏林的格尔德·罗森艺术画廊1945年8月9日的开业典礼上，艺术史家埃德温·雷德斯洛布（Edwin Redslob）宣称，现代绘画作品，"为我们人民提供了必将行进的那条道路上的光明"。[18]

然而所幸的是，这些民众各自走向了不同的方向。虽然大多数人依然把画着仰面长啸的公鹿的油画挂在笨重沙发后的墙上。据阿伦斯巴赫研究所（Allensbach-Institut）1956年所作的调查，三分之二的民众依然"偏爱描绘风景的真实油画"，其次是那些宗教题材的油画。渐渐地，忧伤小丑的油画进入了人们的客厅，接着，经典现代派印着蓝马的艺术版画也被小心翼翼地挂到了起居室的墙上。但对抽象艺术表示热衷的人只占3%。[19]

即便这样，西德战后时期的艺术很快就被海因茨·特勒克斯，维利·鲍迈斯特、弗里茨·温特（Fritz Winter）或埃米尔·舒马赫（Emil Schuhmacher）的色块、云朵和晕色所主宰，以至于用今天的眼光来看，仿佛画布上除了这种欢快的抽象之外就不曾有过其他东西。抽象艺术成了联邦德国的主流文化，以至于许多反对者将它蔑称为新的国家艺术。它在大众媒体中的主导地位使卡尔·霍费尔深感沮丧。这位感伤而毫无英雄情怀的现实主义具象派画家曾经同时引起纳粹主义和抽象派的不满。他在柏林的《明镜日报》（Tagesspiegel）中苦涩地写道："这些创作者在他们盲目的热忱中失去了所有的分寸感；令人担忧的是这种举动无疑类似于大区长官以及党卫队统治下的纳粹国家行为。"即使是表现主义画家奥斯卡·柯克西卡（Oskar Kokoschka）也认为自己被排挤到了边缘，因此对成功的抽象派策展人维尔纳·哈夫特曼（Werner Haftmann）以及艺术评论家威尔·格罗曼恶语相向："在不久的将来，非具象派将再次成立一个帝国文化商会，由哈夫特曼或格罗曼先生代替戈培尔博士进行领导。"[20]

这些对手在媒体上的主导地位确实使具象派画家们分外眼红，尤其是维利·鲍迈斯特比任何人都要上镜。1947年他上了《明镜》周刊的封面：双手插在衣袋里，分开腿站在他为符腾堡州立剧院的一个芭蕾舞剧所设计的大型舞台布景上。照片是从高处拍摄的，他那整齐的象形文字，犹如洞穴图画中的生物，失控的象形图和龙飞凤舞的书法，似乎就漂浮在他的脚下。这位画家以符号大师的形象示人——他总是自信地告诉评论家们，他不是在创作艺术作品，他自己就代替了创造。

1. NOVEMBER 1947

PREIS 1 RM

1. JAHRGANG · NR. 44
ERSCHEINT JEDEN SONNABEND

DER SPIEGEL

EIN GROSSER BÜHNENBILDNER
willy baumeister schreibt sich ganz klein (siehe „Theater")

维利·鲍迈斯特在 1947 年 10 月的《明镜》周刊封面上。他的绘画风格定义了早期联邦共和国的面貌。

在成为封面人物的两年后,《明镜》周刊在他 60 岁生日那天为他提供了一整页版面,以便他对其艺术做出阐述——他很典型地采用了极端的小写字体风格,哪怕是在一个句号之后,他也还是用小写字母开始。杂志社容忍了他这种有碍顺畅阅读的狂躁行为,并用一个装饰框框住了这篇文字。康拉德·阿登纳做梦都想拥有这种特权。

维利·鲍迈斯特的母系家族是一个接连五代出过装饰画画家的家庭,并且他在大学攻读艺术之前就已经完成了相应的学徒期。希特勒于 1933 年上台后,他立即失去了在法兰克福的国立艺术学院—施泰德学院*的教授职位并被禁止参展,他像其他前卫的画家一样,在乌珀塔尔(Wuppertal)的艺术爱好者和企业家库尔特·赫伯茨(Kurt Herberts)的油漆工厂找到了工作。对外公开来讲,他从事的是对伪装涂漆的研究,他撰写过技术指南,也制作过墙饰。在默默无闻中,鲍迈斯特在不同的创作室空间里孜孜不倦地继续绘画。他致力于画没有实体的图案,通过大胆的用色和对极端形式淡定的平衡布置,这些作品包含了一切使他在 1945 年后成名的那些元素。此外,他还尝试创造出了一种符号式的象形文字般的形式语言,他在《艺术里的未知》(Das Unbekannte in der Kunst)一书中为此奠定了理论基础。这本 1944 年完成的手稿在 1947 年得以出版。

正是由于与世隔绝,他这种不受外界影响的持久创造力使他在战争结束后立即就能够向艺术市场提供大量的作品,这使他轻而易举地成为此类艺术上的巅峰人物。这种艺术被称为抒情抽象派(Lyrische Abstration)、滴色派 / 塔希主义(Tachismus)或非定型艺术(Art Informel),不久之后就定义了年轻共和国在视觉艺术上的自我形象。这种艺术比西方其他国家类似流派的那些粗糙、错乱

---

* 国立艺术学院—施泰德学院(Hochschule für Bildende Künste–Städelschule)建于 1817 年,由施泰德艺术馆(Städel)成立。原书误植为斯图加特艺术学院(Kunstakademie Stuttgart),维利·鲍迈斯特于 1946 年才至后者任教。——编注

无序的作品更和谐、更赏心悦目。尽管这些作品也曾引起过此起彼伏的愤怒喧嚣，但它仍然具有执着于美甚至装饰的特征。并非所有人都喜欢它，但它有成为精美饰品的潜力。那些一贯喜欢将艺术史看作勇敢的英雄与胆怯的庸才之间持续争斗的艺术评论家们，后来批评了德国战后现代主义派愉悦大众的品行和自满的态度。他们反对战后现代主义的装饰性，认为这是一种"被驯服的前卫"、"昂贵的手工艺品"以及对政治无动于衷的和谐癖好。[21] 但是，就赢得那些最初持怀疑态度的大众而言，战后艺术所具有的装饰性潜力其实是件好事。

鲍迈斯特的《蒙图里系列》（Monturi-Zyklus）是他最常被复制的作品之一。在这些图片中，总有一个浮动的黑色色块占主导地位，这个无机的巨大斑点看起来像失重一样奇特地停滞在画布上。这个看起来可怕畸形的斑点却带着一种未完成感，好像它无法完全决定是该成为圆形还是方形。它的边沿到处散乱着一些被分裂出去的零碎元素，这些元素与其他五颜六色的结构就像卫星一样围绕着这个黑色斑点。这些被称为"形状附属物"的结构看起来仿佛也在漂浮着。它们轻柔地相互吸引而又彼此排斥，所有这一切都处于一种散发着巨大美感的瞬间状态，脆弱着也欢快着。

鲍迈斯特的绘画是一种与混乱的和解；它们由被连根拔起却在彼此之间找到了惊人的和谐关系的物体组成。被错置的物体来到了一个新的故乡。任何人只要愿意，都可以从中看到激励着年轻的联邦共和国的蓬勃生机，并从中感到信心倍增，就是这种信心使他们很快就会找到自己相应的位置。从1975年至1997年担任柏林国家美术馆馆长的迪特尔·霍尼施（Dieter Honisch）后来对《蒙图里系列》里的作品做了这样的描述，它们就好比路德维希·埃哈德的社会市场经济一样："所有组成画面的元素之间不断地给予和付出，产生了一种形式上和内容上对社会团体的暗示，就是在这里每个人

维利·鲍迈斯特于 1953 年所创作的红蓝相间的蒙图里画作。任何人只要愿意,都可以从其画作中看到激励着年轻的联邦共和国的崛起之势。单个物体找到了一种令人惊讶的和谐。

都在各自作为着,利己也利他。"[22]

这虽是少数人的视觉语言,但这些少数者所属的阶层是奠定基调的阶层——即便在这里是给图像语言定调。在媒体刊登的总裁办公室的照片里,没有一面墙上挂着的不是抽象画。这就是时髦人的

第九章 艺术冷战和民主设计

时髦艺术。在文献展*上可以看到女性参观者穿着与她们正在观看的抽象画一样花纹图案的服饰。现在，艺术品交易商想更准确地了解哪一类人购买的是哪一类的艺术品，并委托年轻的阿伦斯巴赫研究所进行一项调查。结果显示：维利·鲍迈斯特和他的同人们的滴色派前卫作品大都被面向未来的人所收购，如工业企业家，电气工程师，企业主管和经理们。与此相反，那些心怀顾虑的银行董事、教授和律师，即受过良好经典教育的中产阶级购买的则是中庸的现代派作品，也就是表现主义和印象派作品。[23] 广大民众和精英们在品位上再次走上了各自不同的道路，这很快被纳入了年轻共和国的自我认知。艺术从人民的认可中解放了出来，反之，人民也解放了自己，无须从共和国的特征中认识自己。

而民主德国的艺术发展就正相反。1946年那场因风格多样化而给人留下深刻印象的德累斯顿艺术展很快就走到了尽头。对艺术家们要和"现代主义的"、"奢靡颓废的"以及"形式主义的"塑造方式分道扬镳的压力越来越大。假如艺术家们想成功地建立一个人性化的社会，他们必须使用老百姓喜闻乐见且通俗易懂的形式。苏联军事行政部门的文化负责人亚历山大·利沃维奇·迪姆席茨（Alexander Lvowitsch Dymschitz）于11月19日在《每日评论报》（*Täglicher Rundschau*）（它相当于苏方与《新报》对应的报纸）上发表的文章，对社会主义理念中的现实主义的阐述和传播产生了深远的影响。这是一篇关于"德国绘画的形式主义方向"的文章。作为曾是红军政治军官的文学学者，同时也是艺术史家的迪姆席茨批评了现代艺术的精神空虚。它通过"对痛苦庸俗的诗意化"以及"对丑陋的美化"来创造自身。只要看看可悲的毕加索现在成了什么样

---

* 这里指的是自1955年7月15日起每五年举办一次的卡塞尔文献展（Kassel Documenta）。文献这一词出自 Documenta 的直接翻译，卡塞尔文献展是全世界最著名的艺术展之一。

就会明白这点。这位曾经前途辉煌，与人民站在一起奋斗的艺术家，却迷失在了一种病态、矫揉造作、美化苦难的画风里。

迪姆席茨根据高尔基的理想，呼吁绘画的创作要以"克服苦难，以人类战胜对生命和死亡的恐惧"为目标。[24]这篇对自我反思实验进行批判的文章写得相当迷人，因为它向艺术家们提供了一个参与尚未完成的人文主义项目的机会，并赢得了历史、人民和政党三方面的感激。由于它充分展示了作者对德国艺术界全面而广泛的认识，该文章给人们留下了深刻的印象。不久，在整个苏联占领区所组织的培训课程中，人们对此文进行了讨论，并一步一步地将其奉为社会主义现实主义流派的僵化教条。

这样一来，冷战便找到了艺术上的前线。东西两边的德国人越是渐行渐远，抽象艺术在西德就越容易站稳脚跟。东德对具象绘画的要求使抽象艺术更容易成为体制外的一种美学理念，并在西德主流媒介争取到了代表性地位。它被理解为自由的艺术，兼具着一种赋有信仰的魅力，而正是因为它根本无须做出明确的政治表态，使它更加具有令人信服的光芒。它所体现的是一种对生的无忧无虑的欢庆，通过在宽大画面上的自由发挥而体现出的一种纯粹的生命能量。由于对颜料的铺张性消耗，将颜料抹刮、滴落和对凝固色块的层层叠加，抽象绘画体现了一种奢侈，它呼唤某种更高层次的繁荣，同时也引领着人们走出曾经对战后年代影响深远、那种病入膏肓般的悭吝节约。

从事心理战的美国战略家们很快就认识到，可以通过艺术制造出强大的民主氛围。像苏联人一样，他们意识到绘画对战后国家重建的重要性，但要使艺术朝着适当的方向发展，他们面临着比苏联人更大的难度。对他们来说，抽象艺术是一个不错的从想象力层面上去纳粹化的美学程序，但它甚至更适合用于对抗苏联并对西德自身的美学认同感给予保障。美国情报机构特工唐纳德·詹姆森

第九章 艺术冷战和民主设计

(Donald Jameson)说，借助抽象绘画，美国人能够"使社会主义的现实主义流派比实际上看起来更加风格化和僵化，更加如井底之蛙"。[25] 美国人竭尽全力推动抽象艺术。他们为年轻画家设立了奖学金，资助画展，并购买大量画作。私人的倡议行为和国家的补贴政策齐头并进；通常是高级军方人员购买艺术品并将艺术家介绍给各种赞助基金会。对每个艺术家而言，最大的幸运之一就是认识纽约古根海姆基金会（*Guggenheim Foundation*）的主管德裔美国人希拉·冯·雷贝（Hilla von Rebay）。她对德国艺术界了如指掌，并曾经为艺术家和画廊主搞到了各种食物救济包。

第一位得到驻德美国人庇护的画家是柏林罗森艺术画廊旗下的"梦想家"（Fantasten）圈子的尤罗·库比切克。这位出生于1906年，具有德国，匈牙利和捷克家庭背景的画家，最初是韦特海姆百货店（Wertheim）的橱窗装饰员，在1942年被征兵至东线之前，他还曾经是一名广告专家和展览设计师。在格尔德·罗森画廊，他展出过平面的抽象风景画，它们尤其受到了法国画家阿梅德·奥占芳（Amédée Ozenfant）的纯粹主义（Purismus）的启发。在美国战争部（War and State Department）的安排下，他于1947年12月在肯塔基州路易斯维尔大学（University of Louisville）开始了为期一年半的奖学金资助学业，在艺术公开课的名目下，他给那里的年轻大学生教授美术课程。但是，这次逗留的真正目的是他的自我教育。这个自我教育是成功的：尽管当时路易斯维尔的清教徒女子协会对库比切克的油画《巨黑》（*Die große Schwarze*）进行了强烈攻击，并让他感受到了美国人宽容的底线。作为一个坚定的美国支持者，他于1949年夏天回到柏林。他在纽约认识了杰克逊·波洛克（Jackson Pollock）的行动绘画（Action Painting），这对他造成了显而易见的影响。

在美国的库比切克，其绘画完全脱离了具体物像的模式。他不

1959年第二届文献展上一幅杰克逊·波洛克油画前的参观者。艺术和设计从未如此靠近。

再继续通过波动式的抽象绘画来分解人体、风景或树木,而是完全摒弃了现实世界中的参照物。他用无休止滴落、涓涓细流般的颜料线条,创造出银河般的纹理,做到了当时的抽象艺术首要之事:建立一种漂浮感。在箔纸上印出的网框表面形成了精致而透明的物体,这些物体就在画面空间里滑动。波洛克的影响在此显而易见,但它并不令人感到窒息。库比切克以此成功地驳斥了当时的一个论点,即要学波洛克最终就只能用跟他同样的方法来绘画。[26] 和西德当时所有的非正统派艺术家一样,库比切克也注重装饰上的柔和性和舒适感。波洛克的色彩明显散发出更强烈的泼洒抛掷感,在视网膜上产生粗糙无比的压迫感,以及对高雅品位提出挑战,库比切克则用圆润的线条让人在一个陌生、难以理喻但最终井然有序的世界中有了一种彼此关联的凝聚感。

和维利·鲍迈斯特或海因茨·特勒克斯的符号世界一样,库比切克的画作也传达出一种散发着自信的平和气氛。对于美国人来说,他们肯定是看好对这位画家的投资的,因为他是一个积极行动的传播者。回国后,他接管了在柏林艾内姆大街上新建的美国之家*里的工艺和艺术工作室。他在这里免费提供有关艺术、商业艺术、纺织品、家具和珠宝设计的课程。这种以包豪斯(Bauhaus)为典范的艺术和手工艺相结合的教学方式非常成功。库比切克的学生们甚至还成功地向正在蓬勃发展的装饰行业出售了一些设计作品。这个工作室里体现最新设计理念的新作品会在美国之家一长排面对街道的橱窗里做持续性的展出。就这样,它也为那些偶然路过的行人提供了提高鉴赏水平的教育课程。

库比切克的工作是美国再教育战略的典范。从杰克逊·波洛克

---

* 美国之家(Amerika-Haus)是"二战"后由美国政府在柏林、法兰克福、慕尼黑、汉诺威、莱比锡、维也纳等大城市建立的机构,目的是为了让德、奥民众了解美国文化和政治。——编注

的天才到在柏林的美国之家的绘画学校里那些自由地泼墨挥毫的孩子们，这是一条极为有效的路线。杰克逊·波洛克在这里发挥了有益的指导作用，而这绝非偶然。波洛克也被称为"滴洒的杰克"（Jack the Dripper），他的巨幅"滴色画"令人印象深刻，恰好体现了美国最好的一面。正如有关他的传奇所言，他在怀俄明州长大，不是东海岸的那些欧洲知识分子的后裔，而是一位富有独特的开拓精神之人，是一个真正的牛仔。他的滴色画看起来像是猛烈爆发后的产物，像普罗米修斯盗火的结果一般长久影响着威尼斯、慕尼黑或卡塞尔的展览厅，他作为美国无以匹敌的生命力的象征给欧洲人留下了深刻印象。至少，美国一些颇具影响力的外交政客希望的正是这个效果，不久他们就目标明确地介入了对国际性展会的参与。

就这样，借助了波洛克作为抽象表现主义最为显赫的代表性人物，美国的艺术脱离了巴黎这个伟大的榜样，并在国际艺术市场上成功地做出独一无二的贡献。凭借着波洛克、罗伯特·马瑟韦尔（Robert Motherwell）、马克·罗斯科（Mark Rothko）和巴尼特·纽曼（Barnett Newman）在欧洲引起的极大的轰动，美国得以对抗那些认为它文化匮乏的陈词滥调。在艺术领域，美国正准备接手扮演一个先锋角色。这导致了一个自相矛盾的局势："如果这是艺术的话，那我就是个非洲霍屯督人"，杜鲁门总统这句1947年在纽约现代艺术博物馆所说的话获得了众多人士的热烈掌声。但这并没有妨碍他的冷战战略家们将这类艺术视为能有效将美国推上世界舞台的最佳手段。而且，正因为他们确定国会绝不会批准出口这类艺术品所需的资金，所以他们将抽象表现主义视为一项秘密行动。就这样，正是这些在美国国会被嘲笑为亵渎上帝的艺术家被美国外交政策的心理战术用来进行美学上的宣传。即使罗斯科、波洛克和马瑟韦尔可能将自己视为无家可归的激进分子和孤独的个人主义者，人们却通过有针对性的艺术展策略将他们在国外塑造成了理想的美国代表性人物。

这个任务如此自相矛盾，以至于中央情报局毛遂自荐地担起了这项重任。特工托马斯·布雷登*领导着一个取名为"国际组织部"（International Organizations Division）的秘密情报部门，也就是在这个毫不起眼的机构名称下，他想利用艺术和文化的手段进行冷战。在"我们必须以秘密行动来鼓励开放"[27]的宗旨下，他开始把前卫艺术作为两个超级大国争夺世界其他国家青睐的竞赛的一部分，前卫艺术成为一种平衡手段。中央情报局的一些部门成了艺术品经纪人，他们将美国最优秀的表现主义作品成功地送到了各式巡回展、双年展和借展，以至于纽约现代艺术博物馆有段时间就像落毛的凤凰一样空旷。

在私人和国家机构组成的密集网络里，托马斯·布雷登、迈克尔·乔斯逊†和许多其他中情局的文化特工们[28]一起工作着。只有在极少数情况下，才有可能在事后对秘密行动的结束以及外交部传统文化政策的开始做出精确的划分。中情局在文化领域最有效的掩护性组织是"文化自由大会"（Kongress für die kulturelle Freiheit）。1950年6月26日至30日，在梅尔文·J.拉斯基和阿瑟·库斯勒‡的组织下，来自世界各地的知识分子在柏林泰坦尼亚宫电影院相聚一堂，以制定一个反对一切极权主义形式的宣言。与此同时，苏联人成功地将"和平"占用为了他们的宣传词。针对美国，当时唯一的核武器拥有国，世界各地的"和平游击队"聚集在以白鸽为

---

* 托马斯·布雷登（Thomas Braden，亦称汤姆·布雷登 [Tom Braden]，1917—2009），美国战后记者兼特工。
† 迈克尔·乔斯逊（Michael Josselson,1908—1978），美国时事评论家、特工。
‡ 梅尔文·J.拉斯基（Melvin J. Lasky，1920—2005），美国记者、作家，曾任文化杂志《相遇》（Encounter）的总编辑。阿瑟·库斯勒（Arthur Koestler,1905—1983），匈牙利犹太裔英国作家、记者和评论家，著有小说《正午的黑暗》（Darkness at Noon）。

象征的和平标志下，展开了禁止核武器的运动。为了对付苏联这一宣传上的成功，国际大会引入了一个经过重新诠释、令人产生同理心的术语："自由"。

当年曾经被斯大林主义修理过的前共产党党员们对这次会议起了主要的影响作用，包括詹姆斯·伯恩哈姆（James Burnham）、阿瑟·库斯勒、伊格内修斯·西隆（Ignazio Silone）、理查德·洛文塔尔（Richard Löwenthal）、马内斯·施佩贝尔（Manès Sperber）和弗朗茨·博克瑙（Franz Borkenau）。但也包括像休·特雷弗—罗珀（Hugh Trevor-Roper）（著有《希特勒的末日》[The Last Day of Hitler]）这样机敏的历史学家，或者曾经为美国军事秘密电台"1212"[*]工作且后来与汉斯·哈贝在巴特瑙海姆合作建立美国新闻社的戈洛·曼[†]都属于这群人。

大会上众多的闪光人物中还有著名作家弗拉基米尔·纳博科夫（Vladimir Nabokov）的表弟，俄罗斯作曲家尼古拉·纳博科夫（Nicolas Nabokov）。直到1933年移居海外之前，他一直生活在柏林，后来以美军心理战术部成员的身份回到德国。纳博科夫是一名审讯专家，曾在指挥家威廉·富特文格勒（Wilhelm Furtwängler）被提前释放出狱一事中起到了重要作用。后来，从1964年到1967年，纳博科夫担任柏林国际艺术节（Berliner Festspiele）的总监。当然，在1950年的柏林国际艺术节上就已有了以波洛克、马瑟韦尔、罗斯科和其他作品为代表的美国艺术展览。是谁负责"文化自由大会"的平面设计？当然是尤罗·库比切克！[29] 从阴谋论者的角度来看，战后的中情局在文化上的参与可以说是孜孜不倦而且随心所欲。记者弗朗西斯·斯托纳·桑德斯（Frances Stonor Saunders）对其研

---

[*] 军事秘密电台"1212"（Geheimsender 1212）是"二战"期间美军设立的秘密电台，旨在打击德国民众及其军队的士气并混淆视听。——编注

[†] 戈洛·曼（Golo Mann，1909—1994），德国作家托马斯·曼的儿子，为历史学家、哲学家。

究比以往任何人都更为深入,她甚至声称:"在欧洲战争结束后,只有极少数作家、诗人、艺术家、历史学家、自然科学家或评论家的名字是与这个秘密项目没有任何关联的。"

中情局决定把这个大会设定为一个永久性网络机构。总部设在巴黎,并在许多国家都设立了其分支机构,通过一个不大的协调办事处来帮助欧洲批判自身资本主义的势力能摆脱苏联的影响。特别是坚决反对斯大林主义的左翼知识分子得到了有针对性的支持。这些人不会心甘情愿地从中情局那里拿钱,因此必须通过一些掩护性机构,例如通过出版商和基金会来完成对他们的资助。因为即使他们拿了钱,这种公开的支持也会使艺术家和知识分子暴露,以至于他们在特工情报的工作中变得毫无用处。就这样,许多人甚至在得到资助之后都不知道背后的支持者身份——比如海因里希·伯尔,他的秘密联系人就是他的出版商:基彭霍伊尔 & 维奇出版社(Verlag Kiepenheuer & Witsch)的约瑟夫·卡斯珀·维奇(Joseph Caspar Witsch),他是科隆"文化自由大会"里强有力的联络组织者。[30]

中情局通过"文化自由大会"资助了许多一流的文化知识性杂志,例如由梅尔文·拉斯基于1948年创办的《月》(*Der Monat*)杂志,狄奥多·阿多诺、汉娜·阿伦特、索尔·贝娄(Saul Bellow)、阿瑟·库斯勒以及托马斯·曼都曾为之撰稿。它还资助了伊格内修斯·西隆创立的杂志《当下》(*Tempo presente*)以及弗朗索瓦·邦迪(François Bondy)的期刊《证据》(*Preuves*)。它还为乔治·奥威尔(George Orwell)的《动物庄园》(*Animal Farm*)的翻译支付稿费,并赞助将这部小说改编为电影。它更通过不计其数的展览活动促进了抽象艺术在德国的传播,1959年举行的第二届卡塞尔文献展(*Documenta 2*)上,展出的几乎无一例外都是抽象派作品,抽象艺术终于大获全胜。

肾形桌如何改变了思维

要解释抽象艺术为何在战后旗开得胜，那就还差最后一个，也许是最关键的一个因素：即艺术上的先锋派和工业设计从未像那个时期那样走得那么近。虽然许多人反对画框里的抽象艺术，可他们其实早就通过窗帘布料将它纳入了自己的寓所。诗意的抽象从后门走进了人们的居室甚至他们的衣柜里。装饰布料和墙面很快就像是艺术市场的一个横截面。维利·鲍迈斯特和尤罗·库比切克为保萨纺织品股份有限公司（Pausa AG）设计了窗帘，弗里茨·温特和海因茨·特勒克斯分别为格平根塑料公司（Göppinger Plastics）设计了桌布以及地毯，哈恩·特里尔（Hann Trier）和汉斯·哈通（Hans Hartung）则设计了装饰布。

因为艺术家对纺织技术了解甚少，有些设计很难实现，例如他们忽视了图案重复在长度上必然会有的限制。相反，他们设计出一些很难在布轴上被实现的"滚动的图案"。而真正的纺织品设计师，例如玛格丽特·希尔德布兰德（Margret Hildebrand）或特亚·恩斯特（Thea Ernst）则成功地将抽象绘画的精髓更好地嫁接到了纺织物的设计上。只是公寓并不总是能够从中获益，因为大面积的、色彩强烈的图案需要彼此隔开一定距离，并且在其周围必须有留白的区域。它们所需的是一个摩登工厂主的别墅里那些宽敞无比的房间。但是这并没有阻碍许多人仍旧将它们贴在自己过于狭小的公寓墙壁上，这些纷杂的图案造成一种会引发幽闭恐怖症的混乱。

幸运的是，人们一般负担不起按照新风格对公寓进行彻底的重新设计所需的费用。这些前卫的设计首先以小物件的形式出现。新设计的狂热风潮在花瓶、花架、碗和茶几上得以肆意发泄。家居饰品变成吸引眼球的小型雕塑。一切皆有可能，但它绝对不可以用对称的形式。人们义无反顾地将它塑造成圆形、鼓形，将其压缩和倾

第九章　艺术冷战和民主设计

斜,由此便出现了曲线风格和碗形样式,蛋形和网格状。它们必须把在"空间张力所导致的独特瞬间里那个被束缚的动能"[31]体现出来。仿生物形态在此大获成功:花瓶被塑造成为长梗形、花瓣形、天鹅颈状,即一种有机的形态。肾形桌成为整个时代的标志,尽管它不久之后就引起了下一代人的深恶痛绝。[32]

肾形桌是去纳粹化后居住生活的装饰性象征。它的桌腿分开,以一种挑衅式的乐观主义姿态纤弱地站在那里;它不对称,弱不禁风并带着一种轻浮的味道,体现着笨重壅塞的帝国总理府风格的对立面。它精致小巧的桌脚包着黄铜套,并被圈上一条金色的边缘饰带,而且还时常被嵌上地中海的马赛克图案,它看上去就像是一张稳固桌子的戏谑模仿。

坚实耐用之物过时了。一切都必须易于移动和挪放。甚至落地灯也要符合灵活性的要求,它的三个灯罩都装在可移动的铰接式金属臂上,这意味着照明的重点可以不断变化。在某种程度上,新生的轻便理想也纯粹出于迫切的需要:在狭小的临时住宅中,人们经常需要重新布置并靠拢在一起生活。没有足够的空间可容得下对巨型家具的偏爱,现在更需要的是可以折叠和堆放之物。三个房间得容纳下四个人,卧室里甚至还有一个办公室:"工作台在沙发床旁边。在墙上是用窗帘隔开的文件档案柜。家庭主妇睡在一张可收回到墙边竖起的折叠床上,床上方的架子上可以存放洗护用品。通过一块布帘就能把这张折叠床与房间的其余部分分开,以便房子的男主人可以在这里接待他生意上的伙伴。"[33]

有些舒适感是德国人被强制性地教会的。在被占区一些被没收的公寓里,为了可以很舒服地将腿搁在桌上,不少美国士兵们直接将桌子的腿锯短了。当住所的主人几个月后回到家,在克服了最初的惊愕之后,他们发现这么一来确实舒服多了。就这样茶几登堂入室了。在贫瘠的临时住所中,一种新的生活理想和居住理念逐渐形

带有可移动桌面的肾形桌：桌面下可放电唱机和收音机。它纤细、分开的桌腿和之前实心橡木的"帝国总理府风格"形成鲜明的对比。

第九章　艺术冷战和民主设计

成。人们把装水果、装啤酒瓶的木条箱做成了柜子，把床垫架放在砖头上，把破损的家具用肥皂清洗还原出初始的形态。对这些新怀旧风格（Shabby Chic）家具的最早样板，许多报纸曾给出了不少有用的建议："这个三段式的床垫当然也可以利用起来。我姑妈家没有被炸毁，她答应我可在她的家什里淘宝。假如每部分床垫都被套上不同的床单，这甚至很带劲儿，而且假如床单还罩不住床垫四周的话，可以把最难看的床单铺在最下面一层，反正没人会看到。"[34]

这种轻简式居住对穷人和富人产生了同样的影响力。为了视觉上的轻便感，克诺尔国际家具公司（Knoll International）昂贵而优美的书架完全省去了侧面的支撑板。它的书桌有着纤细的钢制桌腿，抽屉部件好像漂浮在上面一样。繁复的装饰物和沉重的橡木家具灰飞烟灭了，人们想为营造一种无忧无虑的美感腾出空间；用精致的栏杆，大胆弯曲的混凝土，脆弱的玻璃和弯曲的墙壁，颜色柔和，线条细腻，有着斑点设计和流畅的图案——要穿过这个轻柔世界的最佳方式是穿着绒面革厚软底鞋（brothel creepers），俗称妓院蛤蟆鞋[*]，这种由英国士兵引进的静音鞋，成为 50 年代的流行款式。

在"柏林动物园的周围"（Rund um den Berliner Zoo）竞赛中，建筑设计师瑟吉厄斯·吕根贝格（Sergius Ruegenberg）于 1948 年为紧邻柏林动物园火车站的地方设计了一个占地最小的机场，它配有一个候机厅，看上去就像给用雨伞飞行的罗伯特[†]所建造的一个未来主义式的接待大楼。这个过分优雅的设计从未被建造起来，但至少在 1948 年被用作罗伯特·施特姆勒的电影《柏林谣》（The Berliner）的模型，这是一部著名的废墟系列影片，它从 2048 年的

---

[*]　因许多士兵退役后常穿着该鞋逛夜店而得名。
[†]　《会飞的罗伯特》（Der fliegende Robert）是海因里希·霍夫曼（Heinrich Hoffmann, 1798—1874）所写的儿童诗歌，讲述的是一个名叫罗伯特的男孩在狂风大雨的天气出门，随着雨伞飞上了天而无法落地。

柏林回溯战后的惨痛经历。

这种虚拟失重的设计并没有仅仅变成一种离奇古怪的品位，犹如后来的《卡普里岛的渔夫》（"Capri-Fischer"）这首流行歌*，零食碗和夸张的太阳镜被混为一谈时。设计师们其实更关注的是世界观的变化，就像建筑设计师韦拉·迈尔－瓦尔德克（Wera Meyer-Waldeck）在1949年于科隆举行的"新式居住"（Neues Wohnen）展览中所说的那句得体而醇厚之言，即"认识并塑造当今德国生存的意义和形态"。[35] 因此，50年代的典型设计所体现的并不是整个社会，而是一个与多数人的"崇尚实心橡木"这种传统品位相左的时代精神，而后者在数量上仍然占有主导地位。人们正在慢慢地从这个旧梦里走出来，一点一点地放弃厚重老式的风格。作为新设计理念的唯一见证，肾形桌假如要在公寓抵御其余所有那些沉重压抑的大件家具，也许它就会显得格外不协调，可是在想象中，它象征了人们盼望搬入的那个明亮、宽敞、通风的公寓。肾形桌是对未来的承诺和规划：人们很快就能承担得起的更好生活环境，就此而言它不失为一块基石。

20年之后，这种50年代的时髦之物在许多人的眼里却显得虚假做作，不合时宜。可是就德国人的精神康复而言，这种怪异的家具绝对是不可缺席的。有些人正是借助了装饰品来克服过去的。只有那些将理性视作去纳粹化的有效途径之流才会对此嗤之以鼻。可通过重新装饰自己身边的环境，也许就能逐渐改变自己。设计决定了意识，这句良言可不单只是一个文字游戏。很多事实证明，德国人的自我改造中有一部分是通过他们的视觉和触觉来进行的。这个装饰上的改变进行得如此极端，以至于这样的设计作为50年代的

---

* 这首带着那不勒斯民歌旋律的歌曲，最早于1943年3月由歌手玛格达·海因（Magda Hain）所唱并灌制为唱片，是当今德国70多岁以上的老人们的怀旧歌曲。但由于英美盟军1943年7月在意大利西西里岛登陆，这首带有意大利民歌风味的歌曲被禁止播出。

第九章　艺术冷战和民主设计　　　　　　　　　　　　　　　　323

1948年，建筑设计师瑟吉厄斯·吕根贝格为寻求一种新时代设计风格而做出了这样一个候机室的设计，并以此参加名为"柏林动物园的周围"的城市建筑竞赛。

遗留物至今仍在人们的记忆中栩栩如生。

哪怕规模再小，每个牛奶吧都以其柔和的色调、乐观的清醒感将自己与柏林会展大厅（Berliner Kongresshalle）*所代表的一种生

---

*　正式名称是"世界文化宫"（Haus der Kulturen der Welt，简称 HKW）。现为国际现代艺术中心。——编注

活方式联系在一起。这个大会厅建于1956—1957年，是国际建筑展览会的一部分，其贝壳状的不对称屋顶与坚固的垂直加水平的传统建筑方式形成了鲜明的反差，使其成为50年代政治上最有宣传效果的建筑标志。它为一个新型的公民社会提供了一个意味深长的实体躯壳。[36] 在这里面那些虽宽大却不乏舒适的房间里，许多人能够为交流思想而聚集在一起。在弯曲的屋顶下，这个建筑物通过开放式的结构使每个来访者产生个人的高度感——这就与纳粹的建筑设计形成了鲜明对比，后者的建筑设计有意让个人缩小。该建筑传达了一种鼓励自由言论的随意性，据说任何患有广场恐惧症的人都该体验一下这个乐观的社会雕塑。

这个大会厅由休·斯塔宾斯（Hugh Stubbins）设计，经美国国务院柏林负责人埃莉诺·杜勒斯（Eleanor Dulles）的倡议被故意设立在苏占区的边界线上。冷战在此作为一个主题出现。它是市中心的一片巨大空旷地，代表着纳粹独裁带来的毁灭性后果，因此这个位置也有着至关重要的意义。在这片沙漠般的地带中，会展大厅看起来就像是一架刚刚降落的，来自另一个银河系的宇宙飞船。

埃莉诺·杜勒斯是当年美国国务卿约翰·福斯特·杜勒斯（John Foster Dulles）以及中情局局长艾伦·杜勒斯（Allen Dulles）的妹妹。艾伦·杜勒斯曾经在战争期间担任线人和瑞士反纳粹活动家的联络人，他还曾经支持过德国的抵抗运动并协调过间谍情报工作。就美国文化政策而言，艾伦·杜勒斯在德国的影响是无法估量的；这种文化政策显然受到了冷战的影响，同时也有反纳粹主义斗争的鲜明烙印。

前面曾提及，大会堂竣工后的第一次活动是"文化自由大会"的召开就不足为奇了。在梅尔文·拉斯基、特奥多·阿多诺、威尔·格罗曼、鲍里斯·布拉赫（Boris Blacher）等人的带领下，人们就"音乐与视觉艺术"为题对抽象艺术和无调性音乐进行了讨论。在美国人的幕后推动下,这些话题以及无数其他话题将在未来很长一段时间内继续伴随和塑造德国人的命运,就像苏联人试图在边境另一侧,以及法国人和英国人在一定的限制下所做的那样。在盟军不懈的精神干预下,在美国人和苏联人各自的象征性美学的保护和引导下,德国人逐渐并悄然地进入了一种新的生活方式。日后,这种生活方式至少在西方令人感到费解,为何这么一个友好的民族居然对纳粹容忍了12年有余,并为此并背负上了如此沉重的历史罪责。

第十章
压抑*之声

德国被蚕食般地征服了。首先是西部的亚琛于1944年10月被攻下。美国陆军接着花了六个月的时间才穿越莱茵河继而挺进马格德堡和莱比锡。在东部，红军在1945年1月底越过奥得河－尼斯河线（Oder-Neiße-Linie）之后，花了三个月才到达柏林。在奥得河上的施劳弗高地（Seelower Höhen），超过12万名德国士兵和他们进行了艰苦顽强的对抗，却以失败告终。

令人惊讶的是，战斗结束之后就真的再也没有了枪战。无论在哪里，每当盟军占领了一片土地，那里就会一下子归于平静。前进的士兵们简直不敢相信：即使在局势早就毫无希望的时候，这些德国人还在丧心病狂地背水一战，可是一旦投降，他们就变成了最驯服的羔羊。狂热主义似乎就像蜕皮一样从他们的身上消失了。没有抵抗，没有埋伏，也没有敢死队。离前线不远的地方一些零星散布的狙击手曾经从他们的躲藏处向前进的部队开火，但这都是些例外。

---

* 该词原文为Verdrängung，亦可翻译为排挤，为保持和相关专业词典的一致，这里采用了压抑这一个词。

盟军对此始料未及。这些德国人怎么了？多年的轰炸并没有使他们丧失斗志。在撤退之前的战争最后几周中，他们还无情地杀害了好几十万的强迫劳工和囚犯。照此来看，哪怕只要还有一丝机会，他们都会在投降后怀着同样的对人类的蔑视继续肆虐，这似乎才是合乎逻辑的。尤其是年轻人，胜利者把他们想象成被遗弃的幼兽，只能用手枪和铁棍才可靠近他们，并且得经过漫长的过程才能将其驯服。[1]

也正是纳粹自己让同盟国早就做好了在德国遇见这些野蛮困兽的心理准备。1944年10月，"党卫队全国领袖"海因里希·希姆莱宣布了一个类似游击队的"狼人行动"。战争结束前两个月，戈培尔把这个行动上升为每个公民的责任，每个德国人现在都必须战斗到牺牲为止，因为对于狼人来说："在德国土地上的每个布尔什维克、每个英国人和每个美国人都是格杀勿论的猎物。只要我们有机会就要不顾个人安危、义无反顾地去消灭他们。仇恨是我们的祈祷，复仇是我们的呐喊。身为一个狼人，他拥有生杀予夺之权。"

然而实际却与此相反，几乎什么都没有发生。少数狼人行动曾由常规的国防军和党卫队的士兵执行，而且几乎完全是针对厌战的德国人。他们最残酷的行径发生在1945年4月28日，在上巴伐利亚的彭茨贝格（Penzberg），在作家、文化局局长兼冲锋大队负责人汉斯·策贝莱因（Hans Zöberlein）的指挥下，这些"上巴伐利亚狼人"杀害了16名男女。这些受害者先前罢免了纳粹市长，并试图将村庄不战而降地移交给美国人。

1945年3月25日对亚琛市长弗兰茨·奥彭霍夫（Franz Oppenhoff）的谋杀也是为了恐吓本国人民。这位受美国人任命的市长被一个用降落伞潜入敌后的党卫队突击队员所枪杀。不过在德国投降之后，这类的报复性暗杀事件就完全停止了。更谈不上那些

第十章 压抑之声

所谓的游击队行动了。

德国人灵魂里的法西斯主义看起来似乎消失得无影无踪。路边站着的不再是野兽,而是挥手致意的人们,他们从占领者手中接过巧克力并为此感激涕零。这怎么可能呢?这种使他们在战争尾声甚至以牺牲学龄儿童为代价的仇恨不可能只是昙花一现的幻觉吧。

负责心理战的美军士兵斯特凡·海姆于1945年11月身穿全套美军制服,冒险进入一个足球场,令他惊讶的是,他没遭遇任何事情。这是战后的第一场正式比赛:慕尼黑对纽伦堡。他们三个人是体育场内唯一的美国人,坐在第一排,人人都能看到他们,很容易受到攻击。海姆中士扪心自问:"假如是三名德国占领军的士兵,坐在两万名南斯拉夫人、比利时人或俄罗斯人当中观看体育活动,他们会毫发无损吗?"[2]

那个宁死也不愿忍受任何形式的外国统治的高傲民族到哪儿去了?不仅是占领者,德国人也在自问这个问题。大多数人突然不再对领袖尽忠,连带着他们整个的过去,他们像按下开关一样关闭了他们钢铁般的信念。否则怎么会有人战争结束后还不到两年,就生出这么一个疯狂的想法去追问为什么世界上没有人真正地喜欢德国人呢?"是什么使德国人在世界上如此不受欢迎?"在1947年1月,《立场》杂志提出了这个问题,而它问得就好像从未发生过战争一样。作者本人给出了一个"严酷的答案":"德国是欧洲一个令人担忧的孩子,他是世界的问题少年。国际大家庭就像人类家庭一样:这里有人见人爱的孩子,比如瑞士就扮演着招人喜爱的孩子的角色,而那个冒冒失失的调皮孩子就是德国。这是巧合吗?抑或是命运?自然、历史和国家的发展都无法对这一点做出解释。"[3]

这确实难以解释。在一场造成了6000万人死亡的侵略战争刚结束后不久,就有人把侵略者昵称为一个"问题少年",并将其描绘成一个可怜的"替揍男孩"*，是何等的内心历程让一个人做出如此这番的表达，这可谓是人类心理上的一个奇迹。该文的作者†估计不是恶意的，但她也肯定不是个头脑简单的人。随着文章的深入，她自然然提及了希特勒，并引用了托马斯·曼关于《德国和德国人》("Deutschland und die Deutschen")的讲话以及马克斯·皮卡德‡的书《我们自己内心的希特勒》。她怀有良好的意愿，但感到困惑，以至于她写下了让今天的我们感到无言以对的文字。肯定也正是当年所受的震撼使她兴致高昂地唠叨不已。

为了形容这种对自己刚刚经历过的事件的处理方式，"压抑"（Verdrängung）§这个概念后来应运而生。它虽然不精确，但却非常形象化。以《立场》的这篇文章为案例，读者可以亲自看到这种压抑自相矛盾的过程，它和试图对此做出解释的尝试难分难解。因为作者绝对是想直面德国的这场灾难的，可在她思考其原因的同时，她将我们现在所说的"文明之断裂"（Zivilisationsbruch）降低为一个家庭纷争的程度。

我们可以想象当年这位作者是一位年轻的女子，她为能够撰写有关其他民族如何看待德国人的反思性文章而感到自豪。战争刚刚结束后，这是一个引人深思的提问。她可能曾经前一天排了很长时间队才用自己的食物配给卡买到一些面包和黄油。像其他所有人一样，她去了黑市并被迫接受黑市的高价。也许，就像她的记者同事露特·安德烈亚斯—弗里德里希一样，她不得不努力解决早晨要

---

* 封建时代在宫廷中替贵族子弟挨揍的男孩，对他们的体罚则是对贵族子弟间接的心理惩罚。
† 这里指的是埃丽卡·诺伊霍伊泽尔（Erika Neuhäuser），其身份信息不详。本书作者摘录了她于1947年在《立场》杂志上发表的文章，但却无法得知其生平一二。估计该文作者当年还很年轻，所以写下了这般日后遭人唾骂的文字。
‡ 马克斯·皮卡德（Max Picard, 1888—1965），瑞士人，医生及文化哲学家，一生著有许多书籍，《我们自己内心的希特勒》（Hitler in uns selbst）是一部篇幅270多页的著作。
§ 如页327注释所言，这个字还有"压制""镇压""排挤"之意。

第十章 压抑之声

清空便壶的问题，因为水管又被冻结了*。也许她决定在对面的废墟中处理掉当时人们所称的这个"残渣"。她手中提着自己的排泄物，爬过了废墟并且冻得要命。尽管如此她还是以愉快的心情开始致力于自己的文字。她那时有很多事情要做，很快一切都会好起来的。于是她兴致勃勃地开始了这篇文章的撰写。

就和人们当时在解决城市重建问题时的那种繁忙一样，重新诠释的工作也是如此。日后的人们惯于将压抑视为一个悄无声息的过程。关于战后的沉默、武器和语言的销声匿迹已经有了很多的议论。战后的德国人在回顾的时候将自己视为沉默寡言的人，他们似乎必须先在沉默中处理自己所曾遭受过的苦难。然而事实恰恰与之相反。

尽管在一些场合下，人们可能已经放弃了说话，但是侃侃而谈并没有消失。相反，尤其在与自己相关的事情上，许多德国人可算得上是话痨呢。哪怕是最微不足道的演讲机会——例如马术俱乐部的周年庆典，或学校的复学典礼，都给他们提供了争相发言的机会，这就像一个"默斯肯大漩涡"使德国人民"史无前例"地深陷其中。有一篇关于教师职业的特殊使命的文章就是这样开始的："由于得志小人的欺世盗名以及其野蛮的恐怖行为，德国人民曾经陷入了令人震惊的麻木状态；在这个前所未有的命运的裹挟中，紧随其后的是一个民族不可避免的崩溃和可怕至极的身心困扰。没有哪个民族的命运和灵魂曾受到过如此之多，以及如此之深刻的蹂躏，但也正因如此，没有人会比德国人做好了更多的准备以接受全新精神的种子。"[4]

在报刊、手册和传单里，这类将德国人的苦难极尽所能地高置于其他民族苦难之上的溢美之词泛滥成灾。说到压抑这一词，在这里可以说是再形象不过了†：这些作者如此大肆张扬地渲染自己的苦

---

* 1946 年至 1947 年间的冬天是德国有史以来最寒冷的冬季，所以水管被冻住是那个时候常有的事。

† 尤其考虑到这一词代表的"排挤"之意。

难,以致于没有任何思想空间可留给真正的受害者。

作为战败者,有些人在那个时候就俨然将自己置身于世界精神的顶峰,并利用他们独一无二的耻辱历史来建构其在思想领域里的领袖地位。在1947年的一篇旨在推动欧洲青年树立共同价值观的文章中,作者这样写道:"也许和其他国家的人民相比,由于我们从过去到现在更接近一无所有的境地,所以我们德国人更加清晰地认识到时代的严肃性,也正因如此我们认知严酷真理的障碍要比他人小得多。"[5]

在战后成为德国人心态象征的砍伐文学*对后来人们认为德国人沉默的印象起了一定作用。他们简洁至极的语言,对修饰意识形态的措辞抱有的怀疑态度,使后来的人们有了似乎整个战后都是一个沉默寡言时期的印象。而事实上,针对当时早已占据上风的那种夸夸其谈之风,简明扼要的砍伐文学只是其美学上的对立面。

毫无疑问,德国人的内心经受了强烈的震撼。正在寻找可供取暖之物的他们也正在寻找着生活的意义。攀爬在废墟中的除了强盗和小偷也不乏许多企图对时代做出诊断之人,他们力图给这场灾难正名。一位未具名的专栏作家,大概是约瑟夫·米勒-马雷恩(Josef Müller-Marein),在1946年2月的《时代》周刊中写道:德国人所经历的"不是一场崩溃,而是一次对地壳的开垦[†]"。他从地质学中

---

* 参见页19脚注。

† "开垦"(Zerrbruch)这个词是一个人为新造词。由前缀词"Zerr"和主词"Bruch"两个部分组成,前者是扭曲,变形之意,后者是断裂,破裂之意,同时它也有沼泽地,湿地的含义。Zerrbruch这个词是个人造词,在约瑟夫·米勒-马雷恩的文章里,他借用的是德国历史上普鲁士的弗里德里希大王(Friedrich der Große,亦称弗里德里希二世,1712—1786),于1762年开始对奥德、内茨和瓦尔特这三条河流周围的湿地进行开垦的史料(弗里德里希大王认为国家强大的基础在于人口上升,所以将湿地开垦为农田即是安邦兴国的举措),来对应崩溃(Zusammenbruch)这个词,由于该词的后缀词同样为Bruch,他将其解释为湿地,造出了Zerrbruch这个人工词,做了一个德语里的文字游戏,同时企图对德国"二战"历史上的纳粹污点进行洗刷和转移性嫁接,本书作者在此点出了其偷梁换柱和欲盖弥彰的效果。

第十章　压抑之声

借用了该术语，一方面借自地球构造学中的"扭曲链"（Zerrketten），另一方面源自德国东部的沼泽地："我们知道奥德沼泽（Oderbruch）、内茨沼泽（Netzebruch）、瓦尔特沼泽（Warthebruch）。我们的祖先开垦了它们，让农民辛勤劳作。而且你看，就在地面下沉的最危险处，坚韧和实干创造了特别肥沃的土壤。凭着这种浮士德般的作为*成就出一个更加美好的未来。"[6]

只要能够给人勇气，再疯狂的想法都是可行的。1944年11月，建筑师汉斯·施维佩特（Hans Schwippert）接手了被占领的亚琛市的建筑管理局，他当时写下了一些指导性想法。他将"理论与实践错误分离这一德国遗传性缺陷"认为是"最危险的精神邪恶"。[7]对"创造性的扭曲"已成为"劳动的堕落和异化"。在亚琛的"最最首要的，污浊且几乎无望的清理中"，他认识到"恢复'劳动的尊严'"是他的任务。这之后，"工作才会从流放中回归"，而人类的劳作将重新获得尊严并找到其故土。

投降后，施维佩特的同事奥托·巴特宁将"沉默的工匠精神之榜样"视为德国人最后留存下来的核心能力——"这是一种已经发展了数百年并得到各国人民公认的才能"。[8]这个埋头苦干的工匠精神是"我们在资源丰富和渴望消费的各伟大民族之间唯一的优势。它使我们具有进入精加工行业的能力"。

---

*《浮士德》（Faust）是德国大文豪歌德（1749—1832）的名著，分为第一部和第二部，分别完成并出版于1808年和1832年。该著作以被魔鬼梅菲斯特所诱惑的浮士德博士为主要人物，它向世人揭示，人的一生都在对真理和快乐的追求之路上，但也受到了黑暗魔鬼的诱惑，人性趋利避害贪图享乐的本性使得人为了现实的安逸而心甘情愿地向魔鬼出卖自己的灵魂。《浮士德》的第一部以浮士德的情人格雷琴之死展示了浮士德对其世俗生活的罪孽之感。而第二部里，歌德将浮士德个人的命运升华至欧洲古典文艺的大框架之中，最后以浮士德因其内心对真善美的不懈追求而被上帝最终所宽恕和解脱而结束。本书中此处所摘的《时代》周刊的文章里用了浮士德做比喻，意在将纳粹统治下所发生的种族大屠杀对等于浮士德受到了魔鬼之诱惑所犯下的恶行，有自我辩护之嫌，所以受到本书作者的质疑和反对。

压迫性国家秩序的崩溃让许多德国人有了思如泉涌般创造意义的自由和热情。面包是匮乏的,但蓬勃滋生的救赎治愈类概念一点都不缺少。人们发疯似的搜寻可以带来精神秩序的词语。到处都可以看到人们沉浸于对话之中——1949年从流亡地返回德国的特奥多·阿多诺就有这种感觉,他叙述了其精神生活中的一些奇妙经历。在异乡时,他确信纳粹政权在德国只留下了野蛮,除了"迟钝,无知,对一切精神生活的愤世嫉俗的怀疑"[9]之外,他对德国毫无其他指望。与此相反,他遇到了即使在魏玛共和国时期也未曾有过的"知识分子的激情"。"这种似乎早已成为了过去、在世界上几乎绝迹的、如饥似渴的沉浸式对话的精神方式正在重获新生。"阿多诺坚称,这个"聚精会神的精神现象"绝不仅限于年轻学者,而是极为普遍。"而20年前,这种在私人圈子里讨论新文学出版物的严肃态度是难以想象的。"

但是,对这位哲学家和社会科学家而言,这样的田园诗意仍令他感到惶恐不安。刚从美国娱乐业回来的阿多诺在大众的思考行为里看到了一种自恋般的庸俗安逸感,使他无论如何还是感到有些诡异。这种"孤芳自赏的精神愉悦"使他想起"散落在古老城镇的各个角落里的幸福",还有那种"来自乡间隐匿生活的危险而暧昧的舒适感":"在所有的激动和感动中,我时常无法抵抗一种阴影般的感觉,也许这是一种精神的自我游戏,它潜藏了一种极度枯燥无味的危险。"[10]

沉默与交谈,无奈的抱团

德国人对德国和世界侃侃而谈却始终顽固地将一个中心话题排除在外,那就是对欧洲犹太人的谋杀。在这种针对战争之野蛮和开

第十章 压抑之声

垦湿地之类*的高谈阔论之中，几乎没有一个字涉及这场大屠杀。对于犹太人的话题人们缄口沉默。

作为犹太人不得不于1933年逃离德国的哲学家汉娜·阿伦特当时是犹太文化重建组织[11]的董事，她曾经为好几个美国机构报道过"纳粹统治的后果"。[12]她和阿多诺同样于1949年从美国回到德国，这位曾经流亡海外的女士——即使只是进行为期半年的访问——亲身经历了德国人无法谈及对犹太人迫害的事实，并将此看作是一个对她本人存在的否定。在被四方政府所控制的柏林，她体会到很多自由精神而且几乎没有感到丝毫对战胜国的敌意，她确认那里的公民依然"对希特勒恨之入骨"[13]，但她对柏林之外的德国其他地方的精神面貌感到震惊。广泛的冷漠、普遍缺乏感情和明显的冷酷无情只是"一种最为明显的表象，它的内部原因是一种时而粗暴的拒绝，即不愿对过往真实历史给以正视和接受"，这种拒绝根深蒂固、顽固不化。深重悲伤的阴影笼罩了整个欧洲，可是它偏偏没有笼罩在德国。在这里，取而代之的是一种狂热而忙碌的对现实的抵抗。这个被社会心理学家亚历山大·米切利希和玛格丽特·米切利希日后所称的"无力哀悼"的状态将德国人变成"一群活着的幽灵，语言、论证、人的目光和人心的悲哀都无法触及他们"。

作为一种判断，汉娜·阿伦特的个人印象字字句句都是具有毁灭性的，因为它将战后的德国人从具有承担刑事责任能力的理性国际社会中除名，并把他们归并到了僵尸的领域。汉娜·阿伦特就在这群庸庸碌碌的尸体中独行——人们可以猜测到她在德国，尤其是在"[纳粹]运动之都"慕尼黑所感受的这种恐怖感。[14]

在她的德国交谈对象中，汉娜·阿伦特找不到一个依靠支持。她形象地描写道，每当她向人表明自己是犹太人时，德国人的滔滔

---

* 关于开垦湿地这个话题参见页332脚注。

不绝如何瞬间卡壳。"通常接下来会有一个短暂的尴尬；随后，他们不会提出'您离开德国之后去了哪里？'这种关乎个人的问题——也没有像'您的家人当时遭遇如何？'这类的同情表示——紧接着的是一长串关于德国人吃了多少苦头的叙述。"[15]

这种沉默也被蕴含在一种善于辞令的雄辩口才里，隐匿于一股"故事的洪流"之中。就为人的基本标准而言，她的德国交谈对象最起码也得对她犹太裔家族的命运表示一下关注，而他们连这种期待都无法满足，我们可想而知汉娜·阿伦特对此曾感到过何等的苦涩。但是我们也许可以接受这样的一种思考，即她的德国熟人们并非出于铁石心肠，在这个令人受伤的顾左右而言他的表面之下，隐藏着的更是羞耻感。这种羞耻感还将在很长的一段时间里破坏犹太人和德国人交谈间的正常反应。

也许对那些曾和汉娜·阿伦特交谈过的德国人而言，对犹太人所犯下的那些罪行真的从根本上而言就是难以启齿、不可言说的。对德国人的精神面貌来讲，假如他们立刻用谈论其自身苦难时同样的能言善辩来谈及对犹太人的掠夺和残杀，这是不是一个更富有希望的信号呢？可是就在此处，他们噤声了，出现在这里的的确就是一种寂静。这是一种无助的、伤害他人的沉默。

诗人沃尔夫迪特里希·施努雷（Wolfdietrich Schnurre）曾经写道："烧毁你们的诗句吧，赤裸裸地说出你们得说的话"。可正如阿多诺所言，如果继奥斯维辛之后写诗都是残忍的话，那又能如何说话呢？只有极少数人准备好袒露自己。人们要么夸夸其谈，要么保持沉默。只有寥寥数者找得到击中要害的言辞，而恰当的言辞简直就是不可能。

对欧洲犹太人的戕害是一场滔天之罪，其令人发指的程度涉及每个德国人的继续生存，一旦他们对此进行思考，就只能陷入一个难以启齿的旋涡之中。如果顺着这个思路去理解，对于大多数德国

第十章　压抑之声

人最初并没有直面这个罪责的事实，任何人都会认为这是可以理解的，甚至是不可避免的。他们要么避而不谈，要么顽固执拗，要么看似无动于衷地喋喋不休，或者像受了刺激一样地狂躁。"除了一些'令人怜悯'的傀儡式老恶棍，我在这儿还未曾遇见过什么纳粹分子，"1949年底，阿多诺在法兰克福给托马斯·曼的信中写道，"而且这绝对不是单纯从讽刺的意义而言，没有人愿意承认自己曾经是个纳粹，而更为令人惊悚的是，他们坚信自己从来就不曾是个纳粹。他们彻彻底底地把它给压抑排挤了；是的，我们可以一时做如此推想，他们真的不曾是纳粹，因为面对这个将人异化的独裁怪物时，他们并不是把纳粹主义当作一种公民社会的制度来接纳，而是在对此感到陌生的同时容忍了纳粹，将它作为一个游离于身份认同之外的邪恶机会和希望，如此一来，人们就十分诡异地轻易用心安理得代替了原本的良心不安。"[16]

甚至在福音派教会1945年10月19日的认罪书中都没有明确提及这场对欧洲犹太人的大屠杀，尽管个别牧师此前曾敦促这样做。1945年8月在富尔达（Fulda）举行的天主教主教会议的认罪书上也发生了同样的情况。这里也没有提到犹太人，同样未被提及的还有罗姆人、辛提人和同性恋者。在"侵犯人类自由和尊严的罪行"之类的模糊供词中，他们被包含其中但也同时被掩盖了："我们深感遗憾，许多德国人，也包括一些我们当中的成员，迷恋于纳粹主义的错误教义，在侵犯人类自由和尊严的罪行面前他们无动于衷；许多人以他们的态度助长了犯罪，许多人自己也成了罪犯。"甚至个别主教不得不据理力争，才插入了"也包括一些我们当中的成员"补充语。

这种羞耻感往往还输给了与之较量的安逸舒适感。在讨论过去时，人们开辟了许多条可让人避开责任的逃生之路。其中最流行的紧急出口之一就是坚信自己是麻醉毒药般的纳粹主义的受害者。通过让自己成为纳粹的受害者，从而参与了他们的令人发指之举。在战后的德国人看来，纳粹主义如同一种毒品，它让他们变成了毫无意志的顺从工具。当时有一句广为流传的措辞："希特勒滥用了德国人的热情"，这个说法使之前希特勒狂热的崇拜者感到受骗和被背叛，而不是内疚。这个毒品有各种称谓：它一般被笼统地称作"邪恶"或者甚至是"一种被指数级叠加了的邪恶，它以前所未见并且万万不可预知的粗暴闯入了我们的时代"。[17] 人们带着神话般的狂热将这个恶魔认定为罪魁祸首，就是它打破了"文明的封闭外壳"并释放出了"毁灭的力量"。

这种神话般的解释强调的是一种命运的不可抗力，它就此为德国民众开脱罪责。邪恶本来就可能会到处爆发，不单只在德国。另一方面，这种关于受到魔鬼召唤之类的诡辩至少暗示了德国人当年所犯罪行的严重性。

在当时许多人的日记里都有过这样的话："我们的神早已成了魔鬼。"这样的话也是真实经验背景下的一种认知，它为声称自己是希特勒的受害者提供了主观证明。实际上在战争的最后阶段，党卫队和盖世太保开始对越来越不愿意入伍的德国人施行了恐怖统治。年轻人和老年人在威胁下被迫加入人民冲锋队；紧急临时法庭*里的那些自封的法官将头脑较为清醒的平民作为逃兵而判处死刑。这群全副武装的疯子，哪怕舍弃他们所曾珍视的一切都要为国献身，从许多方面而言，这种毫无意义的誓死捍卫的疯狂印象至今仍然塑造了一个无法磨灭的纳粹统治的形象。然而，如果衡量一下这个政权存续时间的漫长，对盖世太保恐怖行为的突出强调其实造成了一个扭曲的印象，从而掩盖了纳粹主义的大众化特征。事实上在很长的一段时间里，因为希特勒可以确保绝大多数人对他的忠诚，他几乎不

---

* 1938 年 8 月 17 日颁发的《战争刑事诉讼法》（Kriegsstrafverfahrensordnung）中的第 13 条对紧急临时法庭做出了相关规定。据此，军队中的军官都有成为紧急临时法庭法官的可能。

第十章 压抑之声

需要内部的强制性手段。直到战争的最后阶段,纳粹统治才真正融合为一个由狂热纳粹分子组成的坚实核心,并对内向自己的人民实施恐怖统治。大部分的民众早已将该体制里的那些狂热的残余管理者认定为强盗和魔鬼,而这些纳粹的死忠者则根本不将这些民众放在眼里。这些纳粹精英们在战争的最后几个月里所实行的专横统治足以使大批纳粹原先的支持者将自己视为希特勒的受害者。

另外一个使自己作为受害者免责的途径便是将战争本身看作罪魁祸首,其犯罪逻辑将所有参与者的道德拖进了深渊。这个把"交战双方的芸芸众生"玩弄于股掌之间的战争魔兽,让到底是谁挑起战争的疑问变成了各执己见且微不足道的小事。这种逻辑当时相当普及,因为它为和战胜国的交好打开了一扇门。在美国监管下由德国战俘在美国战俘营创办的杂志《呼声》(*Der Ruf*)中,日后四七社的核心成员阿尔弗雷德·安德施梦想着一个未来的人类联盟,这些人虽然之前曾经作为敌人共同"经历了臭狗屎一样的时代"——他在此对事情的本质所做出的激烈描述可谓是再生动不过了:

> 在欧洲这个被摧毁的蚁山上,芸芸众生里早已有一小群人聚集到了一项新的工作之中:顶着一切悲观的预言,一些新的力量和意志的中心正在形成。新的思想正在欧洲传播。……尽管有一小撮人犯下了种种罪行,但在我们看来,在盟军的士兵们、欧洲抵抗组织的男人们和德国前线的战士们之间,在集中营里的政治犯和之前的希特勒少年们(他们早已不再是了!)之间架起桥梁完全是有可能的。[18]

这篇文章在许多方面都值得商榷[19],尤其显著的是,安德施眼里只把军事上的对手看作是其理想中的结盟对象,而不是受害者,还有他只提到了集中营里受到"政治"迫害的人士而不是那些被"种族主义"所驱逐的人们。而历史的讽刺在于,安德施的文章日后居然得到了印证:停战五年之后,联邦德国、比利时、法国、意大利、卢森堡以及荷兰一起建立的"欧洲煤钢共同体"*使得"桥梁的构建"的确成真了,再过五年之后联邦德国加入了北约从而在其框架下重新拥有了军备。

假如没有安德施所说的那些"不计后果、全身心奉献投入"的那群人,战后年代就不会有一个完整的图景。他们愧对往事,并因此不断受到良心谴责,他们愿意从自己做起,从他们的内心开始民主化。比如作家沃尔夫迪特里希·施努雷将罪责和内疚作为自己的创作主题。他感到自己有罪,因为他作为一名士兵没有反抗而是习惯性地顺从。战争结束三年之后,他依然时常在自己的内心感觉到那个日后被人称为"迷信权威人格"的胆小怕事的"小兵":"每当我和他人聊天,我就会察觉到这个;他如何像猫一样弓起身子,像流浪狗一样让自己被挤到了墙边。为此我总是有着自卑感。例如,我无力识别对方和我其实是平等的。他总是一个比我有见识的人或上级类人物:下士,军士,军官或其他什么。而我内心那个顽固的小兵在他面前紧收臀部,把手按压在裤缝上。"[20]

这件沉默的外衣也并非如后人所想的那么天衣无缝。至于说,只有 1968 年的那一代人因战争暴行而对自己的父母及祖父母一代开始了攻击,这也不符合历史。原先那些深受鼓舞的希特勒青年和"高射炮助手一代"也指责过他们的父母曾经支持希特勒上台并让他们当了炮灰。许多人认为自己并不只是希特勒的受害者,他们也是其父母的牺牲品。1947 年,汉堡基民党的元老级成员,当时 29 岁的阿希姆·冯·博伊斯特(Achim von Beust)在一次由青

---

* 欧洲煤钢共同体(Europäische Gemeinschaft für Kohle und Stahl,缩写为 EGKS)是通过 1951 年 4 月 18 日的《巴黎条约》成立,于 1952 年 7 月 23 日生效,其六个成员国可互免关税而采购煤和钢的生产原料。

年杂志《本亚明》(Benjamin)发起的题为"我们的父母有罪吗？"(Sind unsere Eltern schuldig?)的讨论中做出了这样的解释："我们的父母一辈大多数过去不曾是、现在也不是民主主义者，我认为这是罪恶之本。希特勒知道如何使德国人相信他们是人类社会中的特权物种。我们父母中的大多数人都接受了这种疯狂，一部分是出于疏忽大意，一部分出于轻信，但也出于良知的丧失。他们当然以此影响了他们的孩子，就是我们，因此他们背负着很大的罪责。"[21]

但这种对父母的批评并不含有抗争的性质，它根本上带着一种感伤的特质。无论是妖魔、狂妄、鬼怪、资本还是他们自己的贪婪使他们陷入了灾难——大多数德国人心里想的是："把它忘了吧！"他们耸耸肩，相当无精打采地抱成一团。"我自己就有一大堆的事儿要忙"，"从现在起，我只关心自己和家人"——在彼此相遇时，他们所持的基本怀疑态度就是这个调子。"事不关己"就是当时个人对这个"我为人人"的民族共同体所做出的一个以自我为中心的历史性回答。德国人之间随处可见一种充满怀疑的、疲惫不堪的、被降低到了最低基本必要的凝聚力，在这样一种凝聚力中，他们种种巨大的矛盾可以被隐藏和深埋。在黑市里的日常欺诈中、在对住房以及面包和煤炭的争夺中，人们早就有了充分的相互认识。纳粹党的同志和纳粹反对者之间的区别很快就淡化了，并偏离了战后最为关键的道德价值，即人们是否该在礼崩乐坏之际，仍然保持着适当的体面并在求生手段上不会太离谱而维持某种道德标准。

无论战后德国人何等疲惫、烦恼不堪并摒弃了任何形式的民族主义热情，但从团结的角度而言，他们的凝聚力显示了持久和连贯性：人们宽恕了彼此犯下的纳粹罪行。使盟军惊讶的第二个现象是，德国人不想互相清算。如果他们觉得自己是受害者，为什么不对折磨过他们的人报仇呢？盟军最初曾预计会发生内乱，会有一波暴力浪潮，纳粹反对派将利用暴力对迫害他们的人进行复仇。许多抵抗组织的成员也确实准备这样做。可是崩溃之后的生存之争"使这一切成为泡影",露特·安德烈亚斯—弗里德里希在1945年10月的日记中写道:"那些欺负过我们的街区管理员、虐待过我们的集中营看守还有那些将我们出卖给盖世太保的告密者,我们想和他们来一次个人清算,可是命运却让我们的计划落了空。不是吗,在2月、3月或4月战争收尾的最后几周,当告密成风的时候,连最愚蠢的人都知道纳粹主义如何像流氓一样欺骗了他,那时候正是进行清算的成熟时刻。从崩溃到征服之间的那三天里,成千上万个失望的、被伤害的、受到纳粹蹂躏的德国人,每个当时发誓'以眼还眼'的人会把那些'每个人自己的暴君'置于死地。'崩溃后的第一个钟头属于长刀!'可是命运却对此另有安排……在圣巴托罗谬之夜*降临之前,昨天的吸血鬼已成为今天一起抵抗不幸、同志般的患难之交了。"[22]

在她访问德国的报道里,汉娜·阿伦特也在思考着这个被错过的揭竿而起行动:"去纳粹化程序唯一可想的另类方案或许曾经应该是一场革命——即德国人对那些纳粹政权中有名的代表性人物突发性的愤怒爆发。哪怕这样的起义会失控并且血腥,但它肯定会采取一种比书面程序更为公平的尺度。可是革命并没有发生,这并不是因为在四方盟军的管制下它可能很难被组织起来。其唯一的原因也许在于,不管是德国士兵也好、盟军的士兵也好,他们根本没有必要保护真正的罪人免遭民愤报复。这种民愤今天根本就不存在,并且很显然从来就不曾有过。"[23]

因此"个人的复仇"不曾发生——可是国家性的报复也进行得不尽人意。从1945年11月至1946年10月,纽伦堡国际军事法庭审判了24名"战争主犯",其中包括赫尔曼·戈林(Hermann

---

* 圣巴托罗谬之夜(Bartholomäusnacht),又称圣巴托洛谬大屠杀,指发生在法国宗教战争期间的1572年8月23日至8月24日夜间,法国查理九世下令对胡格诺教徒进行的全面大屠杀。此后该词被用来形容种族或异族灭绝性的大屠杀。

第十章　压抑之声

纽伦堡审判开启了同声传译员们的时代——一次世界首演。纽伦堡当时有400多名翻译，能做同声传译的凤毛麟角。

Göring）、阿尔弗雷德·约德尔、鲁道夫·赫斯（Rudolf Heß）、罗伯特·莱伊（Robert Ley）、约阿希姆·冯·里宾特洛甫、亚尔马·沙赫特（Hjalmar Schacht）、汉斯·弗兰克（Hans Frank）和巴尔杜尔·冯·席拉赫（Baldur von Schirach）。盟国各自组建了自己的工作组,以备诉罪的证词,仅美国团队就有600名员工,审判档案包括43份庞大的卷宗。该过程的国际法律意义非同小可。一些刑事规定被首次采用,例如"危害人类罪"和"危害和平罪"。* 扬·菲利普·雷姆茨玛(Jan Philipp Reemtsma)后来总结道:"纽伦堡审判的功劳在于它让人们接受了这样的观点,即并非所有罪行都可以通过将其推卸给当时的政策而被免责。因此我们必须将它称作为一种文明的干预。"[24]

全世界公众对此给予了很高的关注。法庭为来自20个国家的记者们预留了240个席位。其中包括约翰·多斯·帕索斯(John Dos Passos)、欧内斯特·海明威(Ernest Hemingway)、约翰·史坦贝克、路易·阿拉贡(Louis Aragon)、伊利亚·爱伦堡(Ilja Ehrenburg)和康斯坦丁·费定(Konstantin Fedin)等著名作家。德国演员玛莲娜·迪特里茜(Marlene Dietrich)也作为听众出席旁听。维利·勃兰特为挪威报纸做了报道[†],诺贝尔奖获得主托马斯·曼的女儿埃丽卡·曼(Erika Mann)为《伦敦标准晚报》(*Evening Standard*)做了报道。她的报道引起了读者的极大兴趣,即使他们那种希望仅通过阅读报道就能更好地了解德国人的期待并未得到满足。只是在审判地所在国,人们对此依然漠不关心。日后成为《南德意志报》总编,当年是该报记者的威廉·埃马努埃尔·聚斯金德(Wilhelm Emanuel Süskind)抱怨道:"我们不得不听凭外国观察家们告知我们,普通德国人对纽伦堡审判的态度可以说是极度的无动于衷,充其量也只是对其报以怀疑态度。不幸的是,这是事实。……我们很难不同意这些英国和美国批评者们现在经常提出的第二个观点:他们说,德国人最希望的就是纽伦堡的盟国们来个快刀斩乱

---

* 又作"反人类罪"和"破坏和平罪"。——编注
[†] 后来于1969—1974年担任两任德意志联邦共和国总理的维利·勃兰特,在纳粹统治期间流亡挪威、瑞典,担任记者,之后出席纽伦堡审判为挪威的报纸进行报道。——编注

第十章 压抑之声

麻——说穿了就是直接把这二十几个主犯处以绞刑。当然，他们从希特勒时代起就已经习惯于此了——但实际上，这只说明当年纳粹统治下的军事紧急法庭和人民法庭的精髓直到现在仍然盛行，这其实是个可悲的胜利。"[25]

这一大批纳粹追随者在心理上有着很清楚的算计：只要这场官司如他们所期待的那样尽快结束，以及随后纳粹团伙被处死刑，事情就很快被了无痕迹地解决了，这样每个人就可以不受干扰地将精力投入到本来就令人沮丧的日常琐碎之中。甚至被告也采取了这种策略，在审判开始时就将自己描述为受到希特勒、希姆莱和戈培尔误导的受害者，而这三个人实际上是以自杀而逃避了惩罚。

阿尔弗雷德·德布林也期待这次审判会对大部分德国人起到净化和宣泄作用，前提是他们带着关注和同情追踪这个过程。为了使之成为可能，他用汉斯·菲德勒（Hans Fiedeler）的笔名发行了20万份名为《纽伦堡教育性审判》（Der Nürnberger Lehrprozess）的小册子，在手册里他出于教育目的站在了德国人的角度而不是以他自己，一个在海外流亡了12年的人来看待整个审判过程。而这个被许多记者称为"世界级戏剧"的过程是"世界良知的第一次表现"，它关系着"也包括我们在内的人类的重塑"。[26] 后来德布林苦涩地察觉到读者们只是为了被告的照片才购买了该手册。[27]

在剩下的22名肇事者中（有2名已死），最后有3名被判无罪释放，其中7名被判处多年或终身监禁。只有12人被判处死刑。1946年10月15日，他们被处以绞刑，除了戈林，他在被处决前几个小时就咬碎了一个毒药胶囊。* 当其他罪犯必须清理死刑刑场时，

---

* 页342—343提及的几位主犯，除了戈林如内文所述在被判处绞刑之后以氰化钾胶囊自杀之外，沙赫特被判为无罪，席拉赫因人类罪被判20年监禁，弗兰克、里宾特洛甫、约德尔三人被判绞刑(于1946年10月执行)。赫斯被判终身监禁,于1987年8月在狱中自杀，莱伊则早在1945年10月就在狱中自杀。

死囚们的尸体被运到了慕尼黑,他们的骨灰被撒在一个秘密的地方,就是今天我们所知的康文茨溪流(Conwentzbach)中,它在东区墓地的火葬场附近流入伊萨尔河。

这离"克服"过去还差得很远。纳粹精英的其他185名代表在后续审判中被起诉,这些审判针对集中营里的医生、律师和商业领袖——他们仅占主要肇事者的很小一部分。其他的军事法庭,尤其是那些由德国非法律专业人士所组成的、在盟军的监督下专门设立的法庭,则进行对大批的纳粹分子的审判。这些为数共545个陪审法庭,要对90多万人做出审判,并根据其参与的不同程度对他们做出分类:主要责任者,责任者,轻微责任者,追随者和免于责任者。但最终实际上只有大约2.5万名活跃的纳粹分子被定为有罪,其中只有1667名是"主要责任者"。

从最终的结果来看,这很微不足道,但是这样的审判还是具有威胁性的,因为没人知道这些官司究竟会如何了结。毕竟在美占区,所有在1937年之前加入德国纳粹党的公职人员都必须卸职。尽管其中三分之一的人在1950年官复原职——而且还有更多的人紧随其后——但一开始这也在相当范围内收到了一定程度的惩罚效果。最终被处理的共370万宗案件,虽然实际上只有四分之一的案件真正受到诉讼审判。300多万人因担心案件的处理结果而终日陷于恐惧和忧虑之中。[28]

要理解那几年里德国人之间奇特的、完全无精打采并毫无激情可言的抱团现象,我们必须注意到这种陪审法庭程序的一个特殊之处:举证责任倒置。不是检方必须要提出被告人有罪的证据,而是被告人必须证明自己的清白。这就从理论上排除了因缺乏证据而导致的无罪释放。这样做的理由其逻辑是令人信服的:一个纳粹党员仅仅因为是一个犯罪组织的成员的事实就已使自己有罪,现在要证明自己无罪,那么他就必须自己来陈述理由。

第十章 压抑之声

1946年10月1日纽伦堡审判结束之日：法院大楼的复印室里留下的是疲惫不堪的女秘书、女翻译和一大堆纸张。

就是这种在非正式法庭的大庭广众之下为自己辩护的过程将人们凝聚到了一起。被告人四处奔波，从未曾入罪的熟人那里，从受人尊敬的非纳粹分子甚至从公认的纳粹受害者那里要求获得所谓的"洗白证明"（Persilscheine），他们被证明自己虽然曾经是纳粹党党员，但实际上一直站在正义的一边，比如曾经帮助过一名犹太老妇人过马路或曾经取笑过纳粹政权。日后成为联邦议院议员的欧根·格斯滕美尔（Eugen Gerstenmaier）说，他曾经就是最抢手的洗白证明的提供者："因为人们说，看啊，这个人刚被劳改释放，而且他也参与了7月20日那天的刺杀*。这下子美国人和受其委任的德国人可就会对此产生印象了。面对这种对洗白证明的询问和要求，我几乎无法从中脱身。"[29]

这类证词后来被定性为自我洗白的欺骗性策略。它们是战后德国人谎话连篇的缩影，并且象征着花样百出的去纳粹化在很大程度上的失败。但是，弄到洗白证明也不是那么简单的事。如果一个以前的街区管理员不得不向名声清白的人，甚至向被他迫害过的人要求出具一份这样的证明，他可得为此动足脑筋才行。对他而言，不得不以这种方式对人开口是令人难堪的，而且那些被求之人更难免窃喜不已。可以肯定的是，他们愿意作证的内容也是有限度的。[30]

奇迹般的自圆其说

大多数德国人集体同意将自己视为希特勒的受害者，这对于数百万被杀害的受难者而言是一种难以承受的狂妄。从更高的历史正义角度来看，这个主要通过对加害者的宽大处置而做出的自我卸责，对受害者而言是令人愤慨的。但对于西德建立的民主制度来说，这却是一个适宜的，估计还是一个不可避免的先决条件，因为它为新的开始奠定了精神基础。正是由于坚信自己是希特勒的受害者，人们可以借此卸下自己对这个已灭亡的政权曾有过的全部忠诚，而且他们不必为此感到不光彩、怯懦和投机取巧。无论东德还是西德，在很长一段时间里，都不得不将自己置于旧敌的保护之下，这就使得这样的观点更加成为必要。无论是在东德的德俄两国之间的友谊，还是联邦德国与西方盟国之间的友谊，这两段友谊的构建都借助于

---

* 这里指的是1944年7月20日发生的对希特勒的一次刺杀行动，即7月20日密谋案，其执行人为克劳斯·冯·施陶芬贝格（Claus Schenk Graf von Staufenberger），但以失败告终。

这种受害者叙事,而这种叙事的登峰造极之处在于,德国人最终声称他们在1945年获得了解放。

由于坚信自己曾被纳粹欺骗和利用,每个纳粹分子意识形态里的那个炽热信念看起来似乎早已被烧毁殆尽,而且他们能够毫无保留地将自己置于民主的号召之下,就仿佛他们通过对自己刻苦的反省就已奇迹地完成了自身的去纳粹化。这个在社会科学中被称为"受害者角色的自我认定"(Selbstviktimisierung)的说法,即以无以复加的言辞互相冠以的受害者命运,使大多数德国人不再认为有义务直面承担以他们的名义所犯下的纳粹罪行。

哲学家赫尔曼·吕贝(Hermann Lübbe)在1983年恰如其分又带着悖论地将这一现象称为对过去的"交流性沉默"(kommunikative Beschweigen),正是这一现象使之前坚定不移的千百万纳粹分子得以融入一个在宪法和自我认知上已使反法西斯主义成为共识的社会。吕贝将这种沉默清醒地描述为一种"将战后的民众转变为联邦共和国公民的社会心理上和政治上的必要媒介"。[31] 他的这一说法被理解为对历史的压抑排挤进行辩解,并遭到了强烈的抗议。然而近些年来,一些专注于对纳粹罪行及其否认罪责的政策一丝不苟地重新评估的历史学家们也提出了这样的论点:"对大批'追随者'的政治赦免和让他们重新融入社会不仅必要而且也是无法避免的。"[32]

在德国联邦议院的第一次讲话中,康拉德·阿登纳总理就已谈及了这个关于对"有些错误和失足"给予赦免的问题,"这些都是由于战争以及战后混乱所导致的艰巨考验和诱惑"的后果:"如果联邦政府坚定不移地让过去成为过去,坚信许多人从主观而言不曾犯下严重罪行的话,那么它在另一方面也会坚定不移地吸取必要的历史经验教训来面对那些动摇国家生存的人。"[33]

阿登纳是一个勇敢的反纳粹主义者,他在第三帝国多次受到迫害并曾经被捕入狱。当他任命法学家汉斯·格洛布克（Hans Globke）为总理府主任时，就把他所理解的宽大处理运用到实际工作中了。作为《纽伦堡法案》*的撰写人之一，格洛布克在排斥和迫害犹太人方面发挥了决定性作用。1950年，他在联邦政府决策高层的重现引起了联邦议会一场激烈的争论，同时也导致了一系列令人感到羞耻的阻止刑事处置和妨碍司法执行的政府措施。面对格洛布克在总理府任职所引发的众怒，阿登纳曾做出这样的回答："除非你有干净的水，否则你不能把脏水倒掉。"

在任命格洛布克一事上，阿登纳的坚持使得年轻的联邦共和国的诚信度受到了质疑并且引起了许多民主党人士的愤怒和绝望。类似的事件一次次给民主德国提供了强调"波恩政府†的本质"与"纳粹国家同出一辙"的机会。由于格洛布克事件对许多纳粹头目的纳入体制有着示范意义，就连维利·勃兰特身边的埃贡·巴尔（Egon Bahr），这位当年西柏林美占区广播电台（RIAS）的记者、日后主张缓和政策的政治家也对此反应震惊。特别是在司法和安全部门、医学界和大学里到处都充斥着前政权的忠实拥护者，他们在国家机器里官复原职并积极地在职业阶梯上爬升。直到后来巴尔才将他对阿登纳的看法做了大幅度的修改："几十年之后再看，我对他的判断就温和多了，因为考虑到当初阿登纳老人家必须完成的政绩：他正面临着一个拥有600万名纳粹党成员和被驱逐者的国家，后者中纳粹分子的数量也不少，他必须保证这种爆炸性混合物不会爆炸。那可是治国的艺术。"[34] 巴尔另外还继续道："我

---

* 《纽伦堡法案》（Nürnberger Gesetze）是纳粹于1935年颁布的反犹太法律，这是《保护德国血统和德国荣誉法》（Gesetz zum Schutze des deutschen Blutes und der deutschen Ehre）和《帝国公民权法》（Reichsbürgergesetz）两部法律的合称，内容包括规定只有德国人或有相关血统者可成为德国公民、禁止拥有德意志血统者与犹太人通婚等。——编注

† 波恩是联邦德国的首都，此处代指西德。

认为这是阿登纳最伟大的举措，他毕竟设法整合了这个国家，而格洛布克在此曾经是一个工具、标志或着一个信号。"[35]

这场有关格洛布格的争议表明，对罪行的沉默并不像一般人们印象中迟钝的50年代那样一成不变。因此，为了将吕贝的"交流性沉默"具体化，年轻一代的历史学家用不言而喻的"可说性规则"取代了压抑概念，以此来调节记忆和遗忘之间的广泛领域。[36]

由于极右翼派一次次以新的丑闻扰乱安定和平，并以此显示出纳粹主义并没有全面消失，所以也就无法谈及人们是否真的在深层心理上做到了意识压抑。右翼极端分子以他们的方式使这种对罪恶行径的记忆仍然鲜活。1949年11月25日，联邦议院的议员、曾是许多老牌纳粹分子聚集地的激进右翼"德意志党"的成员沃尔夫冈·黑德勒（Wolfgang Hedler）解释说："人们对希特勒针对犹太民族的野蛮行径小题大做了。至于用毒气杀死犹太人的手段到底是否属实还值得讨论。也许也有过其他处理掉他们的方式。"即使在那个年代，这句话依然令人感到惊悚。黑德勒受到指控，但因缺乏证据而被三名之前均为纳粹党成员的法官宣告无罪。为了伸张正义，当黑德勒在进入联邦议院大楼时（他当时已被联邦议院开除），他遭到了社民党议员*的殴打。他也被德意志党开除了党籍；毕竟，德意志党（DP）和基民党（CDU）、基社党（CSU）以及自民党（FDP）曾一起组建了联邦共和国的第一届联合政府。

国内外对此类事件的一再发生提出了一个令人焦虑的问题，即到底还有多少纳粹主义仍在德国社会产生影响。德国人在战后仍然是一个难以捉摸的、令人不安的民族。虽然那时候共和国的规范性反纳粹主义看起来并不比今天的弱，任何公开反对它的人都定会立

---

* 这两名社民党成员之后也受到了联邦议院为期多日的参会禁止，并因人身伤害受到了黑德勒的个人指控，法院对他们做出了支付赔偿费的判决。

即被社会排除在外。像集体性妥瑞症（Tourette-Syndrom）一样反复出现的反犹事件得到了大多数有识之士的有效遏制。显然这让"不可救药的"纳粹分子们难成气候，但是大多数德国人都希望遗忘过去。结束过去的意愿如此深入人心，以至于联邦议院成立后立即采取了一项又一项的主动措施，以撤销盟国安排的政治大清洗：1949年的"联邦大赦"（Bundesamnestie），1950年的结束去纳粹化的建议，1951年关于"被解雇公务员重返社会"的法案*和1954年的第二部大赦法。†

1954年的大赦具有最重大的意义，因为它同时明确针对的是所谓的战争末期所犯的罪行，即对待逃兵、拒服兵役者和强迫劳动人员所犯下的特别残暴的罪行。即使杀人罪不属于被赦免的罪行，但这部法律的精神，即在法律上将过去一笔勾销的目的是显而易见的。这部法律助长了原罪者将其罪责一概推诿于军令不可抗的情形。大约40万人从中受益，虽然其中大多数人被指控的只是欺诈、抢劫和偷窃罪，但是，这部法律将大多数纳粹凶手免于法律责任的象征性意义并没有因此减弱。

---

* 该法律的正式全名称是《规范〈基本法〉第131条款所涉人员的法律关系调整法》（Gesetz zur Regelung der Rechtsverhältnisse der unter Artikel 131 des Grundgesetzes fallenden Personen）。由于纳粹统治下的公职人员（公务员，军人及其家属）必须忠诚于纳粹党而这一前提条件在"二战"结束后不再存在，使大约43万至45万名公职人员在战后没有合理的法律依据保持其之前的官职。1951年4月10日联邦政府几乎一致（仅有两票弃权）通过了该法案，以保证这些公职人员必须由联邦法律对其公职以及薪酬做出统一处理。这一法案的通过为大多数的原纳粹制度下的公职人员在国家体制中继续任职做出了一个前提性保证，除非他们是犯有战争罪的主犯或是战争罪重犯（例如前盖世太保的人员）。这个法律通过之后各联邦州在1951年至1954年间各自制定了一系列的具体规定。

† 这是指《1954年惩罚豁免法》，其正式名称是《1954年7月17日颁布之豁免刑罚和罚款以及撤销刑事诉讼和罚款程序法》》（Gesetz über den Erlaß von Strafen und Geldbußen und die Niederschlagung von Strafverfahren und Bußgeldverfahren vom 17. Juli 1954）。 这是继1949年颁布的《1949年11月11日惩罚豁免法》（Gesetz über die Gewährung von Straffreiheit vom 11. November 1949）后的第二部大赦法。——编注

美国军政府所发的关于纳粹成员系统的手册。1945年夏天美国军队在柏林获取了纳粹为每一位成员设立的党员卡片档案。这个消息使许多德国人夜不成寐。

由于我们对种族灭绝的行为记忆犹新，以至该记忆已成为德国文化的本质核心。从今天的角度来看，当年的政治家和媒体为最难卸责的战争罪犯开脱时的那种理所当然的态度实在是令人惊诧不已。[37]

他们甚至毫不遮掩地谈及"为去纳粹化的受害者提供赔偿"，或将被囚禁的战犯改称为"因战争而受到审判的人"。这和联邦总统特奥多尔·豪斯在1949年所说的"集体耻辱感"相差甚远。这种耻辱感最迟在争取退休金时就停止了。例如，前纳粹官员们成功地做到让他们为该政权工作时应得的退休金待遇不受一丝削减，即使是党卫队成员的犯罪行为也让他们从中获得了相应的养老金积分。当盟国起初拒绝了他们的退休金要求时，这些前纳粹精英们将其视为严重的侮辱。年轻的联邦共和国只能通过更正所谓的胜利者的正义来赢得他们的忠诚。回顾这种为纳粹罪犯重返社会甚至为他们的"补偿"而斗争的不屈不挠，以及这项政策所获得的广泛认可，不得不令人对当时大多数人的民主化能力产生怀疑。但是，他们政治上的代表并不接受这种反对意见；对他们来说，大赦的呼声并不意味着纳粹主义的延续，而代表着一个重新开始的坚定意志。对时代精神而言，一个人来自哪里并不重要，重要的是他走向何方。[38]可是，如果一个人不知道自己从哪里来，又怎么能知道自己要去哪里呢？如果不深究过去——包括法律意义上的深究——难道不是每个新的开始都注定是要失败的吗？这些为纳粹凶手赦免的呼吁也许是出于同谋共罪的感觉（这也许是最善意的诠释），亦出于这些囚犯为大多数人代罪而受铁窗之苦的顾虑。《基本法》第131条规范了那些被解雇的纳粹公务员在社会上的重新融入，它的通过并未被当作纳粹思想的获胜而让人们喜大普奔，这说明了民众潜意识中的共同责任感。与之相反，对战争"责任者"的接纳则发生在一个心照不宣的前提之下，即他们的纳粹主义就像社会多数群体的纳粹主

第十章 压抑之声

义一样已经消亡。幸运的是，在绝大多数情况下无人对此进行深究和验证。靠着多一事不如少一事的顺应潮流的宽大态度和良好的经济形势，旧日纳粹精英中的顽固分子得以受到遏制，虽然他们对规范的民主化始终感到如芒在背。

总之，大多数人对赦免的要求如此强烈，以至于社民党在大多数情况下也将自己局限于务实的缄默不语。去纳粹化和民主化就像一对彼此仇视的姐妹。她们谁缺了谁都是无法想象的，但她们却又相互排斥。如按照大多数民众的意愿来看，一个名副其实的去纳粹化过程不曾有过，但是假如没有去纳粹化的发生，一个适度彰显民意的稳定的民主制度也是难以想象的。这是一种逻辑上的走投无路，如果不是靠着对历史记忆的压抑和排挤，人们根本不可能从中破茧而出。

后记
幸运

即使我们谴责战后的德国社会对真相缺乏热忱，我们也不得不承认他们在压抑排挤上所取得的成就，而他们的这一作为令其后代获益匪浅。人们普遍拒绝正视过往历史，一大批前纳粹精英官复原职，尽管如此，一个对纳粹时刻保持警惕的社会意识在东西两个德国都已被普遍接受，和所谓的经济奇迹相比，这是一个更加伟大的奇迹。就像德国曾成为全球性噩梦的规模令人感到不安一样，此后它重新以梦游般的笃定回归平淡，这也同样令人感到不可思议。此奇迹之所以成为奇迹，正因为它发生得悄无声息。作家阿尔弗雷德·德布林曾经梦想过有一个"平实、文明、体面可敬的现实"，因为在他眼里这正是狂妄自大、与民意相左的纳粹暴政的对立面。[1]他根本没有想到的是，他的这一梦想在联邦德国的中产阶级以及民主德国的小众知识界会成为一个经常被讽刺的现实，一个被人嘲笑的平庸的天堂。而本书试图解答的问题则是：在大多数德国人傲慢无比地拒绝个人罪责的同时，他们又是如何摆脱当年扶持纳粹政权上台的那种心性的呢？在此，德国人战后所遭受的令人彻底幻灭的剧烈冲击起到了核心作用，这与以前的狂妄所产生的作用一样巨大。

此外，如盟军所体现的那种迷人的更为轻松的生活方式、黑市带来的苦涩社会经验、让被驱逐者融入社会的努力、关于抽象艺术的惊人争论、新设计带来的乐趣，这些都在发挥着作用。它们推动了德国人精神气质的转变，在此基础上，民主的政治论述得以慢慢结出硕果。

经济崛起的力量对于战后历史的良好结局至关重要。它使1200万被驱逐者、1000万复员军人以及至少同样多的失去家园者能够得到安置，哪怕是在临时搭建起的住处；把这样的庇护所称作"家"意味着对未来的一种改变。战后传奇般的政治稳定使孩子们在"不做［政治］实验品！"的口号下得以安然无恙地成长，他们从而能以此作为资本在60年代以蚍蜉撼树之勇发动一场"文化革命"。假如没有"经济奇迹"，联邦德国是否能取得这一稳定呢？幸好，这纯粹只是一个事后的猜想。

这一幸运根本就不是德国人的功劳。在战后短短几年内，东德人和西德人在各自的世界权力阵营中把经济发展到了一个巅峰，可是这跟历史的公平与否没有任何关系。在好几十年内无人追究这场关乎数百万性命的杀戮，一直到1963年至1968年间的奥斯威辛审判之际，人们才对此开始了广泛讨论。在1955年作为连载小说首次发表在《回顾》(*Revue*)杂志上的德国占领区小说《禁区》中，汉斯·哈贝写道："'生活还将继续'这句表现乐观主义的说法，实际上道出了人间即地狱这一事实——生活之所以还能继续，是因为良知的不作为。"活下去的意志迫使人们在日常生活中对孰轻孰重做出权衡，作为在美军服役的再教育者，哈贝对此有着清醒的感知。他继续道："诞生和死亡、妊娠和疾病、贫困和工作、住房、取暖以及交配——即使在人类的伟大时刻，它们仍然是生活继续的象征，希望在此攀升，而愤怒在此消亡。"[2]

然而愤怒却没有消亡，它只是貌似死去，压抑只是暂时的。下一代人把这个"处理过去"的任务接过手,并以此在父辈那里取得了历史性胜利,在最激烈的阶段他们把这个胜利几乎上演成了一场内战。在1968年全球性的抗议浪潮中,没有任何地方能像在联邦德国一样那么无情,下一代人借此对自己的父母一辈进行了一场个人清算。尽管这些子女是盛气凌人的控诉者,但在更多情形下他们也是绝望的控诉者。这就是德国人在1945年之后允许自己压抑逃避、关闭良知所导致的滞后性结果。

就这样在60年代末,经历了战争的这一代人在自己家庭的内部再次面临了集体罪责的指控。在1967年的一张传单上写着:"让我们组织起来反叛这纳粹一代,这些纳粹的种族主义煽动者、犹太人的凶手、斯拉夫人的刽子手、社会主义者的屠夫,让我们结束这个旧时代的纳粹糟粕,以免继续把我们的时代搞得臭气熏天。让我们来弥补1945年被忽略的事,让我们赶走这场纳粹的瘟疫,让我们最终来一次真正的去纳粹化。……借此让这个糟糕的纳粹社会机制整个陷入瘫痪。"[3]

然而愤怒之后紧跟着的实际努力却是少之又少的,甚至"1968年一代"对详细分析他们父母那一辈与纳粹的瓜葛也没啥兴趣。他们更喜欢研究整理法西斯主义的理论,顺水推舟地将资本主义定性为独裁统治的初步阶段,并将他们所遭受的政治迫害戏剧性地夸张为法西斯主义行径。曾经是黑市商人的汉斯·马格努斯·恩岑斯贝格尔也把新的意识形态当作一种交易货币,通过对联邦德国的形势做出夸大其词的描述,从而使纳粹主义变得微不足道。他在1968年写道:"新法西斯主义以经济繁荣为食。……它不敢发动群众,而是必须控制群众。它依靠社会的核心阶层,即那些已被融合的抱残守旧之人。这种新法西斯主义不是威胁,它早已成为现实;这是一种日常的、本土的、内化的、受到体制保障并戴着假面具的法西斯主义。"[4]

正是那些"平凡至极的德国人"集体造就了纳粹主义,这一认知直到最近20年左右才被广泛接受。与此同时,通过细致的细节研究证明了纳粹政权的群众性,从而把每个人特有的罪责正确区分开来,这在格茨·阿利(Götz Aly)的《希特勒的民族帝国》(Hitlers Volksstaat)一书中得到了最有力的阐述。

与此同时,"二战"后出生的人则渐渐满足于一种"记忆文化状态",这种状态有着令人费解的特征。在联邦政治教育中心(Bundeszentrale für politische Bildung)的网页上这样写着:"最迟至2005年,统一的德国在历史回顾中一跃升为'二战'的胜利之国。在庆祝诺曼底登陆日以及战胜希特勒第三帝国60周年之际,德国总理格哈特·施罗德(Gerhard Schröder)及其随行代表团不再需要在庆祝活动中躲躲藏藏。德国政府代表得以出席前盟军的庆祝活动使成功的德国民主制度受到了加冕般的殊荣。"[5] 相应地在德国政治人物的许多言谈中,透露着对以往历史所进行的自我反思的公开自豪,沾沾自喜地自诩为道德领先于其他国家及持不同政见者。德国将自己视为"在处理过去的领域里的世界出口冠军"[6],与此同时,关于大屠杀的演讲稿充满了模版化的陈词滥调,而对一些无伤大雅的错误却做出了无比歇斯底里的反应,这只证明德国人缺乏自信和内心的坚定,对那些偏执地要证明其独裁臆想的右翼极端分子而言,这种作为可谓正中下怀。*

德国的民主制度到底有多稳定和多开放?至今为止我们还无须借助于一个真实存在的危机来对此加以证实。1946年,随着哲学家卡尔·雅斯贝斯有关罪责问题的讲稿的出版,他就制定并引入了一

---

* 这一段话指的是近年来德国法庭对一些年事已高,当年曾在集中营工作过的老人("二战"时期他们刚刚成年)做出的具有象征性政治意义的判决。这类事件在民间引起了广泛的争议,德国媒体做了详尽的报道,而极端右翼党派则乘此之际大放厥词。

套讨论规则。* 雅斯贝斯坚持认为，让德国人改过自新最有效的道路必须从深刻改变其讨论方式开始："只有当我们德国人在交流中找到了彼此，德国才能再次复苏。"[7] 对他来讲，不遗余力的诚实就是其前提。他知道人们会用太过明了的相对化让自己躲避责任，即使如此他还是提出了极为迫切的请求："我们要学会彼此交谈。这就意味着，我们不只是重复我们的想法，而是要倾听他人之所想。我们不能只想着以言制胜，而是要对内在关联进行思考，倾听其原因，做好获得新认知的准备。我们要从内心尝试换位思考。对，我们正是要找出与我们相左的意见。和急于坚持那些彼此互相排斥的立场从而使沟通无望而终、一拍两散相比，在针锋相对之中找出共同点更为重要。"[8]

关于社会分裂的隐患是人们时下常说的话题。但愿每个人都检验一下，雅斯贝斯当年关于建立一个更具冲突能力的社会的教诲是否真的实现了。

---

* 内文提到的讲稿是指《罪责问题：论德国的政治责任》（*Die Schuldfrage. Von der politischen Haftung Deutschlands*）一书。——编注

注释

第一章　零点时刻？

1. Friedrich Luft: Berlin vor einem Jahr. Die Neue Zeitung, 10. 5. 1946.

2. 关于把 5 月 8 日（晚上 11 时 01 分）定为战争结束的官方日期的折中方案并未完全被推行：美国在 5 月 8 日庆祝胜利，俄罗斯却在 5 月 9 日庆祝胜利。在民主德国解放日是 5 月 9 日，全国学校放假。其他国家也有各自的日期，如荷兰的"解放日"是 5 月 5 日，丹麦的则是 5 月 4 日。

3. 1949 年 7 月 14 日埃贡·詹姆森（Egon Jameson）在《新报》上写过以《释放盖世太保最后的受害者》（"Setzt endlich die letzten Opfer der Gestapo frei!"）为题的有关瓦尔特·艾林的报道。

4. 例如，德国社会学家乌塔·格哈特（Uta Gerhardt）对零点时刻曾有过一个全面的研究：零点时刻所具有的深刻影响表现在自从战后德国暂时性将主权全部移交给盟国之后，继而引发了从强人独裁统治到民主议会制度的深刻体制性变化，以至于这个概念早已超过了形象上的意义："当时措施方案里的时间动态就包含着一个零阶段。人们意识到，零点时刻不仅仅是一个比喻，而是与包括了整个社会生活领域的政治模式相对应的。"参见 Uta Gerhardt: Soziologie der Stunde Null. Zur Gesellschaftskonzeption des amerikanischen Besatzungsregimes in Deutschland 1944 – 1945/46. Frankfurt am Main 2005, S. 18.

5. Ruth Andreas-Friedrich: Der Schattenmann. Tagebuchaufzeichnungen 1938–1948. Berlin 2000, S. 303.

6. Anonyma: Eine Frau in Berlin. Tagebuchaufzeichnungen vom 20. April bis 22. Juni 1945. Frankfurt am Main 2003, S. 158.

7. Andreas-Friedrich, S. 366.

8. Keith Lowe: Der wilde Kontinent. Europa in den Jahren der Anarchie 1943 – 1950. Stuttgart 2014, S. 33. 前述数字以及汉堡与整个欧洲受害者比例之比较均出自这本《野蛮大陆：第二

9. 赫尔穆特·舍尔斯基写道:"这一代人的社会意识和自信比之前所有几代的青年人更具有批判、不信任和怀疑的态度,他们无信仰或至少更无幻想。如果把他们对自己和他人的弱点作为前提来接受的态度看作是一种宽容,那么这就是宽容。这一代人没有激情、程序化的样板和口号。这种精神上的清醒使年轻人得以自由发挥他们不同一般的生活能力。这一代人在个人和社会行为上比之前任何一代青年人都更有适应能力、更接近现实、更有进取心并更成功。他们掌握着生活里人人必须面对的平淡,并以此为豪。"参见 Helmut Schelsky: Die skeptische Generation. Eine Soziologie der deutschen Jugend. Düsseldorf, Köln 1957, S. 488.
10. Anonyma, S. 193.

第二章　在瓦砾中

1. Zitiert nach Klaus-Jörg Ruhl (Hg.): Deutschland 1945. Alltag zwischen Krieg und Frieden. Neuwied 1984, S. 166.
2. Zitiert nach Leonie Treber: Mythos Trümmerfrauen. Von der Trümmerbeseitigung in der Kriegs- und Nachkriegszeit und der Entstehung eines deutschen Erinnerungsortes. Essen 2014, S. 84.
3. Vgl. Jürgen Manthey: Hans Fallada. Reinbek bei Hamburg 1963, S. 145.
4. Vgl. Treber, S. 82.
5. 莱奥尼·特雷贝尔(Leonie Treber)以弗赖堡、纽伦堡和基尔为例,展示了将德国战俘转移到市政当局的过程。出处同上,页 97。
6. Barbara Felsmann, Annett Gröschner, Grischa Meyer (Hg.): Backfisch im Bombenkrieg. Notizen in Steno. Berlin 2013, S. 286.
7. 不过在西德也有过公民的清理行动,如在慕尼黑也有妇女参与的"Rama Dama"(巴伐利亚方言,意为"让我们来清理!")。具体数字可见莱奥尼·特雷贝尔的博士论文。
8. Vgl. Marita Krauss: Trümmerfrauen. Visuelles Konstrukt und Realität. In: Gerhard Paul (Hg.): Das Jahrhundert der Bilder. 1900 – 1949. Göttingen 2009.
9. Zitiert nach Treber, S. 218.
10. 埃里希·凯斯特纳于 1946 年 9 月第一次重返他的故乡德累斯顿,单单其市中心的荒凉程度就远超过其他地方的整个城市。"走过这个地方就好像在梦里穿过所多玛和蛾摩拉。这个梦里还夹杂着有轨电车的铃铛声。在这个碎石沙漠里什么也没有,人们只能穿越过去,从人生的此岸走向彼岸。……在历时几小时才走到的沙漠边缘,开始出现一些城市地区,它们的废墟仍有一点生机和呼吸。这里看起来就像其他被摧毁的城市一样。"参见 Erich Kästner: … und dann fuhr ich nach Dresden. Die Neue Zeitung, 30. 9. 1946.
11. Vgl. Roland Ander: «Ich war auch eine Trümmerfrau.» Enttrümmerung und Abrisswahn in Dresden 1945 – 1989. Dresden 2010, S. 179.
12. Vgl. zur Frankfurter Enttrümmerungsstrategie Werner Bendix: Die Hauptstadt des Wirtschaftswunders. Frankfurt am Main 1945–1956. Studien zur Frankfurter Wirtschaftsgeschichte, Bd. 49. Frankfurt am Main 2002, S. 208 ff.

13. Zitiert nach Treber, S. 160.
14. 在电影里并没有采用如今惯常用的"邪恶"这个字眼来代替"罪恶"这个词，这是为了转移压抑在德国人身上的那种罪恶感。以前的主祷文都是用了罪恶这个词，从 1971 年后才将邪恶这个词正式引入对主的祈祷文中。
15. Kurt Worig: Und über uns der Himmel. Filmpost Nr. 157, 1947.
16. Otto Bartning: Mensch ohne Raum. Baukunst und Werkform, 1948. Zitiert nach: Ulrich Conrads (Hg.): Die Städte himmeloffen. Reden über den Wiederaufbau des Untergegangenen und die Wiederkehr des Neuen Bauens 1948/49. Basel 2002, S. 23.
17. Zitiert nach der vorzüglichen Dissertation von Sylvia Ziegner: Der Bildband «Dresden – eine Kamera klagt an» von Richard Peter senior. 德累斯顿回忆文化的组成部分，见 Marburg 2010 (http://archiv.ub.uni-marburg.de/diss/z2012/0083/pdf/dsz.pdf. Hier finden sich auch die Informationen zu der Bonitas-Skulptur).
18. Hessische/Niedersächsische Allgemeine, 19. 1. 2011.
19. Geleitwort von Franz A. Hoyer in: Hermann Claasen. Gesang im Feuerofen. Überreste einer alten deutschen Stadt. Düsseldorf 1947, 2. Auflage 1949, S. 10.
20. Ebd.
21. Eberhard Hempel: Ruinenschönheit. In: Zeitschrift für Kunst. 1. Jg., 1948, Heft 2, S. 76.
22. Zitiert nach Wolfgang Kil: Mondlandschaften, Baugrundstücke. In: So weit kein Auge reicht. Berliner Panoramafotografien aus den Jahren 1949 – 1952. Aufgenommen vom Fotografen Tiedemann, rekonstruiert und interpretiert von Arwed Messmer. Ausstellungskatalog der Berlinischen Galerie. Berlin 2008, S. 116.
23. Zitiert nach: 60 Jahre Kriegsende. Wiederaufbaupläne der Städte. Bundeszentrale für politische Bildung. http://www.bpb.de/geschichte/deutsche-geschichte/wiederaufbau-der-staedte, zuletzt aufgerufen am 27. 2. 2018).
24. Zitiert nach Lucius Grisebach (Hg.): Werner Heldt. Ausstellungskatalog der Berlinischen Galerie. Berlin 1989, S. 33.
25. 在法国参战曾经是维尔纳·黑尔特人生中那些为数不多的，抑郁症仿佛烟消云散了的时期。这位原本非常敏感的，对纳粹毫无好感的画家在 1941 年夏天写道："我们拼命对着美国兵射击，这能让人摆脱无所事事的状态。"
26. Zitiert nach Grisebach, S. 49.
27. 或者是在不来梅画廊，由于这两个画廊都为他办过个人展，具体不再可查。
28. Zitiert nach Grisebach, S. 54.

第三章　大迁徙

1. 有关这个数字参见：Ulrich Herbert, Geschichte Deutschlands im 20. Jahrhundert, S. 551 ff. und Hans-Ulrich Wehler: Deutsche Gesellschaftsgeschichte. Vom Beginn des Ersten Weltkriegs bis zur Gründung der beiden deutschen Staaten 1914 – 1949. München 2003, S. 942 ff.
2. Ursula von Kardorff: Berliner Aufzeichnungen 1942 – 1945. München 1992, S. 351.

3. Vgl. Friedrich Prinz, Marita Krauss (Hg.): Trümmerleben. Texte, Dokumente, Bilder aus den Münchner Nachkriegsjahren. München 1985, S. 55.
4. 《科卿布鲁达的快车》("Der Kötzschenbroda-Express")把德国战后的景象巧妙地套用到了麦克·戈登（Mack Gordon）和哈里·沃伦（Harry Warren）的爵士乐歌曲《查塔努加　啾啾》里。原来这首歌讲的是乘坐蒸汽轮从纽约前往田纳西的查塔努加旅程，此歌曲的格伦·米勒版曾在1941年好几周名列排行榜第一。原歌词里的"劳驾我的男孩儿，这是去查塔努加的船吗"被布利·布兰改为"劳驾先生您，这是去科卿布鲁达的火车吗？"科卿布鲁达曾是德累斯顿附近战后唯一一个运行正常的火车站。比布利·布兰这个版本更有名的是林悟道（Udo Lindenberg）的用了"劳驾您了，这是开往潘科（Pankow）的特别列车吗？"为歌词的《前往潘科的特别列车》（"Sonderzug nach Pankow"）这首歌。
5. Hans Habe: Off Limits. Roman von der Besatzung Deutschlands. München 1955, zitiert nach der Ausgabe im Heyne Verlag, München 1985, S. 24.
6. 据沃尔夫冈·雅各布迈尔（Wolfgang Jacobmeyer）在其至今广为流传的有关流离失所者（DP）的经典著作中对此做的定义，他们是"二战纳粹统治下的人口和劳务政策的遗留物，他们当中主要群体是从东欧故土来的强迫劳工以及被强行劫持的人员"。参见 Wolfgang Jacobmeyer: Vom Zwangsarbeiter zum Heimatlosen Ausländer. Die Displaced Persons in Westdeutschland 1945 – 1951. Göttingen 1985, S. 15.
7. 乌尔里希·赫伯特（Ulrich Herbert）书中曾记载："在3月和4月间德国到处发生了对外国人的大屠杀。这是盖世太保或维安警察们最后一次执行公务，在他们脱下制服前，对在市郊、森林或废墟等待盟军到来的外国人进行枪决。"参见 Ulrich Herbert: Geschichte Deutschlands im 20. Jahrhundert. München 2014, S. 540.
8. Ebd., S. 541.
9. 作为反纳粹主义者，在弗赖堡被法国军政局任命为最高检察长的法律工作者，卡尔·巴德尔认为："战后最典型的犯罪活动是武装团伙的谋杀。其作案方式在1945年至1946年几乎成了惯例。尤其是那些偏远孤立的，或者封闭型地区的独幢建筑，比如磨坊……作案者主要是那些为了抢劫、入室盗窃而走到一起的外国人。"这种估计是毫无种族主义狂热的表达。他甚至认为在案犯中有很多流离失所者的这一现象其实是令人放心的，因为百姓与法律系统由此可以相信，随着对这些之前的强迫劳工的遣散，这类问题会自动消失。对战后典型的犯罪行为巴德尔则表示出更多的担忧。载于：Karl S. Bader: Soziologie der deutschen Nachkriegskriminalität. Tübingen 1949, S. 28.
10. 参见沃尔夫冈·雅各布迈尔，第47页："这些流离失所者在做强迫劳工期间所遭受的折磨对他们的社会行为造成了严重的扭曲和伤害，尤其表现在他们被解放后并未自动地回归到诉诸法律规范之中，而对于每一个基于宪法的社会来讲对杀戮的禁止是最基本的法规。"
11. Vgl. ebd., S. 262.
12. Vgl. ebd., S. 39.
13. William Forrest: «You will standfast and not move». In: London News Chronicle, 11. 4. 1945, zitiert nach Jakobmeyer, S. 37.
14. Jacobmeyer, S. 29.
15. 关于战俘营里非人性的野蛮情形参见法国作家及教师乔治·伊韦尔诺（Georges Hyvernaud）的个人体验。他曾经在德国战俘营里待了五年并从他营地里观察到苏联战俘营的情形，那里的战俘受到的非人待遇更甚于法国士兵在德国的待遇。在他1949年出版的名为《皮与骨》(Haut und Knochen)的书里有如下描述："俄国人的营地离我们300米远。有一年夏天我们主要靠看他们埋死人来打发时间。拉一车子的死人是件极其无聊的工作。把死人倒入沟里，然后从头再来，一整天就这样，一整天在死人堆里翻弄。在这样的阳光和沙土组成的维度里，一整天在营地和死人沟之间把一辆支离破碎的拉车拉来拉去。干这些事的活人也不比死人多多少活力：他们的生命力刚好够他们用来走路、稍微推推车和拉拉车。这是些瘦骨伶仃，目光呆滞和心不在焉的男人。吹着口哨的死人看守是两个极度冷漠的家伙……，他们不时地发出恐吓的叫声并随意使用枪托推搡运送尸体的战俘，不是出于恶意而是因为这就是他们的工作。并且这么干活日子太好过了。俄国人对辱骂和暴打毫无反应。看到这样的人，我们不禁要问还能有什么会触动他们的内心。他们一步一步地走，做着固定的动作，然而他们早已灵魂出窍了。"参见Georges Hyvernaud: Haut und Knochen. Berlin 2010, S. 95.

16. 影印件见以下网址：https://www.eisenhowerlibrary.gov/sites/default/files/research/online-documents/holocaust/report-harrison.pdf（德文由作者翻译）。

17. Ebd.

18. Vgl. Juliane Wetzel: «Mir szeinen doh». München und Umgebung als Zuflucht von Überlebenden des Holocaust 1945 – 1948. In: Martin Broszat, Klaus-Dietmar Henke und Hans Woller (Hg.): Von Stalingrad zur Währungsreform. Zur Sozialgeschichte des Umbruchs in Deutschland. München 1988, S. 341.

19. Vgl. Tamar Lewinsky: Jüdische Displaced Persons im Nachkriegsmünchen. In: Münchner Beiträge zur jüdischen Geschichte und Kultur, Heft 1, 2010, S. 19. 在许多犹太人的集体记忆里，华沙的纳乐夫基街是一个怀旧之地，不单是因为从那里的房顶上曾响起了华沙犹太人隔都起义（Warschauer Ghettoaufstand，1949年4月19日）的第一枪，纳乐夫基街曾经也是犹太人日常生活中的文化和经济中心。"许多如莫兹·宗善恩 (Moshe Zonszajn)、亚伯拉罕·泰特尔鲍姆 (Abraham Teitelbaum)、伯恩哈德·辛格 (Bernhard Singer) 这样的作家还记得纳乐夫基街上的日常情形，噪声、拥挤、小偷和轻度罪犯，以及在那里上的学校，还有书本上学不到的按特有规矩进行的交易。"参见Katrin Steffen, in: Enzyklopädie jüdischer Geschichte und Kultur. Hrsg. von Dan Diner, Band 4. Stuttgart 2013, S. 307.

20. Zitiert nach dem Ausstellungskatalog des Jüdischen Museums Hohenems: Displaced Persons. Jüdische Flüchtlinge nach 1945 in Hohenems und Bregenz. Hrsg. von Esther Haber. Innsbruck 1998, S. 66.

21. Zitiert nach Lewinsky, S. 20.

22. Zitiert nach ebd., S. 21.

23. Ebd., S. 335.

24. 丹·迪内尔（Dan Diner，生于1946年5月20日，德裔以色列历史学家和政治作家）将此称为"令人关注的有关犹太人归属性的终极问题"，而在此之下隐藏着的是对那些被杀害的犹太人留下的无人继承的财产拥有权的争议。"由此在这种针对想要留在德国的犹太人的斥责和藐视之外，也存在着一个'作为被谋杀的犹太族的权力继承者'的对立面，他们作为一个（犹太人）的集体，出于自身愿望在任何情况下都将致力于归属于斯。参见Dan Diner: Skizze zu einer jüdischen Geschichte der Juden in Deutschland nach '45. In: Münchner Beiträge zur jüdischen Geschichte und Kultur, Heft 1, 2010, S. 13.

25. Angelika Königseder und Juliane Wetzel. Lebensmut im Wartesaal. Die jüdischen DPs im Nachkriegsdeutschland. Frankfurt 1994, S. 101.
26. Zitiert nach ebd., S. 127.
27. 其中来自立陶宛的教育学家雅各布·奥雷斯基（Jacob Oleiski）起着一个重要的作用。他曾经在哈勒求学并在立陶宛领导过一所职业学校。在从达豪的集中营里被解放出来后，他参与建立了在所有美占区营地的一个针对被错置人员的职业教育系统。一旦那些幸存者在身体上差不多从集中营拘禁导致的后果中恢复过来后，生活的意义就应该通过创造性的劳动被重新体验到。他坚信"必须到处都能感受到工作的脉搏跳动，才能让我们的苦难兄弟们避免再次受到思想和感受的禁锢与压迫"。不过这个重建的意志完全是建立在（重返）巴勒斯坦这个角度上的。在弗伦瓦尔德营地的一次讲话中，奥雷斯基曾说："我们在未来将要进行巨大的建设工作。神圣的以色列等待着身心健康的人们，他们将善于将其肌肉的力量转化为有目的的创造性工作。"（Zitiert nach Königseder, Wetzel, S. 115）
28. Zitiert nach ebd., S. 167.
29. George Vida: From Doom to Dawn. A Jewish Chaplain's Story of Displaced Persons. New York 1967, zitiert nach Königseder, Wetzel, S. 167.
30. Jacobmeyer, S. 122.
31. 沃尔夫冈·雅各布迈尔在其1985年第一次对于几乎无人研究过的，也是至今无懈可击的有关流离失所者（DP）命运的权威著作中指出，他们所受的时而友善时而备受猜疑的待遇也是一种被他人控制的延续。这些"留下来的流离失所者从某种角度上也是接受了他们集中营的生活，这只能用他们的心性麻木才能解释此现象。"（Jacobmeyer, S. 255）
32. Aus der amerikanischen Armeezeitung «Stars and Stripes», zitiert nach Jacobmeyer, S. 134.
33. Andreas-Friedrich, S. 349.
34. Ebd., S. 350.
35. 她在乌尔里希·弗尔克莱恩（Ulrich Völklein）的书中讲述了自己的故事，见《Mitleid war von niemandem zu erwarten》. Das Schicksal der deutschen Vertriebenen. München 2005, S. 79 ff. 此书含有14个由作者和时代见证者对话而记录下的故事。
36. Ebd., S. 91.
37. Zitiert nach Andreas Kossert: Kalte Heimat. Die Geschichte der deutschen Vertriebenen nach 1945. München 2008, S. 63.
38. 大部分被驱逐的人拒绝被称为"难民"，因为他们担心会由此失去回归故园或得到补偿的权力，只要这个名称还含有自愿离开故土的意思。不过近几年里"逃亡"这个恰如其分的词经常被作为"被驱逐"的补充词运用。
39. Walter Kolbenhoff: Ein kleines oberbayrisches Dorf. In: Die Neue Zeitung, 20. 12. 1946.
40. Zitiert nach Kossert, S. 73. 作者也引用了当年弗伦斯堡（Flensburg）的地区行政长官约翰内斯·蒂德耶（Johannes Tiedje）的意见："我们低地德国人和荷石州人过着自己特有的生活，不愿受这个东普鲁士人搞出来的杂种文化的一丝侵扰。"出处同前。
41. Zitiert nach Kossert, S. 75.
42. 总体而言，当地人冷酷无情的表现只是现实的一个方面。当时有许多民众对难民表示欢迎并尽力给予了帮助。那些住在逃亡路线沿途前波莫瑞以及勃兰登堡的家庭站在马路上

注释

并用大锅汤周济路过的难民。他们帮助难民直到自己的存粮不够用为止。不断地有被驱逐的难民叙述说往往是那些穷苦的人把自己仅有的分给了大家，反倒是那些富裕的人家却紧闭大门。很难说到底这里是固有的成见模糊了当时的经历，还是条件优渥者一般真的比较吝啬。

43. Paul Erker: Landbevölkerung und Flüchtlingszustrom. In: Broszat u. a., S. 398.
44. Zitiert nach Kossert, S. 82.
45. Der Spiegel 16/1947.
46. Zitiert nach Kossert, S. 82.
47. Zitiert nach Klaus R. Scherpe (Hg.): In Deutschland unterwegs. 1945 – 1948. Reportagen, Skizzen, Berichte. Stuttgart 1982, S. 287.
48. Vgl. Der Spiegel 15/1977, S. 41.
49. 一部分被驱逐者将原来的强迫劳工的营地改建为自己的小镇，其中一些迅速繁荣起来，比如在威斯特法伦东部的埃斯珀尔坎普（Espelkamp in Ostwestfalen）的一个前军事弹药厂或者巴伐利亚州的新加布隆兹（Neugablonz in Bayern）。从原来的奈斯河边的老加布隆兹（即今天捷克的 Jablonec nad Nisou）曾有 1.8 万人口被驱逐。很多人待在一起并在原来的炸药工厂诺贝尔炸药股份公司（Dynamit Nobel AG）附近的考夫博伊伦（Kaufbeuren）定居下来。这个城市的主要经济命脉是首饰工艺，而加布隆兹人早在其故乡就以此著称。至今这个由众多个小手工企业组成的加布隆兹首饰业仍是阿尔高地区（Allgäu）最重要的经济因素之一，并与捷克原生地争抢老加布隆兹的首饰传统品牌。它们其中最有名的后代却在奥地利生根：珠宝首饰企业施华洛世奇（Swarovski）。
50. 茅茅是 20 世纪 50 年代在肯尼亚发生的反英国殖民主义的运动，它于 50 年代末被镇压。经历了长期动乱的肯尼亚终于在 1963 年实现了独立。
51. 普林茨和克劳斯还说："这个社会契约的成立使民族没有自相残杀，几乎可以称为是一个奇迹。至于这当中一直控制局面的占领国起了何种程度的作用可以暂且不去考虑。总之我们避免了一场内战。"（Prinz, Krauss, S. 13.）
52. Habe, S. 42.
53. Wolfgang Borchert: Stadt, Stadt: Mutter zwischen Himmel und Erde. In: ders.: Das Gesamtwerk. Hamburg 1949, S. 72.
54. Ebd., S. 97.
55. Zitiert nach Heinz Ludwig Arnold (Hg.): Die deutsche Literatur 1945 – 1960, Bd. 1. München 1995, S. 39.
56. Ebd. S. 94.
57. https://www.youtube.com/watch?v=4Vq3HTLyo4Y, zuletzt aufgerufenam 4. 3. 2018.
58. Jörg Andrees Elten. Zwischen Bahnhof und Messe. Hannover. Zitier nach Scherpe, S. 84
59. Prinz, Krauss, S. 51.
60. Von Kardorff, S. 351.
61. Neue Illustrierte, Juli 1947.

第四章　舞蹈热

1. Prinz, Krauss, S. 56.
2. Felsmann, Gröschner, Meyer, S. 280 – 311. 下述诸引言出处相同。
3. Zitiert nach Prinz, Krauss, S. 56 f. Dort auch das folgende Zitat.
4. Borchert, S. 309.
5. Zitiert nach Herbert und Elke Schwedt: Leben in Trümmern. Alltag,Bräuche, Feste – Zur Volkskultur. In: Franz-Josef Heyen und Anton M. Keim (Hg.): Auf der Suche nach neuer Identität. Kultur in Rheinland- Pfalz im Nachkriegsjahrzehnt. Mainz 1996, S. 23.
6. Anton M. Keim: 11mal politischer Karneval. Weltgeschichte aus der Bütt. Geschichte der demokratischen Narrentradition vom Rhein. Mainz 1981, S. 216.
7. Ebd.
8. Schwedt, S. 24.
9. Zitiert nach Keim, S. 218.
10. Zitiert nach Armin Heinen: Narrenschau. Karneval als Zeitzeuge. In: Edwin Dillmann und Richard van Dülmen (Hg.): Lebenserfahrungen an der Saar. Studien zur Alltagskultur 1945 – 1955. St. Ingbert 1996, S. 303.
11. Zeitungsbericht zitiert nach Michael Euler-Schmidt, Marcus Leifeld (Hg.): Die Prinzen-Garde Köln. Eine Geschichte mit Rang und Namen 1906 – 2006. Köln 2005, S. 121.
12. Zitiert nach Schwedt, S. 26.《明镜》周刊是这样描写当年科隆的狂欢节游行队伍的："这支名为科隆红白火花协会的狂欢节队伍穿过废墟的街道来到市长的屋前，跟随他们的是成千上万个身着小丑服饰的人们和威廉姆斯马戏团的大象们。乐队同时演奏着《忠实的轻骑兵》，而随着"假如海因策尔协会的人们现在也来参加"这一歌曲的旋律出现，狂欢节气氛被点燃。科隆火花队在欢庆其125周年生日，人们身穿红白两色的制服跳起了游行舞步，面对其具有军队风格的装饰，尤其是他们戴的弗里德里希式尖帽、木枪，以及新兵参军的宣誓仪式，连当时的军政府都没有表示异议。"(Der Spiegel 7/1948)
13. 由于1935发生的所谓"愚人起义"（Narrenrevolte），利瑟姆的纳粹履历后来被大事化小。1934年，他成功阻止了狂欢节社团被"力量来自欢乐"这一纳粹组织接管。从内容上看他从未利用过狂欢节社团形式上的独立，相反，直到狂欢节因为战争爆发而被停办的这段时间，该庆祝活动变得越来越具有反犹太主义的特征，那些带有讽刺意味的歌比如那首《犹太人移民了》（"Die Jüdde wandern us"）当时经常被唱。尽管科隆市民们后来声称他们对反犹太主义的玫瑰星期一的彩车报以了冰冷的沉默，事实上，纳粹分子在利瑟姆的任职期间成功地清除了一切不符合当局意念的狂欢节传统，并将其在"要参与而不是埋怨"的口号下长期变成了一个具有反犹太主义色彩的大众节日。
14. 当时事情进行得很顺利。1947年的狂欢节，《明镜》周刊对科隆进行了以下报道："科隆人的愚人协会又开始规划工作。尽管市政府议员们于12月28日一致决定不同意举办狂欢节，尽管主委会14天之后提及饥寒交迫的人民之无法想象的苦难，依旧有32个封闭式的大型活动被10个狂欢节社团报名登记，时间安排在1月15日至2月17日（玫瑰星期一）之间。人们有理由知道，科隆是否仍拥有能容下这么一个举世闻名的狂欢节气氛火爆活动的大场子。一半以上的协会会议在孤儿院巷（Waisenhausgasse）的亚特兰大

注释

酒店进行，另一半则在拼凑搭建的临时住所里进行。"(Der Spiegel 5/1947)

15. 在王子禁卫军（Prinzengarde）的制服上可以根据领尖和绑带看出其人的级别以及捐款的数额高低。"难道您认为什么人都能参加玫瑰星期一的游行，谁都可以炫耀其愚人装饰品吗？"，面对当年一位记者提出能否提升即兴度的问题时，托马斯·利瑟姆给出了这样的答案："规则及秩序是必须的。即使是狂欢节。尤其是在狂欢节上。"引自 Euler-Schmidt, Leifeld, S. 139.

16. Zitiert nach ebd., S. 125. 对照于当时普遍的贫困而言，狂欢节的支出总额的确过分。《明镜》周刊报道了一年之前，即1948年的慕尼黑狂欢节。那里"一连十天在1200家酒店、饭馆和俱乐部里，每天从早上8点到晚上8点通宵达旦地跳舞和欢庆。还有无数的家庭舞会也在同时进行。……人们现在要花上500马克参加原来在凯旋门和菲力屈广场（Feilitzschplatz，即后来的慕尼黑自由广场）之间，一般由200多人参加的施瓦宾画廊艺术节（Schwabinger Atelierfesten），在裸体画家、尖叫的唱片机和诱人的沙发之间狂欢。不过这500马克可以让人整晚尽情吃喝。"(Der Spiegel 7/1948)

17. 转引自阿登纳基金会官网：https://www.konrad-adenauer.de/dokumente/pressekonferenzen/1950-04-19-pressekonferenz-berlin。

18. 当阿登纳1950年在泰坦尼亚宫发言后让听众们唱日后的国歌时（为了保险起见他事先让人在座椅上放上了歌词单，这是典型的阿登纳式的计谋），社民党认为这是搞突然袭击。联邦总统特奥多尔·豪斯本想再多留些时间来决定年轻共和国的国歌，他本人更偏爱出自赫尔曼·罗伊特（Hermann Reutter）的歌词"德意志之国，信仰之国，父辈和后代之国"，直到1952年在阿登纳的催促下他才同意。国歌里的"团结，正义和自由"并未在宪法里白纸黑字地写明。取而代之的是联邦新闻局公布的阿登纳和最终妥协的豪斯之间的信件往来，由此国歌之事盖棺论定。这个年轻国家真可谓用了非寻常做法来确立了自身。

19. Zitiert nach Arnold, S. 79.

20. Klausner, S. 311.

21. Der Spiegel 8/1947.

22. Zitiert nach Schoeller, S. 333 f.

23. 黑尔特为《浴缸》(*Badewanne*)写过一个部分可以就着《鸽子》(*La Paloma*)的旋律演唱的独白。在以《神圣的小海伦娜》(*Das heilige Lenchen*)为名的歌词里一位女演员从黑尔特笔下摇晃的房子里走出来并唱道："我就是神圣的小海伦娜，/ 我不是一个妓女，/ 我干这不收钱，/ 因为它使我快乐，/ 我用爱和你们斗争，/ 你们这些见不得我开心的人，/ 你们因胆怯而不敢把握机会。"

24. Prinz, Krauss, S. 9.

第五章　爱在1947

1. 沃尔夫冈·博尔歇特最著名的话剧《大门之外》里的贝克曼这一角色成为所谓的"还乡戏剧"中回归者的原型，这个剧目以自身的方式形成了一种独特类型。正如剧中序言所说，"这就是许多那些回到了德国故土的人之一。那些回归而又回不了家的人之一，因为家早已不复存在"。

2. Sibylle Meyer, Eva Schulze: Von Liebe sprach damals keiner. Familienalltag in der Nachkriegszeit. München 1985, S. 128.

3. Vgl. ebd., S. 161 – 206. Dort auch die folgenden Zitate.

4. Der Spiegel 41/1953.

5. Meyer, Schulze, S. 204.

6. Anonyma, S. 51.

7. Zitiert nach Winfried E. Schoeller: Diese merkwürdige Zeit. Leben nach der Stunde Null. Ein Textbuch aus der «Neuen Zeitung». Frankfurt am Main 2005, S. 52.

8. 这段引言中省略了以下文字："这180马克的工资比起啥都没有也好不到哪儿去。过去，穆勒先生可以以此向妻子'要求'一些东西作为回报（他也这么做了）。然而现在，他必须乖乖闭嘴。三年来，丈夫和妻子一直在与最艰苦的物质需求做斗争。丈夫用180马克将此艰难一了了之。如果妻子没有用更强大的武器招架这种艰难，那么他们就得死于贫困。由于她了不起的、无可辩驳的天性，她对实用和近在眼前事物的发现本能，使她能在家物的钢琴上以"熟练"灵活的弹奏技巧，以数百年来的实践中发展起来的一切技巧来应付日常生活。随着男人的衰弱，女人似乎生发出不可战胜和未受破坏的力量。并且这标志着女性才是更健康的性别：虽然她承受着各种各样的负担，但与身体健康快速下降（体重过轻！）的男人相比，她的身体状况保持得更好。"参见 Constanze – die Zeitschrift für die Frau und für jedermann, Jg. 1, Nr. 2, 1948。

9. Annette Kuhn (Hg.): Frauen in der deutschen Nachkriegszeit, Bd. 2. Düsseldorf 1986, S. 158.

10. Vgl. Nori Möding: Die Stunde der Frauen? In: Broszat, S. 623 ff.

11. 但是在《德意志联邦共和国民法典》中有许多法规与男女平等原则相抵触。比如第1354条"男性拥有决定夫妻生活中所有事项的决定权"——这一条直到1958年才被删除。在东德，妇女的法律地位从一开始就是平等的。但是，在最高政治机构中妇女参与的比例与联邦共和国一样低。

12. Zitiert nach Tamara Domentat: Hallo Fräulein. Deutsche Frauen und amerikanische Soldaten. Berlin 1998, S. 162.

13. 电影评论家弗雷德·盖勒（Fred Gehler）就是这样判断的。他写道，这部电影是"德国战后电影最美丽的电影启示之一"。彼得·佩瓦斯巧妙地颠覆了制作一部教育电影的任务。相反，它展示了"战后年轻一代的无助和无所适从的真实形象。这代人贪恋生活，渴望爱情。这部电影的戏剧性结构开放得令人惊讶：故事和面孔出现并将再次消失。这是一场穿越灵魂风景的追踪之旅。" Fred Gehler: Straßenbekanntschaft. In: Film und Fernsehen, Berlin, Nr. 5, 1991, S. 15.

14. Wolfgang Weyrauch (Hg.): Tausend Gramm. Ein deutsches Bekenntnis in dreißig Geschichten aus dem Jahr 1949. Reinbek bei Hamburg 1989, S. 86. 此引言略有删减。

15. 历史学家亚历山大·冯·普拉托（Alexander von Plato）曾为《德国记忆》（Deutsches Gedächtnis）的档案采访过一位从苏联战俘营回到妻子家中的男子，当时那位男子的家中除了妻子还有成了鳏夫的岳父和一个房子被炸毁的一家，这家人由母亲及其儿子和儿媳三口组成。面对这位历史学家，这位归者如此叙述了家里错综复杂的关系："这是一个顶楼公寓，地方不大。那个丈夫，就是那个房子被炸毁的母亲的儿子，因此搬到了楼下我妻子那里。他就住在那里。这就导致了他后来每天晚上在我妻子那里一起吃晚饭的情形，还不止于此等等。而我的岳父则晚上去了楼上，因为那位太太比她实际的丈夫大 5 岁。您明白吗？也就是说我的岳父晚上去那位太太那里，而她的丈夫却每晚睡在我的妻子身边。参见 Alexander von Plato, Almut Leh: «Ein unglaublicher Frühling». Erfahrene Geschichte im Nachkriegsdeutschland 1945 – 1948. Bonn 1997, S. 240.

16. Constanze, Jg. 1, Nr. 11, 1948.
17. Vgl. Hans-Ulrich Wehler: Deutsche Gesellschaftsgeschichte. Bd. 4. Vom Beginn des Ersten Weltkrieges bis zur Gründung der beiden deutschen Staaten 1914 – 1949. München 2003, S. 945 ff.
18. 罗伯特·A. 施特姆勒（Robert A. Stemmle）的电影是一部讽刺性音乐片，也被称作"卡巴莱电影"，这部电影以简陋的设备制成，而当时该片主演弗勒贝一样捉襟见肘，但却因为其不拘一格和实验性手法成了早年最有创意的作品。它带有超现实的梦境片段并从 2048 年的柏林回溯战后的年代。为了塑造未来的柏林，施特姆勒使用了 1948 年用于建筑设计比赛的模型。
19. "在报纸上写着：/ 女人多得像海里的沙子。/ 黑人（乐于爱的快餐）/ 为此高兴着。/ 据统计学讲 / 他会得到两个女人。/ 可理论是骗人的：/ 事实上没有一个给他。/ 因为没有一个愿意亲吻他。/ 黑人失去了兴致，/ 在女性过剩中 / 觉得自己才是多余的。/ 统计学不准，/ 他叹息道，他痛苦着，/ 别把数字当一回事，/ 因为还得有心的参与！" (Constanze, Jg. 2, Nr. 8, 1949)
20. Zitiert nach Karin Böke, Frank Liedtke, Martin Wengeler: Politische Leitvokabeln in der Adenauer-Ära. Berlin 1996, S. 214.
21. Christina Thürmer-Rohr in: Helga Hirsch: Endlich wieder leben. Die fünfziger Jahre im Rückblick von Frauen. Berlin 2012, S. 14.
22. Vgl. Barbara Willenbacher: Die Nachkriegsfamilie. In: Broszat u. a., S. 599.
23. Ebd., S. 604.
24. Vgl. Norman M. Naimark: Die Russen in Deutschland. Die sowjetische Besatzungszone 1945 – 1949. Berlin 1997; Ilko-Sascha Kowalczuk, Stefan Wolle: Roter Stern über Deutschland. Sowjetische Truppen in der DDR. Berlin 2010; Ingeborg Jacobs: Freiwild. Das Schicksal deutscher Frauen 1945. Berlin 2008.
25. Boveri, S. 116.
26. 在由汉斯·马格努斯·恩岑斯贝格尔出版的《另类图书馆》中的日记再版后不久，《南德意志报》的编辑延斯·比斯基（Jens Bisky）就发现了日记作者的身份（2003 年 9 月 24 日，《南德意志报》）。之前曾有过的激烈争论，尤其是比斯基对日记作为历史文献的价值的评论至此得到一定的缓解。比斯基正确地指出，作者作为记者的身份对日记的归类很重要，并证明了原始文本曾由她的密友、同事和编辑库尔特·马雷克（Kurt Marek，更广为人知的名称为 C.W. 策拉姆 [Ceram]）进行了润色与更改。从语言学的角度来看，有关在总体上对俄罗斯人的评估、战争罪责感，以及事后对纳粹政权的反对立场等方面的质疑是合理的。然而这不构成对强奸本身描述的真实性以及对其心理对应方法描述的怀疑理由。因此，尽管对来源有上述保留，这里还是引用了该日记。
27. 这是 1941 年 3 月 30 日在帝国总理府的一次面向 200 位国防军指挥官的演讲。
28. Zitiert nach Lowe, S. 104.
29. Charlotte Wagner zitiert nach Sibylle Meyer, Eva Schulze: Wie wir das alles geschafft haben. Alleinstehende Frauen berichten über ihr Leben nach 1945. München 1984, S. 51.

30. Andreas-Friedrich, S. 332.
31. 在1947年6月年轻一代的杂志《对》里，有一段用诗的形式描写了在强奸风暴之后已婚夫妇必须面对的烦恼的文字。这段名为《回家》的短文由业余大学老师及作家迪特里希·瓦尔内修斯（Dietrich Warnesius）署名。在文中他用了略微矫揉造作的极简风格描写了一对男女如何在多年后重逢。在女人为男人"准备了三根胡萝卜"后，诗中写道："夜里。/ 没人合眼。/ '你……你不必告诉我，玛丽亚……' / 有人在深呼吸。/ '不说。'那位女士说。/ 寂静。/ 不再有人呼吸。/ 岁月流逝。/ '我们可以……重新……吗？玛丽亚' / 有人在深呼吸。/ '好的。'那位女士说。"
32. Tagesspiegel vom 6. 12. 1959, zitiert nach Matthias Sträßner: «Erzähl mir vom Krieg!». Ruth Andreas-Friedrich, Ursula von Kardorff, Margret Boveri und Anonyma: Wie vier Journalistinnen 1945 ihre Berliner Tagebücher schreiben. Würzburg 2014. S. 181.
33. 卢茨·尼特哈默尔提到了两个德国对待过去的不同政策，他们在"对分工的热衷"中展开了各自忏悔的仪式，并且各自有不同的盲点："民主德国，这个瘦弱的拥有美德和被强奸的女儿，立足于她早期的自力更生和自信的道德上，她的记忆在越来越少的具有意义的仪式中慢慢枯竭。联邦德国，如同一个生机勃勃的卖身歌女，最初否认了所有她所不愿承认的事实，却在中年危机中开始怀念被压抑的过去，她开始从自身挖掘可耻的来历，并在众目睽睽之下以越来越多的固执己见坚持自己所有起源中最低劣的。"参见 Lutz Niethammer: Schwierigkeiten beim Schreiben einer deutschen Nationalgeschichte. In: ders.: Deutschland danach. Postfaschistische Gesellschaft und nationales Gedächtnis. Bonn 1999, S. 441.
34. Winfried Weiss: A Nazi Childhood. Santa Barbara 1983, S. 173.
35. Ebd. S. 171.
36. Vgl. Thomas Faltin: Drei furchtbare Tage im April. Das Ende des Zweiten Weltkriegs in Stuttgart. Stuttgarter Zeitung, 18. 4. 2015. 历史学家诺曼·M. 奈马克（Norman M. Naimark）写道：就纪律性差和掠夺之贪婪而言，在西部只有法属摩洛哥的北非士兵能和苏维埃战士相比；特别是在占领初期，巴登和符腾堡州的妇女以与东部地区类似的方式沦为占领军肆意袭击的受害者。尽管有这些限制，但事实仍然是，强奸现象在某种程度上已成为苏联占领区社会历史的一部分，而在西部未曾达到如此规模。(Naimark, S. 137)
37. Vgl. Andreas Förschler: Stuttgart 1945. Kriegsende und Neubeginn. Gudensberg-Gleichen 2004, S. 8 ff.
38. 历史学家米丽安·格布哈特（Miriam Gebhardt）在其名为《兵至时刻》（Als die Soldaten kamen）的书中尝试了这类相提并论。她仔细研究了西方盟军的性犯罪。可惜的是她将西方盟军和红军的行为等同起来，她未能躲过用其研究结果制造一种轰动的诱惑。这种等同只有当人们将那些在德国妇女和美国士兵之间无数的有着爱意的关系当作"被巧克力迷惑的强奸案"时才能成立，并且她忽视了与之结论相反的研究结果，即女权主义者对"大兵小姐们"的评价。克劳斯·迪特马尔·亨克（Klaus-Dietmar Henke）在《法兰克福汇报》上对这本书评论道，这样的结论甚至使人想起了戈培尔将"艾森豪威尔将军麾下的那些信奉犹太金权统治的士兵"与"亚洲大草原的布尔什维克红军战士"等同起来的做法。Miriam Gebhardt: Als die Soldaten kamen. Die Vergewaltigung deutscher Frauen am Ende des Zweiten Weltkriegs. München 2015.
39. Zitiert nach Ruhl, S. 92 ff.

注释 375

40. "这些不就是真正的沙龙士兵吗？"女学生马克西—罗尔·E.（Maxi-Lore E.）在当年的日记里写道。他们身上所有的一切看起来都那么"无力和懒散"。看到这一群软蛋，她不得不想起"我们的男孩们"。这些美国大兵"才不是真正的战士，而且他们才没有见识过我们的士兵那笔管条直的雄风。"转引自 Benjamin Möckel: Erfahrungsbruch und Generationsbehauptung. Die Kriegsjugendgeneration in den beiden deutschen Nachkriegsgesellschaften. Göttingen 2014, S. 197.

41. 1945 年 7 月英国人和美国人进入了根据 1945 年 2 月《雅尔塔协议》划分给他们的区域。法国人稍晚些入驻。而之前英、美、苏就早已对将德国划分为几个占领区达成一致，并同意将帝国首都柏林作为特例对待并将它归入共管。当法国被纳入战胜国圈内之后，柏林则被看作一个分为四个占区的城市。

42. 《明镜》周刊于 1947 年 2 月 15 日对此做出报道。很明显作者走访了审批现场："她们来自社会的各个阶层，有一些从指甲油到语言都特别美国化，并强调她们是和一个美国人订了婚的，还试图和其他那些只是想有一份社交护照以便'偶尔出去跳跳舞，而不做任何违禁之事'的人保持距离。大多数的女孩觉得拥有这个护照可以使自己在舒适的环境里和自己的朋友们在一起。有些则希望通过进入一个美国俱乐部来加强她们原来和美国人及美国产品的肤浅交往与认知。小部分也受到和她们共事的美国女性同事的邀请。在德国一些城市的美占区开始组织与德国人的社交活动几个月之后，柏林的美占区通过颁发社交护照也紧跟其后。……至此有 600 名柏林妇女提出申请这类护照。最低年龄是 18 岁，申请者中年龄最大的是 47 岁。这些社交候选者的平均年龄是 19 至 20 岁之间。已婚妇女的申请将不予批准。"(Der Spiegel 7/1947, S. 6)

43. Annette Brauerhoch: «Fräuleins» und GIs. Geschichte und Filmgeschichte. Frankfurt am Main und Basel 2006.

44. 引自美国原版，由本书作者翻译。出处同上，页 102。德文版 1957 年由 Paul List 出版社出版，译文比起原文较为文雅。

45. Tamara Domentat: «Hallo Fräulein». Deutsche Frauen und amerikanische Soldaten. Berlin 1998, S. 73.

46. Ebd., S. 77.

47. Ebd., S. 190.

48. 对于 1968 年那一代人的自我感知以及历史描述来讲，这些大兵新娘们中隐含的反专制的潜能其实是无足轻重的。而这些新娘们的父亲在此所感受到的耻辱可能在 20 多年后依然存在。除此之外，对越南战争的反感也被转移到了当时在联邦德国驻扎的美国士兵身上。女人可以和一个来自旧金山的嬉皮士交往，但一个 20 世纪 70 年代的女孩如果和一个在班贝格的美国大兵来往，即使左翼党人对此也无法容忍。仅仅出于模糊的政治原因，对战后年代理论上的研究中因此很少出现对这些美国大兵妻子的同情心。

49. 当时发生了很多带有暴力的骚乱，自发性内审机构多次让这部电影通过审核，其中一位成员以辞职表示抗议。牧师们号召人们示威，并与其跟随者们一起阻挠电影的放映，并因影院老板的举报而被告上法庭。《明镜》周刊引用了数页剧本，评论家们对"那些所谓艺术及审美姿态的令人憎恶的修饰语"大感不满，并将其斥为"新娼妓主义"（Neoprostitutionismus）。而这一切使影院票房前的队伍越来越长。

第六章 抢劫、配给与黑市——市场经济的必修课

1. Erzählt in Rainer Gries: Die Rationengesellschaft. Versorgungskampf und Vergleichsmentalität: Leipzig, München und Köln nach dem Kriege. Münster 1991, S. 148.
2. Felsmann, Gröschner, Meyer, S. 268 f.
3. Süddeutsche Zeitung vom 30. 4. 1946.
4. Wolfgang Leonhard: Die Revolution entlässt ihre Kinder, zitiert nach: Hermann Glaser: 1945. Beginn einer Zukunft. Bericht und Dokumentation. Frankfurt am Main 2005, S. 194.
5. Vgl. Ruhl, S. 161.
6. Ebd., S. 178.
7. Vgl. Jörg Roesler: Momente deutsch-deutscher Wirtschafts- und Sozialgeschichte 1945 – 1990. Leipzig 2006, S. 41.
8. Rheinische Zeitung vom 18. 12. 1946.
9. Gries, S. 290.
10. Zitiert nach Annette Kuhn (Hg.): Frauen in der deutschen Nachkriegszeit,Bd.2: Frauenpolitik 1945 – 1949. Quellen und Materialien. Düsseldorf 1989, S. 198.
11. Zitiert nach Ruhl, S. 138.
12. 以下的事实可以用来参考当时的情形有多么严重：阿登纳当时是北威州州议会的基民盟议会团主席，在这封关于政治局势的信中他不忘向对方要求寄给他一个包裹："我不知道您是否可以给我们再次发送一个包裹。如果是这样，我将不胜感激，如果您能考虑到给我的妻子和格奥尔格的强身药物以及为我提供咖啡，尤其是"雀巢咖啡"。在无数次旅行中，我总是带着它。在我必须主持的许多会议中它给我的精神带来必要的振作。这也是您对基民党所做的间接支持，您肯定喜欢他们的奋斗目标！"（Zitiert nach der Internet-Seite der Konrad-Adenauer-Stiftung: www.konrad-adenauer.de/dokumente/briefe/1946-12-10-brief-silverberg）
13. Zitiert nach Günter J. Trittel: Hunger und Politik. Die Ernährungskrise in der Bizone 1945 – 1949. Frankfurt, New York 1990, S. 47.
14. Zitiert nach Trittel, S. 285.
15. Vgl. Gries, S. 305.
16. Boveri, S. 93.
17. Ebd., S. 124.
18. Zitiert nach Werner Schäfke: Kölns schwarzer Markt 1939 bis 1949. Ein Jahrzehnt asoziale Marktwirtschaft. Köln 2014, S. 65 f.
19. Vgl. Ander, S. 182.
20. Vgl. Stefan Mörchen: Schwarzer Markt. Kriminalität, Ordnung und Moral in Bremen 1939 – 1949. Frankfurt am Main 2011. 在这部书里收集了许多这样的表述，它们以及其他表述来自福柯博物馆里的民俗档案中名为"1945–1949 年间的生活"（Leben in den Jahren 1945-49）的研究项目回忆记录。
21. 这份名为《对——年轻一代的报纸》（Ja – Zeitung der jungen Generation）于 1947 至

1948 年间在柏林每两周出一期，由 H. 基尔加斯特和 H. 科伊尔（Kielgast und H. Keul）出版。

22. Heinrich Böll: Heimat und keine. Schriften und Reden 1964 – 1968. München 1985, S. 112. 作者写道："每个人拥有其赤裸裸的生命，除此之外还有他能弄到手的东西：燃煤，木材，书籍，建筑材料……每个在一个被摧毁的大都市里没有冻死的人，他的木材和燃煤肯定就是他曾经偷来的，而且只要没有饿死，他就必须用违法的手段获取食物或者就是让他人为其非法获得食物。"

23. Karl Kromer (Hg.): Schwarzmarkt, Tausch- und Schleichhandel. In Frage und Antwort mit 500 Beispielen (Recht für jeden 1). Hamburg 1947.

24. Hans von Hentig: Die Kriminalität des Zusammenbruchs. In: Schweizerische Zeitschrift für Strafrecht 62, 1947, S. 337.

25. Andreas-Friedrich, S. 338.

26. Kuno Kusenberg: Nichts ist selbstverständlich. In: Schoeller, S. 445 f.

27. Von Hentig, S. 340.

28. Andreas-Friedrich, S. 408.

29. Jörg Lau: Hans Magnus Enzensberger. Ein öffentliches Leben. Berlin 1999, S. 20.

30. 汉斯·马格努斯·恩岑斯贝尔格一直为自己的商业技巧感到自豪，作为作家他也证实了这一点。例如，任何人想鼓动他成为活动发言人的话，都必须为艰难的谈判做好准备。在 2008 年的一次采访中，一位《明镜》周刊的记者曾经问他何时了解了资本主义的运作方式：

    "恩岑斯贝格尔：在战后的黑市交易里学会的。像许多其他人一样，我用香烟，黄油和这些美国人想要作为猎物带回家的纳粹武器做交易。就积累资本而言，那里是一个速成班。但是作为职业甚至生活内容，它对我而言还是太微不足道，所以我很快就退出了这种活动。

    《明镜》：用今天的眼光来看，假如您是一个银行家可够资格得到一份奖金了。

    恩岑斯贝格尔：很可能。用当时的标准来看我有一段时间相当富裕。1 万包香烟堆出一个货架，我曾经在地下室有四个这样的货架，即 4 万包香烟。每包价值 200 帝国马克。所以说我在通往百万富翁的路上。不过我没兴趣把这辈子过得像一个唐老鸭一样。金钱是美丽的，不过也有点令人无聊。"（Der Spiegel, 45 / 2008）

31. 在这个诗集里有一首名为《为狼而作的反对羊羔的辩护》（"Verteidigung der Wölfe gegen die Lämmer"）的诗。这首诗是对沉默的大多数做出的一个挑衅式攻击。就是这是些消极的同流合污者对统治阶层犯法的容忍使他们自己成了同谋犯。这些"懒于学习，将责任交付给狼群"，不停地认为自己是受害者的羔羊们，无论从何种角度看都是自作自受。这首诗的最后两段是："你们这些羔羊们，姐妹们，／用乌鸦将你们做比较；／你们一个比一个会伪装。／而狼群团结一致：／它们集体行动。／赞美强盗吧：／你们任人凌辱，／钻入温顺的庸床／还会鸣咽着撒谎／你们情愿被撕成碎片／却不愿去改变世界。"（Hans Magnus Enzensberger: Gedichte 1950 – 1955. Frankfurt am Main 1996, S. 11）

32. Lau, S. 20.

33. Vgl. Schäfke, S. 69.

34. Vgl. Malte Zierenberg: Stadt der Schieber. Der Berliner Schwarzmarkt 1939 – 1950. Göttingen 2008. 在这项有着民俗学浸润的研究中，作者对交换场所进行了深入的研究，

从分配和交换实施的逻辑到身体姿势和着装规范。

35. Siegfried Lenz: Lehmanns Erzählungen oder So schön war mein Markt. Hamburg 1964, S. 35.
36. Vgl. ebd., S. 317.
37. 有关战后烟蒂的典故经久不衰。最近的一个例子就是乌韦·蒂姆（Uwe Timm）的小说《伊卡利亚》（*Ikarien*）。它叙述了这样一个特别感人的段子：一个德国男孩将一个美国大兵故意扔掉的烟头捡起来追着交给他，因为他以为这位美国大兵不小心丢了香烟。(Uwe Timm: Ikarien. Köln 2017, S. 38)
38. Zierenberg, S. 287:"这个黑市是对令人难以忍受的毫无规则和社交活动的体验之地与象征。它是不公平的再分配者，奖励着狡猾之人并惩罚着弱者，并且是战争最后几个月过后舒展创意的地方。"
39. Willi A. Boelcke: Der Schwarzmarkt 1945—1948. Vom Überleben nach dem Kriege. Braunschweig 1986, S. 6.
40. Lenz, S. 35, 59, 67.

第七章　甲壳虫汽车一代的闪亮登场

1. 克里斯·豪兰将这段经历在电视纪录片《当年的汉堡》（*Hamburg damals*，1945—1949 年，第一集，导演：克里斯蒂安·曼格尔斯，首次播出：北德广播电视台，2009 年 4 月 25 日）中做了叙述。豪兰日后被称为"黑面包先生"，是刚成立的联邦共和国里最受人欢迎的娱乐节目主持人之一。他的第一张唱片《小姐》（*Fräulein*）于 1958 年问世，该唱片歌颂了德国妇女和盟军士兵之间的爱情。"你忠诚、勤劳、亲吻美妙——我知道／伊萨河与莱茵河边的年轻小姐。"他最著名的作品是 1961 年至 1968 年间在西德广播电视台播出的节目《来自二号播音间的音乐》（*Musik aus Studio B*）。
2. Herbert, S. 596.
3. Zitiert nach Schäfke, S. 43.
4. Vgl. Werner Abelshauser: Deutsche Wirtschaftsgeschichte. Von 1945 bis zur Gegenwart. München 2011, S. 123. 在一些研究文献里也有与之有所出入的数据。
5. Herbert, S. 598.
6. "在西德民众的经历中没有哪个事件能比 1948 年 6 月 20 日的货币改革有如此之广的涉及面和约束力。这是 1945 年之后唯一的一个事件，人们总是将其他经历与它的日期相提并论；在任何话题中这是大家肯定都能知道其意义的一个事件。"卢茨·尼特哈默尔根据其对当年的时代见证者的采访写下了这些。参见 Niethammer, S. 79.
7. Zitiert nach Gries, S. 331.
8. Ebd., S. 332.
9. 此图片下的文字是一首打油诗，它将其封面上的漂亮女郎置于当时蔓延的忧虑和希望的背景中："这位可爱的女郎／我们不知其名／没有东德也没有西德的钱币／定期储蓄或膳食费／证明和其他票证／居留证／去纳粹的誓言／房贷利息证明／没有人头配额／旧的和新的钞票／啊哈，这照相机搞错了：/1948 年的夏天！"
10. 估计由于战后影响深远的这两大事件（战败投降和货币改革）将民众裹挟其中，以至战后头三年，尽管其巨大的事件密度，仍然无法进入人们的集体记忆之中。通过货币改革带来的根本性重大转折使得这三年在人们的记忆里作为一个模糊的昔日时光而留存下来，它们的晦暗程度使之后的经济奇迹越发显得灿烂耀眼。

11. 参见汉斯—乌尔利希·韦勒（Hans-Ulrich Wehler，德国战后知名历史学家之一）的著作："它（货币改革）用一种伪平等形式让所有工薪阶层均获得兑换60马克的微薄额度，所有的储蓄面值以十比一的比例贬值，而让企业和有形资产拥有者受益，以此它赢得了令人印象深刻的新开始的光环，撞开了经济复兴的大门。" Wehler, S. 971.

12. Christoph Stölzl: Die Wolfsburg-Saga. Stuttgart 2008, S. 197.

13. Katalog der Erinnerungsstätte an die Zwangsarbeit auf dem Gelände des Volkswagenwerks, hrsg. von der Historischen Kommunikation der Volkswagen AG, Ausgabe 2014, Wolfsburg 1999, S. 58. 此目录令人可窥见不同类型的强迫劳工在工厂的生活条件。目录基于汉斯·莫姆森（Hans Mommsen，德国战后历史学家）在20世纪90年代中期受大众汽车公司委任所做的有关该公司在纳粹年代历史的广泛研究，参见 Hans Mommsen: Das Volkswagenwerk und seine Arbeiter im Dritten Reich. Düsseldorf 1996.

14. Vgl. Katalog der Erinnerungsstätte, S. 153. 由于引言出自年代久远的录音带，为提高可读性作者对原文进行了适当编辑。

15. Horst Mönnich: Die Autostadt. Abenteuer einer technischen Idee. Zitiert nach der Neufassung, München 1958, S. 245.

16. Ebd.

17. 一位美国连长曾经报道过，那些沃尔夫斯堡的强迫劳工们从一个被撬开的仓库里搞到了武器。为了庆祝他们的解放有些人肆无忌惮地喝醉了酒并在房顶和大坝上朝空中开枪，直到他的士兵们将他们缴械。"他们在开火时仰面跌倒。"参见 Lowe, S. 130.

18. 对于作者来讲，西方盟军和德国人当然是盟友，因为他们有一个共同的目标，即快速恢复生产。他们只是必须逼迫盟军放弃将工厂作为战争赔偿而进行拆解的念头。体现门尼希对事物看法的是这样一个场景：一个被美国人临时委任的德国厂长想说服美国指挥官，要保护德国人并把那些措置人员从沃尔夫斯堡的营地里清除出去。这个营地是"工厂的癌症"。"假如不把它排除，就不会有安宁及和平下的工作。" Mönnich, S. 246.

19. 这个有关芝加哥的插曲倒不是虚构。第一批大众汽车厂的工人里有不少之前在底特律的福特工厂工作过。所以从理论上讲，那个工程师可以将卡尔·桑德堡的诗歌背得滚瓜烂熟："芝加哥！世界的猪夫，工具匠，小麦存储者，铁路运输家，全国货物转运人，暴躁、魁梧、喧闹，宽肩膀的城市"此歌词响彻了整个厂房。Ebd., S. 249.

20. Ebd., S. 305.

21. Aktennotiz zitiert nach Günter Riederer: Die Barackenstadt. Wolfsburg und seine Lager nach 1945. In: Deutschlandarchiv 2013. Bundeszentrale für politische Bildung. Bonn 2013, S. 112.

22. Zitiert nach ebd., S. 112.

23. Zitiert nach Der Spiegel 22/1950.

24. Der Spiegel 11/1949.

25. Vgl. Hans Mommsen: Das Volkswagenwerk und die ‹Stunde Null›: Kontinuität und Diskontinuität. In: Rosmarie Beier (Hg.): Aufbau West – Aufbau Ost. Die Planstädte Wolfsburg und Eisenhüttenstadt in der Nachkriegszeit. Buch zur Ausstellung des Deutschen Historischen Museums. Ostfildern-Ruit 1997, S. 136.

26. Karl W. Böttcher und Rüdiger Proske: Präriestädte in Deutschland, in: Frankfurter Hefte. Zeitschrift für Kultur und Politik, 5. Jahrgang 1950, S. 503.
27. Heidrun Edelmann: «König Nordhoff» und die «Wirtschaftswunderzeit ». In: Beier, S. 184.
28. Zitiert nach Beier, S. 184. 这种工会和企业领导层的勾结造成了日后难以想见的后果，比如由企业赞助的连带飞往巴西的一等舱机票和买春服务。这类企业和国家的紧密结合直到今天都显而易见，比如用大众汽车公司人力资源部总裁彼得·哈尔茨（Peter Hartz）之名命名的红绿两党联合政府推出的《2010议程》改革措施中的哈尔茨四号方案（即社会救济金）。
29. Vgl. Ulfert Herlyn, Wulf Tessin, Annette Harth, Gitta Scheller: Faszination Wolfsburg 1938 – 2012. Wiesbaden 2012, S. 20.
30. Vgl. Stölzl, S. 104:"在'沃尔夫斯堡的同化机制'里将这些乌合之众变成为新型的工业公民，这是大众汽车工厂上升为一个社会市场经济雏形的前提。它的指挥者海因里希·诺德霍夫体现了一个从传统业主企业家到一名新型主权决策人的转变，他示范性地成为以非营利为论据的社会工程师——这是联邦德国在其劳资之间和解道路上的一个理想人物。在沃尔夫斯堡，整个国家所经历的国家对现代工业主义的社会化驯服的形式在此早已是一个全方位的艺术杰作。"
31. Eine Ausnahme bildete der wilde Streik der italienischen VW-Arbeiter 1962.
32. Zitiert nach Der Spiegel 33/1955, Titelgeschichte zur Auslieferung des millionsten Volkswagens.
33. 此数字相当于6.4万马克的收入，源自Uta van Steen: Liebesperlen. Beate Uhse – eine deutsche Karriere. Hamburg 2003, S. 101. 根据其他资料发行量起初略低于这个数字。
34. 此数据取自2015年（营业额）和2017年。由于数字化对色情业的冲击，2017年12月该集团的母公司主动申请了破产程序。
35. Zitiert nach Sybille Steinbacher: Wie der Sex nach Deutschland kam.Der Kampf um Sittlichkeit und Anstand in der frühen Bundesrepublik. Berlin 2011, S. 247.
36. Zitiert nach Alexander von Plato, Almut Leh: «Ein unglaublicher Frühling ». Erfahrene Geschichte im Nachkriegsdeutschland 1945 – 1948. Bonn 1997, S. 238.
37. Vgl. van Steen, S. 129.
38. Zitiert nach Steinbacher, S. 259.
39. Mariam Lau: Nachruf auf Beate Uhse. In: Die Welt, 19. 7. 2001.
40. Van Steen, S. 130.
41. Ebd., S. 260.
42. Vgl. Steinbacher, S. 255.
43. 这些对漫画书的诽谤出于比约恩·拉泽（Björn Lase）的文字：Heftchenflut und Bildersturm – Die westdeutsche Comic-Debatte in den 50ern. In: Georg Bollenbeck, Gerhard Kaiser: Die janusköpfigen 50er Jahre. Kulturelle Moderne und bildungsbürgerliche Semantik III. Wiesbaden 2000, S. 63 ff.
44. Ebd., S. 78.
45. Hans Seidel: Jugendgefährdung heute. Hamburg 1953, zitiert nach: Julia Ubbelohde: Der

Umgang mit jugendlichen Normverstößen. In: Ulrich Herbert (Hg.): Wandlungsprozesse in Westdeutschland 1945 – 1980. Göttingen 2002, S. 404.

46. Zitiert nach ebd., S. 404.
47. Helma Engels: Jugendschutz. In: Jugendschutz 1, Heft 7 – 8, 1956, zitiert nach ebd., S. 404.
48. Alexander Mitscherlich: Aktuelles zum Problem der Verwahrlosung, erstmals veröffentlicht in: Psyche 1, 1947/48, zitiert nach: ders.: Gesammelte Schriften, Bd. 6. Frankfurt 1986, S. 618.
49. Alexander Mitscherlich: Jugend ohne Bilder, erstmals in: Du. Schweizer Monatsschrift, 4/1947, zitiert nach: ders.: Gesammelte Schriften, Bd. 6, S. 609.
50. Vgl. Eva Gehltomholt, Sabine Hering: Das verwahrloste Mädchen.Diagnostik und Fürsorge in der Jugendhilfe zwischen Kriegsende und Reform (1945 – 1965). Opladen 2006.
51. 但是，男孩也不能免受恶魔般性冲动的影响。例如，在《青少年画刊》(*Bildhefte der Jugend*)里在"奸淫之破坏力"标题下展示了一个疯狂、绝望的裸体巨人，以戈雅的噩梦幻象风格绘制的他被内心的愤怒所困扰。文字说："放浪形骸是个魔障。它耽误，毁灭一个人，夺取一个人的快乐。但是纪律和约束可以消除魔障。在为时已晚之前请你及早考虑一下。你们知道自己周围的年轻人，在通奸的火焰中，贪婪和欲望下有的已经变得沙漠般荒芜。……终于你非常清楚地感觉到内心的荒原也在增加，社会瘟疫的细菌也开始起作用。——你准备做些什么呢？为摆脱现实而去电影院醉生梦死？酒精还是性放纵？要知道：每次的陶醉都伴随着痛苦的觉醒。——与狼共号吗？与瘟疫进行小小妥协吗？你知道，有一天它们会把你撕成碎片。很快它将使你腐烂。转引自 Jörg Bohn.
52. Zitiert nach Gehltomholt, S. 41.
53. Vgl. Steinbacher, S. 252.
54. Vgl. Dieter Schenk: Auf dem rechten Auge blind. Die braunen Wurzeln des BKA. Köln 2001.
55. Die Zeit, 25. 9. 1952.
56. Der Spiegel 42/1952，在一个关于法国政治形势的报道中，该报道典型地以对引入一项有关《贞洁法案》的抗拒为开头。
57. Zitiert nach Steinbacher, S. 110.
58. Ebd., S. 115.

第八章　再教育者们

1. Hans Habe: Im Jahre Null. Ein Beitrag zur Geschichte der deutschen Presse. München 1966, S. 10.
2. 这本名为《德国投降后有关西欧和挪威军事占领政策和程序的公用事业规划手册》(«Post Hostilities Planning Handbook on Policy and Procedure for the Military Occupation of Western Europe and Norway Following the Surrender of Germany») 于 1945 年 9 月 9 日作为一道命令以书的形式被颁布，转引自 Uta Gerhardt: Soziologie der Stunde Null. Zur Gesellschaftskonzeption des amerikanischen Besatzungsregimes in Deutschland 1944 – 1945/46. Frankfurt am Main 2005, S. 150 f.

3. Ebd., S. 150 f.
4. Vgl. Ina Merkel: Kapitulation im Kino: Zur Kultur der Besatzung im Jahr 1945. Berlin 2016, S. 79.
5. Ebd., S. 79.
6. Hildegard Hamm-Brücher 2002 im Interview mit Marita Krauss, zitiert nach Marita Krauss: Deutsch-amerikanische Kultur- und Presseoffiziere. In: Arnd Bauerkämper, Konrad H. Jarausch, Marcus M. Payk (Hg.): Demokratiewunder. Transatlantische Mittler und die kulturelle Öffnung Westdeutschlands 1945 – 1970. Göttingen 2005, S. 149.
7. 因为纳粹所犯下的罪行许多德国人担心在战后必会受到集体式的惩罚。尤其在1944年9月由美国财政部长亨利·莫根索（Henry Morgenthau）制订的计划公布后，更证实了这类担忧不无道理。该计划将把德国降至一个农业国的水准，好让德国再也不能发动侵略战争。然而罗斯福总统却明确反对该计划，所以该计划从未打算实施。1945年夏天在美占区到处可见的海报也证实了人们对于集体受罚的恐惧。在海报上可以看到贝尔根－贝尔森集中营（KZ Bergen-Belsen）惨不忍睹的照片，在"此类罪恶暴行：你们的罪孽"（Diese Schandtaten: Eure Schuld）的标题下写着："你们曾经平静地看着并沉默地容忍着。为何你们没有用抗议之言，愤怒呐喊来唤醒德国人的良知？这是你们德国人最大的罪孽。你们对这般惨绝人寰的罪行同样负有责任。"（Vgl. Klaus-Jörg Ruhl: Die Besatzer und die Deutschen. Amerikanische Zone 1945–48. Bindlach / Düsseldorf 1989.）这里很明显是指共同责任。从法律、国际法和政治意义上讲盟军从未认真权衡过集体罪责这个问题。在任何战争罪的审判中都从来没有过对个人有罪证明的放弃。相反，对许多难以摆脱干系的德国人来说，盟军提出的集体罪责论更多被用来否认那些去纳粹化的措施，认为那是"成王败寇"式的胜利者的正义。
8. Die Neue Zeitung, 25. 10. 1945.
9. Die Neue Zeitung, 4. 11. 1945. 然而，雅斯贝斯的罪责概念是比他在报纸上的短文里所能呈现的要复杂得多。当年的1月和2月间，他就"德国的政治责任"（Politische Haftung Deutschlands）为题在大学举办了讲座，其中无从依法起诉但每个人完全可以感觉到的集体罪责起着重要作用。1946年，这些讲稿作为一本书出版，标题为《罪责的问题》（Die Schuldfrage）。他在书中坦言："虽然以理性上无法理解，甚至被理性所排斥的方式，我对德国人所曾做的或所做的事情感到负有责任。我与也有这种感觉的德国人更加亲近，与那些灵魂上倾向否认这种内在关联的人更加疏远。而且，这种亲密关系首先意味着要共同承担这个共同感到震撼的任务，即不是做一个现在固有的那种德国人，而是成为一个我们还未曾达到的那个像样的德国人，正如我们从祖先的呼唤中听到的那样，而不是从民族偶像的历史所听到的那样。" Karl Jaspers: Die Schuldfrage, München 2012, S. 60 f.
10. Zitiert nach Marcus Hajdu: «Du hast einen anderen Geist als wir!» Die «große Kontroverse» um Thomas Mann 1945 – 1949. Dissertation, Gießen 2002, S. 15.
11. Zitiert nach ebd., S. 20.
12. Zitiert nach Schoeller, S. 50.
13. Alfred Döblin: Ausgewählte Werke in Einzelbänden, Bd. 19. Olten 1980, S. 497.
14. Günther Weisenborn: Döblins Rückkehr. In: Jahrbuch Freie Akademie der Künste in Hamburg. Hamburg 1964, S. 121.
15. Neues Deutschland, 19. 11. 1949.

16. Irina Liebmann: Wäre es schön? Es wäre schön. Mein Vater Rudolf Herrnstadt. Berlin 2008, S. 398.
17. Ebd., S. 320, 322, 358.
18. Der Stern 25/1952, zitiert nach Tim Tolsdorff: Von der Sternschnuppe zum Fixstern: Zwei deutsche Illustrierte und ihre gemeinsame Geschichte vor und nach 1945. Köln 2014. S. 415.
19. 这篇文章的题目《让流氓滚出德国！》（"Hinaus aus Deutschland mit dem Schuft!"）尤其显示了南宁的阴险。这个标题暗指当年用了几乎同样的词语将哈贝的父亲伊姆勒·贝克西（Imre Békessy）从奥地利驱赶出去的文章：《让流氓滚出维也纳！》（"Hinaus aus Wien mit dem Schuft!"）。作为当年维也纳午间报纸《声音》（Die Stimme）的出版人，贝克西被怀疑从当事人那里勒索钱财从而决定什么人的名字可以见报或让其名字从报纸上消失。这个匈牙利人据说将"揭丑文章"展示给当事人看，在获取钱财之后就把稿件扔进废纸篓。他的儿子亚诺施·贝克西以及其家眷为此受尽羞辱谩骂并不得不暂时回到匈牙利。当他重新回到奥地利时，他决定改名换姓并将双首字母结合起来。"哈"代表汉斯，相当于德语的亚诺施；"贝"则取自原姓中的贝克西，这就是汉斯·哈贝的诞生过程。这也是他们家族史的传统，父亲伊姆勒·贝克西早年时也改过姓，他的父亲本来姓迈尔·弗里德莱贝尔（Meyer Friedleber）。
20. Vgl. Hermann Schreiber: Henri Nannen. Drei Leben. München 1999.
21. Vgl. Henning Röhl: «Freundliche Grüße von Feind zu Feind». Henri Nannen und Hans Habe. Spiegel Online. 18. 12. 2013. http://www.spiegel.de/einestages/henri-nannen-und-hans-habe-journalistenfreundschaft-zwischen-feinden-a-951334.html, aufgerufen am 9. 12. 2017.
22. Der Spiegel 44/1954.
23. Zitiert nach ebd.
24. Vgl. Marko Martin: Hans Habe – konservativer «Extremist der Mitte», in: Die Welt vom 12. 2. 2011.
25. Zitiert nach: Marko Martin: «Die einzigen Wellen, auf denen ich reite, sind die des Lago Maggiore». Wer war Hans Habe? Eine Spurensuche. http://www.oeko-net.de/kommune/kommune1-98/KHABE.html,zuletzt aufgerufen am 9. 12. 2017.
26. 经过多年的周折，他以分期付款的方式从德国补偿局得到了总共2.8万马克作为对他被迫流亡的补偿，官方称这段流亡的时间为"损害期"。参见 Schoeller, S. 782.
27. Zitiert nach ebd.
28. Alfred Döblin: Schicksalsreise. In: ders.: Autobiographische Schriften und letzte Aufzeichnungen. Olten und Freiburg im Breisgau 1977, S. 376.
29. Ludwig Marcuse: Gebt Döblin den Nobelpreis, in: Aufbau, 4. 9. 1953, zitiert nach Jähner, Tebbe, S. 139.
30. Zitiert nach Jähner, Tebbe, S. 142.

第九章　艺术冷战和民主设计

1. 其中一例："我们无须为我们在战后第一场音乐会上所流的眼泪感到羞耻。在空荡，阴冷的大厅和被炸破的教堂里，当我们再次听到贝多芬或莫扎特，比如威廉·施特罗斯乐队（Wilhelm Stroß Quartett）的四重奏，或迪特里·希菲舍尔—迪斯考（Dietrich Fischer-Dieskau）首唱的《冬之旅》(*Winterreise*)。有多少人震惊地意识到，现在的根本需要是一种发自内心的全新生活。" Gustav Rudolf Sellner. In: Heinz Friedrich (Hg.): Mein Kopfgeld – Rückblicke nach vier Jahrzehnten. München 1988, S. 111.

2. "探戈青年"（Tangojüngling）是纳粹主义者对一切娘炮男性的流行统称。比如赫尔穆特·赫夫林（Helmut Höfling）的小说《逃入生活：被诱惑之青春小说》(*Flucht ins Leben. Roman einer verführten Jugend*) 里所写的："他看上去像玩具箱里的士兵玩偶，前线兵痞堆里的一名探戈青年。"

3. Vgl. Henning Rischbieter: Bühnenhunger. In: Hermann Glaser, Lutz von Pufendorf, Michael Schöneich (Hg.): So viel Anfang war nie. Deutsche Städte 1945 – 1949. Berlin 1989, S. 226.

4. Andreas-Friedrich, S. 385.

5. Zitiert nach Merkel, S. 250.

6. Zitiert nach Niels Kadritzke: Führer befiel, wir lachen! In: Süddeutsche Zeitung, 19. 5. 2010.

7. Ebd.

8. Zitiert nach Thomas Brandlmeier: Von Hitler zu Adenauer. Deutsche Trümmerfilme. In: Deutsches Filmmuseum (Hg.): Zwischen Gestern und Morgen, Westdeutscher Nachkriegsfilm 1946 – 1962, S. 44.

9. 至今为止对此现象做过最深入"定性的历史接受研究"的是：Ulrike Weckel: Zeichen der Scham. Reaktionen auf alliierte atrocity-Filme im Nachkriegsdeutschland. In: Mittelweg 36, Heft 1, 2014, S. 3 ff.

10. Vgl. Merkel, S. 262 ff.

11. Zitiert nach Markus Krause: Galerie Gerd Rosen. Die Avantgarde in Berlin 1945 – 1950. Berlin 1995, S. 42.

12. Vgl. Kathleen Schröter: Kunst zwischen den Systemen. Die Allgemeine Deutsche Kunstausstellung 1946 in Dresden. In: Nikola Doll, Ruth Heftrig, Olaf Peters und Ulrich Rehm: Kunstgeschichte nach 1945. Kontinuität und Neubeginn in Deutschland. Köln, Weimar, Wien 2006, S. 229.

13. Vgl. Glaser, von Pufendorf, Schöneich, S. 61.

14. Die Frau – Ihr Kleid, ihre Arbeit, ihre Freude 4/1946.

15. Der Standpunkt – Die Zeitschrift für die Gegenwart, 1946.

16. "认同式独裁"是格茨·阿利众多调查中有关纳粹群众性人民国家的一个核心概念。只要它将从犹太人以及被占国那里掠夺来的财富用作社会福利而富养其子民，就可欣慰于基层人民的大量追随。参见 Götz Aly: Hitlers Volksstaat. Raub, Rassenkrieg und nationaler Sozialismus. Frankfurt am Main 2005.

17. Hans Habe: Freiheit des Geschmacks, in: Die Neue Zeitung, 17. 12. 1945.

18. Zitiert nach Krause, S. 41.

19. Vgl. Christian Borngräber: Nierentisch und Schrippendale. Hinweise auf Architektur und Design. In: Dieter Bänsch (Hg.): Die fünfziger Jahre. Beiträge zu Politik und Kultur. Tübingen 1985, S. 222.

20. Zitiert nach Alfred Nemeczek: Der Ursprung der Abstraktion. Der große Bilderstreit. In: art

– das Kunstmagazin, 5/2002.

21. Vgl. Gerda Breuer: Die Zähmung der Avantgarde. Zur Rezeption der Moderne in den 50er Jahren. Frankfurt 1997.

22. Dieter Honisch: Der Beitrag Willi Baumeisters zur Neubestimmung der Kunst in Deutschland. In: Angela Schneider (Hg.): Willi Baumeister. Katalog zur Ausstellung in der Nationalgalerie Berlin. Staatliche Museen Preußischer Kulturbesitz. Berlin 1989, S. 82.

23. Vgl. Martin Warnke: Von der Gegenständlichkeit und der Ausbreitung der Abstrakten. In: Bänsch, S. 214.

24. Alexander Dymschitz: Über die formalistische Richtung in der deutschen Malerei. Bemerkungen eines Außenstehenden. In: Tägliche Rundschau, 19. 11. 1948, S. 11. 凭借其对艺术界的精确了解，敏感的描述能力，再混合进糟糕的教条主义，迪姆席茨在一段话中明确阐释了，自 1945 年 7 月起担任柏林美术学院院长的艺术家卡尔·霍费尔陷入何种困境，早在 1947 年就抽象艺术在西德就越来越占据主导地位："对现实主义的拒绝导致艺术创作的无限贫困。在一位大师的作品中人们可以很容易地看到这一点，不可否认卡尔·霍费尔教授就是这样一位大师。只需看看他最后一次展览的绘画和图形，就可以确信形式主义的立场已经将这位杰出的艺术家带入了悲惨的危机之中。世界和人，主要的东西，最重要的艺术对象，被他用令人难以置信的方式简约化了，因为他让自己被一种不断单调重复的方式所支配。多层次的世界被简化，人类个性的多样性本该由艺术家用丰富多彩的情感尺度来展现，现在却被某些不断使用的面具所取代。霍费尔教授的画向我们展示的是一种面具舞台，而不是活生生的生活本身，它是一种戴着面具的激情舞蹈，一种绘画中的妖魔鬼怪。但是，在观看这场怪胎的狂欢时，哪一位真正与时俱进的人会认出卡尔·霍费尔悲惨的面具下的自己？他所发明的这一对现实的伪造形式被这位画家如此执拗地培养出来，这证明他在艺术中背弃了生活，而进入了一个幻想世界，就像所有主观主义的幻想一样，它们将不能经受住生活的考验。"

25. Zitiert nach Frances Stonor Saunders: Wer die Zeche zahlt … Der CIA und die Kultur im Kalten Krieg. Berlin 2001, S. 250.

26. Vgl. Niklas Becker: Juro Kubicek. Metamorphosen der Linie. Dissertation an der FU Berlin, Berlin 2007.

27. Vgl. Frances Stonor Saunders: Wer die Zeche zahlt … Der CIA und die Kultur im Kalten Krieg. Berlin 2001. S. 240.

28. 弗朗西斯·斯托纳·桑德斯的书对中情局在文化上的介入和参与做了详尽的描述。

29. 在 1948 年 11 月亚历山大·迪姆席茨讨论德国艺术中的形式主义的文章中，尤罗·库比切克是与卡尔·霍费尔和巴勃罗·毕加索一起被提及的唯一一位德国画家，这一事实清楚地表明，库比切克在多大程度上已成为一位冷战的前沿人物，尽管他确实不是最杰出的德国艺术家之一。显然，美国人对库比切克职业生涯的参与并没有逃脱苏联人的关注，这就是为什么迪姆什茨对西方战术做出了讽刺挖苦："他（库比切克）的照片大部分是对现实的完全否定，一种放浪的随意想象，一种空洞造作的游戏。即使库比切克尝试过接近现实的素材，他也会立即破坏生活的真相，并将他的主观想法当作现实来表达。例如，他的一幅画描绘了炸弹轰炸后的废墟：形式主义者库比切克将他的表现从现实中抽象出来，并将构图秩序带入混乱之中，仿佛英美飞行员在他们空袭柏林之前曾是迂腐的几何学老师。(Alexander Dymschitz: Über die formalistische Richtung in der deutschen Malerei. Bemerkungen eines Außenstehenden. In: Tägliche Rundschau, 19. 11. 1948.)

30. Vgl. Frank Möller: Das Buch Witsch. Das schwindelerregende Leben des Verlegers Joseph Caspar Witsch. Köln 2014.
31. Borngräber, S. 241.
32. 克里斯蒂安·德·努伊—亨克尔曼（Christian de Nuys-Henkelmann）曾这样尖酸地指出过：
"通过降低为二维外观的扁平化，它的类似器官的形态所表达的是一种（只求不冒犯他人）的曲意奉承、（张扬乐观的）动态活力和假意的包容（比如张开的腿的形状是为了让访客看见干净的地板）：也就是想说'我们没有什么可隐藏的'" Christian de Nuys-Henkelmann: Im milden Licht der Tütenlampe. In: Hilmar Hoffmann / Heinrich Klotz (Hg.): Die Kultur unseres Jahrhunderts 1945 – 1960. Düsseldorf, Wien, New York 1991, S. 194.
33. Alexander Koch: Die Wohnung für mich. Stuttgart 1952. Zitiert nach Paul Maenz: Die 50er Jahre. Köln 1984, S. 130.
34. Die Frau – Ihr Kleid, ihre Arbeit, ihre Freude, 1946
35. Zitiert nach Jutta Beder: Zwischen Blümchen und Picasso. Textildesign der fünfziger Jahre in Westdeutschland. Münster 2002, S. 20.
36. 该建筑内出自本杰明·富兰克林的题词即可证明这一点："愿上帝使全世界人民不只是充满了对自由的热爱，而且更具有对人权深入骨髓的意识，以至于任何一位哲学家无论身在何处都能说：'这里就是我的祖国'。"

第十章　压抑之声

1. Vgl. Carl Zuckmayer: Deutschlandbericht für das Kriegsministerium der Vereinigten Staaten. Göttingen 2004, S. 228.
2. Stefan Heym: Nachruf. Berlin 1990, S. 388.
3. Erika Neuhäußer: Was ist deutsch? Das deutsche Problem und die Welt. In: Der Standpunkt. Die Zeitschrift für die Gegenwart. Heft 1, Jg. 2, 1947.
4. Heinrich Schacht: Vom neuen Geist des Lehramts, in: Der Standpunkt. Die Zeitschrift für die Gegenwart. Heft 2, Jg. 1, 1946.
5. Wolfgang Rothermel: Ist es noch zu früh. In: Der Standpunkt. Die Zeitschrift für die Gegenwart, Heft 6/7, Jg. 2, 1947.
6. Wo stehen wir heute? In: Die Zeit, 28. 2. 1946.
7. Hans Schwippert: Theorie und Praxis. In: Die Städte himmeloffen. Reden und Reflexionen über den Wiederaufbau des Untergegangenen und die Wiederkehr des Neuen Bauens. 1948/49. Ausgewählt aus den ersten beiden Heften der Vierteljahreshefte «Baukunst und Werkform» von Ulrich Conrads. Basel 2002, S. 15.
8. Ebd., S. 23.
9. Theodor W. Adorno: Auferstehung der Kultur in Deutschland? In: Frankfurter Hefte. Zeitschrift für Kultur und Politik, 5. Jahrgang, Heft 5, Mai 1950, S. 469 – 472. 下述引言亦出自该处。
10. 大学生们活跃的精神生活使阿多诺甚至想到了被杀害的犹太人的精神生活。1949 年 12

月底，在一封给托马斯·曼的信里，他曾提及在法兰克福的课堂里觉得自己像是在一所犹太塔木德经文学校一样："有时我感到仿佛死去的犹太人的灵魂附在了德国知识分子的身上。"(Theodor W. Adorno / Thomas Mann: Briefwechsel 1943 – 1955, Frankfurt am Main 2002, S. 46) 阿多诺也对自己的这种感觉感到诧异。在给莱奥·勒文塔尔（Leo Löwenhal）的信中他这样提及他写给托马斯·曼的这封信："我给洛杉矶的托马斯写信，说好像死去的犹太人的灵魂附在了德国知识分子的身上。这有些令我毛骨悚然。但也正因如此，在真正的弗洛伊德意义上，再次让人觉得无限温馨。"转引自 Ansgar Martins: Adorno und die Kabbala. Potsdam 2016, S. 52.

11. 汉娜·阿伦特作为"犹太人文化重建"组织的工作人员，其任务在于保护好被摧毁的犹太文化中的残余部分。她必须仔细筛查被纳粹盗窃了的犹太文化资产，这些财产被存放于图书馆、档案馆和博物馆仓库中，以便日后能够开始就这些物品移交给国际犹太文化组织之事的谈判。在许多情况下，根本不存在"归还"的问题，因为原先的物主大多已被杀害或无法找到。汉娜·阿伦特和全世界的大多数犹太人认为，在德国所剩存的被盗犹太文化财产，特别是没有继承人的财产，尤其应该移交给以世界犹太人大会为代表的犹太人民手中。可以理解的是，德国幸存的少数犹太社团对此并不同意并认为全部或部分被盗的文化财产应属于他们。这导致了一场痛苦的冲突，这场冲突不仅仅与物质价值有关，而且还与自身立场的坚持，犹太人的身份认同以及德国犹太人社区生活的未来有关。汉娜·阿伦特认为，大屠杀之后，最后所提的犹太人在德国的社区生活是不可能的。对汉娜·阿伦特而言，这关乎于犹太人的尊严问题，她对此的严肃立场也反映在她对那些幸存后并决心继续留在德国的德国犹太人的严厉评判中。她在给纽约的丈夫海因里希·布吕歇尔（Heinrich Blücher）的信中说，她仍然与以前认识的大多数德国人保持着良好的联系："他们相信我，我仍然会说他们的语言。可怕的是那些所谓的德国犹太人，这些社团是掠夺性集体，所有的东西都荒芜且充满了极其的粗俗和卑鄙。当我无法继续时，我就躲藏到美国的犹太人组织那里。"(Hannah Arendt, Heinrich Blücher: Briefe 1936–1968, München, Zürich 1996, S. 185)

12. 这本英文名为 *Aftermath of the Nazi-Rule. Report from Germany* 的文集 1950 年在美国出版，36 年后才在德国以《访问德国》（*Besuch in Deutschland*）为名出版。

13. Hannah Arendt: Besuch in Deutschland. In: dies.: Zur Zeit. Politische Essays, Berlin 1986. S. 44–52. Dort auch die folgenden Zitate.

14. 在汉娜·阿伦特的思想中，"活鬼"的感觉与她对集中营中"活死人"世界的描绘遥相呼应。在 1951 年在纽约出版的《极权主义的起源》（*Elemente und Ursprünge totaler Herrschaft*）一书中她描述了人们是如何被杀害的，即使他们的身体还活着。最终的结果是，她看到的是"被剥夺了灵魂的人，这意味着从心理上而言他们已无法被常人所理解，即使再回到人类或我们所理解的人世间，他们实际上就像拉撒路的复活一样"。（转引自未删减的平装本，München 1986, S. 680）"集中营和灭绝营的残忍之处在于那些即使偶然幸存下来的囚犯也被更有效地和外部常人的世界隔离，就仿佛他们已经死去了一样。"(S. 682) 在其他部分，她关注的是集中营灭绝行动之前就已进行的系统化的非人化。她写道，通过使数百万人成为无家可归，无国籍，无权利，经济上多余和社会上不受欢迎的人，纳粹早在"疯狂的大规模杀戮发生"之前就已"将人变为了活着的尸体"。(S. 686) 这种对受害者进行的非人道化处置也对凶手的个性本质造成了影响，使他们不再是人。

15. Arendt, Besuch in Deutschland, S. 44.

16. Theodor W. Adorno, Thomas Mann: Briefwechsel 1943 – 1955, Frankfurt am Main 2002, S. 45. 阿多诺甚至在自己身上也感受到了这种压抑的旋涡力："一旦所有具体体验过的往事

被扫除之后,就会有一个自相矛盾的结果,这就是自己根本就意识不到这点。我不得不老实地说,我每次都必须深刻反思,才能让自己忆起那个在有轨电车里坐在我边上的人可能就曾经是个刽子手。"(Ebd.)

17. So als Beispiel für viele Erich Müller-Gangloff: Die Erscheinungsformen des Bösen. In: Merkur 3, 1949, S. 1182.
18. 简要摘自:Friedrich Kießling: Die undeutschen Deutschen. Eine ideengeschichtliche Archäologie der alten Bundesrepublik. Paderborn 2012, S. 87. 为了便于阅读,以下段落被压缩:"新的思想在欧洲传播着。这个欧洲再次复苏的传承者大都是默默无闻的年轻人。他们并非走出了寂静的书房——他们根本无暇顾此——而是从欧洲的武力战斗中,从行动中直接走了出来。从这里架起一根细小但却勇敢的绳索,它跨过了罪恶的深渊,探伸到了那些在以往几年中不顾个人安危(进行抵抗)的另一组年轻的欧洲人。我们认为这就是一个新生的年轻德国。他曾经坚持过错误的事情。但它还站立着并未倒下。"
19. 这段文字值得怀疑之处在于,从把欧洲描绘成"蚁山"开始,经士兵们对书房的不屑一顾,到士兵般立正的姿态作为共同的特征,在其中旧日之敌与今日之友间可以彼此尊重。
20. Wolfdietrich Schnurre: Unterm Fallbeil der Freiheit. In: Neue Zeitung, 9. 1. 1948.
21. Zitiert nach Benjamin Möckel: Erfahrungsbruch und Generationsbehauptung. Die «Kriegsjugendgeneration» in den beiden deutschen Nachkriegsgesellschaften. Göttingen 2014, S. 330.
22. Andreas-Friedrich, S. 399.
23. Arendt, Besuch in Deutschland, S. 60.
24. Jan Philipp Reemtsma: 200 Tage und ein Jahrhundert, zitiert nach: Steffen Radlmaier (Hg.): Der Nürnberger Lernprozess. Von Kriegsverbrechern und Starreportern. Frankfurt am Main 2001.
25. Süddeutsche Zeitung vom 30. 11. 1945, zitiert nach Scherpe, S. 308.
26. Hans Fiedeler (d. i. Alfred Döblin): Der Nürnberger Lehrprozess. Baden-Baden 1946, zitiert nach: Radlmaier, S. 47.
27. Vgl. Alfred Döblin: Journal 1952/53, in: Schriften zu Leben und Werk. Olten und Freiburg im Breisgau 1986, S. 386.
28. 历史学家乌尔里希·赫尔伯特虽模棱两可却在评估去纳粹化过程的成果问题上做出了比几十年后的一般结论更好的总结:"尽管在这个全社会的大型实验中,就其范围而言估计有着不可避免的不足以及不公之处,但它(去纳粹化程序,作者注)帮助确认了德国社会及其领导阶层对德国纳粹主义政策所负有的责任,对纳粹主义的活跃分子和那些参加纳粹犯罪行为的人进行点名、隔离、并至少在一段时间里撤除他们的公职并阻止他们对公众的影响。对于大多数德国人来说,他们自己的经历,盟军的开蒙教育,去纳粹化甚至是政治上出于本能的调整,即便没有导致纳粹主义被诅咒,也至少使纳粹主义作为一种统治制度成为一种禁忌;哪怕这并不意味着独裁统治的部分思想和政治遗留物不再发生作用。"(Herbert, S. 571)
29. Zitiert nach Martin Broszat u. a. (Hg.): Deutschlands Weg in die Diktatur. Internationale Konferenz zur nationalsozialistischen Machtübernahme im Reichstagsgebäude zu Berlin. Referate und Diskussionen. Ein Protokoll. Berlin 1983, S. 351.
30. 参见年轻历史学家汉娜·莱绍(Hanne Leßau)在柏林第五届犹太人大屠杀研究国际大

会上的思路："在洗白证明这类事情上，我最关心的就是去询问这是一个怎样的过程。这还不曾有人做过。那些人是如何跑到别人那里去、是怎么做的，他们是怎么去要求出具这样一份证明的——这都是令我感兴趣的事，因为很多普遍的偏见都无法被证实，所以我也不把这个证明叫作洗白证明。事实对人而言其实更为复杂。求人都不是一件愉快的事情。我可以说能够被证实的事情都是有很多界限的。一个人愿意为另一个人作证也有一个绝对的界限。所以普遍认为的那种'到处是交换、买卖和欺骗'的说法是不属实的。我认为都要加以区分。"见汉娜·莱绍于 2015 年 1 月 29 日在德意志广播电台贝蒂娜·米特尔斯特拉斯（Bettina Mittelstraß）主持的《战后年代对犯罪的处理》（Umgang mit den Verbrechen der Nachkriegszeit）节目中所作的口头叙述。http://www.deutschlandfunk.de/konferenz-umgang-mit-den-ns-verbrechen-inder-nachkriegszeit.1148.de.html?dram:article_id=310158, zuletzt aufgerufen am 10. 2. 2018.

31. Hermann Lübbe: Der Nationalsozialismus im politischen Bewußtsein der Gegenwart. Abschlußvortrag. In: Broszat, S. 334.
32. Norbert Frei: Vergangenheitspolitik. Die Anfänge der Bundesrepublik und die NS-Vergangenheit. München 1996, S. 15.
33. Konrad Adenauer im Deutschen Bundestag am 20. September 1949. In: Stenographische Berichte, 1. Wahlperiode, 5. Sitzung, S. 27.
34. Egon Bahr im Interview mit Thomas Schmid und Jacques Schuster, unter dem Titel «Wir hatten ein bisschen was anderes zu tun» erschienen in der Welt vom 29. 10. 2010.
35. Zitiert nach Klaus Behling: Die Kriminalgeschichte der DDR. Berlin 2017.
36. 这里首先要提及的是本杰明·默克尔（Benjamin Möckel），他从杰伊·温特（Jay Winter）的《沉默的社会结构》（Social Construction of Silence）方案出发，对战后个人和集体沉默背后的社会性协议过程做出了描述。菲利普·加瑟特（Philipp Gassert）对这方面的研究状况做了很好的概括，见：Zwischen ‹Beschweigen› und ‹Bewältigen›: Die Auseinandersetzung mit dem Nationalsozialismus der Ära Adenauer. In: Michael Hochgeschwender: Epoche im Widerspruch. Ideelle und kulturelle Umbrüche der Adenauerzeit. Bonn 2011.
37. Vgl. Frei, S. 16.
38. 赫尔曼·吕贝也说过类似的话。

后记

1. Vgl. Schoeller, S. 656.
2. Habe, S. 153.
3. Flugblatt aus der Sammlung Hannes Schwenger, zitiert nach Ulrich Ott und Friedrich Pfäfflin (Hg.): Protest! Literatur um 1968. Marbacher Kataloge 51, Marbach am Neckar 1998, S. 43.
4. Hans Magnus Enzensberger: Berliner Gemeinplätze II, Kursbuch 13. Frankfurt a. M. 1968, S. 191.
5. Edgar Wolfrum: Geschichte der Erinnerungskultur in der BRD und DDR. In: Dossier Geschichte und Erinnerung der Bundeszentrale für politische Bildung, 2008. Abrufbar unter: https://www.bpb.de/geschichte/zeitgeschichte/geschichte-und-erinnerung/39814/

geschichte-der-erinnerungskultur?p=all.
6. Ebd.
7. Karl Jaspers: Die Schuldfrage. Von der politischen Haftung Deutschlands. München, Berlin 2012, S. 15.
8. Ebd., S. 8.

参考文献

Abelshauser, Werner: Deutsche Wirtschaftsgeschichte. Von 1945 bis zur Gegenwart. München 2011.
Adorno, Theodor W.: Auferstehung der Kultur in Deutschland?, in: Frankfurter Hefte. Zeitschrift für Kultur und Politik, 5. Jahrgang, Heft 5, Mai 1950.
Adorno, Theodor W., Thomas Mann: Briefwechsel 1943 – 1955. Frankfurt am Main 2002.
Aly, Götz: Hitlers Volksstaat. Raub, Rassenkrieg und nationaler Sozialismus. Frankfurt am Main 2005.
Aly, Götz: Volk ohne Mitte. Die Deutschen zwischen Freiheitsangst und Kollektivismus. Frankfurt am Main 2015.
Ander, Roland: «Ich war auch eine Trümmerfrau, darum bin ich verärgert.» Enttrümmerung und Abrisswahn in Dresden 1945 – 1989. Ein Beitrag zur ostdeutschen Baugeschichte. Dresden 2010.
Andreas-Friedrich, Ruth: Der Schattenmann. Tagebuchaufzeichnungen 1938 – 1948. Berlin 2000.
Anonyma: Eine Frau in Berlin. Tagebuchaufzeichnungen vom 20. April bis 22. Juni 1945. Frankfurt am Main 2003.
Arendt, Hannah: Elemente und Ursprünge totaler Herrschaft. München 1986.
Arendt, Hannah: Zur Zeit. Politische Essays. Berlin 1986.
Arendt, Hannah, Heinrich Blücher: Briefe 1936 – 1968. München, Zürich 1996.
Arnold, Heinz Ludwig (Hg.): Die deutsche Literatur 1945 – 1960, Bd. 1. München 1995.
Bader, Karl S.: Soziologie der deutschen Nachkriegskriminalität. Tübingen 1949.
Bänsch, Dieter (Hg.): Die fünfziger Jahre. Beiträge zu Politik und Kultur. Tübingen 1985.
Bauerkämper, Arnd, Konrad H. Jarausch, Marcus M. Payk (Hg.): Demokratiewunder.

Transatlantische Mittler und die kulturelle Öffnung Westdeutschlands 1945 – 1970. Göttingen 2005.

Baumeister, Willi: Das Unbekannte in der Kunst. Köln 1988.

Baumeister, Willi: Werke 1945 – 1955. Katalog zur Ausstellung des Kunstvereins Göttingen. Göttingen 2000.

Becker, Niklas: Juro Kubicek. Metamorphosen der Linie, Dissertation an der FU Berlin. Berlin 2007.

Beder, Jutta: Zwischen Blümchen und Picasso. Textildesign der fünfziger Jahre in Westdeutschland. Münster 2002.

Behling, Klaus: Die Kriminalgeschichte der DDR. Berlin 2017.

Beier, Rosmarie (Hg.): Aufbau West – Aufbau Ost. Die Planstädte Wolfsburg und Eisenhüttenstadt in der Nachkriegszeit. Buch zur Ausstellung des Deutschen Historischen Museums. Ostfildern-Ruit 1997.

Beil, Ralf (Hg.): Wolfsburg unlimited. Eine Stadt als Weltlabor. Kunstmuseum Wolfsburg. Stuttgart 2016.

Bendix, Werner: Die Hauptstadt des Wirtschaftswunders. Frankfurt am Main 1945 – 1956 (Studien zur Frankfurter Geschichte 49). Frankfurt am Main 2002.

Bessen, Ursula: Trümmer und Träume. Nachkriegszeit und fünfziger Jahre auf Zelluloid. Deutsche Spielfilme als Zeugnisse ihrer Zeit. Eine Dokumentation. Bochum 1989.

Bienert, René, Manfred Grieger, Susanne Urban: Nachkriegswege nach Volkswagen. Jüdische Überlebende zwischen Befreiung und neuer Identität. Schriften zur Unternehmensgeschichte von Volkswagen, Bd. 5. Wolfsburg 2014.

Boehling, Rebecca, Susanne Urban, René Bienert (Hg.): Freilegungen. Überlebende – Erinnerungen- Transformationen. Göttingen 2013.

Boelcke, Willi A.: Der Schwarzmarkt 1945 – 1948. Vom Überleben nach dem Kriege. Braunschweig 1986.

Böke, Karin, Frank Liedtke, Martin Wengeler: Politische Leitvokabeln in der Adenauer-Ära. Berlin 1996.

Böll, Heinrich: Heimat und keine. Schriften und Reden 1964 – 1968. München 1985.

Bollenbeck, Georg, Gerhard Kaiser (Hg.): Die janusköpfigen 50er Jahre (Kulturelle Moderne und bildungsbürgerliche Semantik III). Wiesbaden 2000.

Bommarius, Christian: Das Grundgesetz. Eine Biographie. Berlin 2009.

Borchert, Wolfgang: Das Gesamtwerk. Hamburg 1959.

Borngräber, Christian: Stil novo. Design in den 50er Jahren.

Phantasie und Phantastik. Frankfurt am Main 1979.

Boveri, Margret: Tage des Überlebens. Berlin 1945. München, Zürich 1968.

Brauerhoch, Annette: «Fräuleins» und GIs. Geschichte und Filmgeschichte. Frankfurt am Main, Basel 2006.

Breuer, Gerda: Die Zähmung der Avantgarde. Zur Rezeption der Moderne in den 50er

Jahren. Frankfurt am Main 1997.

Broszat, Martin, u. a. (Hg.): Deutschlands Weg in die Diktatur. Internationale Konferenz zur nationalsozialistischen Machtübernahme im Reichstagsgebäude zu Berlin. Referate und Diskussionen. Ein Protokoll. Berlin 1983.

Broszat, Martin, Klaus-Dietmar Henke, Hans Woller (Hg.): Von Stalingrad zur Währungsreform. Zur Sozialgeschichte des Umbruchs in Deutschland. München 1988.

Burk, Henning: Fremde Heimat. Das Schicksal der Vertriebenen nach 1945. Bonn 2011.

Buruma, Ian: '45. Die Welt am Wendepunkt. München 2015.

Claasen, Hermann: Gesang im Feuerofen. Überreste einer alten deutschen Stadt. Düsseldorf 1947, 2. Auflage 1949.

Conrads, Ulrich (Hg.): Die Städte himmeloffen. Reden über den Wiederaufbau des Untergegangenen und die Wiederkehr des Neuen Bauens 1948/49. Basel 2002.

Dillmann, Claudia, Olaf Möller (Hg.): Geliebt und verdrängt. Das Kino der jungen Bundesrepublik von 1949 bis 1963. Frankfurt am Main 2016.

Diner, Dan (Hg.): Zivilisationsbruch. Denken nach Auschwitz. Frankfurt am Main 1988.

Diner, Dan: Skizze zu einer jüdischen Geschichte der Juden in Deutschland nach '45. In: Münchner Beiträge zur jüdischen Geschichte und Kultur, Heft 1, 2010.

Diner, Dan (Hg.): Enzyklopädie jüdischer Geschichte und Kultur, Bd. 4. Stuttgart 2013.

Diner, Dan: Rituelle Distanz. Israels deutsche Frage. München 2015.

Döblin, Alfred: Schicksalsreise, in: ders.: Autobiographische Schriften und letzte Aufzeichnungen. Olten, Freiburg im Breisgau 1977.

Doll, Nikola u. a.: Kunstgeschichte nach 1945. Kontinuität und Neubeginn in Deutschland. Köln, Weimar, Wien 2006.

Domentat, Tamara: «Hallo Fräulein». Deutsche Frauen und amerikanische Soldaten. Berlin 1998.

Ebner, Florian, Ursula Müller (Hg.): So weit kein Auge reicht. Berliner Panoramafotografien aus den Jahren 1949 – 1952, aufgenommen vom Fotografen Tiedemann, rekonstruiert und interpretiert von Arwed Messmer. Ausstellungskatalog der Berlinischen Galerie. Berlin 2008.

Enzensberger, Hans Magnus: Berliner Gemeinplätze II. In: Kursbuch 13, 1968.

Enzensberger, Hans Magnus: Gedichte 1950 – 1955. Frankfurt am Main 1996.

Euler-Schmidt, Michael, Marcus Leifeld: Der Kölner Rosenmontagszug, 2 Bde. Köln 2007 und 2009.

Felsmann, Barbara, Annett Gröschner, Grischa Meyer (Hg.): Backfisch im Bombenkrieg. Notizen in Steno. Berlin 2013.

Förschler, Andreas: Stuttgart 1945. Kriegsende und Neubeginn. Gudensberg 2004.

Frei, Norbert: Vergangenheitspolitik. Die Anfänge der Bundesrepublik und die NS-Vergangenheit. München 1996.

Friedrich, Heinz (Hg.): Mein Kopfgeld – Rückblicke nach vier Jahrzehnten. München 1988.

Gebhardt, Miriam: Als die Soldaten kamen. Die Vergewaltigung deutscher Frauen am Ende des Zweiten Weltkriegs. München 2015.

Gehltomholt, Eva, Sabine Hering: Das verwahrloste Mädchen. Diagnostik und Fürsorge in der Jugendhilfe zwischen Kriegsende und Reform (1945 – 1965). Opladen 2006.

Gerhardt, Uta: Soziologie der Stunde Null. Zur Gesellschaftskonzeption des amerikanischen Besatzungsregimes in Deutschland 1944 – 1945/46. Frankfurt am Main 2005.

Glaser, Hermann: 1945. Beginn einer Zukunft. Bericht und Dokumentation. Frankfurt am Main 2005.

Glaser, Hermann, Lutz von Pufendorf, Michael Schöneich (Hg.): So viel Anfang war nie. Deutsche Städte 1945 – 1949. Berlin 1989.

Greven, Michael Th.: Politisches Denken in Deutschland nach 1945. Erfahrungen und Umgang mit der Kontingenz in der unmittelbaren Nachkriegszeit. Opladen 2007.

Gries, Rainer: Die Rationengesellschaft. Versorgungskampf und Vergleichsmentalität: Leipzig, München und Köln nach dem Kriege. Münster 1991.

Grisebach, Lucius (Hg.): Werner Heldt. Ausstellungskatalog der Berlinischen Galerie. Berlin 1989.

Grohmann, Will: Willi Baumeister. Stuttgart 1952.

Habe, Hans: Ich stelle mich. Wien, München, Basel 1954.

Habe, Hans: Off Limits. Roman von der Besatzung Deutschlands. München 1955.

Habe, Hans: Im Jahre Null. Ein Beitrag zur Geschichte der deutschen Presse. München 1966.

Haber, Esther (Hg.): Displaced Persons. Jüdische Flüchtlinge nach 1945 in Hohenems und Bregenz. Innsbruck 1998.

Hajdu, Marcus: «Du hast einen anderen Geist als wir!» Die «große Kontroverse» um Thomas Mann 1945 – 1949. Dissertation. Gießen 2002.

Hein, Verena: Werner Heldt (1904 – 1954). Leben und Werk. München 2016.

Henkel, Anne-Katrin, Thomas Rahe: Publizistik in jüdischen Displaced-Persons-Camps im Nachkriegsdeutschland. Charakteristika, Medientypen und bibliothekarische Überlieferung. Frankfurt am Main 2014.

Hentig, Hans von: Die Kriminalität des Zusammenbruchs. In: Schweizerische Zeitschrift für Strafrecht 62, 1947.

Herbert, Ulrich: Geschichte Deutschlands im 20. Jahrhundert. München 2014.

Herbert, Ulrich (Hg.): Wandlungsprozesse in Westdeutschland 1945 – 1980. Göttingen 2002.

Herlyn, Ulfert, u. a.: Faszination Wolfsburg 1938 – 2012. Wiesbaden 2012.

Hermlin, Stephan: Bestimmungsorte. Fünf Erzählungen. Berlin 1985.

Heukenkamp, Ursula: Unterm Notdach. Nachkriegsliteratur in Berlin 1945 – 1949. Berlin 1996.

Heyen, Franz-Josef, Anton M. Keim (Hg.): Auf der Suche nach neuer Identität. Kultur in

Rheinland-Pfalz im Nachkriegsjahrzehnt. Mainz 1996.
Heym, Stefan: Nachruf. Berlin 1990.
Hirsch, Helga: Endlich wieder leben. Die fünfziger Jahre im Rückblick von Frauen. Berlin 2012.
Hobrecht, Jürgen: Beate Uhse. Chronik eines Lebens. Flensburg 2003.
Hochgeschwender, Michael (Hg.): Epoche im Widerspruch. Ideelle und kulturelle Umbrüche der Adenauerzeit (Rhöndorfer Gespräche 25). Bonn 2011.
Höfling, Helmut: Flucht ins Leben. Roman einer verführten Jugend. E-Book Kindle 2014.
Hyvernaud, Georges: Haut und Knochen. Berlin 2010.
Jacobmeyer, Wolfgang: Vom Zwangsarbeiter zum Heimatlosen Ausländer. Die Displaced Persons in Westdeutschland 1945 – 1951. Göttingen 1985.
Jacobs, Ingeborg: Freiwild. Das Schicksal deutscher Frauen 1945. Berlin 2008.
Jarausch, Konrad, Hannes Siegrist (Hg.): Amerikanisierung und Sowjetisierung in Deutschland 1945 – 1970. Frankfurt am Main, New York 1997.
Jaspers, Karl: Die Schuldfrage. München 2012.
Judt, Tony: Geschichte Europas von 1945 bis zur Gegenwart. München 2006.
Kardorff, Ursula von: Berliner Aufzeichnungen 1942 – 1945. München 1992.
Kästner, Erich: Notabene 45. Ein Tagebuch. Hamburg 2012.
Kießling, Friedrich: Die undeutschen Deutschen. Eine ideengeschichtliche Archäologie der alten Bundesrepublik. Paderborn 2012.
Klausner, Helene: Kölner Karneval zwischen Uniform und Lebensform. Münster 2007.
Knef, Hildegard: Der geschenkte Gaul. Bericht aus einem Leben. Wien, München, Zürich 1970.
Koeppen, Wolfgang: Tauben im Gras. Frankfurt am Main 1974.
Königseder, Angelika, Juliane Wetzel. Lebensmut im Wartesaal. Die jüdischen DPs im Nachkriegsdeutschland. Frankfurt am Main 1994.
Koop, Volker: Tagebuch der Berliner Blockade. Von Schwarzmarkt und Rollkommandos, Bergbau und Bienenzucht. Bonn 1999.
Koop, Volker: Besetzt. Amerikanische Besatzungspolitik in Deutschland. Berlin 2006.
Kossert, Andreas: Kalte Heimat. Die Geschichte der deutschen Vertriebenen nach 1945. München 2008.
Kowalczuk, Ilko-Sascha, Stefan Wolle: Roter Stern über Deutschland. Sowjetische Truppen in der DDR. Berlin 2010.
Krause, Markus: Galerie Gerd Rosen. Die Avantgarde in Berlin 1945 – 1950. Berlin 1995.
Krauss, Marita: Heimkehr in ein fremdes Land. Geschichte der Remigration nach 1945. München 2001.
Krauss, Marita: Trümmerfrauen. Visuelles Konstrukt und Realität, in: Gerhard Paul (Hg.): Das Jahrhundert der Bilder 1900–1949. Göttingen 2009.
Kromer, Karl (Hg.): Schwarzmarkt, Tausch-und Schleichhandel. In Frage und Antwort mit

500 Beispielen (Recht für jeden 1). Hamburg 1947.

Kuhn, Annette (Hg.): Frauen in der deutschen Nachkriegszeit, Bd. 2. Düsseldorf 1986.

Lau, Jörg: Hans Magnus Enzensberger. Ein öffentliches Leben. Berlin 1999.

Lenz, Siegfried: Lehmanns Erzählungen oder So schön war mein Markt. Hamburg 1964.

Lewinsky, Tamar: Jüdische Displaced Persons im Nachkriegsmünchen. In: Münchner Beiträge zur jüdischen Geschichte und Kultur, Heft 1, 2010.

Liebmann, Irina: Wäre es schön? Es wäre schön. Mein Vater Rudolf Herrnstadt. Berlin 2008.

Link, Alexander: «Schrottelzeit» – Nachkriegsalltag in Mainz. Ein Beitrag zur subjektorientierten Betrachtung lokaler Vergangenheit (Studien zur Volkskultur in Rheinland-Pfalz 8). Mainz 1990.

Lowe, Keith: Der wilde Kontinent. Europa in den Jahren der Anarchie 1943 – 1950. Stuttgart 2014.

Lübbe, Hermann: Der Nationalsozialismus im politischen Bewusstsein der Gegenwart, in: Martin Broszat u. a. (Hg.): Deutschlands Weg in die Diktatur. Internationale Konferenz zur nationalsozialistischen Machtübernahme. Berlin 1983.

Lüdtke, Alf, Inge Marßolek, Adelheid von Saldern: Amerikanisierung. Traum und Albtraum im Deutschland des 20. Jahrhunderts. Stuttgart 1996.

Maenz, Paul: Die 50er Jahre. Köln 1984.

Manthey, Jürgen: Hans Fallada. Reinbek bei Hamburg 1963.

Martin, Marko: «Die einzigen Wellen, auf denen ich reite, sind die des Lago Maggiore». Wer war Hans Habe? Eine Spurensuche, online unter: http://www.oeko-net.de/kommune/kommune1- 98/KHABE.html, zuletzt aufgerufen am 9. 12. 2017.

Martins, Ansgar: Adorno und die Kabbala. Potsdam 2016.

McGovern, James: Fräulein. Roman eines deutschen Mädchens. München 1957.

Merkel, Ina: Kapitulation im Kino: Zur Kultur der Besatzung im Jahr 1945. Berlin 2016.

Meyer, Sibylle, Eva Schulze: Wie wir das alles geschafft haben. Alleinstehende Frauen berichten über ihr Leben nach 1945. München 1984.

Meyer, Sibylle, Eva Schulze: Von Liebe sprach damals keiner. Familienalltag in der Nachkriegszeit. München 1985.

Mitscherlich, Alexander und Margarete: Die Unfähigkeit zu trauern. Grundlagen kollektiven Verhaltens. München 1977.

Mitscherlich, Alexander: Gesammelte Schriften, Bd. 6. Frankfurt am Main 1986.

Möckel, Benjamin: Erfahrungsbruch und Generationsbehauptung. Die Kriegsjugendgeneration in den beiden deutschen Nachkriegsgesellschaften. Göttingen 2014.

Möller, Frank: Das Buch Witsch. Das schwindelerregende Leben des Verlegers Joseph Caspar Witsch. Köln 2014.

Mommsen, Hans: Das Volkswagenwerk und seine Arbeiter im Dritten Reich. Düsseldorf

1996.

Mönnich, Horst: Die Autostadt. Abenteuer einer technischen Idee. München 1958.

Mörchen, Stefan: Schwarzer Markt. Kriminalität, Ordnung und Moral in Bremen 1939 – 1949. Frankfurt am Main 2011.

Müller-Enbergs, Helmut: Der Fall Rudolf Herrnstadt. Tauwetterpolitik vor dem 17. Juni. Berlin 1991.

Naimark, Norman M.: Die Russen in Deutschland. Die sowjetische Besatzungszone 1945 – 1949. Berlin 1997.

Nemeczek, Alfred: Der Ursprung der Abstraktion. Der große Bilderstreit. In: art – das Kunstmagazin 5, 2002.

Niethammer, Lutz: «Hinterher merkt man, daß es richtig war, daß es schiefgegangen ist.» Nachkriegserfahrungen im Ruhrgebiet. Berlin, Bonn 1983.

Niethammer, Lutz: Deutschland danach. Postfaschistische Gesellschaft und nationales Gedächtnis, hg. von Ulrich Herbert und Dirk van Laak. Bonn 1999.

Nuys-Henkelmann, Christian de: Im milden Licht der Tütenlampe, in: Hilmar Hoffmann, Heinrich Klotz (Hg.): Die Kultur unseres Jahrhunderts 1945 – 1960. Düsseldorf, Wien, New York 1991.

Osses, Dietmar: Zwischen Ungewissheit und Zuversicht. Kultur und Alltag polnischer Displaced Persons in Deutschland 1945 – 1955. Essen 2016.

Ott, Ulrich, Friedrich Pfäfflin (Hg.): Protest! Literatur um 1968 (Marbacher Kataloge 51). Marbach am Neckar 1998.

Plato, Alexander von, Almut Leh: «Ein unglaublicher Frühling». Erfahrene Geschichte im Nachkriegsdeutschland 1945 – 1948, Bundeszentrale für politische Bildung. Bonn 1997.

Pletzing, Christian, Marcus Velke (Hg.): Lager – Repatriierung – Integration. Beiträge zur Displaced Persons-Forschung. Leipzig 2016.

Prinz, Friedrich, Marita Krauss (Hg.): Trümmerleben. Texte, Dokumente, Bilder aus den Münchner Nachkriegsjahren. München 1985.

Radlmaier, Steffen (Hg.): Der Nürnberger Lernprozess. Von Kriegsverbrechern und Starreportern. Frankfurt am Main 2001.

Rathke, Christian: Die 50er Jahre. Aspekte und Tendenzen. Kunstund Museumsverein Wuppertal. Wuppertal 1977.

Reese, Beate (Hg.): Befreite Moderne. Kunst in Deutschland 1945 bis 1949, anlässlich der gleichnamigen Ausstellung im Kunstmuseum Mülheim an der Ruhr. Berlin, München 2015.

Riederer, Günter: Die Barackenstadt. Wolfsburg und seine Lager nach 1945. In: Deutschland Archiv, Bundeszentrale für politische Bildung. Bonn 2013.

Roesler, Jörg: Momente deutsch-deutscher Wirtschafts-und Sozialgeschichte 1945 – 1990. Leipzig 2006.

Ruhl, Klaus-Jörg (Hg.): Deutschland 1945. Alltag zwischen Krieg und Frieden. Neuwied

1984.

Ruhl, Klaus-Jörg: Die Besatzer und die Deutschen. Amerikanische Zone 1945–1948. Bindlach, Düsseldorf 1989.

Schäfke, Werner: Kölns schwarzer Markt 1939 bis 1949. Ein Jahrzehnt asoziale Marktwirtschaft. Köln 2014.

Schelsky, Helmut: Die skeptische Generation. Eine Soziologie der deutschen Jugend. Düsseldorf, Köln 1957.

Schelsky, Helmut: Auf der Suche nach Wirklichkeit. Köln 1965.

Schenk, Dieter: Auf dem rechten Auge blind. Die braunen Wurzeln des BKA. Köln 2001.

Scherpe, Klaus R. (Hg.): In Deutschland unterwegs 1945 – 1948. Reportagen, Skizzen, Berichte. Stuttgart 1982.

Schildt, Axel: Moderne Zeiten. Freizeit, Massenmedien und «Zeitgeist» in der Bundesrepublik der 50er Jahre. Hamburg 1995.

Schneider, Angela (Hg.): Willi Baumeister. Katalog zur Ausstellung in der Nationalgalerie Berlin, Staatliche Museen Preußischer Kulturbesitz. Berlin 1989.

Schoeller, Wilfried F. (Hg.): Diese merkwürdige Zeit. Leben nach der Stunde Null. Ein Textbuch aus der «Neuen Zeitung». Frankfurt am Main 2005.

Schoeller, Wilfried F.: Döblin. Eine Biographie. München 2011.

Schörken, Rolf: Jugend 1945. Politisches Denken und Lebensgeschichte. Frankfurt am Main 1990.

Schörken, Rolf: Die Niederlage als Generationserfahrung. Jugendliche nach dem Zusammenbruch der NS-Herrschaft. Weinheim 2004.

Schreiber, Hermann: Henri Nannen. Drei Leben. München 1999.

Schulz, Bernhard: Grauzonen Farbwelten – Kunst und Zeitbilder 1945 – 1955. Berlin 1983.

Seidl, Claudius: Der deutsche Film der fünfziger Jahre. München 1987.

Sieburg, Friedrich: Abmarsch in die Barbarei. Stuttgart 1983.

Steen, Uta van: Liebesperlen. Beate Uhse – eine deutsche Karriere. Hamburg 2003.

Steinbacher, Sybille: Wie der Sex nach Deutschland kam. Der Kampf um Sittlichkeit und Anstand in der frühen Bundesrepublik. Berlin 2011.

Stölzl, Christoph (Hg.): Die Wolfsburg-Saga. Stuttgart 2008.

Stonor Saunders, Frances: Wer die Zeche zahlt ··· Der CIA und die Kultur im Kalten Krieg. Berlin 2001.

Sträßner, Matthias: «Erzähl mir vom Krieg!». Ruth Andreas-Friedrich, Ursula von Kardorff, Margret Boveri und Anonyma: Wie vier Journalistinnen 1945 ihre Berliner Tagebücher schreiben. Würzburg 2014.

Strelka, Joseph P.: Hans Habe. Autor der Menschlichkeit. Tübingen 2017.

Tebbe, Krista, Harald Jähner (Hg.): Alfred Döblin zum Beispiel. Stadt und Literatur. Berlin 1987.

Tewes, Frank: 125 Jahre Große Kölner. 125 Jahre Karnevalsgeschichte. Köln 2007.

Timm, Uwe: Ikarien. Köln 2017.

Tischler, Carola: Flucht in die Verfolgung. Deutsche Emigranten im sowjetischen Exil 1933 bis 1945. Münster 1996.

Tolsdorff, Tim: Von der Sternschnuppe zum Fixstern: Zwei deutsche Illustrierte und ihre gemeinsame Geschichte vor und nach 1945. Köln 2014.

Treber, Leonie: Mythos Trümmerfrauen. Von der Trümmer-beseitigung in der Kriegs- und Nachkriegszeit und der Entstehung eines deutschen Erinnerungsortes. Essen 2014.

Trittel, Günter J.: Hunger und Politik. Die Ernährungskrise in der Bizone 1945 – 1949. Frankfurt am Main, New York 1990.

Uhse, Beate (unter Mitarbeit von Ilonka Kunow): Lustvoll in den Markt. Strategien für schwierige Märkte. Planegg 2000.

Völklein, Ulrich: «Mitleid war von niemandem zu erwarten». Das Schicksal der deutschen Vertriebenen. München 2005.

Weckel, Ulrike: Zeichen der Scham. Reaktionen auf alliierte atrocity-Filme im Nachkriegsdeutschland. In: Mittelweg 36, Heft 1, 2014.

Wehler, Hans-Ulrich: Deutsche Gesellschaftsgeschichte. Vom Beginn des Ersten Weltkriegs bis zur Gründung der beiden deutschen Staaten 1914 – 1949. München 2003.

Weiss, Winfried: A Nazi Childhood. Santa Barbara 1983.

Weyrauch, Wolfgang (Hg.): Tausend Gramm. Ein deutsches Bekenntnis in dreißig Geschichten aus dem Jahr 1949. Reinbek bei Hamburg 1989.

Wolfrum, Edgar: Geschichte der Erinnerungskultur in der BRD und DDR, in: Dossier Geschichte und Erinnerung der Bundeszentrale für politische Bildung, 26. 8. 2008, online unter: https:// www.bpb.de/geschichte/zeitgeschichte/geschichte-und-erinnerung/39814/geschichte-der-erinnerungskultur?p=all, zuletzt aufgerufen am 21. 9. 2018.

Ziegner, Sylvia: Der Bildband «Dresden – eine Kamera klagt an» von Richard Peter senior. Teil der Erinnerungskultur Dresdens. Marburg 2010.

Zierenberg, Malte: Stadt der Schieber. Der Berliner Schwarzmarkt 1939 – 1950. Göttingen 2008.

Zuckmayer, Carl: Deutschlandbericht für das Kriegsministerium der Vereinigten Staaten. Göttingen 2004.

期刊

Bildhefte der Jugend, 1950.
Constanze – die Zeitschrift für die Frau und für jedermann, Jg. 48 – 1952.
Der Regenbogen. Zeitschrift für die Frau, Jg. 1946 – 1952.
Der Spiegel, Jg. 1947 – 1955.

Der Standpunkt. Zeitschrift für die Gegenwart, Jg. 1946 – 1948.

Die Frau – Ihr Kleid, ihre Arbeit, ihre Freude, Jg. 1946 – 1949.

Die Wandlung, Jg. 1945 – 1949.

Die Zeit, Jg. 1946 – 1955.

DND – Die Neue Demokratie. Illustrierte Wochenschrift in der französischen Zone, Jg. 1946 – 1948.

Ende und Anfang. Zeitung der jungen Generation, Jg. 1946 – 1949.

Er – Die Zeitschrift für den Herrn, Jg. 1950 – 1955.

Filmpost, Jg. 1947.

Frankfurter Hefte. Zeitschrift für Kultur und Politik, Jg. 1946 – 1950.

Ja – Zeitung der jungen Generation, Jg. 1947 – 1948.

Lilith – Zeitschrift für junge Mädchen und Frauen, Jg. 1946 – 1947.

Magnum – Die Zeitschrift für das moderne Leben, Jg. 1954 – 1959.

Merkur 3, 1949.

Neue Berliner Illustrierte, Jg. 1945 – 1955.

Neue Illustrierte, Jg. 1946 – 1955.

Sie, Jg. 1946.

Zeitschrift für Kunst, Jg. 1948.

图片与引文出处

页 3： Reinhard Matz, Wolfgang Vollmer: Köln und der Krieg: Leben, Kultur, Stadt. 1940 – 1950. Köln 2016
页 13： ullstein bild – Röhnert
页 16： Anheas / Timeline Images / Süddeutsche Zeitung Photo
页 30： SLUB / Deutsche Fotothek, Richard Peter sen.
页 33： picture alliance / ZB / Richard Peter sen.
页 40： Deutsche Fotothek
页 42： Münchner Stadtmuseum, Sammlung Fotografie, Archiv Relang
页 44-45： Hermann Claasen, Fronleichnamsprozession, Köln 1945. Fotografische Sammlung LVR-Landesmuseum Bonn, Foto: Jürgen Vogel
页 48： Josef Stoffels / Fotoarchiv Ruhr Museum
页 50： Werner Heldt / Berlinische Galerie, Repro: Kai-Annett Becker / VG Bild-Kunst, Bonn 2020
页 55： picture alliance / Usis-Dite / Leemage
页 61： picture alliance / dpa
页 72： Landsberger Lager Cajtung, 8. Oktober 1945
页 75： Stadt Geretsried
页 81： Fred Ramage / Getty Images
页 100： Bundesarchiv, Bild 183-P0506-507 / Herbert Blunck
页 109： picture alliance / AP Images
页 112： Hermann Claasen, Die überfüllte Straße, Karneval 1949. Fotografische Sammlung LVR-Landesmuseum Bonn, Foto: Jürgen Vogel
页 117： «Neue Illustrierte», 3. Jahrgang, Nr. 3 vom 6. Februar 948

页 122： picture alliance / dpa
页 127： bpk / Hanns Hubmann
页 136： picture alliance / akg-images
页 143： «Neue Illustrierte», 2. Jahrgang, Nr. 21 vom 7. Oktober 1947, Foto: Jörg Bohn
页 144： «Neue Illustrierte», 3. Jahrgang, Nr. 34 vom 16. Dezember 1948, Foto: Jörg Bohn
页 149： bpk / Hanns Hubmann
页 167： akg-images / Sammlung Berliner Verlag / Archiv
页 169： akg-images / Tony Vaccaro
页 174： bpk / Hanns Hubmann
页 191： picture alliance / ZB / Richard Peter sen.
页 195： akg-images
页 200： Vintage Germany / Karin Schröder
页 209： ullstein bild – Georg Schmidt
页 213： Stiftung Stadtmuseum Berlin / Eva Kemlein, Reproduktion: Friedhelm Hoffmann, Berlin
页 222： DND, 3. Jahrgang, Heft 9, 3./4. 1948/49
页 232： Archiv Willi Luther
页 239： ullstein bild – ullstein bild
页 244： bpk / Benno Wundshammer
页 248： Archiv der Forschungsstelle für Zeitgeschichte in Hamburg, Bestand Beate Uhse (Signatur 18-9 . 2.3. Bd. 44)
页 264： «Der Spiegel» 44/1954
页 280： ullstein bild – Abraham Pisarek
页 288： akg-images
页 305： «Der Spiegel» 44/1947 (VG Bild-Kunst, Bonn 2020)
页 308： akg-images / Willi Baumeister / VG Bild-Kunst, Bonn 2020
页 312： in Angela Delille: Perlonzeit. Wie die Frauen ihr Wirtschaftswunder erlebten. Berlin 1985 (Pollock-Krasner Foundation / VG Bild-Kunst, Bonn 2020)
页 320： ullstein bild – ullstein bild
页 323： Berlinische Galerie / Sergius Ruegenberg
页 341： National Archives, College Park, MD, USA
页 345： Bundesarchiv, Bild 183-V00197-3
页 351： Office of Military Government for Germany, US (OMGUS) / Haus der Geschichte, Bonn

页 18-19： 君特·艾希的《清点》，摘自：Gesammelte Werke in vier Bänden. Band I: Die Gedichte. Die Maulwürfe. © Suhrkamp Verlag, Frankfurt am Main 1991. Alle Rechte bei und vorbehalten durch Suhrkamp Verlag Berlin。

页 45： 伊丽莎白·朗盖瑟尔的《狂欢节寒旅》，收于：Merian, Städte und Landschaften, Mainz. 2. Jahrgang 1949, Heft 3。

页 95-96：埃里希·凯斯特纳的《1945 年进行曲》，摘自：Der tägliche Kram. © Atrium Verlag AG, Zürich 1948, und Thomas Kästner。

索引

A

阿登纳，康拉德（Adenauer, Konrad）121–123, 190, 306, 347-348, 371 n.18, 376 n.12

阿多诺，狄奥多·W.（Adorno, Theodor W.）240, 272, 317, 324, 332-335, 386-387 n.10, 387-388 n.16

阿尔贝斯，汉斯（Albers, Hans）36

阿尔舍，埃尔弗里德（Alscher, Elfriede）142

阿尔托，阿尔瓦（Aalto, Alvar）242

阿拉贡，路易（Aragon, Luis）344

阿莱汉姆，肖莱姆（Alechjem, Scholem）73

阿利，格茨（Aly, Götz）360, 385 n.16

阿伦特，汉娜（Arendt, Hannah）69, 317, 335–336, 342, 387 n.11

阿斯泰尔，弗雷德（Astaire, Fred）298

埃格，英格（Egger, Inge）156

埃格斯，库尔特（Eggers, Kurt）285

埃哈德，路德维希（Erhard, Ludwig）214, 221, 273, 307

埃利亚松，奥拉维尔（Eliasson, Olafur）242

埃彭贝克，弗里茨（Erpenbeck, Fritz）263

艾克，布丽吉特（Eicke, Brigitte）29, 104–105, 180

艾林，瓦尔特（Eiling, Walter）11–12

艾纳恩，玛丽亚·冯（Eynern, Maria von）107

艾森豪威尔，怀特·D.（Eisenhower, Dwight D.）10

艾希，君特（Eich, Günther）18–20

艾兴格尔，伊尔莎（Aichinger, Ilse）272

爱伦堡，伊利亚（Ehrenburg, Ilja）344

安德烈亚斯—弗里德里希，露特（Andreas-Friedrich, Ruth）12–15, 37, 77, 139, 160–161, 204, 270, 272, 295, 342

安德施，阿尔弗雷德（Andersch, Alfred）148-149, 272, 339-340

奥伯利森，弗兰茨（Oberliesen, Franz）118

奥格施泰因，鲁道夫（Augstein, Rudolf）289

奥赫姆，汉斯（Ohem, Hans）84

奥伦豪尔，埃里希（Ollenhauer, Erich）92

奥尼尔，尤金（O'Neill, Eugene）294
奥彭霍夫，弗兰茨（Oppenhoff, Franz）328
奥威尔，乔治（Orwell, George）317
奥占芳，阿梅德（Ozenfant, Amédée）311

B

巴德尔，卡尔·S.（Bader, Karl S.）198
巴尔，埃贡（Bahr, Egon）350–351
巴尔凯，埃丽卡（Balqué, Erica）156
巴赫，约翰·塞巴斯蒂安（Bach, Johann Sebastian）261, 295
巴赫金，米哈伊尔（Bachtin, Michael）123
巴特宁，奥托（Bartning, Otto）38, 333
巴托克，贝拉（Bartók, Béla）295
邦迪，弗朗索瓦（Bondy, François）317
保时捷，费迪南德（Porsche, Ferdinand）227
鲍尔，阿诺德（Bauer, Arnold）124
鲍嘉，亨弗利（Bogart, Humphrey）298
贝布尔，卡尔（Berbuer, Karl）121
贝多芬，路德维希·凡（Beethoven, Ludwig van）121, 261, 293
贝克西，亚诺施（Békessy, János）见"哈贝，汉斯"
贝娄，索尔（Bellow, Saul）317
贝内特，杰克·欧（Bennet, Jack O.）148
比伯，雅各布（Biber, Jacob）71
比朔夫，维尔纳（Bischof, Werner）25
比特，约翰（Bitter, John）296
彼得，理查德（Peter, Richard）38–40
毕加索，巴勃罗（Picasso, Pablo）302, 309
波洛克，杰克逊（Pollock, Jackson）311–314
伯尔，海因里希（Böll, Heinrich）197, 230 n., 289, 317
伯克—怀特，玛格丽特（Bourke-White, Margaret）32
伯恩哈姆，詹姆斯（Burnham, James）315
伯切尔，卡尔·W.（Böttcher, Karl W.）237
勃拉姆斯，约翰内斯（Brahms, Johannes）295
勃兰特，维利（Brandt, Willy）88, 344, 350
博德兰德，埃里克（Bodlaender, Eric）101
博尔舍，迪特尔（Borsche, Dieter）152
博尔夏德，莱奥（Borchard, Leo）12–14, 270, 295–296
博尔歇特，沃尔夫冈（Borchert, Wolfgang）17–18, 96–97, 107–109, 157, 272, 369 n.1
博克瑙，弗朗茨（Borkenau, Franz）315
博韦里，玛格丽特（Boveri, Margret）4, 147, 159, 193
博伊斯特，阿希姆·冯（Beust, Achim von）340–341
布格尔，哈努斯（Burger, Hanuš）263, 297
布拉赫，鲍里斯（Blacher, Boris）324
布莱德，特奥（Breider, Theo）82
布兰，布利（Buhlan, Bully）57
布劳尔霍赫，安妮特（Brauerhoch, Annette）169
布雷德尔，维利（Bredel, Willi）262
布雷登，托马斯（Braden, Thomas）314–315
布洛赫，玛吉特（Bloch, Margit）265
布斯特尔，桃丽（Buster, Dolly）251

C

策贝莱因，汉斯（Zöberlein, Hans）328
楚克迈尔，卡尔（Zuckmayer, Carl）272
崔可夫，瓦西里（Tschuikow, Wassili）270–271

索引

D

达格代尔，詹姆斯·A.（Dugdale, James A.）118

德布林，阿尔弗雷德（Döblin, Alfred）272, 278–279, 281, 288–291, 345, 357

德布林，沃尔夫冈（Döblin, Wolfgang）281, 291

德拉贡［将军］（Dragun, General）63

登格，弗雷德（Denger, Fred）12–14

迪姆席茨，亚历山大·利沃维奇（Dymschitz, Alexander Lwowitsch）309–310

迪特里茜，玛莲娜（Dietrich, Marlene）342

荻野久作（Ogino, Kyusaku）247

蒂梅，瓦尔特（Thieme, Walther）41

蒂斯，弗兰克（Thiess, Frank）277

丢勒，阿尔布雷希特（Dürer, Albrecht）38

杜勒斯，埃莉诺（Dulles, Eleanor）324

杜勒斯，艾伦（Dulles, Allen）324

杜勒斯，约翰·福斯特（Dulles, John Foster）324

杜鲁门，哈里·S.（Truman, Harry S.）64, 217, 314

多斯·帕索斯，约翰（Dos Passos, John）344

E

厄斯纳，弗雷德（Oelßner, Fred）283

恩岑斯贝格尔，汉斯·马格努斯（Enzensberger, Hans Magnus）204–205, 211, 359, 373 n. 26, 377 n.30

恩格斯，黑尔玛（Engels, Helma）255

恩斯特，特亚（Ernst, Thea）318

F

法拉达，汉斯（Fallada, Hans）27–28

法斯宾德，赖纳·维尔纳（Fassbinder, Rainer Werner）173

菲德勒，汉斯［阿尔弗雷德·德布林的笔名］（Fiedeler, Hans [Alfred Döblin]）345

菲施巴赫尔，雅各布（Fischbacher, Jakob）86

费定，康斯坦丁（Fedin, Konstantin）344

芬克，维尔纳（Finck, Werner）272

弗尔克尔，古斯塔夫（Völker, Gustav）224

弗莱明，马克斯·莱昂（Flemming, Max Leon）126–128

弗兰克，安妮（Frank, Anne）6

弗兰克，恩斯特（Frank, Ernst）102

弗兰克，汉斯（Frank, Hans）341

弗勒贝，格特（Fröbe, Gert）153, 185

弗勒利希，古斯塔夫（Fröhlich, Gustav）101

弗里德，埃里希（Fried, Erich）97

弗里施，马克斯（Frisch, Max）272

弗林斯，约瑟夫（Frings, Joseph）194, 196–197, 199, 202, 258–259

福特，亨利（Ford, Henry）226

富特文格勒，威廉（Furtwängler, Wilhelm）316

G

盖博，克拉克（Gable, Clark）296

高尔基，马克西姆（Gorki, Maxim）294, 309

高夫曼（Gofman）160

高格，库尔特（Gauger, Kurt）134

戈林，赫尔曼（Göring, Hermann）342, 345

戈培尔，约瑟夫（Goebbels, Joseph）32, 37 n., 180, 293, 299, 304, 328, 374 n.38

歌德，约翰·沃尔夫冈·冯（Goethe, Johann Wolfgang von）121, 270–271, 331

n.

格鲁克，克里斯托弗·威利巴尔德（Gluck, Christoph Willibald）295

格哈特，乌塔（Gerhardt, Uta）361

格罗曼，威尔（Grohmann, Will）301, 304, 324

格罗兹，乔治（Grosz, George）106

格洛布克，汉斯（Globke, Hans）350–351

格吕克特，塞佩尔（Glückert, Seppel）111, 113

格斯滕美尔，欧根（Gerstenmaier, Eugen）347–348

贡德拉赫，古斯塔夫（Gundelach, Gustav）262

古德曼，本尼（Goodman, Benny）215

H

哈贝，汉斯（Habe, Hans）58, 95, 171, 263–267, 271–275, 278, 283–287, 289, 303, 316, 358, 383 n.19

哈迪德，扎哈（Hadid, Zaha）242

哈夫特曼，维尔纳（Haftmann, Werner）304

哈格，安娜（Haag, Anna）145

哈兰，法伊特（Harlan, Veit）37

哈里森，厄尔·G.（Harrison, Earl G.）64–65

哈默尔曼，威廉（Hamelmann, Wilhelm）62

哈姆—布吕歇尔，希尔德加德（Hamm-Brücher, Hildegard）272

哈特，埃洛伊丝（Hardt, Eloise）284

哈通，汉斯（Hartung, Hans）317–318

海明威，欧内斯特（Hemingway, Ernest）342

海姆，斯特凡（Heym, Stefan）263, 272, 329

豪兰，克里斯（Howland, Chris）215–216, 378 n.1

豪斯，特奥多尔（Heuss, Theodor）291, 354, 371 n.18

豪斯曼，曼弗雷德（Hausmann, Manfred）137–138

荷尔德林，弗里德里希（Hölderlin, Friedrich）261

赫伯茨，库尔特（Herberts, Kurt）306

赫伯特，乌尔里希（Herbert, Ulrich）220, 366 n.7

赫恩施塔特，鲁道夫（Herrnstadt, Rudolf）262–263, 267–268, 278, 280–283

赫金，乌尔苏拉（Herking, Ursula）97–99

赫尼希，兹维（Hoenig, Zvi）229

赫斯，鲁道夫（Heß, Rudolf）343, 345

赫斯特，伊万（Hirst, Ivan）231–232

黑贝尔，约翰·彼得（Hebel, Johann Peter）25

黑德勒，沃尔夫冈（Hedler, Wolfgang）351

黑尔特，维尔纳（Heldt, Werner）49–51, 125, 300, 365 n.25, 371 n.23

黑塞，赫尔曼（Hesse, Hermann）272

亨，贡特（Henn, Gunter）242–243

亨德尔，乔治·弗里德里希（Händel, Georg Friedrich）295

亨蒂希，汉斯·冯（Hentig, Hans von）198

亨佩尔，埃伯哈德（Hempel, Eberhard）43–44

胡夫斯基，汉斯（Huffzky, Hans）139–142

怀尔德，比利（Wilder, Billy）298

怀尔德，桑顿（Wilder, Thornton）294

霍尔巴赫，威廉（Hollbach, Wilhelm）27

霍费尔，卡尔（Hofer, Karl）300, 304, 383 n.24

霍兰德尔，瓦尔特·冯（Hollander, Walther

索引

von）135, 142
霍尼施，迪特尔（Honisch, Dieter）307
霍耶尔，弗兰茨·A.（Hoyer, Franz A.）41, 43

J

基希纳，恩斯特·路德维希（Kirchner, Ernst-Ludwig）299–300
吉勒斯，维尔纳（Gilles, Werner）49–50
吉托，阿丽［原名：阿德尔海德·施纳贝尔—菲尔布林格］（Ghito, Ali [Adelheid Schnabel Fürbringer])284–285
金赛，阿尔弗雷德·查尔斯（Kinsey, Alfred Charles）250–251
聚斯金德，威廉·埃马努埃尔（Süskind, Wilhelm Emanuel）344–345
君特，伯恩哈德（Günther, Bernhard）115

K

卡多夫，乌尔苏拉·冯（Kardorff, Ursula von）55, 87, 102, 272
卡塔涅克，罗尔夫（Kattanek, Rolf）192
凯斯特纳，埃里希（Kästner, Erich）34, 97–99, 137, 272–273, 297, 302, 364 n.10
凯斯滕，赫尔曼（Kesten, Hermann）272
凯斯汀，埃德蒙德（Kesting, Edmund）38–39
凯特尔，威廉（Keitel, Wilhelm）11
柯克西卡，奥斯卡（Kokoschka, Oskar）304
柯伊恩，伊姆加德（Keun, Irmgard）280
科本赫夫，瓦尔特（Kolbenhoff, Walter）83
科尔，赫尔穆特（Kohl, Helmut）5
科贡，欧根（Kogon, Eugen）6

克尔，阿尔弗雷德（Kerr, Alfred）272
克拉尔，希尔德（Krahl, Hilde）156
克拉森，赫尔曼（Claasen, Hermann）39, 41, 44–45
克赖斯勒，格奥尔格（Kreisler, Georg）263, 265
克利，保罗（Klee, Paul）299
克洛斯，埃莉诺（Close, Eleanor）265, 284
克吕克，格奥尔格（Krücke, Georg）183
克瑙斯，赫尔曼（Knaus, Hermann）247
克内夫，希尔德加德（Knef, Hildegard）136, 151, 156, 166, 177, 257, 286–287
库比切克，尤罗（Kubicek, Juro）300, 311–314, 316–317, 385 n.29
库雷拉，阿尔弗雷德（Kurella, Alfred）262
库内克，伊芙琳（Künnecke, Evelyn）125, 177–178
库森贝格，库尔特（Kusenberg, Kurt）1, 202–203
库斯勒，阿瑟（Koestler, Arthur）315–317

L

拉本纳尔特，阿图尔·玛丽亚（Rabenalt, Arthur Maria）156
拉达茨，卡尔（Raddatz, Carl）296
拉弗伦茨，博多（Lafferentz, Bodo）225
拉罗斯博士（Laros, Dr.）158
拉斯基，梅尔文·J.（Lasky, Melvin J.）315, 317, 324
莱昂哈德，沃尔夫冈（Leonhard, Wolfgang）304
莱茨，埃德加（Reitz, Edgar）95
莱皮希，约翰内斯（Leppich, Johannes）91
莱陶，赖因哈特（Lettau, Reinhard）272
莱维，埃丽卡（Levy, Erika）265

莱伊，罗伯特（Ley, Robert）333, 345
朗盖瑟尔，伊丽莎白（Langgässer, Elisabeth）46–48
劳，约尔格（Lau, Jörg）204–205
勒里希，特奥（Röhrig, Theo）119
雷贝，希拉·冯（Rebay, Hilla von）311
雷德斯洛布，埃德温（Redslob, Edwin）303
雷朗，蕾吉娜（Relang, Regina）41–42
雷马克，埃里希·玛丽亚（Remarque, Erich Maria）265
雷姆茨玛，扬·菲利普（Reemtsma, Jan Philipp）344
里宾特洛甫，约阿希姆·冯（Ribbentrop, Joachim von）290, 343, 345
里希特，汉斯·维尔纳（Richter, Hans Werner）220
丽，费雯（Leigh, Vivien）296
利本艾纳，沃尔夫冈（Liebeneiner, Wolfgang）151, 157
利布曼，伊琳娜（Liebmann, Irina）282
利瑟姆，托马斯（Liessem, Thomas）116, 118, 368 n.13, 369 n.15
林克，康拉德（Linck, Konrad）249
林泽尔，路易丝（Rinser, Luise）272
卢茨，英格丽特（Lutz, Ingrid）147–148
卢夫特，弗里德里希（Luft, Friedrich）9–10, 20–21, 272, 297
卢夫特，海德（Luft, Heide）21
伦布克，罗伯特（Lembke, Robert）272
伦茨，西格弗里德（Lenz, Siegfried）209, 212–213
罗森，格尔德（Rosen, Gerd）51, 125, 127, 300–301, 303, 311
罗斯科，马克（Rothko, Mark）314, 316
罗特蒙德，恩斯特—瓦尔特（Rotermund, Ernst-Walter）247–248
罗威，基思（Lowe, Keith）17
洛文塔尔，理查德（Löwenthal, Richard）315
吕贝，赫尔曼（Lübbe, Hermann）349, 351, 389 n.38
吕根贝格，瑟吉厄斯（Ruegenberg, Sergius）321, 323
吕婷，芭芭拉（Rütting, Barbara）156

M

马尔克，弗兰茨（Marc, Franz）300
马尔库塞，路德维希（Marcuse, Ludwig）291
马克，奥古斯特（Macke, August）300
马龙，卡尔（Maron, Karl）262, 268
马瑟韦尔，罗伯特（Motherwell, Robert）314, 316
马歇尔，乔治·C.（Marshall, George C.）217
玛门，珍妮（Mammen, Jeanne）300
迈尔，西比勒（Meyer, Sibylle）134
迈尔—瓦尔德克，韦拉（Meyer-Waldeck, Wera）321–322
麦戈文，詹姆斯（McGovern, James）171–172
曼，埃丽卡（Mann, Erika）344
曼，戈洛（Mann, Golo）316
曼，亨利希（Mann, Heinrich）272
曼，克劳斯（Mann, Klaus）263
曼，托马斯（Mann, Thomas）272, 275–277, 317, 330, 337, 344, 386–387 n.10
门尼希，霍斯特（Mönnich, Horst）229–231, 377 n.18
米勒，格伦（Miller, Glenn）57

索引

米勒—马雷恩,约瑟夫（Müller-Marein, Josef）332–333
米利特罗,丹尼尔（Militello, Daniel）172–173
米切利希,玛格丽特（Mitscherlich, Margarete）126, 335
米切利希,亚历山大（Mitscherlich, Alexander）126, 255, 272, 335
莫莱,卡尔（Moerlé, Karl）111, 113
莫洛,瓦尔特·冯（Molo, Walter von）276
莫腾森,塔格（Mortensen, Tage）84
莫伊泽尔,奥托（Meusel, Otto）263
墨索里尼,贝尼托（Mussolini, Benito）227
默克尔,伊娜（Merkel, Ina）270

N

纳博科夫,弗拉基米尔（Nabokov, Vladimir）316
纳博科夫,尼古拉（Nabokov, Nicolas）316
奈,恩斯特·威廉（Nay, Ernst Wilhelm）300
南宁,亨利（Nannen, Henri）284–286, 381 n.19
内格,恩斯特（Neger, Ernst）116
尼特哈默尔,卢茨（Niethammer, Lutz）163, 374 n.33, 378 n.6
纽曼,巴特（Newman, Barnett）314
诺德霍夫,海因里希（Nordhoff, Heinrich）237–242, 380 n.30
诺尔德,埃米尔（Nolde, Emil）299
诺伊曼,罗伯特（Neumann, Robert）289

P

佩托,彼得（Petto, Peter）257–258
佩瓦斯,彼得（Pewas, Peter）148, 372 n.13

皮卡德,马克斯（Picard, Max）328
普法伊尔,伊丽莎白（Pfeil, Elisabeth）87
普夫卢格—弗兰肯,汉斯（Pflug-Franken, Hans）171
普林茨,弗里德里希（Prinz, Friedrich）91, 125–126, 367 n.51
普罗斯克,吕迪格（Proske, Rüdiger）237

Q

齐伦贝格,马尔特（Zierenberg, Malte）212
齐默尔曼,玛格丽特（ZimmermannMargret）3
齐默尔曼,马克（Zimmermann, Marc）125, 300
乔斯逊,迈克尔（Josselson, Michael）315
切利比达克,塞尔吉乌（Celibidache, Sergiu）296
丘吉尔,温斯顿（Churchill, Winston）284

S

萨洛蒙,恩斯特·冯（Salomon, Ernst von）274–275
萨姆哈伯,恩斯特（Samhaber, Ernst）198–199
萨特,让—保罗（Sartre, Jean-Paul）294
塞茨,瓦尔特（Seitz, Walter）12–14
塞德尔,汉斯（Seidel, Hans）254–255
塞德莱切克,卡雷尔（Sedlacek, Karel）89
塞尔伯特,伊丽莎白（Selbert, Elisabeth）145
桑德堡,卡尔（Sandburg, Carl）230, 284, 379 n.19
瑟曼,乌玛（Thurman, Uma）156
沙赫特,亚尔马（Schacht, Hjalmar）241–243

莎士比亚，威廉（Shakespeare, William）294
绍克尔，弗里茨（Sauckel, Fritz）270
舍尔斯基，赫尔穆特（Schelsky, Helmut）19–20, 362 n.9
舍费尔，奥达（Schaefer, Oda）272
施罗德，格哈特（Schröder, Gerhard）360
施罗特，汉内洛蕾（Schroth, Hannelore）296
施密特，汉斯（Schmidt, Hans）47
施纳贝尔—菲尔布林格，阿德尔海德·(Schnabel-Fürbringer, Adelheid)见"吉托，阿丽"
施努雷，沃尔夫迪特里希（Schnurre, Wolfdietrich）336, 340
施佩贝尔，马内斯（Sperber, Manès）315
施特策尔，克里斯托夫（Stölzl, Christoph）225
施特尔策，奥托（Stelzer, Otto）302
施特姆勒，罗伯特·A.（Stemmle, Robert A.）109–110, 196–197, 321
施维佩特，汉斯（Schwippert, Hans）333
史坦贝克，约翰（Steinbeck, John）284, 344
舒尔策，埃娃（Schulze, Eva）134–135
舒伦堡，京特·冯［伯爵］（Schulenburg, Günther Graf von）224
舒马赫，埃米尔（Schuhmacher, Emil）304
斯大林，约瑟夫（Stalin, Josef）11, 243 n., 268, 315
斯塔宾斯，休（Stubbins, Hugh）323
斯塔耶，梅纳切姆（Sztajer, Menachem）71
斯特拉文斯基，伊戈尔（Stravinsky, Igor）295
斯特林堡，奥古斯特（Strindberg, August）294
斯托纳·桑德斯，弗朗西斯（Stonor Saunders, Frances）316, 385 n.28

T

汤姆森，鲁道夫（Thomsen, Rudolf）258
特尔朔，奥托（Telschow, Otto）226
特劳特曼，乌尔苏拉［娘家姓：乌伦考特］（Trautmann, Ursula [geb. Wullenkordt]）79–80
特勒克斯，海因茨（Trökes, Heinz）125, 300–301, 304, 313, 317
特雷弗—罗珀，休（Trevor-Roper, Hugh）315
特里尔，哈恩（Trier, Hans）317
特罗斯特，卡塔琳娜（Trost, Katharina）172–173
特南鲍姆，爱德华·A.（Tenenbaum, Edward A.）219
托里亚尼，维科（Torriani, Vico）289

W

瓦伦贝格，汉斯（Wallenberg, Hans）266, 284
维尔纳，伊尔莎（Werner, Ilse）102
维尔塔，尼古拉（Virta, Nikolai）271
维利·鲍迈斯特（Baumeister, Willi）300, 304–309, 313, 317
维奇，约瑟夫·卡斯珀（Witsch, Joseph Caspar）317
维歇特，恩斯特（Wiechert, Ernst）123
魏劳赫，沃尔夫冈（Weyrauch, Wolfgang）94
魏纳特，埃里希（Weinert, Erich）262
魏森博恩，京特（Weisenborn, Günther）272, 279
魏斯，温弗里德（Weiss, Winfried）163

索引   413

温德米勒，绮丽（Windmüller, Cilly）286
温塞特，西格里特（Undset, Sigrid）273
温特，弗里茨（Winter, Fritz）304, 317
沃尔夫，弗里德里希（Wolf, Friedrich）262
乌布利希，瓦尔特（Ulbricht, Walter）28, 182, 261–262, 282
乌尔曼，维尔纳（Uhlmann, Werner）125
乌泽，贝亚特［娘家姓：克斯特林］（Uhse, Beate [geb. Köstlin]）243–253, 256–257

X

西堡，弗里德里希（Sieburg, Friedrich）290
西尔弗贝格，保罗（Silverberg, Paul）190
西隆，伊格内修斯（Silone, Ignazio）315, 317
西蒙，安东（Simon, Anton）95
希尔德布兰德，玛格丽特（Hildebrand, Margret）318
希尔德斯海默，沃尔夫冈（Hildesheimer, Wolfgang）68
希尔森贝克，海因里希（Hilsenbeck, Heinrich）111
希勒斯，玛尔塔（Hillers, Marta）14, 20, 135–137, 159–161
希姆莱，海因里希（Himmler, Heinrich）246, 328, 345
希特勒，阿道夫（Hitler, Adolf）10, 14, 78, 98, 142, 158, 160, 204, 225–226, 234, 265, 297, 306, 330, 335, 338–341, 345, 348, 351
席拉赫，巴尔杜尔·冯（Schirach, Baldur von）343, 345
席勒，弗里德里希（Schiller, Friedrich）261, 270–271
夏隆，汉斯（Scharoun, Hans）48, 242
欣德米特，保罗（Hindemith, Paul）295
许古拉，汉娜（Schygulla, Hanna）173
勋伯格，阿诺尔德（Schönberg, Arnold）295

Y

雅斯贝斯，卡尔（Jaspers, Karl）5, 273, 278, 360–361
延斯，瓦尔特（Jens, Walter）272
伊尔贝克，维利（Irlbeck, Willi）101
尤格特，鲁道夫（Jugert, Rudolf）150
约德尔，阿尔弗雷德（Jodl, Alfred）10, 341, 345
约塞尔（Yossel）74

Z

泽恩克尔，汉斯（Söhnker, Hans）152
詹姆森，埃贡（Jameson, Egon）363 n.3
詹姆森，唐纳德（Jameson, Donald）310
卓别林，查理（Chaplin, Charlie）296–297
祖尔坎普，彼得（Suhrkamp, Peter）272

作者致谢

我感谢书目中所列的许多作者,特别是安妮特·布劳尔霍赫、伊娜·默克尔、本亚明·默克尔、斯特凡·默兴(Stefan Mörchen)、莱奥妮·特雷贝尔和马尔特·齐伦贝格。他们成功地对战后的德国人采取了或多或少明确的人种学观点,并通过深入观察将后者适当地"异类化"。我还要感谢比吉特·耶纳(Birgit Jähner)、乌尔里希·耶纳(Ulrich Jähner)、芭芭拉·奥斯特霍夫(Barbara Osterhoff)、汉娜·舒勒(Hanna Schuler)和贡纳尔·施密特(Gunnar Schmidt)几位的建议、批评、鼓励和意见。

译后记

《狼性时代》的第一版面世于2019年,一跃而居德国专业书籍的前十名排行榜并很快被多国出版社买下了翻译版权,至今在全球已被翻译达12种语言。"二战"结束70多年之后,该书对德国战后第一个十年的历史做出了全方位、系统性的梳理及还原。它就像一部时光机让读者瞬间回到了"二战"之后的那个满目疮痍德国,让人们看到了战争所带来的物质及精神层面上的混乱、荒芜和饥饿,从而展示了德国作为一个战败国的零起点。读罢全书,人们仍然不禁要问,它到底凭借了何力,从废墟中一步一步地走出了历史的阴影,走到了45年之后的东西德统一,成为今天在欧盟如同中流砥柱般的德国?作为一个臭名昭著的战败国,它是如何在战后几十年内完成了自身形象和地位的转变的呢?作为一个在德国生活30多年的海外华人,这也是我多年思考的问题。在翻译的同时让我顿悟的是《狼性时代》的第十章。针对"二战"之后第一个十年去纳粹化的过程,其深入骨髓的揭露和毫不留情的定论令我深感愕然;如果说历史都是由胜利者书写的,连对失败者的定论都是胜者的特权的话,那么德国正是通对自己历史的主动梳理为自己夺回了历史的书写权，继而把自身的命运牢牢地掌握在了自己的手里。正是这种"知耻近乎勇"的尺度造就了德国真正的强大。1970年，维利·勃兰特的华沙之跪就是德国政治崛起的开始，而延绵不断的直面历史和梳理在德国至今仍未终结。正如一个人最大的敌人是他自己，一个民族进步最大的阻碍也往往来自其自身。在历史的循环往复中，人性的阴暗和丑恶也同时轮回着，战争就像伏地魔一样完全有重回人间的可能，近些年德国及欧洲右翼极端势力的开始抬头即证明了这点。

2020年初夏，就在翻译《狼性时代》开始不久，我和丈夫有一次在德国北威州的一个名叫苏斯特（Soest）小城度假，在旧城的街道上我看到一块纪念二战阵亡者的石碑，上面刻着这样一句话："只有走通了过去才能进入未来，否则你们将无法拥有未来。"（Ihr, die Ihr in die Zukunft geht, müsst durch die Vergangenheit gehen, sonst habt Ihr keine Zukunft）这句碑文令我当时有醍醐灌顶之感，我们其实无法将过去、当下和未来断然分割，它们更宛如流动的一体；因为人类的前行总是携带着对过去的记忆，而同时内心揣着对未来的梦想，而当下的人们要把历史的包袱收拾干净，才能不重蹈覆辙、轻装出发。对过去历史的压抑和忘却意味人们将无法卸下历史的负担，对子孙后代来讲，这个日渐沉重的包袱不应该、也无法由他们来承担。

就此而言，《狼性时代》是德国"二战"之后"记忆文化"（Erinnerungskultur）的直接体现。"二战"结束至今，世界局势仍在无法预测的动荡之中，作为本书的译者，我愿在此和它一起为世界的和平，为人类用生命的代价换来的文明延续祈祷。

2020年3月中，正是新冠疫情在欧洲传播、德国第一次禁足令开始之际，承蒙丁娜老师的信赖和器重，我开始了《狼性时代》

的翻译，至今已过将近一年零九个月。在完成之际，第一要感谢的是丁娜老师孜孜不倦的校阅和指点，如果没有《狼性时代》的翻译，我至今都不会对一个译者的辛劳和坚持感同身受。同时我想说的是《狼性时代》的完成绝对不是我一个人的功劳，对自己的译文译者总会有盲点。借此机会在这里要感谢以下的海外学者和同胞，翻译界的资深同行，当然还有德国优秀的汉学家们，感谢他们与我和丁娜老师的交流与切磋、细致入微的阅读和诚恳的建议。因疫情与山河之隔，他们当中有些人我还从未谋面，在此让我和丁娜老师一起表示深深的谢意（以姓氏字母排名）：曹勇、樊克（Frank Meinshausen）、贺曼康（Dr. Konrad Herrmann）、胡蓉晖、柯理（Dr. Clemens Treter）、李鸥、陆大鹏、马黎黎、荣裕民、石坤森（Dr. Stefan Christ）、史宝良、史玉玲、汪榴、王正贵、吴宁、吴鹏飞、徐静华、荀良（Martin Schönian）、杨丽、岳奇玉、周云、朱锦阳。

德国下萨克森州，2023 年 12 月，周萍

理想国译丛
imaginist [MIRROR]

001 **没有宽恕就没有未来**
　　[南非] 德斯蒙德·图图 著

002 **漫漫自由路：曼德拉自传**
　　[南非] 纳尔逊·曼德拉 著

003 **断臂上的花朵：人生与法律的奇幻炼金术**
　　[南非] 奥比·萨克斯 著

004 **历史的终结与最后的人**
　　[美] 弗朗西斯·福山 著

005 **政治秩序的起源：从前人类时代到法国大革命**
　　[美] 弗朗西斯·福山 著

006 **事实即颠覆：无以名之的十年的政治写作**
　　[英] 蒂莫西·加顿艾什 著

007 **苏联的最后一天：莫斯科，1991 年 12 月 25 日**
　　[爱尔兰] 康纳·奥克莱利 著

008 **耳语者：斯大林时代苏联的私人生活**
　　[英] 奥兰多·费吉斯 著

009 **零年：1945：现代世界诞生的时刻**
　　[荷] 伊恩·布鲁玛 著

010 **大断裂：人类本性与社会秩序的重建**
　　[美] 弗朗西斯·福山 著

011 **政治秩序与政治衰败：从工业革命到民主全球化**
　　[美] 弗朗西斯·福山 著

012 **罪孽的报应：德国和日本的战争记忆**
　　[荷] 伊恩·布鲁玛 著

013 **档案：一部个人史**
　　[英] 蒂莫西·加顿艾什 著

014 **布达佩斯往事：冷战时期一个东欧家庭的秘密档案**
　　[美] 卡蒂·马顿 著

015 **古拉格之恋：一个爱情与求生的真实故事**
　　[英] 奥兰多·费吉斯 著

016 **信任：社会美德与创造经济繁荣**
　　[美] 弗朗西斯·福山 著

017 **奥斯维辛：一部历史**
　　[英] 劳伦斯·里斯 著

018 **活着回来的男人：一个普通日本兵的二战及战后生命史**
　　[日] 小熊英二 著

019 **我们的后人类未来：生物科技革命的后果**
　　[美] 弗朗西斯·福山 著

020　奥斯曼帝国的衰亡：一战中东，1914—1920
　　　[美] 尤金·罗根 著

021　国家构建：21世纪的国家治理与世界秩序
　　　[美] 弗朗西斯·福山 著

022　战争、枪炮与选票
　　　[英] 保罗·科利尔 著

023　金与铁：俾斯麦、布莱希罗德与德意志帝国的建立
　　　[美] 弗里茨·斯特恩 著

024　创造日本：1853—1964
　　　[荷] 伊恩·布鲁玛 著

025　娜塔莎之舞：俄罗斯文化史
　　　[英] 奥兰多·费吉斯 著

026　日本之镜：日本文化中的英雄与恶人
　　　[荷] 伊恩·布鲁玛 著

027　教宗与墨索里尼：庇护十一世与法西斯崛起秘史
　　　[美] 大卫·I. 科泽 著

028　明治天皇：1852—1912
　　　[美] 唐纳德·基恩 著

029　八月炮火
　　　[美] 巴巴拉·W. 塔奇曼 著

030　资本之都：21世纪德里的美好与野蛮
　　　[英] 拉纳·达斯古普塔 著

031　回访历史：新东欧之旅
　　　[美] 伊娃·霍夫曼 著

032　克里米亚战争：被遗忘的帝国博弈
　　　[英] 奥兰多·费吉斯 著

033　拉丁美洲被切开的血管
　　　[乌拉圭] 爱德华多·加莱亚诺 著

034　不敢懈怠：曼德拉的总统岁月
　　　[南非] 纳尔逊·曼德拉、曼迪拉·蓝加 著

035　圣经与利剑：英国和巴勒斯坦——从青铜时代到贝尔福宣言
　　　[美] 巴巴拉·W. 塔奇曼 著

036　战争时期日本精神史：1931—1945
　　　[日] 鹤见俊辅 著

037　印尼Etc.：众神遗落的珍珠
　　　[英] 伊丽莎白·皮萨尼 著

038　第三帝国的到来
　　　[英] 理查德·J. 埃文斯 著

039 当权的第三帝国
　　[英]理查德·J.埃文斯 著

040 战时的第三帝国
　　[英]理查德·J.埃文斯 著

041 耶路撒冷之前的艾希曼：平庸面具下的大屠杀刽子手
　　[德]贝蒂娜·施汤内特 著

042 残酷剧场：艺术、电影与战争阴影
　　[荷]伊恩·布鲁玛 著

043 资本主义的未来
　　[英]保罗·科利尔 著

044 救赎者：拉丁美洲的面孔与思想
　　[墨]恩里克·克劳泽 著

045 滔天洪水：第一次世界大战与全球秩序的重建
　　[英]亚当·图兹 著

046 风雨横渡：英国、奴隶和美国革命
　　[英]西蒙·沙玛 著

047 崩盘：全球金融危机如何重塑世界
　　[英]亚当·图兹 著

048 西方政治传统：近代自由主义之发展
　　[美]弗雷德里克·沃特金斯 著

049 美国的反智传统
　　[美]理查德·霍夫施塔特 著

050 东京绮梦：日本最后的前卫年代
　　[荷]伊恩·布鲁玛 著

051 身份政治：对尊严与认同的渴求
　　[美]弗朗西斯·福山 著

052 漫长的战败：日本的文化创伤、记忆与认同
　　[美]桥本明子 著

053 与屠刀为邻：幸存者、刽子手与卢旺达大屠杀的记忆
　　[法]让·哈茨菲尔德 著

054 破碎的生活：普通德国人经历的20世纪
　　[美]康拉德·H.雅劳施 著

055 刚果战争：失败的利维坦与被遗忘的非洲大战
　　[美]贾森·斯特恩斯 著

056 阿拉伯人的梦想宫殿：民族主义、世俗化与现代中东的困境
　　[美]福阿德·阿贾米 著

057 贪婪已死：个人主义之后的政治
　　[英]保罗·科利尔 约翰·凯 著

058 最底层的十亿人：贫穷国家为何失败？
　　　[英]保罗·科利尔 著

059 坂本龙马与明治维新
　　　[美]马里乌斯·詹森 著

060 创造欧洲人：现代性的诞生与欧洲文化的形塑
　　　[英]奥兰多·费吉斯 著

061 圣巴托罗缪大屠杀：16世纪一桩国家罪行的谜团
　　　[法]阿莱特·茹阿纳 著

062 无尽沧桑：一纸婚约与一个普通法国家族的浮沉，1700—1900
　　　[英]艾玛·罗斯柴尔德 著

063 何故为敌：1941年一个巴尔干小镇的族群冲突、身份认同与历史记忆
　　　[美]马克斯·伯格霍尔兹 著

064 狼性时代：第三帝国余波中的德国与德国人，1945—1955
　　　[德]哈拉尔德·耶纳 著